CORPVS CHRISTIANORVM

Continuatio Mediaeualis

287

CORPVS CHRISTIANORVM

Continuatio Mediaeualis

287

IOANNIS DUNS SCOTI
Notabilia super Metaphysicam

TURNHOUT
BREPOLS PUBLISHERS
2017

IOANNIS DUNS SCOTI
NOTABILIA SUPER METAPHYSICAM

cura et studio

Giorgio P<small>INI</small>

TURNHOUT
BREPOLS PUBLISHERS
2017

CORPVS CHRISTIANORVM

Continuatio Mediaeualis

in Abbatia Sancti Petri Steenbrvgensi
a reuerendissimo Domino Eligio Dekkers
fundata
nunc sub auspiciis Vniuersitatum
Universiteit Antwerpen
Vrije Universiteit Brussel   Universiteit Gent
Katholieke Universiteit Leuven
Université Catholique de Louvain
edita

editionibus curandis praesunt
Rita Beyers   Alexander Andrée   Emanuela Colombi
Georges Declercq   Jeroen Deploige   Paul-Augustin Deproost
Anthony Dupont   Jacques Elfassi   Guy Guldentops
Hugh Houghton   Mathijs Lamberigts   Johan Leemans
Paul Mattei   Gert Partoens   Marco Petoletti
Dominique Poirel   Kees Schepers   Paul Tombeur
Marc Van Uytfanghe   Wim Verbaal

uoluminibus parandis operam dant
Luc Jocqué   Bart Janssens
Paolo Sartori   Christine Vande Veire

D/2017/0095/282
ISBN 978-2-503-57785-2
Printed in the EU on acid-free paper

© 2017, Brepols Publishers n.v., Turnhout, Belgium

All rights reserved. No part of this publication may be reproduced,
stored in a retrieval system, or transmitted, in any form or by any means,
electronic, mechanical, photocopying, recording, or otherwise,
without the prior permission of the publisher.

ACKNOWLEDGEMENTS

By fits and starts, I worked on this edition on and off for more than twenty years. Over that period of time, I contracted many debts of gratitude. Specifically, I wish to thank the following institutions: Fordham University (New York), which has generously supported my research through two Faculty Fellowships in 2008-09 and in 2013-14 and a Faculty Research Grant in the summer of 2016; All Souls College (Oxford), where I had the privilege of spending three terms in 2013-14 as a Visiting Fellow; the De Wulf-Masion Center at the Katholieke Universiteit Leuven, where I had the honor of being a visiting professor in the academic year 2008-09; the Pontifical Institute of Mediaeval Studies (Toronto), where I spent the academic year 2000-01 as a Mellon post-doctoral fellow; and the Scuola Normale Superiore (Pisa, Italy), where I started working on this edition when I was a graduate student back in 1994. I am also indebted to the personnel of the following libraries: Biblioteca Ambrosiana (Milano); Biblioteca dell'Università Cattolica del Sacro Cuore (Milano); Biblioteca Nazionale Braidense (Milano); Biblioteca Universitaria (Bologna); Biblioteca Comunale Ariostea (Ferrara); Biblioteca della Scuola Normale Superiore (Pisa); Biblioteca Universitaria (Pisa); Biblioteca Apostolica Vaticana (Città del Vaticano); De Wulf-Mansion Center Library (Leuven); University Library (Leuven); Bodleian Library (Oxford); All Souls Library (Oxford); Cambridge University Library (Cambridge); Pontifical Institute of Mediaeval Studies Library (Toronto); Robarts Library (Toronto); Walsh Library (Fordham University, New York); New York Public Library (New York).

Several people helped me with specific issues relating to sources, textual matters, and paleographical and codicological issues. I would like to thank Fabrizio Amerini, Giulia Ammannati, Zsófia Buda, Silvia Donati, Stephen D. Dumont, Sten Ebbesen, Peter Eardley, Russell Friedman, Dag Nikolaus Hasse, Griet Galle, Gabriele Galluzzo, Guy Guldentops, Stefano Martinelli Tempesta, Armando Petrucci, Martin Pickavé, Federica Toniolo, and Cecilia Trifogli. The anonymous readers for the *Corpus Christianorum* gave me many useful suggestions during the last stage of this project. My graduate assistant for the academic year 2017-18, Dylan Bailey, helped me with the preparation of the manuscript for publication. Luc Jocqué followed the entire publishing process with admirable patience and professionality.

At a personal level, many friends provided much needed encouragement during the long gestation of this edition. Let them all have my thanks here.

Finally, I would like to express a special debt of gratitude to my mentor, Francesco Del Punta, who saw the beginning of this project but not its end. This work is dedicated to his memory.

I should conclude by stressing that all mistakes in this edition are entirely my responsibility.

INTRODUCTION

1. Duns Scotus's Commentary on Aristotle's *Metaphysics*

John Duns Scotus (b. 1265/66 – d. 1308) is the author of several sets of questions (*quaestiones*) on works by Aristotle and Porphyry.[1] Among them, the *Questions on the Metaphysics* stands out for its philosophical significance, difficulty, and length.[2] Six times in those questions and once more in his *Ordinatio* Duns Scotus referred to another work he wrote on Aristotle's *Metaphysics*. From the way he worded those references, it appears that that other work on the *Metaphysics* contained an explanation (*expositio*) of Aristotle's text. For reasons now difficult to determine, that work did not have the wide circulation enjoyed by most of Duns Scotus's other writings, including his *Questions on the Metaphysics*. Although any argument from silence should be taken with caution, the complete absence of any reference to that otherwise unknown commentary on the *Metaphysics* among Duns Scotus's closest associates – including his usually well-informed secretary, William of Alnwick – strongly suggests that none of them had access to it. By the time of Duns Scotus's death, that work seemed to have vanished. Duns Scotus's references to it, however, made it clear beyond any doubt that such a commentary had existed. It was equally clear that Duns Scotus's "ghost" work on the *Metaphysics* should not be confused with the commentary on the *Metaphysics* by his early fourteenth-century follower, Antonius Andreae.[3] Accordingly, Duns Scotus's own commentary was thought to have been lost.[4] Some twenty years ago, however,

---

[1] Duns Scot., *Opera Philosophica* (= OPh), vols. I-V.
[2] Duns Scot., *Quaest. super Met.* (OPh, III-IV).
[3] See below, section 11 of this introduction.
[4] Already in 1621, the polymath Thomas Dempster held the view that Duns Scotus's commentary on the *Metaphysics* had been lost. See Thomas Dempster, *Asserti Scotiae Cives sui. S. Bonifacius rationibus IX. Ioannes Duns rationibus XII*, Bologna, 1621, p. 16-17. That view was endorsed by his contemporary, Matteo Ferchi (Ferkić, Ferchius). See M. Ferchius, *Vita Ioannis Dunsii Scoti franciscani Doctoris subtilis et apologiae pro eodem*, Bologna, 1623 (2nd ed. Napoli, 1629), p. 84. It is also found in J. H. Sbaralea,

I argued that it had been preserved in its entirety (or almost in its entirety) in a fifteenth-century Italian manuscript, where it carries the title of *Notabilia super Metaphysicam*, and that a portion of that work was also contained in an early fourteenth-century English manuscript.[5] In this volume, I give a critical edition of that long-forgotten work by Duns Scotus.

2. The Manuscripts

2.1. Complete Witness

M MILANO, Biblioteca Ambrosiana, C 62 Sup.

Paper; second quarter or middle of the fifteenth century; 250 × 170 mm; III + 99 (the first folio is missing) + III; two columns of 34 lines; written by one hand by a professional scribe; script: semigothic cursive with humanistic elements, probably Lombardy; few marginal annotations by different hands (f. 17va: Q; f. 32va: "Curiosa atque perutilis difficultas"; f. 85v, between the two columns: "quid per rationem"; f. 92rb: "nota bene") and some corrections or alternative readings in the margins (f. 17rb, 20rb, 25rb, 33vb, 48va, 64va, 74rb, 83rb); illuminated initial (f. 51ra) of Northern Italian origin; watermark: three-pointed crown, very similar to Briquet 4732, found in a Modena manuscript of 1450; similar types: Parma 1453, Mantova 1453-76, Milano 1454, Piacenza 1456, Reggio Emilia 1463, Ferrara 1485 (C.-M. BRIQUET, *Les filigranes. Dictionnaire historique des marques du papier dès leur apparition vers 1282 jusqu'en 1600*, vol. 2, Paris, 1907, p. 290). Northern Italy.

F. 1ra-50vb: IOANNES DUNS SCOTUS, *Quaestiones super secundum et tertium librum De anima* (aceph.). *Inc.*: signandum tantum denominationem quae est a colore reali ideo non valet; *expl.*: Circumstantiando eam ut dictum est supra. Expliciunt

---

Supplementum et castigatio ad Scriptores trium ordinum s. Francisci, II, Roma, 1806, 2ª ed. Roma, 1921, p. 60b. In 1966, Balić (who was then the president of the Scotistic Commision) listed the commentary on the *Metaphysics* printed in the Wadding and Vivès editions among the "Unauthentic Works Contained in the Wadding-Vivès Edition" and correctly ascribed it to Antonius Andreae (see C. BALIĆ, *Johns Duns Scotus: Some Reflections on the Occasion of the Seventh Centenary of His Birth*, Roma, 1966, p. 33). The editors of Duns Scotus's *Quaestiones super Metaphysicam* also held that Duns Scotus was referring to a lost work when he mentioned his literal commentary on the *Metaphysics*: see DUNS SCOT., *Quaest. super Met.* (OPh III, p. 350, footnote 140; OPh IV, p. 100, footnote 50; p. 374, footnote 54).

[5] G. PINI, '*Notabilia Scoti super Metaphysicam*: Una testimonianza ritrovata dell'insegnamento di Duns Scoto sulla *Metafisica*,' *Archivum franciscanum historicum*, 89 (1996), p. 137-180.

questiones Scoti supra librum De anima. Deo gratias. Incipiunt notabilia eiusdem supra methaphisicam.

As the editors of Duns Scotus's *Quaestiones super De anima* notice, the first (acephalous) question, *Utrum lumen sit actus dyaphani*, is also present in Avignon, Bibliothèque municipale, ms. 328 but has been left out from the critical edition. See DUNS SCOT., *Quaest. super De an.* (OPh V, p. 35*).

F. 51ra-98rb: IOANNES DUNS SCOTUS, *Notabilia super Metaphysicam. Inc.*: Nota quod Philosophus dicit in fine secundi quod infinitum additione non cognoscitur; *expl.*: simplicia et postea componendo. Expliciunt notabilia Scoti super metaphisicam.

F. Ir (in a twentieth-century hand): "Restaurato nel Laboratorio dell'Abbazia di Grottaferrata. Settembre 1952".
F. IIIr (in a seventeenth-century hand): "In hoc libro continentur quaestiones De anima Scoti et quaedam annotationes in eiusdem metaphysicam".
F. IIIv: "Sig. Dominico". This is most probably a reference to Domenico Ierosolimitano, an ex-rabbi who acquired books for the Biblioteca Ambrosiana on behalf of the founder of the library, Cardinal Federico Borromeo. Even though Domenico's main focus was on the acquisition of Hebrew and Oriental manuscripts, in 1607 he also bought several Latin manuscripts in Venice, Mantova, Ferrara, and Bologna (see C. PASINI, 'Le acquisizioni librarie del cardinale Federico Borromeo e il nascere dell'Ambrosiana', *Studia Borromaica*, 19 (2005), p. 461-490: 464 and 468-469). The note is not in Domenico's hand; rather, it is most likely to have been written when it entered the Biblioteca Ambrosiana as an indication that the book had been purchased by Domenico. Similar notes with the name of Domenico are present in a number of manuscripts that reached the Ambrosiana in that period. Below the name of Domenico there is a note, possibly written at a different time: "quid (illegible) quid sit iure".
Old bookmark (f. IIIr): X S Y.
F. 1ra, bottom (in a eighteenth-century hand): "Quaestiones Scoti de anima, et in metaphysicam".
F. 38r: on the top margin, there is a note difficult to decipher, which might be: "Johannes [?] minor ⸪:—".
BIBLIOGRAPHY: A. CERUTI, *Inventario Ceruti dei manoscritti della Biblioteca Ambrosiana*, photostatic edition with additions, vol. 3, Trezzano s/N, 1977, p. 168; R. CIPRIANI, *Codici miniati dell'Ambrosiana. Contributo a un catalogo*, Milano, 1968, p. 17; J. JORDAN – S. WOOD, *Inventory of Western Manuscripts in the Biblioteca Ambrosiana*, vol. 2, Notre Dame, IN, 1986, p. 90-91; IOANNES DUNS SCOTUS, *Quaestiones*

super secundum et tertium de anima – ed. C. Bazán – K. Emery – R. Green – T. Noone – R. Plevano – A. Traver (*Ioannis Duns Scoti Opera Philosophica*, V), Washington, D.C. – St. Bonaventure, N.Y., 2006, p. 34*-35*.

2.2. *Partial Witness*

V Città del Vaticano, Biblioteca Apostolica Vaticana, Vat. lat. 2182

Parchment; beginning of fourteenth century; 325 × 220 mm.; 124 folios; three different hands: f. 1-60; f. 61-108 (English); f. 109-123. Probably England.

F. 1ra-58va: Petrus de Alvernia, *Super Meteora. Inc.*: Philosophus in primo phisicorum proponit innatam ex certioribus et notioribus nobis viam; *expl.*: quibus non adimere nephas michi reputo et manifestum ingratitudinis signum. *subscr.*: Explicit sentencia magistri petri de aluernia super libris metheorum aristotelis. Deo gracias.

F. 58vb-60ra (at the end of the fifth quire): [Ioannes Duns Scotus, *Notabilia super Metaphysicam*]. *Inc.*: Absurdum est querere scientiam et modum sciendi. Nota quod duplex est loyca una uniuersalis sicut loyca proprie dicta alia specialis; *expl.*: hoc apparet ex utraque racione sua.

F. 60rb-v: white.

F. 61ra-108va: Aegidius Romanus, *Sententia super De generatione et corruptione*. *Inc.*: Anima ut testatur philosophus est quodam modo omnia. quicquid enim est, uel est sensibile uel intelligibile; *expl.*: cuius inenarrabilis generacio omnis generacionis est principium causa et ratio qui cum patre et spiritu sancto est unus deus benedictus in secula seculorum. Amen. Explicit sentencia super libro de generacione edita a fratre egidio de roma ordinis fratrum heremitarum sancti augustini.

F. 108va: a table of first 6 questions of the previous text (*Isti sunt Tytuli questionum super de generatione Egidij*)

F. 109ra-123va: Aegidius Romanus, *Quaestiones super librum primum De generatione et corruptione. Inc.* (under an inscription added in a more recent hand: *Anonymi Expositio sup. Lib. Aristotelis de Generatione et Corruptione*) Uniuersaliter itaque de generacione et cetera. hic ad euidenciam textus declaranda sunt quatuor primo quia uidetur philosophus distinguere inter motum ad substanciam et ad qualitatem et ad quantitatem; *expl.*: inquantum est sub quantitate meiori arguitur per huiusmodi racionem quod non est generacio sed augmentum.

BIBLIOGRAPHY: A. MAIER, *Codices Vaticani Latini 2118-2192*, Città del Vaticano, 1961, p. 181-183; B. FAES DE MOTTONI – C. LUNA, *Catalogo dei manoscritti. Città del Vaticano* (*Aegidii Romani Opera Omnia*, I, 1/1), Firenze, 1987, p. 198-199.

3. AUTHENTICITY: THE CROSS-REFERENCES

Since Duns Scotus's commentary on the *Metaphysics* was long thought to have been lost and even in recent times has not been clearly distinguished from Antonius Andreae's *expositio*, it is necessary to review the evidence in support of (a) Duns Scotus's authorship of the *Notabilia super Metaphysicam* and (b) the identity between the *Notabilia* and Duns Scotus's allegedly lost commentary on Aristotle's *Metaphysics*. Both points are demonstrated by several references both to and from some of Duns Scotus's works of undisputed authenticity. As already mentioned, there are seven references in Duns Scotus's works to his commentary on Aristotle's *Metaphysics*: six in his *Questions on the Metaphysics* and one in his *Ordinatio*. Most of these references match a passage in the *Notabilia* (see below 3.1.1, 3.1.2, 3.1.3, 3.1.4, 3.1.6, 3.1.7). One reference is less precise, even though it is still possible to suggest a reasonably satisfactory match (see below 3.1.5). It might well be the case, however, that the last passage actually refers to a lost part of the *Notabilia*, as there is some evidence that some sections of that work are missing, as indicated by a few lacunae conjectured in the edition. Perhaps it is more significant to stress that, in addition to Duns Scotus's references to his own commentary on the *Metaphysics*, the author of the *Notabilia super Metaphysicam* refers no fewer than ten times to other works of his, sometimes indicating his authorship of those works by using the first person when referring to them. All those ten references match corresponding passages in Duns Scotus's authentic works: nine of those matches are in Duns Scotus's *Questions on the Metaphysics*, while the remaining one is in his *Questions on the Categories*.

3.1. References from Other Works to the Notabilia

3.1.1. *Quaest. super Met.* IV, q. 2, §127 (OPh III, p. 350). In this short but dense passage, Duns Scotus is addressing an objection to his view that each thing is said to be *one* thing not by virtue of its own essence but by virtue of a property (i.e., unity) added to its essence. Against a similar view endorsed by Avicenna, Averroes had argued that this would trigger an infinite regress: if *a* is one by virtue of *b*, then it could be similarly argued that *b* is one by virtue of *c*, and so on and so forth. To this, Duns Scotus answers that there is a distinction between the way unity is one and other things are one, for unity is one by virtue of itself whereas other things are one by virtue of unity.[6] This answer, however, seems to be in contrast with a passage in *Metaphysics* X, where Aristotle states that "being and one follow all things equally".[7] Duns Scotus counters that Aristotle is establishing an equality between two proportions: one pertains to a certain thing in the same way as being pertains to it. This equality between proportions entails neither that being pertains to all things in the same way nor that one pertains to all things in the same way (i.e., that there is "aequalitas in consequendo"). The point seems to be that both being and one might pertain to some things essentially and to other things accidentally, but that when being pertains essentially to a certain thing, one also pertains essentially to that thing; similarly, when being pertains accidentally to a certain thing, one also pertains accidentally to that thing. This, however, poses a problem for Duns Scotus's own position. For Duns Scotus holds that being pertains essentially to some things to which one pertains accidentally. Take for example a substance, say a tree. A tree is a being essentially but, according to Duns Scotus, it is one tree by the addition of a property added to its essence. Accordingly, Duns Scotus needs to provide an interpretation of Aristotle's problematic passage such that being and one might be said to be attributed to a certain thing in the same way (i.e., that there is "aequalitas in consecutis") while at the same time making room for the view that a certain thing might be a being essentially but *one* thing by addition. It is this interpretation that Duns Scotus says can be found

---

[6] Duns Scot., *Quaest. super Met.* IV, q. 2, §11 and 126 (OPh III, p. 322 and 350). Cfr Aver., *In Met.* IV, t.c. 3 (ed. Iunt. VIII, f. 67rF-vG).

[7] Arist., *Met.* X 2 1054a13-14 (AL XXV 3.2, p. 201, 155-157); cfr X 2 1053b25 (AL XXV 3.2, p. 200, 127). Notice that Duns Scotus reads 'aequaliter' (equally) at 1054a13-14 as well, like the *Translatio Anonyma sive 'Media'* (AL XXV 2, p. 189, 18-19), whereas William of Moerbeke's text has 'aequaliter' at 1053b25 and 'aliqualiter' ('in some way') at 1054a13-14, according to Vuillemin-Diem's edition.

"there [i.e. where the pertinent passage is considered], in the tenth book of the *Metaphysics*":

> Si obicitur contra hoc: quia X huius: 'Ens et unum aequaliter consequuntur omnia'. Responsio: aequalitas proportionis est inter ens et unum, quod sicut aliquid consequitur ens, sic proportionaliter unum consequitur ipsum. Sed non aequalitas in consequendo haec et illa. Quod sit aequalitas in consecutis, *require expositionem ibi in X*.[8]

The reference appears to be to *Not. super Met.* X, §53-54:

> Similiter, nota quod Philosophus dicit quod ens et unum aequaliter est in omnibus. Hoc videtur falsum. Ideo dico quod loquitur de entitate ut subicitur uni principio mensurandi, et utrumque est aequaliter in omnibus, quia denominative, non essentialiter, etc.[9]

In the *Notabilia*, Aristotle's passage is interpreted as concerning the sort of being that plays the role of subject of the unity that is a principle of measuring – something like "being measurable" or "being quantified". Now both being measurable by one and the unity acting as the principle of measuring are said of whatever they are said of in a denominative way. Accordingly, this interpretation of Aristotle's passage, while positing that being and one (in the specific meaning under consideration) are said of all things in the same way, is also compatible with the view that being – when not taken as meaning 'being measurable' – is said essentially of things of which one is said demominatively, just as required by what Duns Scotus posits in the corresponding passage of his *Questions on the Metaphysics*.

3.1.2. *Quaest. super Met.* VII, q. 1, §35 (OPh IV, p. 100). In this passage, Duns Scotus considers a claim made by Aristotle that seems to contradict Duns Scotus's own view that an accident is said to be a being because it is a being in itself, not because it is a modification of a substance. In a problematic text, Aristotle likens the way an accident is said to be a being to the way the unknowable is said to be knowable.[10] On the face of it, that text seems to indicate that an accident is said to be a being only in a qualified way, i.e. because it modifies a substance, just as what is unknow-

---

[8] Duns Scot., *Quaest. super Met.* IV, q. 2, §127 (OPh III, p. 350).
[9] *Not. super Met.* X, §53-54 (p. 173).
[10] Arist., *Met.* VII 4 1030a34-35 (AL XXV 3.2, p. 138, 174-176).

able in itself can be said to be knowable only in a qualified way, i.e. because it is known that it is unknowable.[11] Duns Scotus counters that Aristotle's claim should be taken not as a precise description of what an accident is but only as an example, and accordingly, like any example, it captures only part of the truth. Duns Scotus notices that Aristotle himself corrects his example in the following paragraph. For a correct understanding of that passage, he refers to the way he explained the text:

> Ad secundum: quod illud exemplum corrigitur per paragraphum sequentem, *sicut exposui textum*. Unde exemplum quodlibet aliquid veritatis insinuat.[12]

This appears to be a reference to *Not. super Met.* VII, §38-39:

> ILLUD AUTEM PALAM QUIA QUAE PRIMO DEFINITIO.[13] Ibi vult dicere quod accidentia vere definiuntur, non tamen primo, sed substantiae; ens per accidens neutro modo. Unde nota quod ista [quae] est manifesta, et vel praecedentia duplicia vel hic sic corrigit praecedentia. Unde, si allegetur quod quantitas est non ens et similiter alia praedicata accidentalia, sicut apparet eum dicere in prioribus quod sic sunt entia sicut non scibile est scibile (et non scibile simpliciter): dico tunc quod hoc corrigit hic, et dico quod similitudo non est intelligenda quoad omnia.[14]

In the *Notabilia*, an explanation is given of the passage that follows Aristotle's problematic comparison between accidents and the unknowable. The problematic passage is corrected in light of the following one, where Aristotle explicitly states that accidents have a definition, even though not primarily. Accordingly, the comparison between the way accidents are beings and the unknowable is knowable should be taken in a loose way.

3.1.3. *Quaest. super Met.* VII, q. 7, §19 (OPh IV, p. 152-153). In this passage, Duns Scotus mentions an argument against the identity between an accident and its essence (*quod quid est*) based on a text from Aristotle's *Met.* VII.[15] The argument runs as follows: if an accidental compound (say, white-man) were identical to its essence, then the essence of white-man would be identical to man,

---

[11] DUNS SCOT., *Quaest. super Met.* VII, q. 1, §33 (OPh IV, p. 100).
[12] DUNS SCOT., *Quaest. super Met.* VII, q. 1, §35 (OPh IV, p. 100).
[13] ARIST., *Met.* VII 4 1030b4-5 (AL XXV 3.2, p. 138, 182-183).
[14] *Not. super Met.* VII, §38-39 (p. 102-103).
[15] ARIST., *Met.* VII 4 1031a19-24 (AL XXV, 3.2, p. 140, 234-240).

because white-man is a subject only by virtue of one of its parts, namely man.[16] When rejecting this argument, Duns Scotus remarks that Aristotle advances it as an argument to the contrary and responds to it in the following lines. For a fuller understanding of the passage, he refers to the explanation he gave "in the gloss next to the text", where he showed that Aristotle held that the argument he just reported is based on a fallacy of accident:

> Tunc Philosophus non facit illam consequentiam quam assumunt nisi opponendo, et respondet: 'aut non', quia extrema fiunt idem sicut medium est cum extremo. *Quaere expositionem textus in glossa iuxta textum* et quomodo in argumento, quod dicunt esse Philosophi, sit accidens. Et Aristoteles assignat ibi 'accidens'. Sed non necesse est 'extrema coniungi', verum est, cum 'quid' sicut nec cum 'per se' nec cum 'cognosci', licet respectu cursus non esset accidens. *Quaere ibi.*[17]

This appears to be a reference to *Not. super Met.* VII, § 45-46:

> Et tunc arguit IN DICTIS[18] quod non sic: si hominis albi est idem quod quid cum eo, et erit idem homini; hoc autem falsum. Probatio consequentiae: fiat tale argumentum: "⟨si⟩ homo albus est idem suo quod quid, sit *a*; sed homo *a* est homo albus; ergo homo *a* ⟨est idem quod quid hominis albi⟩". Hoc autem falsum, cum homo sit quod quid hominis. Et post solvit ibi: AUT NON NECESSE.[19] Iste communiter est modus quo solvit, ubi dicit 'aut' post argumentum vel aliam disiunctionem. Dicit igitur: detur quod ens per accidens habeat quod quid, sicut non habet nec secundum rei veritatem nec secundum eum, sed detur; quod quod quid eius sit idem adhuc non sequitur, quia non oportet, quando maior est idem medio per se et medium minori per accidens, quod concluditur identitas per se maioris cum minori. Et hoc est quod dicit: non oportet EXTREMITATES FIERI EADEM[20] etc.[21]

In the *Notabilia*, it is explained in some detail how to interpret Aristotle's passage correctly, in accordance with what was suggested in Duns Scotus's *Questions on the Metaphysics*. Aristotle's

---

[16] Duns Scot., *Quaest. super Met.* VII, q. 7, §13 (OPh IV, p. 150). The interpretation mentioned by Duns Scotus is the one found in Thom. Aq., *In Met.* VII, lect. 5, §1357 (p. 336).
[17] Duns Scot., *Quaest. super Met.* VII, q. 7, §19 (OPh IV, p. 152-153).
[18] Arist., *Met.* VII 6 1031a19 (AL XXV 3.2, p. 140, 234).
[19] Arist., *Met.* VII 6 1031a24 (AL XXV 3.2, p. 140, 238).
[20] Arist., *Met.* VII 6 1031a24-25 (AL XXV 3.2, p. 140, 240).
[21] *Not. super Met.* VII, §45-46 (p. 104).

passage should be interpreted not as stating Aristotle's own view but as an argument to the contrary. In the following lines, Aristotle gives his own solution and shows that the previous argument is based on a fallacy of accident, because it erroneously concludes the *per se* identity of the major and minor term from the *per se* identity of the major and middle terms and the accidental identity of the middle and minor term.

3.1.4. *Quaest. super Met.* VII, q. 16, §46 (OPh IV, p. 324-325). In this passage, Duns Scotus considers an argument presenting a text from *Metaphysics* VIII [22] as evidence that matter is not included in the quiddity of composites, contrary to what Duns Scotus himself holds. [23] After giving a few alternative interpretations of Aristotle's text, Duns Scotus suggests that Aristotle might not be speaking in his own voice. Rather, the entire chapter where he made that problematic claim appears to be written from a Platonic perspective, with only a few Aristotelian interventions interjected here and there. It is here that Duns Scotus refers to what he said when he explained that text. This reference to the textual exposition is contained only in two manuscripts of the *Questions on the Metaphysics*. [24] Accordingly, the editors of Duns Scotus's *Questions on the Metaphysics* have decided to consider this reference as an interpolation. But why would anybody insert in Duns Scotus's text a reference to an obscure work such as his commentary on the *Metaphysics*? In my opinion, it is more likely that Duns Scotus himself referred to his commentary in an addition, which was then preserved only in two manuscripts. Here is Duns Scotus's passage with the reference to his commentary restored to its proper place:

> Aliter expone, ut expositum fuit super textum, quod totum illud capitulum videtur Platonicum, nisi quod paucae improbabtiones interseruntur. [25]

This appears to be a reference to *Not. super Met.* VIII, §22:

---

[22] Arist., *Met.* VIII 3 1043b2-3 (AL XXV 3.2, p. 172, 113).

[23] Duns Scot., *Quaest. super Met.* VII, q. 16, §8 (OPh IV, p. 312).

[24] See Duns Scot., *Quaest. super Met.* VII, q. 16, §46 (OPh IV, p. 325, critical apparatus ad lineam 21). The two manuscripts containing the reference are Oxford, Merton College, ms. 292 and Berlin, Staatsbibliothek, ms. lat. fol. 420 (6822).

[25] Duns Scot., *Quaest. super Met.* VII, q. 16, §46 (OPh IV, p. 325-326).

Post: ERIT AUTEM.[26] Ista solutio non est secundum intentionem Philosophi, sed secundum opinionem Platonis, qui posuit formas ideas esse et pertinere solum ad quidditatem, non materiam; quia in capitulo praecedente dixit contrarium, scilicet quod non solum forma pertinet ad definitionem, sed materia et forma, et per consequens ad quidditatem rei.[27]

In the *Notabilia*, the view that matter is not part of the quiddity of composites, presented in *Met.* VIII, is said to be not Aristotle's but Plato's opinion. If readers want to find Aristotle's opinion, they should turn to the previous chapter.

3.1.5. *Quaest. super Met.* VII, q. 19, §58. In this passage, Duns Scotus considers a text that is sometimes brought in support of the view that a genus adds nothing to its species, contrary to what Duns Scotus himself holds.[28] He notices that Aristotle adds a further clause: either a genus adds nothing to its species, *or*, if it is indeed something in addition to its species, it is so as matter. To illustrate this point, Aristotle gives the example of sound, which is the matter out of which the differentiae of sound constitute its species.[29] Duns Scotus remarks that the view Aristotle endorses is the one he illustrates by the example of sound. So Aristotle's actual view is that a genus is something in addition to its species, not that it is nothing at all. Duns Scotus observes that Aristotle's reference to sound should be understood as indicating what sort of thing corresponds in reality to the concept of a genus. The passage is admittedly obscure, but what Duns Scotus seems to have in mind is that Aristotle's example shifts the focus from concepts to what those concepts represent. So the idea that sound is the matter out of which specific sounds are made should be taken to show something about reality, not about the relationship between generic and specific concepts. It is here that Duns Scotus refers to the way he explained that passage when he commented on it:

Ad primum: additur 'aut si est, est quidem ut materia'. Exemplificatur de voce; et illud membrum est verum pro quo exemplum adducitur. Et debet intelligi ad manifestandum quid singulare in

---

[26] ARIST., *Met.* VIII 3 1043a36 (AL XXV 3.2, p. 172, 108).

[27] *Not. super Met.* VIII, §22 (p. 137).

[28] ARIST., *Met.* VII 12 1038a5 (AL XXV 3.2, p. 157, 681-682); DUNS SCOT., *Quaest. super Met.* VII, q. 18, §1 (OPh IV, 357).

[29] ARIST., *Met.* VII 12 1038a6-8 (AL XXV 3.2, p. 157, 682-684).

re correspondet conceptui communi generis, *sicut expositum fuit legendo textum.*[30]

This reference is rather obscure and admittedly it is not immediately clear what in the *Notabilia* might correspond to it. Here I suggest three possibilities. First, the passage of the *Notabilia* to which Duns Scotus is referring to might have been lost. If that is the case, Duns Scotus's authorship of the *Notabilia* is still demonstrated by the cumulative evidence provided by the other references. Second, Duns Scotus might be referring in general to the discussion of the relationship between genera, species, and differentiae that is given in *Not.* VII, §161-161, 166-167, and 169-171, which I quote below in 3.1.7. Third, Duns Scotus might be calling attention to his own interpretation of the relationship between parts of the definition (genus and species) and parts of the thing (matter and form). Accordingly, his point would be that Aristotle's example of sound should be understood as indicating what in a thing corresponds to a generic concept. The general idea is that genus and species do not signify the same item (i.e., a certain thing's essence) in different ways. Rather, each one of them picks out a distinct item in a thing's essence and each one provides necessary information about the thing considered. In other words, Duns Scotus might be referring to his own view on the role of genus, species, and differentia in a definition.[31] If that is correct, Duns Scotus's reference might be to *Not. super Met.* VII, §105-109:

> Nota quod hic dicitur: sicut 'ratio ad rem' sic 'partes rationis ad partes rei'.[32] Hoc est contra eos qui dicunt quod genus significat totum et differentia similiter, tamen sub alio modo.[33] Sed dico tunc quod numquam vitabitur nugatio in definitione, quia modus significandi non est de essentia rei. Similiter, sequitur quod genus ex quo, significans totam essentiam, sufficienter definiret

---

[30] DUNS SCOT., *Quaest. super Met.* VII, q. 19, §58 (OPh IV, p. 374).
[31] See G. GALLUZZO, 'Genus and differentia in Scotus's Questions on the Metaphysics', in *Johannes Duns Scotus 1308-2008: Die philosophischen Perspektiven seines Werkes / Investigations into His Philosophy. Proceedings of "The Quadruple Congress" on John Duns Scotus.* Part 3 – ed. L. Honnefelder *et al.*, St. Bonaventure, N.Y. – Münster, 2010, p. 247-263.
[32] ARIST., *Met.* VII 10 1034b21 (AL XXV 3.2, p. 148, 464-465).
[33] THOM. AQ., *De ente et essentia*, 2 (ed. Leon. XLIII, p. 372, 164-187); *In Met.* VII, lect. 12, §1545 (p. 373), *Summa theol.* I, q. 50, a. 4, ad 1. Cfr DUNS SCOT., *Quaest. super Met.* VII, q. 19, §6 (OPh IV, p. 358).

speciem. Arguo tamen contra istud sic: sicut ratio ad rem, sic partes rationis ad partes rei; ergo permutatio.[34] Dico concedendo permutationem, tamen eo modo quo prius tenebat prima proportio sive similitudo: hoc autem non fuit quantum ad praedicationem.[35]

The point of this passage is to contrast Thomas Aquinas's interpretation of the relationship between genus, species, and differentia to what happens to be Duns Scotus's own interpretation of the relationship between those concepts. According to Aquinas, a genus and its differentiae signify the same entity in different ways. By contrast, Duns Scotus holds that a genus and its differentiae signify different parts of a certain thing. In support of Duns Scotus's interpretation, the author of the *Notabilia* argues that, according to the text under consideration, the definition of a thing is related to that thing just as the parts of the definition are related to the parts of the thing. Therefore, it is possible to carry out the following permutation of terms: the definition of a thing is related to its parts just as the thing defined is related to its parts. The conclusion to be drawn from this is that, just as each part of a thing cannot be reduced to another part, so each part of a definition picks out something real and cannot be reduced to any other part of the definition. At the end of the passage, the author of the *Notabilia* clarifies that this does not entail that the parts of a thing can be predicated of one another just as the parts of a definition can. Notwithstanding this caveat, the general point is clear: to a generic concept there corresponds a real item that cannot be reduced to the item corresponding to a species or a differentia. That seems to be the point that Duns Scotus, in the passage from his *Questions on the Metaphysics* under consideration, thinks that Aristotle's example of sound is intended to make.

3.1.6. *Quaest. super Met.* VIII, q. 4, §10 (OPh IV, p. 492). In this passage, Duns Scotus is inquiring why form and matter constitute a *per se* unity. After questioning the claim that an appeal to the notions of potency and act might be sufficient to explain the *per se* unity of matter and form, he turns to the view that the cause of such a unity should be found not in something intrinsic to matter and form but in the agent that produces the composite by bring-

---

[34] For the meaning of '*permutatio*', see my annotation to the text.
[35] *Not. super Met.* VII, §105-109 (p. 115).

ing it from potentiality to actuality. This is the position that Duns Scotus says he held in his explanation of the text of that chapter of Aristotle's *Metaphysics* (i.e. *Met.* VIII, 6):

> Ideo aliter potest dici, *sicut dictum est exponendo textum huius capituli*, quod realiter et naturaliter compositum est in potentia propter materiam praeexsistentem, quae potest esse aliquid eius, quia potest esse sub forma eius, iuxta illud VII cap. 5[36]: in omni generatione oportet aliquid praeexsistere quod sit per se pars generati. Sicut igitur solum agens est causa quare compositum prius ens in potentia postea fit in actu, ita ipsum solum est causa quare materia prius exsistens in potentia ad formam postea fit actu sub ipsa, et fit ex eis unum. Huius enim unitatis nulla est causa intrinseca nisi velimus dicere, "quod hoc actus, et illud potentia et tunc non est iam dubitatio", quia hoc est primum notum.[37]

Even though in the relevant section of the *Notabilia* there is no mention of the view that the composite is "really and naturally" in potency by virtue of its pre-existing matter – a view that is presented in those very terms by Duns Scotus in his *Lectura*[38] –, the idea that there is no intrinsic cause of the unity of the composite of matter and form and that the entire cause of that unity is the agent or efficient cause that produces the composite is expressed in *Not. super Met.* VIII, §56-57:

> QUAECUMQUE VERO NON HABENT MATERIAM NEC SENSIBILEM NEC INTELLIGIBILEM.[39] Alii exponunt de angelis. Et dico quod non oportet, immo vult solum dicere quod potest exponi dictum suum de formis simpliciter et de materia simpliciter: nec enim habet materia aliquam causam intrinsecam per quam sit hoc quod est sed se ipsa, hoc est, non est actu sed potentia est; similiter, forma simpliciter non habet aliquid per quod sit tale. Similiter, nec materia cum forma habent aliquam causam formalem per quam fiat unum ex eis, nisi efficiens in illis quae generantur per motum; in aliis, ut in mathematicis, non est tale efficiens.[40]

In this passage, Thomas Aquinas's view that Aristotle in 1045a36-b2 is talking about separate substances (i.e., angels) is

---

[36] ARIST., *Met.* VII 7 1032b30-1033a1 (AL XXV, 3.2, p. 144, 343-346).
[37] DUNS SCOT., *Quaest. super Met.* VIII, q. 4, §10-11 (OPh IV, p. 492).
[38] DUNS SCOT., *Lect.* II, d. 12, q. un., n. 64 (ed. Vat. XIX, p. 94).
[39] ARIST., *Met.* VIII 6 1045a36 (AL XXV 3.2, p. 177, 259).
[40] *Not. super Met.* VIII, §56-57 (p. 144-145).

mentioned,[41] but another view is preferred. According to the author of the *Notabilia*, Aristotle is actually saying that there is no intrinsic cause why matter is what it is (i.e. potential) and form is what it is (i.e. actual). After this general point, the passage moves to the specific issue addressed in the *Questions on the Metaphysics*, i.e. the reason why one thing results from the union of matter and form: in the case of those things that are generated though change, the only cause of their unity is the efficient cause that brings about their composition.

3.1.7. *Ord.* IV, d. 11, pars 1, art. 2, q. 1, §255 (ed. Vat. XII, p. 256-257). In this passage, Duns Scotus considers a text from *Met.* VII already mentioned above in 3.1.5, where Aristotle seems to be claiming that a genus signifies nothing over and above its species – a claim that Duns Scotus thinks to be at odds with the doctrine of the plurality of forms in a material composite. In response to this, Duns Scotus states that the explanation of the Aristotelian passage that seems to support the unity of substantial form is wrong. To confirm this point, he refers to his explanation of that chapter of Aristotle's *Metaphysics* and adds that the quotation from Aristotle is truncated. For Aristotle goes on to state that, if a genus indeed signifies something over and above its species, it does so as matter, and then he illustrates this by the example of sound. Thus, Aristotle's point is that a genus does signify something over and above what is signified by its species, for it signifies what is potential with respect to what is signified by its species:

> Ad confirmationem illam adductam VII *Metaphysicae* cap. 'De definitione'[42]: capitulum illud non videtur bene exponi, *sicut patet in expositione quam edidi super illud capitulum*; auctoritates autem illae vocales trucatae sunt et nihil ad *b*. Prima quidem truncata est, quia sequitur: "genus non est praeter eas quas sunt generis species, – aut si est quidem, ut materia est"; et secunda pars disiunctionis est vera. Unde ad illud secundum membrum subdit exemplum: "vox quidem ut genus est".[43]

What Duns Scotus goes on to state in the *Ordinatio* closely parallels the relevant section of the *Notabilia* on *Metaphysics* VII, 10, as is clear from the following comparison:

---

[41] THOM. AQ., *In Met.* VIII, lect. 5, §1762 (p. 420).
[42] ARIST., *Met.* VII 12 (AL XXV 3.2, p. 156, 652-158, 711).
[43] DUNS SCOT., *Ord.* IV, d. 11, pars 1, art. 2, q. 1, §255 (ed. Vat. XII, p. 256-257).

Ordinatio IV

Et eodem modo illud quod sequitur "finalis differentia substantia rei erit et definitio", nullo modo potest intelligi quod tota ratio quiditativa sit differentia ultima (tunc enim omnino in definitione superflueret genus, quia sola differentia ultima totam essentiam rei exprimeret), sed sic debet intelligi quod completive est tota substantia rei, sicut a forma completiva est tota essentia habentis formam.[45]

Quod additur ibi, quod "in substantiis non est ordo", nihil ad propositum; ante enim immediate voluit quod si est nugatio addendo differentiam priorem posteriori, quod pari ratione erit nugatio e converso, – non enim est ordo talis in substantiis, hoc est in hiis quae pertinent ad rationem substantialem alicuius seu definitivam, quod alius et alius ordo faciat et tollat nugationem.[47]

Quod additur ibi, quod "differentia inferior includit superiorem", hoc est manifeste falsum: Quia tunc impossibile esset per genus proximum et differentiam proximam definire, quia idem bis diceretur, scilicet illa differentia superior per se inclusa tam in ratione differentiae inferioris quam in ratione generis proximi.

Unde, ponendo rationes generis et differentiae loco nominum, manifeste patet nugatio. Et haec est intentio Philosophi ibidem, quomodo debeat nugatio cognosci in definitione,

Notabilia

SI ITAQUE HAEC SIC SE HABENT, ⟨PALAM⟩ QUOD FINALIS DIFFERENTIA.[44] Alii primae opinionis accipiunt hic argumentum tale: si differentiae mediae ponerentur in definitione speciei, cum ultima differentia includat omnes alias, erit nugatio in definitionibus. Sed magis dico quod concluditur nugatio contra eos. Et dico quod non vult dicere nisi istud, quod completa unitas definitionis est ab ultima differentia completive, ab aliis non.[46]

SED ORDO NON EST IN SUBSTANTIA.[48] Ex hoc concludunt quod est una forma. Et dico non est, sed vult dicere quod nec propter transpositionem partium definitionis non vitabitur nugatio, et ad hoc referendum est: QUOMODO INTELLIGENDUM EST HIC PRIUS[49] etc. Unde non loquitur hic de definitione substantiae solum, sed omnium.[50]

Advertendum tamen quod primi numquam possunt definire speciem specialissimam nisi per genus remotum, non proximum, quia nugatio est, qualitercumque evadere nituntur. Si enim debet definiri 'homo' per 'animal rationale', tamen 'rationale' secundum eos includit per se 'sensibile' et 'animal'.

Similiter, erit per se nugatio si ponitur ratio pro nominibus. Si 'rationale' potest habere definitionem dicentem quid significatur per nomen, tunc homo est substantia animata sensibilis

---

[44] ARIST., *Met.* VII 12 1038a18-19 (AL XXV 3.2, p. 157, 695-696).
[45] DUNS SCOT., *Ord.* IV, d. 11, pars 1, art. 2, q. 1, §256 (ed. Vat. XII, p. 257).
[46] *Not. super Met.* VII, §169-170 (p. 127).
[47] DUNS SCOT., *Ord.* IV, d. 11, pars 1, art. 2, q. 1, §257 (ed. Vat. XII, p. 257-258).
[48] ARIST., *Met.* VII 12 1038a33 (AL XXV 3.2, p. 158, 708-709).
[49] ARIST., *Met.* VII 12 1038a33-34 (AL XXV 3.2, p. 158, 709-710).
[50] *Not. super Met.* VII, §171 (p. 128).

INTRODUCTION

Ordinatio IV	*Notabilia*
ponendo scilicet rationes pro nominibus.[51]	sensibilis, quae est definitio animalis et rationalis, ita quod 'sensibile' bis poneretur: semel ratione animalis et semel ratione differentiae.[52]
Quod igitur additur ibi, quod ipse velit hoc dicere, – illa auctoritas "fissio pedis est quaedam pedalitas" non est ad propositum: intelligit enim ibi non de praedicatione per se primo modo, qualis intelligitur per ista abstracta, sed quod inferior debet per se dividere superiorem in quantum huiusmodi, et hanc divisionem per se innuit per ista abstracta.[54]	FISSIO PEDUM EST QUAEDAM PEDALITAS.[53] Hic trahunt illi qui dicunt primam opinionem quod differentia superior est de intellectu inferioris, quia dicunt quod, quandocumque est praedicatio in abstracto, est praedicatio primo modo per se, quia est praedicatio ratione essentiae, non subiecti, etc. Sed non valet, si intelligitur littera. Non enim vult Philosophus plus dicere nisi quod oportet accipere tales differentias quae dividant differentias superiores ita quod illae differentiae dividentes sunt essentiales, non accidentales, sicut est alatum et non alatum etc. Erit tunc sensus: 'fissio pedum' etc., hoc est: fissio pedum est differentia essentialis, non per accidens, hoc est: fissio pedum dividit pedalitatem in quantum est habens pedes. Ideo dicit sic in abstracto.[55]

At the end of the passage from *Ord.* IV, Duns Scotus sums up what can and cannot be drawn from a correct interpretation of Aristotle's chapter on the parts of definitions. In so doing, he refers again to the way he explained that chapter "elsewhere":

> Ex toto igitur illo capitulo, si convenienter per totum exponeretur, *sicut expositum est alibi*, neque habetur quod genus nihil aliud est per se in definitione praeter rationem differentiae, neque quod differentia ultima sit tota definitio, vel quod indicat totam substantiam rei, neque quod non est ordo per se in iis quae importantur per se differentias ordinatas, neque quod inferior

---

[51] DUNS SCOT., *Ord.* IV, d. 11, pars 1, art. 2, q. 1, §258 (ed. Vat. XII, p. 258).
[52] *Not. super Met.* VII, §160-161 (p. 125).
[53] ARIST., *Met.* VII 12 1038a15 (AL XXV 3.2, p. 157, 691).
[54] DUNS SCOT., *Ord.* IV, d. 11, pars 1, art. 2, q. 1, §260 (ed. Vat. XII, p. 259).
[55] *Not. super Met.* VII, §166-167 (p. 126-127).

> differentia per se includit superiorem, neque habetur aliquid pro unitate formae [...].[56]

The extended parallelism between the *Ordinatio* and the *Notabilia super Metaphysicam* makes it clear that Duns Scotus's reference is to the *Notabilia*. The close link between those two works actually suggests that Duns Scotus might have used the *Notabilia* as his source in the relevant part of his *Ord*. IV.

3.2. *References from the* Notabilia *to Other Works by Duns Scotus*

3.2.1. *Not*. V, §84. In this passage, an argument is given against those who held that, if a genus were predicated accidentally of its differentiae, then it would also be predicated accidentally of its species. That position was based on Aristotle's claim that Coriscus is predicated accidentally of musical Coriscus.[57] The author of the *Notabilia* counters that Aristotle's claim cannot be applied to a genus and its species because it is meant to hold only for accidental unities, as is made clear by the example Aristotle provides. It is here that the author of the *Notabilia* refers to an answer that was previously given in a question on whether a genus is predicated *per se* of its differentiae. He also indicates that the last argument in that question is based on the passage by Aristotle under consideration:

> Ad argumenta quae facit prius de unitate per accidens, quod haec est per accidens: "animal rationale est animal", dico quod ratio Philosophi est intelligenda quando ex illis duobus constituitur unum accidentaliter, ut per exemplum suum patet, non essentialiter, *sicut responsum est prius in quaestione illa quae quaerebat utrum genus per se praedicetur de differentia*. Et *illud argumentum ibi ultimum potest sumi ex ista littera*.[58]

This is a reference to the last argument *quod sic* in Duns Scotus's *Quaest. super Met*. III, q. un., *Utrum genus praedicetur per se de differentia*:

> Item, si per accidens de differentia, et de specie. Probatio: quia quando aliquid praedicatur de aliquo per accidens, praedicatur de quolibet per accidens quod intelligitur sub ratione illius, sicut sub ratione formali. Sed species intelligitur sub differentia for-

---

[56] Duns Scot., *Ord*. IV, d. 11, pars 1, art. 2, q. 1, §262 (ed. Vat. XII, p. 259-260).
[57] Arist., *Met*. V 6 1015b23-26 (AL XXV 3.2, p. 99, 192-195).
[58] *Not. super Met*. V, §84 (p. 55).

maliter, ergo etc. [...] Ad aliud: nego consequentiam. Ad probationem: quod verum est, si illud quod est ratio faciat intelligi cum alio unum per accidens, non si faciat unum per se, sicut differentia cum specie.[59]

3.2.2. *Not. super Met.* V, §94. In this passage, some consideration is given to a claim made by Aristotle which seems to suggest that indivisibility – which is a negative feature – is the formal account of unity. The author of the *Notabilia* notices that he had made an argument about this very point in the fourth book, in the question whether being and one signify a positive feature or a privation (notice that the reference to what was said in the question is in the first person: "an argument *I* made"):

> Nota quod Philosophus dicit hic quod omnia, in quantum sunt indivisa, sunt unum.[60] Et hoc est unum argumentum in alia parte folii, quod scilicet isopleuros et isosceles essent unus triangulus. Videtur ergo per Philosophum quod indivisio est ratio formalis unius. *De hoc feci unam rationem, quaestione de ente et uno, utrum significant positivum vel privationem. Dicebatur in quarto.*[61]

This is a reference to an argument in Duns Scotus's *Quaest. super Met.* IV, q. 2, *Utrum ens et unum significent eandem naturam*:

> Ad aliud: quod illud cui inest indivisio, naturaliter est prius eo cui inest divisio, et illud est pars multitudinis; tamen conceptus nominis est indivisio. [...] Responsio: aliud positivum est, sed quia ignotum, non est nominatum positive sed privative; unde 'unum' non tantum includit positivum quod est ens.[62]

3.2.3. *Not. super Met.* V, §175. In this passage, the author of the *Notabilia* remarks that Aristotle's view that the attributes of a genus can never be its species is relevant to "that question on being" (*pro illa quaestione de ente*), because being can have attributes common to all things (and those attributes, we should understand, are not species of being):

> Similiter, nota quod ex hac littera, ubi loquitur de passionibus quantitatis,[63] eligitur quod numquam species alicuius generis de-

---

[59] Duns Scot., *Quaest. super Met.* III, q. un, §5 and 14 (OPh III, 287-288, 291).
[60] Arist., *Met.* V 6 1016b3-5 (AL XXV 3.2, p. 101, 247-249).
[61] *Not. super Met.* V, §94 (p. 57).
[62] Duns Scot., *Quaest. super Met.* IV, q. 2, §58 and 60 (OPh III, p. 333).
[63] Arist., *Met.* V 13 1020a19-26 (AL XXV 3.2, p. 110, 531-111, 537).

> terminati est passio eius nec illud genus praedicatur de eo secundo modo ex quo praedicatur primo modo, sed semper passio alicuius est species alicuius alterius quam istius cuius est passio. *Hoc est notabile pro illa quaestione de ente, quia ens potest habere aliquam communem passionem omnibus entibus, etc.*[64]

This appears to be a reference to *Quaest. super Met.* IV, q. 1, *Utrum ens dicatur univoce de omnibus*, where (in a passage marked as an addition to the main text) Duns Scotus states that it is impossible for the attributes of being (i.e. true, good, etc.) to be species of any genus:

> Tunc dicitur quod ens et omnia consequentia ipsum in quantum ens, ut verum, bonum etc., ex se sunt indifferentia ad limitatum et illimitatum; et ultra, sub limitato, ad substantiam et accidens. Et ultra, cum omnis res cuiuscumque praedicamenti sit limitata necessario, impossibile est aliquod transcendens esse formaliter speciem alicuius generis, ita quod non denominant omnia sic quod ipsa sunt species generum, sed omnino in nullo genere sunt.[65]

3.2.4. *Not. super Met.* VI, §5-6. In this passage, a text by Aristotle is mentioned, which seems to suggest that the subject matter of a particular science is contained in a more universal science under an accidental account. The author of the *Notabilia* remarks that he held the contrary in a question. Therefore, he interprets Aristotle's text differently, as stating that the subject matter of a particular science is contained not in an accidental but in a particular way in a more general science (notice again the use of the first person: "*I* said the contrary in a question"):

> CIRCUMSCRIPTE TRACTANT, scilicet aliae scientiae, NON DE ENTE SIMPLICITER, NEC IN QUANTUM ENS EST NEC DE IPSO QUOD QUID,[66] quia subiectum cuiuslibet scientiae particularis non continetur sub propria ratione quidditativa, sed sub ratione aliqua accidentali. Ego in quaestione dixi contrarium. Et glosso: 'circumscripte', id est 'particulariter'; 'nec in quantum ens est', supple: in universali; 'nec quod quid', in universali.[67]

This is a reference to Duns Scotus's *Quaest. super Met.* I, q. 9, where the passage under consideration is initially interpreted as

---

[64] *Not. super Met.* V, §174 (p. 69).
[65] DUNS SCOT., *Quaest. super Met.* IV, q. 1, §45 (OPh III, p. 306).
[66] ARIST., *Met.* VI 1 1025b8-10 (AL XXV 3.2, p. 125, 9-10).
[67] *Not. super Met.* VI, §5-6 (p. 88).

stating that particular sciences consider quiddities according to their accidents, to which Duns Scotus responds that Aristotle's point is that no science except metaphysics considers being or quiddity in general:

> Ad aliud: aliae scientiae considerant quiditates secundum accidentia sibi. [...] Ad primum principale, scilicet ad textum Aristotelis, dico quod solum intelligit quod nulla alia scientia considerat ens, sive 'quid' in communi, nisi haec.[68]

3.2.5. *Not. super Met.* VI, §21. In this passage, the author of the *Notabilia* remarks that many arguments both *pro* and *contra* relevant to the question on the subject matter of metaphysics can be found in Aristotle's *Metaphysics* VI 1 1026a5-33:

> IDEOQUE[69]: de differentia. Ab hoc loco usque ibi: ET QUONIAM ENS DICTUM EST MULTIPLICITER,[70] nota *multa argumenta pro et contra pro quaestione quae quaerit de subiecto metaphysicae*. Dicitur enim haec scientia ut hic dicitur 'theologia'. Verum est: a causa, id est Deo, denominatur, non a subiecto proprio, sicut scientia naturalis a natura, quae est principium et causa.[71]

This appears to be a reference to many arguments both *pro* and *contra* taken from *Met.* VI, 1 in Duns Scotus's *Quaest. super Met.* VI, q. 1.[72]

3.2.6. *Not. super Met.* X, §115-116. In this passage, the author of the *Notabilia* remarks that Aristotle's claim that multitude is the genus of number (because a number is a multitude measurable by one) is to be taken as a mere description (as opposed to a definition) of multitude. By contrast, some people (i.e., Thomas Aquinas)[73] take it as a definition, and accordingly they draw the conclusion that multitude is actually measured by one (otherwise it would not be a number). From this, Aquinas draws the further conclusion that there neither is nor can be an (actually) infinite number (because, it appears, no infinite can actually be measured by one). But the author of the *Notabilia* states that an argument

---

[68] DUNS SCOT., *Quaest. super Met.* I, q. 9, §17 and 42 (OPh III, p. 169, 178).
[69] ARIST. *Met.* VI 1 1026a5 (AL XXVI 3.2, p. 126, 39).
[70] ARIST. *Met.* VI 1 1026a33 (AL XXVI 3.2, p. 127, 69).
[71] *Not. super Met.* VI, §21 (p. 91).
[72] DUNS SCOT., *Quest. super Met.* VI, q. 1, §14-17, 58-60 (OPh III, p. 20-21, 35-36).
[73] THOM. AQ., *Sum. Theol.* I, q. 7, art. 4.

against this claim is made in the question dealing with the infinite number of causes. For suppose that multitude is indeed measured by one. Then either multitude is measured by one taken a finite number of times or by one taken an infinite number of times. If the former, then multitude is finite and no number is potentially infinite, which (as the author of the *Notabilia* correctly observes) is a view rejected by Aquinas. If the latter, then multitude is indeed actually infinite, against what Aquinas holds:

> Similiter, nota quod haec definitio multitudinis[74] non est nisi descriptio, quod nota nobis, licet secundum aliquos est vera definitio. Et concludunt ultra quod multitudo [non] sit mensurata uno actu, aliter non esset numerus. Et ex hoc dicunt quod non est aliquis numerus infinitus, nec Deus posset facere. Sed *contra hoc arguitur in quaestione de infinitate causarum* sic: aut multitudo est numerus mensuratus uno finities sumpto aut infinities sumpto. Si primo modo, tunc sequitur quod multitudo potest determinari et consumi ita quod sit actu; et tunc sequitur quod non est numerus infinitus potentia, quia iam actualiter consumitur; sed non esse numerum infinitum in potentia est contra eos. Si infinities sumpto, tunc habeo propositum, etc.[75]

This is a reference to *Quaest. super Met.* II, q. 4-6, devoted to the possibility and cognizability of infinity, where Duns Scotus presents his argument against Aquinas's position very much in the same terms as in the *Notabilia*:

> Item, X huius: 'Numerus est multitudo mensurata uno'.[76] Sed contra rationem infiniti est mensurari a finito, sicut probatur, VI *Physicorum*,[77] quod infinitum non potest mensurari a finito; ergo nullus numerus potest esse infinitus. [...] Ad aliud: quod nullum infinitum potest mensurari finito finities sumpto, bene tamen finito infinities sumpto. Nunc, non est de ratione numeri quod mensuretur uno finities sumpto. Quia, secundum ipsum, numerus in potentia est infinitus qui non potest mensurari uno finities sumpto, sed necessario uno infinities sumpto.[78]

3.2.7. *Not. super Met.* X, §136. In this passage, three senses of the word 'contrariety' are distinguished. Only the first two are rele-

---

[74] ARIST., *Met.* X 6 1057a2-4 (AL XXV 3.2, p. 210, 372-373).
[75] *Not. super Met.* X, §115-116 (p. 182-183).
[76] ARIST., *Met.* X 6, 1057a3-4 (AL XXV 3.2, p. 210, 373).
[77] ARIST., *Phys.* VI 2 233a24-34; AL VII, 1, 224-225.
[78] DUNS SCOT., *Quaest. super Met.* II, q. 4-6, §30 and 40 (OPh III, p. 247, 250).

vant here. In the first sense, two things are said to be contrary to each other when they are "privatively opposed" to each other. It is in this sense that Aristotle, in *Physics* I, speaks of principles as opposed to one another. In the second sense, two things are said to be contrary to each other when the distance between them is the greatest possible. In the latter sense, there are opposite things in every category. Some people, however, contend that there is no contrariety in the sense of 'greatest distance' between two items in the category of quantity, because otherwise there would be an infinite regress in the number of species in that category. It is here that the author of the *Notabilia* refers to an argument he made "there" (which I interpret as referring to the place where he talks about quantity) in support of the view that there is indeed a greatest possible distance even in the category of quantity (notice again the use of the first person: "*I* made an argument there"):

> Dico quod intelligitur contrarietas tripliciter. Aliquando accipitur pro privative oppositis, sicut, I *Physicorum*,[79] principia sunt contraria, sunt id est privative opposita secundum omnes et secundum Commentatorem. Aliquando pro maxima distantia; et sic est in omni genere (dicunt aliqui: praeterquam in quantitate, quia ibi est processus in infinitum in speciebus; tamen ibi feci argumentum, et potest forte dici quod sic ibi sicut in aliis).[80]

This passage is a reference to Duns Scotus's *Quaest. super Praed.*, q. 24, *An quantitati sit aliquid contrarium*, which closely parallels the *Notabilia* passage:

> Ad quaestionem dicendum quod contrarietas sumitur aequivoce, scilicet proprie et transumptive. Transumptive dicitur absolute maxima distantia in genere, et extenditur ad oppositionem privativam, sicut in I *Physicorum* dicitur principia esse contraria pro forma et privatione quae manifestum est privative opponi. [...] Contrarietas proprie est maxima distantia formarum, quae natae sunt mutuo fieri circa idem susceptivum. Hoc negatur a substantia et quantitate; et est hoc intelligendum in definitis, id est in speciebus quantitatis, ut dicit Aristoteles, non forte in passionibus. Similiter, intelligendum est de quantitate secundum se, non secundum esse naturale, quia forte illo modo habet contrarium, ut diceretur respondendo ad argumenta.

---

[79] ARIST., *Phys.* I 5 188a26-b3 (AL VII 1.2, p. 22, 18-23, 14).
[80] *Not. super Met.* X, §136 (p. 185-186).

> Ad primum dicitur quod in quantitate nulla est maxima distantia, cum divisio continui procedit in infinitum, ita et infinitas in continuis et numeris causatis ex divisione eorum.
>
> Contra hoc est quod dicit Porphyrius quod species specialissimae sunt finitae secundum naturam, licet non quoad nos. Hoc etiam videtur per rationem, quia quaelibet species est pars essentialis universi, et in illis partibus non videtur possibilis infinitas, quia hoc repugnat ordini qui est bonum universi.[81]

Duns Scotus's own answer to the argument that there can be no greatest distance in quantity is given in the following paragraph, which is the passage to which the *Notabilia* passage alludes:

> Potest igitur dici quod quamvis essent infinitae species in potentia quantitatis, licet nulla infinitarum alii contrarietur – quia nec maxime distat –, tamen species intermedia his communis potest maxime distare ab alia specie intermedia communi illis, ut continuum maxime distaret secundum formam continuitatis a discreto, licet continua essent infinita et discreta similiter.[82]

3.2.8. *Not. super Met.* XII, §19. In this passage, the author of the *Notabilia* considers some lines from Aristotle's *Met.* XII that seem to support the view that the nature of form, matter, and privation varies according to the nature of what is considered. To clarify the point, he refers to a question about this topic in Bk. IX:

> Unde solvit ibi: ALITER [83] etc. Et ibi nota litteram, quia facit pro eis qui ponunt naturam trium principiorum diversam in diverso. Ergo quaerit de illa materia in IX quaestio etc.[84]

This appears to be a reference to Duns Scotus's *Quaest. super Met.* IX, q. 11, where he presents the view that act, potency, and privation vary according to the category in which they are present. That view is based on a passage from Aristotle's *Metaphysics* XII which precedes the one considered in the *Notabilia* by a few lines:

> Quia Philosophus vult, XII huius cap. 2,[85] quod omnium sunt principia proportionaliter eadem, quia sicut in substantia est potentiale et actus et privatio – tria principia –, ita in quolibet ge-

---

[81] DUNS SCOT., *Quaest. super Praed.*, q. 24, §8-10 (OPh I, p. 416-417).
[82] DUNS SCOT., *Quaest. super Praed.*, q. 24, §1 (OPh I, p. 417).
[83] ARIST., *Met.* XII 5 1071a4 (AL XXV 3.2, p. 252, 143).
[84] *Not. super Met.* XII, §19 (p. 191).
[85] ARIST., *Met.* XII 4 1070a31-33 (AL XXV 3.2, p. 250, 93-95).

nere tria proportionaliter alia ab istis, sicut alia genera differunt a substantia.[86]

When responding to this point, Duns Scotus remarks that it touches on a question that asks specifically whether there are composites, forms, and potential principles pertaining to each category (and this seems to be the "question" to which the *Notabilia* alludes). He grants that this is the case, on the basis of a battery of Aristotelian passages, including the one from *Metaphysics* XII:

> Ad argumenta. Tangunt quaestionem quae quaerit in speciali: an in omni genere sit compositum et forma propria, respectu quorum potentiale proprium sit in duplici potentia. Et potest concedi quod sic, secundum intentionem Philosophi in VII, cap. 6, quod in omni genere generatur compositum, et in XII, sicut allegatur. Sed quomodo illa compositio sit intelligenda, dictum est in VIII in quaestione 'De simplicitate accidentium'.[87]

3.2.9. *Not. super Met.* XII, §27-28. In this passage, the author of the *Notabilia* deals with a few lines from *Met.* XII where Aristotle seems to demonstrate that God exists. Duns Scotus remarks that this would entail that God is not the subject matter of metaphysics. Accordingly, he refers to what he said "in that question", which I take to be a reference to a question devoted to that topic (notice his use of the first person: "I say just as *I* said in that question"). He adds that an alternative answer could be that Aristotle, in the passage under consideration, does not demonstrate that God exists, but only that God is eternal:

> QUONIAM AUTEM TRES ERANT SUBSTANTIAE.[88] Videtur quod Deus non sit subiectum huius scientiae quia hic probat eum esse. Dico sicut dixi in quaestione illa. Aliter, non probat de Deo esse, sed sempiternitatem.[89]

This appears to be a reference to Duns Scotus's *Quaest. super Met.* I, q. 1, *Utrum subiectum metaphysicae sit ens in quantum ens*. At the beginning of the question, Duns Scotus mentions the argument that God is not the subject matter of metaphysics because his existence is not something known *per se*, but must be demon-

---

[86] DUNS SCOT., *Quaest. super Met.* IX, q. 11, §1 (OPh IV, p. 603).
[87] DUNS SCOT., *Quaest. super Met.* IX, q. 11, §5 (OPh IV, p. 604-605). The question "on the simplicity of accidents" to which Duns Scotus here refers is DUNS SCOT., *Quaest. super Met.* VIII, q. 1 (OPh IV, p. 397-412).
[88] ARIST., *Met.* XII 6 1071b2 (AL XXV 3.2, p. 254, 181).
[89] *Not. super Met.* XII, §27-28 (p. 192).

strated from his effects, as is done both in *Physics* VIII and in *Metaphysics* XII.[90] He then notices that it is possible to respond to this argument by distinguishing the way something is known in itself from the way it becomes known to us. Specifically, the proposition that God exists is naturally known *per se* and is demonstrated neither in metaphysics nor in any either science. We can indeed come to know that God exists, but only through his effects, for what is more knowable in itself can nevertheless become known to us through things different from itself, if those things are more knowable to us:

> De Deo enim naturaliter et secundum se notum est si est. Et ad probationem in contrarium, dicitur quod Deum esse desperatum cognosci non est, nec quaesitum in alia scientia, nec in ista secundum se, quamvis quoad nos fiat notum ex effectibus, sicut procedit ratio. Potest enim aliquid secundum se notius, fieri nobis notum ex aliis nobis notioribus.[91]

3.2.10. *Not. super Met.* XII, §45. In this passage, the author of the *Notabilia* deals with a few lines from Aristotle's *Met.* XII on the basis of which Averroes drew a distinction between two ways an object exists, namely in the soul and outside the soul. Averroes further claimed that the object as it is outside the soul moves us (i.e. our volitions) as a goal, whereas the object as it is in the soul moves us (i.e. our volitions) as an efficient cause. Averroes's example is a bath: when we intend to take a bath, we intend to take a real bath, not just a conceptual bath; but it is the concept of a bath present in our soul that moves us as an efficient cause when we decide to take a bath. Here the author of the *Notabilia* remarks that he dealt with this issue in a question[92] devoted to final causality (notice again the use of the first person: "*I* said about this"):

> Super hanc litteram[93] dicit Commentator quod balneum habet duplex esse, in anima et extra; et extra movet ut finis, intra ut efficiens.[94] De isto dixi quaestione (quaestione] *scripsi*, quasi *M*) de fine.[95]

---

[90] Duns Scot., *Quaest. super Met.* I, q. 1, §2 (OPh III, p. 16).
[91] Duns Scot., *Quaest. super Met.* I, q. 1, §19 (OPh III, p. 22).
[92] Notice that '*quaestione*' is my emendation; the manuscript has '*quasi*'.
[93] Arist., *Met.* XII 7 1072a26-30 (AL XXV 3.2, p. 256, 244-257, 259).
[94] Aver., *In Met.* XII, t. c. 36 (f. 318v I-K).
[95] *Not. super Met.* XII, §45 (p. 195).

This appears to be a reference to Duns Scotus's *Quaest. super Met.* IX, q. 14, *Utrum aliquid possit moveri seipsum*, where Duns Scotus refers to Averroes's passage on the bath as an argument in support of the view that an appetite cannot move itself (which is a particular instance of the general claim that Duns Scotus wants to reject, i.e., that nothing can move itself).[96] In response to Averroes's point, Duns Scotus states that a goal is a moving cause only metaphorically, because goals are not efficient causes (a point that is made also by the author of the *Notabilia* immediately before the passages containing the reference under consideration).[97] What Averroes says about the two ways an object moves, i.e., as a final and as an efficient cause, is false, according to Duns Scotus. Aristotle himself never distinguished between two ways the object of an appetite might move us:

> Confirmatur ista responsio in XII *Metaphysicae*, cap. 4°: movet ut amatum et desireratum, finis scilicet. Sed hoc est movere metaphorice, quia finis, in quantum finis, non est efficiens. Ergo 'moveri' sibi correspondens est 'moveri' metaphoricum. Per hoc respondetur ad Averroem, in commento super illud XII supra allegatum, quod falsum dicit. Nec in hoc exponit Aristotelem, qui nec ibi nec alibi invenitur ponere quod amatum dupliciter movet, scilicet proprie et metaphorice.[98]

In light of these cross-references, two conclusions are established beyond any reasonable doubt: first, that the author of the *Notabilia super Metaphysicam* and Duns Scotus are one and the same person; second, that the *Notabilia super Metaphysicam* and Duns Scotus's allegedly lost exposition on the *Metaphysics* are one and the same work.

4. Title

The title '*Notabilia super Metaphysicam*' is found in the Ambrosian manuscript (= *M*) both in the explicit of the *Quaestiones de anima* (f. 50vb) and in the explicit of the *Notabilia* (f. 98rb). Duns Scotus, however, never referred to this work under that title. Rather, all his references contain either the word '*expositio*' or cog-

---

[96] Duns Scot., *Quaest. super Met.* IX, q. 14, §22 (OPh IV, p. 630).
[97] *Not. super Met.* XII, §44 (p. 195).
[98] Duns Scot., *Quaest. super Met.* IX, q. 14, §123-124 (OPh IV, p. 672).

nate expressions (*exposui, expositum fuit, exponendo*). From both those references and other occurrences of the word '*expositio*' in his *Questions on the Metaphysics*, it appears that Duns Scotus did not use that word to refer to an entire work – what we would call a 'commentary' or 'literal exposition' of the *Metaphysics*. Rather, the word '*expositio*' and cognate expressions refer for him to the explanation of a specific passage, in this case from Aristotle's *Metaphysics* (the *text* that was being explained). In a similar vein, Duns Scotus used the expression '*expositio Commentatoris*' to refer to the explanation given by Averroes of a specific passage from Aristotle's *Metaphysics*.[99] This usage is particularly evident in the reference to the *Notabilia* present in *Ord*. IV, where Duns Scotus refers to the "exposition I gave *on that chapter*" (*sicut patet in expositione quam edidi super illud capitulum*).[100] Accordingly, it does not seem appropriate to give the title '*expositio*' to Duns Scotus's entire commentary.

We seem to come closer to Duns Scotus's own way of referring to this work when we consider the above-mentioned reference to a *glossa iuxta textum* (*Quaere expositionem textus in glossa iuxta textum*),[101] which should probably be translated as "the gloss next to the text". The editors of Duns Scotus's *Quaestiones super Metaphysicam* interpret this expression as evidence "that Scotus had in mind a specific copy of a literal commentary – whether his own or someone else's – on the *Metaphysics*".[102] In light of the evidence I have given above, we can now conclude that Duns Scotus was referring to his own commentary on the *Metaphysics*. But the edi-

---

[99] DUNS SCOT., *Quaest. super Met*. I, q. 1, §20 (OPh III, p. 22); II, q. 4, §72 (OPh III, p. 257); VII, q. 2, §16 (OPh IV, p. 107); VIII, q. 4, §7 (OPh IV, p. 491). Similarly, in *Quaest. super Met*. V, q. 11, §2 (OPh III, p. 571), Duns Scotus refers to Simplicius's explanation of equivocals as '*in expositione aequivocorum*'. Elsewhere in the same work, Duns Scotus uses '*expositio*' and cognate expressions to refer to his own explanation of a specific passage. Nowhere in the *Quaest. super Met*. are the word '*expositio*' and cognate expressions used to indicate an entire work, i.e. a commentary. I wish to thank Stephen Dumont for providing me with the list of all the occurrences of '*expositio*' and cognate expressions in Duns Scotus's *Quaest. super Met*.

[100] DUNS SCOT., *Ord*. IV, d. 11, pars 1, art. 2, q. 1, §255 (ed. Vat. XII, p. 256-257). It should be noticed that the use of the word '*edidi*' does not entail that Duns Scotus ever published his exposition in any other form than by lecturing on the *Metaphysics*. See on this point P. BOURGAIN, 'La naissance officielle de l'oeuvre: l'expression métaphorique de la mise au jour', in *Vocabulaire du livre et de l'écriture au Moyen Âge. Actes de la table ronde, Paris 24-26 septembre 1987* – ed. O. Weijers, Turnhout, 1989, p. 195-205.

[101] DUNS SCOT., *Quaest. super Met*., VII, q. 7, §19 (OPh IV, p. 152-153).

[102] 'Introduction', in DUNS SCOT., *Quaest. super Met*. (OPh III, p. xl).

tors of the *Questions* are most probably correct when claiming that such a reference is to a specific copy of the *Metaphysics*, i.e. his own copy, which probably contained his own notes in its margins (or attached to it in some other way).

Should we conclude that the original title under which Duns Scotus referred to his work was something like '*glossa iuxta textum Metaphysicae*'? This is a tempting hypothesis, but I think that it would be hasty to draw this conclusion on the basis of this single reference. It is a fact that in all other references to his commentary Duns Scotus only talked of his explanation of a specific passage. Similarly, it is possible that the expression '*glossa iuxta textum*' should be interpreted as a reference not to the entire work but to a specific annotation next to the passage under consideration, just as is the case elsewhere in Duns Scotus's *Questions on the Metaphysics*.[103]

By contrast, the title '*Notabilia super Metaphysicam*, although not given by Duns Scotus himself, describes well the content of this work: a series of remarks on things worthy of notice (*notabilia*) in Aristotle's *Metaphysics*. Several writings have indeed come down to us under this title. Robert Kilwardby,[104] John of Payrac (Johannes de Payraco),[105] Nicholas of Cornwall (Nicholas Cornubiensis),[106] a mysterious H. de Brox (possibly Henry of Brussels, Henricus de Bruxella),[107] and Walter Burley[108] all wrote works belonging to this genre. We also have some *notabilia* on Aristotle's *Topics* tentatively attributed to Duns Scotus.[109] As Anne-

---

[103] DUNS SCOT., *Quaest. super Met.* V, q. 9, § 42 (OPh III, p. 538): "Talis expositio sufficit intentioni, quia omnia, quae probat de numeris, adeo vera sunt, data ista glossa, sicut si formaliter numerus esset pars numeri".

[104] C. H. LOHR, 'Medieval Latin Aristotle Commentaries', *Traditio*, 29 (1973), p. 93-197: p. 110-112.

[105] C. H. LOHR, 'Medieval Latin Aristotle Commentaries', *Traditio*, 27 (1971), p. 251-351: p. 269.

[106] O. LEWRY, 'Grammar, Logic and Rhetoric 1220-1320', in *The History of the University of Oxford*, I, *The Early Oxford Schools* – ed. J. I. CATTO, Oxford, 1984, p. 401-433: p. 413.

[107] C. H. LOHR, 'Medieval Latin Aristotle Commentaries', *Traditio*, 24 (1968), p. 149-245: p. 218.

[108] A. MAIER, 'Handschriftliches zu Wilhelm Ockham und Walter Burley', in A. MAIER, *Ausgehendes Mittelalter*, I, Roma, 1964, p. 209-235 and 470-474: p. 234 and 472.

[109] R. ANDREWS, 'The *Notabilia Scoti in libros Topicorum*: An Assessment of Authenticity', *Franciscan Studies*, 56 (1998), p. 65-75; G. PINI, 'Duns Scotus' Commentary on the *Topics*: New Light on his Philosophical Teaching', *Archives d'histoire doctrinale et littéraire du moyen âge*, 66 (1999), p. 225-243; C. MARMO, 'Scotus' Commentary on Aristo-

liese Maier remarked, the terms *notabilia* or *notulae* should be interpreted as referring to sets of annotations on works by Aristotle or Porphyry. That title indicates that those annotations often start with the words '*nota*' or '*item nota*'.[110] Such works include one of the parts that made up the "standard" later medieval commentary (as represented for example by Thomas Aquinas's commentaries), i.e. *divisio textus, sententia, notabilia*, and (at least occasionally) *quaestiones*.[111] It also appears that the words '*notare*', '*notulae*', and '*notabilia*' are often hints of a work's close link with a master's oral teaching,[112] which fits well with many features of the work by Duns Scotus that is being edited here. In the absence of a better solution, I have accordingly decided to keep '*Notabilia super Metaphysicam*' as the least misleading among the possible titles of this work.

5. General Features of the Text Preserved in the Two Extant Witnesses

5.1. The Text of M

M contains the text of the *Notabilia* on *Met*. II (994b27)-X (1058b28) and XII (1069a26-1075a7). The text is fairly complete, although in eight places the context suggests that something is missing and I have accordingly conjectured a lacuna: Bk. III, §6, 27; Bk. III, §7, 30; Bk. IV, §47 and 48, 182-183; Bk. IV, §76, 269;

---

tle's *Topics*', in *Lo scotismo nel Mezzogiorno d'Italia* – ed. F. Fiorentino, Porto, 2010, p. 153-170. Some *notabilia* on Porphyry's *Isagoge* are also attributed to Duns Scotus: see C. H. Lohr, 'Medieval Latin Aristotle Commentaries', *Traditio*, 23 (1967), p. 313-413: p. 191. By contrast, the so-called '*Notabilia Cancellarii*' associated with Duns Scotus do not belong to this genre. See P. Glorieux, 'Duns Scot et les "*Notabilia cancelarii*"', *Archivum Franciscanum Historicum*, 24 (1931), p. 3-14; A. Maier, *Literarhistorische Notizen über P. Aureoli, Durandus und den 'Cancellarius' nach der Handschrift Ripoll 77bis in Barcelona*, in *Ausgehendes Mittelalter*, I, Roma, 1964, p. 139-179: p. 153-179; Maier, 'Handschriftliches zu Wilhelm Ockham', p. 215.

[110] Maier, 'Handschriftliches zu Wilhelm Ockham', p. 211-216, 470-474.

[111] See 'Praefatio' in Thom. Aq., *Sent. libri Ethic.* (ed. Leon., XLVII 1, p. 244*-245*). On the different forms of Aristotelian commentaries, see C. Flüeler, 'Die verschiedenen literarischen Gattungen der Aristoteleskommentare: zur Terminologie der Überschriften und Kolophone', in *Manuels, programmes de cours et techniques d'enseignement dans les universités médiévales* – ed. J. Hamesse, Louvain-la-Neuve, 1994, p. 75-116.

[112] G. Müller, 'La 'reportatio"', *Salesianum*, 21 (1959), p. 647-659: p. 652-653.

Bk. V, §63, 277; Bk. VII, §12, 57; Bk. VII, §21, 93; Bk. IX, §103, 482.

In several places, one or more paragraphs commenting on a certain section of Aristotle's *Metaphysics* are followed by one or more paragraphs commenting on a previous section of the text. As I will mention below, the likeliest explanation for these misplacements is mechanical. The correct order of the misplaced paragraphs can be reconstructed thanks to their referring to Aristotle's text (see Appendix I for the order in which these paragraphs appear in *M* and *V*).

In three places, the same scribe who copied the text indicated an alternative reading in the margins (preceded by the word "aliter").[113] These variants do not seem to be alternative readings taken from a different witness. Rather, they are most likely alternative ways of reading the same word in the exemplar, which the scribe of *M* must have had some difficulty in deciphering.

In fact, the text contained in *M* is characterized by the presence of many misreadings that seem to be due to a professional scribe's lack of familiarity with the sort of work the *Notabilia* was (whether those errors were introduced by the scribe of *M* or were already present in the exemplar). For example, the text of *M* often has "vel" where the correct reading must have been "non", and it has often "unum" where the correct reading must have been "verum". Similarly, many *lemmata* from Aristotle's *Metaphysics* contain mistakes that look like the result of sheer guesswork. In one egregious case, Avicenna is read as "Augustine" and what must have been an abbreviation for *De animalibus* is accordingly interpreted as *De moribus Manichaeorum* (p. 107, 275/276). A frequent mistake present in the text of *M* is more remarkable: when there is a mention of either one or both of a couple of correlated terms, those terms are often switched with one another (e.g., p. 21, 339/340: *a priori* and *a posteriori*; p. 35, 357/358: *in incomplexis* and *in complexis*; p. 43, 46: *passivam* rather than *activam*; p. 47, 148-151: *identitas* and *diversitas*; p. 52, 277: *prius impossibili* rather than *prius possibili*; p. 74, 897: *minus* rather than *maius*; many other examples could be provided, as indicated in the critical ap-

---

[113] Milano, Biblioteca Ambrosiana, ms. C 62 Sup. (= *M*), f. 64va (*Not. super Met.* V, §126, 569); f. 74rb (*Not. super Met.* VII, §39, 157); f. 83rb (*Not. super Met.* VIII, §25, 124). In the portion of the manuscript containing the *Quaestiones de anima*, there are five more alternative readings (f. 17rb, 20rb, 25ra, 33vb, 48va).

paratus). These substitutions, which can be easily identified and emended, indicate a scribal peculiarity at some stage of the tradition (unless the peculiarity should be traced back to Duns Scotus's autograph).

5.2. The Text of V

V contains the text of *Notabilia* on *Met.* II (999a13)-IV (1011b12). With regard to that small portion of Aristotle's text, all the paragraphs present in *V* are also present in *M* but not the other way around (see Appendix I).

Several paragraphs in *V* are preceded by a caption letter:

> 995a13-14 (II, §3-4): a
> 995a14-16 (II, §10): b
> 995a24 (III, §3-4): c
> 996b1-26 (III, §10-11): d
> 996b26-a5 (III, §15-16), 997a15-34 (III, §18-22): e
> 1000a5-1001a3 (III, §54-55, 53, 56): f
> 998b11 (III, §34-35): g
> 1003b16-1005b14 (IV, §5-17, 19-21, 29, 22-28, 33-38): h
> 1006a6-12 (IV, §50-52): k
> 1007b12-13, 1007b2-4 (IV, §72-73): l
> 1007b2-4 (IV, §74): m
> 1010a1-b3 (IV, §97-101): n
> 1011a17-b12 (IV, §110-114): o

The paragraphs preceded by the letter f at 1000a5-1001a3 (III, §54-55, 53, 56) appear to be misplaced, because they comment on some lines that in Aristotle's text follow the ones commented on in the paragraphs preceded by the letter g. Incidentally, the same misplacement is present in *M*.

Other paragraphs in *V* are preceded not by a caption letter but by the lemma of the text commented on or by a white space:

> 999a6-b6 (III, §36-42), which in *V* follows the end of f (§56) and precedes the beginning of g (§34); the same misplacement occurs in *M*;
> 997b32-998a2 (III, §25-26), which in *V* follows the end of g (§35) and precedes §57; the same misplacement occurs in *M*;
> 1002a20-28 (III, §57-67), which in *V* follows §26; the same misplacement is present in *M*, which also introduces III, §17 between §62 and §63;

1008b31-36 (IV, §87-90), which in *V* follows the end of m (§80) and precedes §81; the same misplacement occurs in *M*;

1008a6-b29 (IV, §81-86), which in *V* follows IV, §90 and precedes the beginning of n (§97); the same misplacement occurs in *M*.

In *V*, the *Notabilia* occupies the last two and a half folios of a quire, after Peter of Auvergne's commentary on Aristotle's *On Meteorology*. The text ends quite abruptly at f. 60ra, in the middle of the column. F. 60rb and 60va-b are blank.

5.3. Relationship between the Text Preserved in M and in V

5.3.1. Variants

Most of the *Notabilia* is preserved only in *M*. *M* and in *V* are independent witnesses for those parts of the text contained in both manuscripts. Several of the variant readings in *M* and *V* are minor and not significant. For example, *M* has "ergo" where *V* has "igitur", *M* has "respondeo" where *V* has "responsio", *M* has "scilicet" where *V* has "videlicet". In a few cases, the difference between the text preserved in *M* and in *V* is much more significant, even though it does not affect the meaning of the passage. Here are two examples:

III, §4	
M	*V*
Et ideo considerandum quod non est magnae auctoritatis tertius liber.	quia liber tertius non est magnae auctoritatis.

IV, §98	
M	*V*
Dico: licet sol moveatur, tamen lucem habet, quae est in motu; unde, licet non possit videri in quantum mobilis, tamen in quantum lucens; similiter, ad minus motus est per se sensibile: habet ergo quod aliquis potest videre ea semper in motu, et hoc est aliquid verum.	Sed dico quod licet sol non videatur in quantum mobilis, videtur tamen in quantum lucens. Similiter, motus est per se sensibile, igitur aliquis est (*pro*: potest) percipere ipsum semper esse in motu, et hoc est aliquod verum.

How can we interpret these stylistic variants? A possibility would be to take them as an indication that the text preserved in either *M* or *V* is a *reportatio* or possibly that both *M* and *V* contain independent *reportationes* of Duns Scotus's lectures on the *Metaphysics*. This hypothesis might receive some support by two passages where the author of the *Notabilia* seems to be referred to in the third person, even though it should be stressed that the evidence presented by those two passages is very ambiguous.[114] The possibility that either *M* or *V* or both of them might be *reportationes*, however, seems to be excluded by the presence of the same misplaced passages in both *M* and *V* (see Appendix I). For if either *M* or *V* were a *reportatio* or both of them were *reportationes*, we could explain that they contain the same misplacements only by supposing that Duns Scotus himself commented on the relevant passages of Aristotle's *Metaphysics* in the wrong order. But this is highly improbable. As I am going to argue, the evidence in our possession strongly suggests that those misplacements are due to a mechanical cause. Accordingly, it is more likely that the wrong arrangement of paragraphs was already present in the archetype on which both *M* and *V* depend. As I will suggest below, that archetype might have been Duns Scotus's own copy of the *Notabilia*.[115]

If the stylistic variants present in *M* and *V* are not to be explained as the results of different *reportationes*, they should be explained in either of two ways. The first possible explanation is that the stylistic variants present in *V* reflect a different version of the *Notabilia*, which was subsequently revised and resulted in the text preserved in *M*. The second explanation (which I think is the likelier of the two) is that the stylistic variants present in *V* are due to the peculiar way the scribe copied the text, i.e. by reading at least occasionally an entire passage and writing down its overall sense rather than copying it word by word. This practice – not unheard of among medieval scribes – would indicated a certain degree of familiarity with the kind of text the scribe was copying, which allowed him to take some liberties with it and to rephrase it while keeping its general sense. By contrast, the scribe of *M* was working

---

[114] *Not. super Met.* V, §129: "in quaestione sua" (but it could be a corruption from "in quaestione supra"); VII, §153: "repondet" (but it could be a corruption from "repondetur").

[115] It might be added that, in the portion of text preserved only in *M*, Duns Scotus referred to what he had said previously as something said "in another folio" ("ut dictum est in alio folio", *Not. super Met.* VII, §100). This strongly suggests that Duns Scotus himself had a written version of the *Not. super Met.* in front of him and that at least the text preserved in *M* is not a *reportatio*.

in a time and environment very different from those in which the *Notabilia* was originally written. From the nature of his frequent mistakes and misreadings, it is clear that he often had no clue about the meaning of what was in front of his eyes. As a result, he transcribed mechanically what he could read in the exemplar. This is confirmed by the fact that most of the many mistakes present in *M* seem to be due to the scribe's unfamiliarity with the handwriting of the exemplar from which he was copying, as I previously mentioned.

As a consequence, I have chosen the text of *M* as the basis for my edition. In the critical apparatus, I have indicated all the instances where the text of *V* differs from that of *M*.

5.3.2 Misplaced Paragraphs

Let us now consider the problem posed by the numerous misplaced paragraphs in both *M* and *V*. Those paragraphs appear to be in the wrong place once the *Notabilia* is compared to Aristotle's *Metaphysics*, for some paragraphs on a certain portion of Aristotle's *Metaphysics* are followed by other paragraphs on a prior portion of Aristotle's *Metaphysics*. How can this phenomenon be explained? A first explanation might be that the ordering in which the *Notabilia* was transmitted is intentional and due to Duns Scotus himself. This explanation, however, is extremely unlikely. Since the *Notabilia* is a continuous series of remarks closely following Aristotle's text, we would expect that Duns Scotus must have had a very strong reason to deviate from the order prescribed by Aristotle's text. But no such reason is apparent. It is difficult to see why Duns Scotus would move backwards and then forwards again in his commentary, especially when relatively short portions of text are concerned. A second explanation might be that Duns Scotus's own copy of Aristotle's *Metaphysics* had a text ordered in a way different from the one that has come down to us. This second explanation, however, is even more improbable than the first one. No such misplacements seem to be contained in any of the copies of the *Metaphysics* either in Greek or in Latin that are known to us. Such different ordering would also be extremely difficult to explain from the point of view of textual criticism. There remains a third explanation, which I believe to be the right one. According to this third explanation, the occasional discrepancies between the ordering of Aristotle's *Metaphysics* and the ordering of the *Notabilia* are the result of mechanical phenomena due to the way the *Notabilia* was written. My hypothesis is that Duns Scotus worked on the *Notabilia* over a period of time by adding paragraphs and going back to portions of text he had already considered. From time to time, he wrote a new paragraph, most probably in the margins of his own copy of Aristotle's *Metaphysics*, or possibly on a separate piece of parchment to be attached to his copy of Aristotle's *Metaphysics*. As he progressed, he must have linked each new paragraph to a certain portion of Aristotle's text by a caption letter such as the ones that are still present in *V* or by quoting the first words of the relevant Aristotelian lemma or by some other sign that would allow him to connect a certain paragraph of the *Notabilia* to the relevant lines of Aristotle's text. The scribe or scribes who copied Duns Scotus's autograph – whether those scribes were identical with the scribes of *M* and *V* or not – transcribed what they had in front of their eyes in the order they found it, without paying attention to the passages in Aristotle to which the caption letters referred. The result is a faithful copy of the exemplar in front of the scribes' eyes, which, however, does not reflect the original order intended by Duns Scotus, if my explanation is correct. Incidentally, something similar seems to have happened in the manuscript tradition of Duns Scotus's *Quaestiones super Metaphysicam*, another work that underwent a similar process of gradual addition and revision. In that case, too, the scribes had a difficult time figuring out Duns Scotus's intentions when presented with paragraphs and even entire questions that Duns Scotus himself had added to the original draft of his work. Accordingly, sometimes Duns Scotus's additions were copied at the very end of a question; other times they were inserted into a certain question but in the wrong place.[116]

Since the discrepancies between the ordering of the *Notabilia* and Aristotle's *Metaphysics* seem to be due to the way the text of the *Notabilia* was written and copied down and not to Duns Scotus's own intentions, in my edition I have restored the order indicated by Aristotle's text. In the critical apparatus, I have indicated any time I have done so. In Appendix I, I have given the order in which the misplaced paragraphs appear in both *M* and *V.*

---

[116] DUNS SCOT., *Quaest. super Met.*, Appendix II (OPh III, p. 699-705).

5.3.3 *The Text of V: A Prior Stage in the History of the Text*

As I have mentioned above, all the paragraphs present in *V* are also present in *M*, but – even for the portion of Aristotle's *Metaphysics* that both *V* and *M* comment on – *M* has several more paragraphs than *V*. This can be explained if we suppose that *V* preserves the text of the *Notabilia* in a stage prior to the one preserved in *M*. As I have also mentioned, the presence of many misplaced paragraphs is a strong indication that Duns Scotus wrote the *Notabilia* by coming back to portions of the text he had already commented on and adding new sections. If this is the case, the paragraphs present both in *V* and in *M* might be taken as representing a prior stage in the history of the text of *Notabilia*. By contrast, the paragraphs on *Met.* II-IV present in *M* but not in *V* should be taken as indications of a later stage in the history of the text, i.e. sections added by Duns Scotus after he had written the paragraphs present in both *V* and *M*. Indeed, it is extremely likely that Duns Scotus kept working on the *Notabilia* over a period of several years and that the current text of the *Notabilia* reflects a work in progress, which Duns Scotus kept ready at hand and to which he added new sections any time he went back to Aristotle's *Metaphysics*.

5.3.4 *Duns Scotus's Autograph*

Duns Scotus's autograph – by which I mean his original copy of the *Notabilia*, whether it was actually written by Duns Scotus or dictated by him to a secretary – is lost. There are three indications that Duns Scotus's autograph was closely linked and probably even physically attached to his own copy of Aristotle's *Metaphysics*. First, most paragraphs in *V* begin with a caption letter. The copyist of *V* is likely to have transcribed those letters from the exemplar (possibly Duns Scotus's autograph itself, or in any case dependent on it), where they must have linked each section of the *Notabilia* to the relevant section of Aristotle's *Metaphysics* in Duns Scotus's own copy of that work.[117] Second, a few passages in the *Notabilia* refer to the specific physical arrangement of what must have been a specific copy of Aristotle's *Metaphysics*: "in alia parte folii",[118] "in littera priori per sex lineas vel plures",[119] "post

---

[117] See above, 5.2.
[118] *Not. super Met.* V, §94.

per multas lineas",[120] "post unam lineam".[121] Third, Duns Scotus once refers to the explanation he gave in his *Notabilia* as contained "in the gloss next to the text" (*in glossa iuxta textum*). This expression suggests that the *Notabilia* was originally written in the margins of Duns Scotus's own copy of the *Metaphysics*.[122] Alternatively, some parts or the entirety of the *Notabilia* might have been contained on separated pieces of parchment that were attached or inserted in his own copy of the *Metaphysics*.

At this point, a question should be asked: is the archetype on which M and V depend (either directly or indirectly) identical with Duns Scotus's autograph? Although I do not think that the evidence at our disposal is sufficient to draw that conclusion with certainty, there are some hints that might point to that direction. A key factor to consider is that, as I have mentioned above, V most probably represents a stage in the history of the text prior to that preserved in M. Accordingly, the most likely scenario is that V was copied from the archetype before the paragraphs present in M but not in V were added. Those additions were made by Duns Scotus on his autograph. Thus, we should conclude that the archetype on which both M and V depend is the same as Duns Scotus's autograph. Accordingly, we can put forward the following tentative stemma:

---

[119] *Not. super Met.* V, §28.

[120] *Not. super Met.* IX, §76.

[121] *Not. super Met.* VII, §41.

[122] Robert Grosseteste's commentary on *Physics* was originally written as a series of marginal annotations to his copy of Aristotle's *Physics*, according to William of Alnwick, who saw it in that form ('dissute [...] in margine libri phisicorum') in the Franciscan library at Oxford. See A. PELZER, "Les versions latines des ourvrages de morale conservés sous le nom d'Aristote en usage au XIIIe siècle', *Revue néoscolastique de philosophie*, 23 (1921), p. 316-341, 379-396: p. 395-396. See also D. A. CALLUS, 'Robert Grosseteste as Scholar', in *Robert Grosseteste as Scholar and Bishop* – ed. D. A. Callus, Oxford, 1955, p. 1-69: p. 26-27; R. C. DALES, 'Robert Grosseteste's Commentarius in octo libros Physicorum Aristotelis', *Mediaevalia et Humanistica*, 10 (1956), p. 10-33: p. 13-15; ROBERTUS GROSSETESTE, *Commentarius in VIII libros Physicorum Aristotelis* – ed. R. C. Dales, Boulder, 1963, p. x-xii.

So far, we seem to be on rather solid ground. But all this is compatible with the following scenarios: first, both *M* and *V* might have been copied directly from Duns Scotus's autograph at different stages of its history; second, *M* might have been copied from Duns Scotus's autograph while *V* might be further down in the tradition; third, *V* might have been copied from Duns Scotus's autograph while *M* might be further down in the tradition; fourth and finally, neither *M* nor *V* might have been copied directly from Duns Scotus's autograph, and, instead, both of them should be posited further down in the tradition. While there does not seem to be any compelling evidence to rule out any of the last three possibilities, it should also be noticed that there is no compelling evidence to posit any intermediary stage between Duns Scotus's autograph and either *M* or *V*.

6. Relationship between the *Notabilia* and the *Quaestiones super Metaphysicam*

Not surprisingly, Duns Scotus's *Notabilia* is closely related to his *Quaestiones super Metaphysicam*. As I have mentioned, six out of the seven references to the *Notabilia* are contained in the *Quaestiones*. Moreover, the *Notabilia* contains nine references to the *Quaestiones* (out of a total of ten references to other works by Duns Scotus). It might also be noticed that four references to the *Notabilia* are contained in Duns Scouts's questions on *Met.* VII (and another one is contained in Bk. VIII). By contrast, the *Notabilia* contains no reference to questions on *Met.* VII or VIII. Rather, the *Notabilia* references are to questions on *Met.* I, II, III, IV, V, VI, and IX. It is not clear whether this has any special significance. But it should be mentioned that at least some of the questions on *Met.* VII have sometimes been thought to be relatively late works by Duns Scotus.[123] So it is possible that the bulk of Duns Scotus's questions on *Met.* VII and VIII is the result of a series of lectures later than a first cycle of lectures that did not include those questions but was still based on the *Notabilia*.

A further feature worthy of notice is that the *Notabilia* starts right in the middle of *Met.* II and then continues up to *Met.* X and

---

[123] S. D. Dumont, 'The Univocity of the Concept of Being in the Fourteenth Century: John Duns Scotus and William of Alnwick', *Medieval Studies*, 49 (1987), p. 1-75; 'Introduction', in Duns Scot., *Quaest. super Met.*, p. xlii-xlvi.

then *Met.* XII. The lack of any commentary on *Met.* XI, XIII, and XIV was relatively common in Duns Scotus's time. By contrast, it is not clear whether the *Notabilia* ever included a section on *Met.* I and the first part of *Met.* II. It might be the case that Duns Scotus was not interested in *Met.* I, except for the remarks he made in the Prologue to his *Quaestions* (which might be regarded as an introduction to the *Notabilia* as well) and the questions on that book. Alternatively, the first folios of Duns Scotus's *Notabilia* or of his copy of the *Metaphysics* to which the *Notabilia* were attached might have been lost (if this is the case, this must have happened very early on, i.e. even before *V* was copied at the beginning of the fourteenth century). By contrast, Duns Scotus's questions stop with *Met.* IX (for no clear reason), whereas the *Notabilia* continues with *Met.* X and XII.

A final feature worth noticing is that the *Notabilia* refers to questions on prior books in the past and to questions on posterior books in the future. This is an indication that Duns Scotus must have raised his questions while commenting on Aristotle's text and that the questions were originally interspersed in the explanation of the text. This would be in agreement with what we know about the way a class on Aristotle was structured in the Oxford arts faculty, which was most probably the way it was organized in the friars' schools as well. Each class was divided in two main parts: the first part was devoted to the explanation of Aristotle's text and the second part was devoted to questions on controversial issues related to the portion of Aristotle's text that had just been considered.[124] Some traces of this arrangement still remain in the Prologue to Duns Scotus's *Quaestiones super Metaphysicam*, which is not structured as a question but includes the explanation of a few sections of *Met.* I.[125]

Even though it is likely that both the *Notabilia* and the *Quaestiones super Metaphysicam* originated from the same set of lectures, the two works were transmitted through two separate traditions.

---

[124] *Statuta Antiqua Universitatis Oxoniensis* – ed. S. GIBSON, Oxford, 1931, p. 192, 236; J. A. WEISHEIPL, 'Curriculum of the Faculty of Arts at Oxford in the Early Fourteenth Century', *Medieval Studies*, 26 (1964), p. 143-185: p. 153-155; M. FLETCHER, 'The Faculty of Arts', in *The History of the University of Oxford*, I, *The Early Oxford Schools* – ed. J. I. Catto, Oxford, 1984, p. 369-399: p. 375. On the way philosophy was taught in the friars' schools, see A. MAIERÙ, 'Tecniche di insegnamento', in *Le scuole degli ordini mendicanti (secoli XIII-XIV)*, Todi, 1978, p. 307-352.

[125] DUNS SCOT., *Quaest. super Met.*, *Prol.* (OPh III, p. 3-14).

As I have mentioned, the *Notabilia* most probably was physically attached to Duns Scotus's own copy of the *Metaphysics*. Duns Scotus must have used his remarks any time he went back to Aristotle's *Metaphysics*, as indicated by his reference to the *Notabilia* in his late *Ord.* IV. But there is no evidence that Duns Scotus ever intended for his *Notabilia* to have circulation outside the classroom. In the reference to the *Notabilia* present in his *Ord.* IV, he did use the verb "edere" to indicate the kind of diffusion he gave to his explanation of a certain chapter of Aristotle's *Metaphysics*.[126] But this probably only means that Duns Scotus made "public" his explanation of that chapter by lecturing on it.[127] By contrast, it is very likely that Duns Scotus himself intended the *Quaestiones super Metaphysicam* to become an independent work for a wider audience.

7. Date and Place of Composition

As I have mentioned, there is strong evidence that Duns Scotus continued working on and adding to the *Notabilia* for an extended period of time, so much so that the *Notabilia* should be regarded as a work in progress that consists of many layers. Moreover, the dating of the *Notabilia* is closely linked to that of the *Quaestiones super Metaphysicam*, because both works, as I have argued, are likely to have originated from the same set (or sets) of lectures on Aristotle's *Metaphysics*. Just as in the case of the *Notabilia*, there is evidence that Duns Scotus kept working on and adding to his *Quaestiones* for several years.[128] Most probably, Duns Scotus started working on both the *Notabilia* and the *Quaestiones* when he first lectured on Aristotle's *Metaphysics*. We do not know for certain when and where this happened, but it is most likely to have been in the Franciscan friary at Oxford towards the end of the 1290s, after Duns Scotus had already lectured on the *logica vetus* (as confirmed by his reference to his *Quaestiones super Praedicamenta*).[129] As I have mentioned above, it is possible that most

---

[126] See above 3.1.7.
[127] See above, footnote 100.
[128] See 'Introduction', in DUNS SCOT., *Quaest. super Met.* (OPh, III, p. xxviii-xxxvii, xlii).
[129] Duns Scotus's questions on Porphyry's *Isagoge* and Aristotle's *Categories* are usually dated to the 1290s. The editors of those works agree with this early dating, even though

of Duns Scotus's questions on *Met.* VII and maybe also on *Met.* VIII do not date back to this first set of lectures.

The fact that *V* preserves what I take to be an early draft of the *Notabilia*, together with its dating from the beginning of the fourteenth century and its being of English origin, suggests the possibility that it might have been copied directly from Duns Scotus's autograph before he moved from England to Paris. The precise date of that move has been an object of some debate among scholars, but it is usually fixed at 1301 or 1302.[130] If that is indeed the case, it is possible that the copying of *V* was interrupted because Duns Scotus brought with himself his own copy of the *Metaphysics* – and with it, the *Notabilia* – when he moved to the continent. Accordingly, the early draft of the *Notabilia* might have extended well beyond the point of *Met.* IV where *V* abruptly stops. By contrast, I have argued above that *M* must have been copied from Duns Scotus's autograph or from a copy of it when the text was in a later stage, possibly its last. This posterior stage might reflect a later set of lectures that Duns Scotus gave on the *Metaphysics*, which he might have been asked to give at the Franciscan friary when he was working as a bachelor in the theology faculty of Paris. This further stage might also include additions that Duns Scotus kept making to his work any time he had some reason to go back to Aristotle's *Metaphysics*. If Duns Scotus brought with himself his own copy of the *Metaphysics* when he moved to Cologne, *M* might even reflect the text of *Notabilia* as it was at the moment of Duns Scotus's death.

These are fascinating hypotheses that are not at odds with the evidence currently available. But it should be stressed that they are not confirmed by any positive evidence either, so they should be regarded as mere possibilities, no matter how suggestive.

---

they mention some contrasting evidence. See 'Introduction', in DUNS SCOT., *Quaest. in Isag.* and *Quaest. super Praed.* (OPh, I, p. xxix-xxxi).

[130] See W. J. COURTENAY, 'Scotus at Paris: Some Reconsiderations', in *John Duns Scotus 1308-2008: The Opera Theologica of Scotus. Proceedings of "The Quadruple Congress" on John Duns Scotus. Part 2 (Archa verbi. Subsidia, 4)* – ed. R. Cross, St. Bonaventure, NY – Münster, 2012, p. 1-19.

8. Aristotle's Text

Duns Scotus most probably used the same translation of Aristotle's *Metaphysics* in both his *Notabilia* and in his *Quaestiones*. Because of several differences between the text quoted by Duns Scotus and that of any of the Latin translations known to us, the editors of the *Quaestiones super Metaphysicam* concluded that Duns Scotus was using a translation different from those we currently know of.[131] The analysis of the lemmata and quotes present in the *Notabilia* does not seem to provide conclusive evidence about which translation was used by Duns Scotus, even though it appears that it must have been very close to Moerkebe's text and there are even a few hints suggesting that Duns Scotus might have been relying on a text derived from the so-called second Parisian exemplar of Moerbeke's revision.[132] Accordingly, I have taken Moerbeke's text as a reference. Some of the differences between Moerbeke's text as edited by Vuillemin-Diem and the text of the *Metaphysics* used by Duns Scotus in the *Notabilia* are clearly due to scribal errors in the *Notabilia* tradition. Those errors have been emended. Other differences, however, might reflect peculiar readings of the specific text on which Duns Scotus was commenting. As a consequence, I have kept those readings as they are. The most likely conclusion to be drawn is that Duns Scotus was reading Aristotle's *Metaphysics* in a text that, although not identical with what can be found in the critical edition of Moerbeke's work, was nevertheless derived from Moerbeke's revision. A list of the differences between the text referred to in the *Notabilia* and William of Moerbeke's revision is given in Appendix II.

---

[131] See 'Introduction', in DUNS SCOT. *Quaest. super Met.* (OPh, III, p. xlviii-l).

[132] On the two Parisian exemplars of William of Moerbeke's text, see G. VUILLEMIN-DIEM, 'Praefatio', in *Aristoteles Latinus XXV 3.1. Metaphysica Lib. I-XIV Recensio et Translatio Guillelmi de Moerbeka* – ed. G. VUILLEMIN-DIEM, Leiden – New York – Köln, 1995, I, p. 55-99. See *Not. super Met.* III, §46, 197 (*Met.* III 4 999b11-12), where Moerbeke's text has "necesse" but both *Not. super Met.* and the second Parisian exemplar of Moerbeke's revision have "necessarium"; *Not. super Met.* III, §57, 253-254 (III 5 1002a20-21), where Moerbeke's text has "ad hec" but *Not. super Met.* has "adhuc" and the second Parisian exemplar of Moerbeke's revision has "ad huc"; *Not. super Met.* VII, §144, 700 (VII 11 1036b17-18), where Moerbeke's text has "unum" but both *Not. super Met.* and the second Parisian exemplar of Moerbeke's revision have 'unam".

9. Sources

The main source used by Duns Scotus in his *Notabilia* is Thomas Aquinas's commentary on the *Metaphysics* (69 references). References to Aquinas are followed at some distance by references to Averroes's commentary (38 references). This is not surprising. At the time Duns Scotus was commenting on the *Metaphysics*, those were the two most influential and most reliable guides to the understanding of the text. Specifically concerning Aquinas, although Duns Scotus often took a critical attitude towards his interpretation of Aristotle, it is clear that he used his commentary as a reference. The special status that Aquinas had in Duns Scotus's eyes as an Aristotelian commentator is confirmed by his referring to him simply as the "expositor" (while Averroes is the "commentator"), similarly to what was commonly done at the end of the thirteenth century. It is also worthy of notice that Duns Scotus once referred to Aquinas's commentary on the *Metaphysics* as a work found "in quaternis", i.e. in some set of unbound quires.[133] This suggests that Duns Scotus read Aquinas's commentary not as preserved in marginal notes to Aristotle's *Metaphysics* but on an independent support.

A much less widespread work used by Duns Scotus is the commentary on the *Metaphysics* by Ferrandus of Spain, dating from the last decade of the thirteenth century.[134] Duns Scotus's use of Ferrandus's commentary is quite different from his use of Aquinas's and Averroes's commentaries. While references to Aquinas's and Averroes's commentaries are present throughout the *Nota-*

---

[133] *Not. super Met.* VIII, §39. On this expression, see J. L. BATAILLON, 'Exemplar, pecia, quaternus', in *Vocabulaire du livre et de l'écriture au Moyen Âge. Actes de la table ronde, Paris 24-26 septembre 1987* – ed. O. WEIJERS, Turnhout, 1989, p. 206-219: p. 210.

[134] On Ferrandus of Spain and his commentary on Aristotle's *Metaphysics*, see A. ZIMMERMANN, 'Ein Averroist des späten 13. Jahrhunderts: Ferrandus de Hispania', *Archiv für Geschichte der Philosophie*, 50 (1968), p. 145-164; ID., 'Die Kritik an Thomas von Aquin im Metaphysikkommentar der Ferrandus de Hispania', in *Tommaso d'Aquino nella storia del pensiero*, II, Napoli, 1976, p. 259-267; ID., 'Aristote et Averroës dans le Commentaire des Ferrandus de Hispania sur la "Métaphysique" d'Aristote', *Diotima*, 8 (1980), p. 159-163; ID., 'Ferrandus Hispanus – ein Verteidiger des Averroes', in *Nach der Verurteilung von 1277. Philosophie und Theologie an der Universität von paris im letzten Viertel des 13. Jahrhunderts. Studien und Texte (Miscelanea Mediaevalia, 28)* – ed. J. A. Aertsen – K. Emery, Jr. – A. Speer, Berlin – New York, 2001, p. 410-416; G. GALLE – G. GULDENTOPS, 'Ferrandus Hispanus on Ideas', in *Platonic Ideas and Concept Formation in Ancient and Medieval Thought* – ed. G. Van Riel – C. Macé – L. Van Campe, Leuven 2004, p. 51-80.

bilia but are rather short, Duns Scotus referred to Ferrandus's work only when discussing a specific problem in Bk. VII, but his quotations are both extensive and literal. Notably, the passages Duns Scotus referred to are the ones where Ferrandus criticized Aquinas's interpretation of Aristotle's text.[135] The way Duns Scotus used Ferrandus's commentary might indicate that he did not have regular access to it. He might have copied down extensively a few passages when he came across it, or he might have looked for it only in order to deal with a specific problem.

Another interesting work Duns Scotus referred to is the *summa* composed by Richard the Sophister, the so-called *Magister abstractionum*.[136] This indicates Duns Scotus's familiarity with what must have been a standard logical textbook of his time. Finally, there are some sporadic and rather vague references to positions held by other authors, such as Henry of Ghent[137] and Giles of Rome.[138]

10. Fate of the Work

In light of what I have argued above, here is what might have been the origin and early history of Duns Scotus' *Notabilia*. The *Notabilia* most probably originated as Duns Scotus's own notes, which were physically attached to his own copy of Aristotle's *Metaphysics*, possibly as marginal notes to it. Somebody began to copy those notes, most probably in England and possibly when Duns Scotus was still alive and when the text was still at a relatively early stage of its history. That first copy is preserved in *V*, where it appears at the end of a quire without any title or indication of author. It stops rather abruptly for reasons that we do not know, but possibly because Duns Scotus took his own copy of the *Metaphysics* with himself when he moved from England to the continent. After moving to France, Duns Scotus must have kept adding to his

---

[135] *Not. super Met.* VII, §125-128. The relevant passages from Ferrandus of Spain's have been edited in Appendix III.
[136] See *Not. super Met.* V, §96; IX, §161; cfr IV, §21 and V, §117. See MASTER RICHARD SOPHISTA, *Abstractiones* – ed. M. Sirridge – S. Ebbesen, with E. J. Ashworth (*Auctores Britannici Medii Aevi*, 26), Oxford, 2016. See also P. STREVELER, 'Richard the Sophister', in *The Stanford Encyclopedia of Philosophy* (Winter 2010 Edition) – ed. E. N. ZALTA, URL = ⟨http://plato.stanford.edu/archives/win2010/entries/richard-sophister/⟩.
[137] *Not. super Met.* III, §48; IV, §113; V, §9.
[138] *Not. super Met.* II, §4; IV, §79; V, §21; V, §161.

Notabilia. When he was working on *Ord.* IV, which is usually regarded as a late work, he used what he had written in the *Notabilia* as the basis for his interpretation of a passage from Aristotle's *Metaphysics*. This indicates both that Duns Scotus still had his own copy of the *Notabilia* at that late date and that he still considered his *Notabilia* as a reliable guide to Aristotle's work.

The posterior fate of the *Notabilia* is a mystery. Even though the existence of a commentary on the *Metaphysics* must have been known to Duns Scotus's students by virtue of his references, none of them (including Duns Scotus's own *socius*, William of Alnwick[139]) seems to have given any indication that he was aware of the existence of such a work. Similarly, no trace of the *Notabilia* can be found in the works of Antonius Andreae, whose writings depend very closely on much of what Duns Scotus wrote, including his *Quaestiones super Metaphysicam*.[140]

The *Notabilia* resurfaced towards the middle of the fifteenth century in Northern Italy, where they were copied, most probably in Lombardy or Emilia, if we can rely on the information provided by the watermark of *M*. Then, for the second time in its history, the *Notabilia* went back into obscurity, until the fifteenth century manuscript containing it was acquired at the beginning of the seventeenth century by Domenico Gerosolimitano for the newly established Ambrosian Library in Milan. Domenico's specialty was Hebrew manuscripts. His acquisitions of Latin works were rather haphazard. It is highly doubtful that he bought *M* because he realized that it contained an allegedly lost work by Duns Scotus. More probably, he was attracted by its nice illuminated initials. And then again, for the third time in its history, the *Notabilia* disappeared from circulation. The only scholar who mentioned the existence of the *Notabilia* in the Ambrosian manuscript (incidentally and without linking it to Duns Scotus's allegedly lost com-

---

[139] On William of Alnwick as Duns Scotus's secretary, see S. D. DUMONT, 'The Univocity of the Concept of Being in the Fourteenth century: John Duns Scotus and William of Alnwick', *Medieval Studies*, 49 (1987), p. 1-75: p. 1-2.

[140] On the relationship between Antonius Andreae's and Duns Scotus's writings, see G. PINI, 'Una lettura scotista della "Metafisica" di Aristotele: L'"Expositio in libros Metaphysicorum" di Antonio Andrea', *Documenti e studi sulla tradizione filosofica medievale*, 2 (1991), p. 529-586; ID., 'Sulla fortuna delle "Quaestiones super Metaphysicam" di Duns Scoto: le "Quaestiones super Metaphysicam" di Antonio Andrea', *Documenti e studi sulla tradizione filosofica medievale*, 6 (1995), p. 281-361.

mentary on the *Metaphysics*) was Franz Pelster,[141] while the presence of the *Notabilia* in *V* was noticed by Anneliese Maier, who, however, did not link it neither with the text preserved in *M* nor with Duns Scotus (as in *V* the *Notabilia* appears as an anonymous work).[142] Only in 1996 did the *Notabilia* become the focus of specific attention.[143]

What can explain this curious history? Why did the *Notabilia* virtually disappear after Duns Scotus's death? Why were they copied in Northern Italy more than a hundred years after they had been written? And why did they fail to attract the attention of those who were aware that Duns Scotus wrote a commentary on Aristotle's *Metaphysics* distinct from his *Quaestiones* and thought that it had been lost? We do not have the answers to these questions. But we can formulate some hypotheses.

With regard to the first question, the initial disappearance of Duns Scotus's *Notabilia* after Duns Scotus's death can be explained by something that I have already mentioned a few times, i.e. their being most probably physically attached to his copy of the *Metaphysics*. If that was the case, the fate of the *Notabilia* must have been linked to that of Duns Scotus's personal library. It is conceivable that the *Notabilia* – whether they were contained in the margins of his copy of the *Metaphysics* or on pieces of parchment inserted in it – might have escaped the attention of those who disposed of Duns Scotus's books at the moment of his death.

With regard to the second question, namely why the *Notabilia* resurfaced and was copied in the fifteenth century in Northern Italy, we are even more in the dark.[144] A copy was made – and it is interesting to remark that the *Quaestiones de anima* precedes the *Notabilia* – and then the exemplar disappeared. For all we know, it was lost. Who was the person – possibly, the scholar – for whom that manuscript was copied? We do not know.

---

[141] F. PELSTER, 'Handschriftliches zur Ueberlieferung der Quaestiones super libros Metaphysicorum und der Collationes des Duns Scotus', *Philosophisches Jahrbuch*, 43 (1930), p. 474-487: p. 485, n. 2.

[142] MAIER, 'Handschriftliches zu Wilhelm Ockham', p. 471.

[143] PINI, 'Notabilia Scoti super Metaphysicam, p. 137-180.

[144] There were many opportunities for manuscripts to travel to Northern Italy in the first quarter or towards the middle of the fifteenth century. For example, the Council of Ferrara in 1438-39, in the same geographical area where *M* was copied, must have been an occasion for intense cultural exchanges not only between Italians and Bizantines but also among Western scholars.

With regard to the third question, a possibility is that Duns Scotus's *Notabilia* reached Italy too early to attract the attention of those who might have identified it as Duns Scotus's commentary on the *Metaphysics*. A scholarly interest in Duns Scotus's works did not start before the end of the fifteenth century, with the work of the Irish Franciscan, Maurice O'Fihely (Mauritius de Portu Hibernicus), who edited the first edition of Duns Scotus's *Quaestiones super Metaphysicam* (Venice, 1497; GW 9065). Before O'Fihely's efforts, Duns Scotus's works on Aristotle were known and studied mostly through simplifications and textbooks prepared by his students, most notably Antonius Andreae.[145] A work such as the *Notabilia*, so closely linked to the teaching practices of the late thirteenth and early fourteenth centuries, was likey to remain unnoticed. As a result, the work was copied but failed to circulate. Some centuries afterwards, it was bought by Domenico Gerosolimitano for the Biblioteca Ambrosiana most probably because of its nice illuminated initials, and there it continued to lie undisturbed for many years.

11. Duns Scotus's *Quaestiones* and *Notabilia super Metaphysicam* and Antonius Andreae's *Quaestiones* and *Expositio super Metaphysicam*

Duns Scotus's commentary on the *Metaphysics* has sometimes been confused with Antonius Andreae's *Expositio super Metaphysicam*. Surprisingly, some confusion about this topic can still be noticed in a recent volume of the Vatican edition of Duns Scotus's *Ordinatio*. Therefore, it might be helpful to say a few words to clarify this issue.[146] There are four works that must be clearly distinguished from one another, two by Duns Scotus and two by

---

[145] See D. R. LEADER, 'Philosophy at Oxford and Cambridge in the Fifteenth Century', *History of University*, 4 (1984), p. 25-46: p. 35-37.

[146] To my knowledge, the mistaken attribution to Duns Scotus of Antonius Andreae's commentary on the *Metaphysics* was first made by Maurice O'Fihely, who edited Antonius Andreae's commentary under the name of Duns Scotus in 1501 (*Commentaria doctoris subtilis Joan. Scoti in XII li. Metaphysice Aristotelis*, Venice, 1501; reprint, Venice, 1503). In the seventeenth century, that mistaken attribution was defended by Hugh MacCaughwell (Hugo Cavellus) in his preface to his edition of that work (*Io. Duns Scoti* [...] *Quaestiones subtilissimae et expositio in Metaphysicam Aristotelis ac Conclusiones ex ipsa collectae. Tractatus de Primo Principio atque Theoremata*, Venice, 1625). As a result, Antonius Andreae's commentary was included in the fourth tome of the first edition of Duns Scotus's *Opera omnia* edited by Luke Wadding (Lyons, 1639).

his follower, Antonius Andreae. First, there is Duns Scotus's *Quaestiones super Metaphysicam*.[147] Second, there is Duns Scotus's *Notabilia super Metaphysicam*, which I am editing here and I have argued to be nothing else than his allegedly lost commentary on Aristotle's *Metaphysics*. Third, there is Antonius Andreae's *Quaestiones super Metaphysicam*.[148] Fourth, there is Antonius Andreae's *Expositio super Metaphysicam*.[149]

Although Antonius Andreae's *Quaestiones super Metaphysicam* is an original work, it is largely based on Duns Scotus's own *Quaestiones super Metaphysicam*. As I have shown elsewhere,[150] Antonius Andreae took Duns Scotus's *Quaestiones* as the basis for his own work but then modified what Duns Scotus wrote in light of what Duns Scotus himself had written elsewhere, mostly in his commentaries on the *Sentences*. Specifically, Antonius Andreae cut entire passages from Duns Scotus's *Quaestiones* and inserted sections taken from Duns Scotus's commentaries on the *Sentences*. He also completed Duns Scotus's work, which stopped with *Met.* IX, adding some questions on *Met.* X and XII (again, by taking his material from other works by Duns Scotus). Antonius Andreae's intention was clearly to transform Duns Scotus's questions into a textbook suitable to teach Aristotle's *Metaphysics* in the Franciscan provincial schools. The result was extremely successful. Antonius Andreae's *Quaestiones super Metaphysicam* basically replaced Duns Scotus's own *Quaestiones* as the standard

---

[147] Critically edited in DUNS SCOT., *Quaest. super Met.* (OPh III-IV).

[148] This work has been printed many times in the late fifteenth and early sixteenth century. See for example Antonius Andreae, *Quaestiones super XII libros Metaphisicae*, Venice, 1495 (Hain 982; GW 1665). For a list of manuscripts of this work, see C. BÉRUBÉ, 'Antoine André, témoin et interprète de Scot', *Antonianum*, 54 (1979), p. 386-446: p. 404-406; M. GENSLER, 'Catalogue of Works by or Ascribed to Antonius Andreae', *Mediaevalia Philosophica Polonorum*, 31 (1992), p. 147-155: p. 149-150; PINI, 'Sulla fortuna delle "Quaestiones super Metaphysicam" di Duns Scoto', p. 311-312.

[149] In the sixteenth and seventeenth centuries, this work was erroneously attributed to Duns Scotus and then printed in Wadding's and Vivès's editions of Duns Scotus's *Opera omnia*. See DUNS SCOT., *Opera omnia* – ed. L. WADDING, IV, Lyons, 1639, p. 1-462; DUNS SCOT., *Opera omnia* – ed. L. VIVÈS, V, Paris, 1891, p. 440-775; VI, Paris, 1892, p. 1-600. See PINI, 'Una lettura scotista della "Metafisica" di Aristotele', p. 534-537. The manuscripts containing Antonius Andreae's *Expositio* have often been confused with those that actually contain his *Quaestiones*.

[150] See PINI, 'Sulla fortuna delle "Quaestiones super Metaphysicam" di Duns Scoto', p. 281-361.

Scotist metaphysics textbook during the fifteenth and even the sixteenth centuries.[151]

By contrast, Antonius Andreae's *Expositio super Metaphysicam* was much less successful. We know of only one manuscript containing that work for sure.[152] In that manuscript, Antonius Andreae's *Quaestiones super Metaphysicam* are inserted in the *Expositio* in the appropriate places.[153] This might indicate that Antonius Andreae conceived of his *Quaestiones* and *Expositio* as part of the same project, even though those two works happened to circulate through two different channels. Just as Antonius Andreas had taken Duns Scotus's *Quaestiones super Metaphysicam* as the main source to write his own *Quaestiones super Metaphysicam* and modified what he read in Duns Scotus in light of Duns Scotus's other works, so he took Thomas Aquinas's *Sentencia super Metaphysicam* as the main source to write his own *Expositio super Metaphysicam* and modified Aquinas's work in light of what he found in works by Duns Scotus, most notably Duns Scotus's *Quaestiones super Metaphysicam* and his *Ordinatio*.[154] Antonius Andreae seemed to have had no knowledge of Duns Scotus's own commentary on the *Metaphysics*, i.e. the *Notabilia*. For that reason, he turned to the most reliable guide to the interpretation of the *Metaphysics*, i.e. Thomas Aquinas's commentary, and he just adapted it to the needs of Franciscan students by replacing the passages that were clearly at odds with Duns Scotus's views with sections taken from Duns Scotus's works. As a consequence, it is not surprising that there are many parallels between Antonius Andreae's *Expositio* and other works by Duns Scotus, including his *Quaestiones super Metaphysicam*, as the editors of Duns Scotus's *Quaestiones* have remarked.[155] This is simply due to the fact that Antonius Andreae used those works by Duns Scotus to revise Thomas Aquinas's commentary. Accordingly, there is no basis for thinking that Antonius Andreae's *Expositio super Metaphysicam* might contain some elements of Duns Scotus's commentary on the *Metaphysics* or might even be loosely based on it, as the editors of Duns Scotus's *Quaestiones super Metaphysicam* seem to suggest

---

[151] LEADER, 'Philosophy at Oxford and Cambridge', p. 35-37.
[152] Oxford, Oriel College, ms. 65.
[153] PINI, 'Sulla fortuna delle "Quaestiones super Metaphysicam" di Duns Scoto', p. 312-326.
[154] See PINI, 'Una lettura scotista della "Metafisica" di Aristotele', p. 529-586.
[155] See 'Introduction', in DUNS SCOT., *Quaest. super Met.* (OPh III, p. xli).

in some of their notes to their edition where they still refer the reader to Antonius Andreae's *Expositio*,[156] although in their introduction they correctly state that the *Expositio* is the work of Antonius Andreae and in several other notes they state that Duns Scotus's own commentary on the *Metaphysics* is lost[157] (which was the correct conclusion to draw in light of the evidence in their possession when their edition went to press). The view that Antonius Andreae's *Expositio super Metaphysicam* might contain something of Duns Scotus's commentary on the *Metaphysics* is still mentioned as a possibility by the editors of the Vatican edition of the *Ordinatio* in 2010.[158] But not only there is no basis for that possibility; there is also ample and, I believe, conclusive evidence against it. First, there are indeed many traces of other works in Antonius Andreae's *Expositio super Metaphysicam*, but those works are Thomas Aquinas's *Sentencia super Metaphysicam*, Duns Scotus's *Quaestiones super Metaphysicam*, and Duns Scotus's *Ordinatio*. Second, Duns Scotus's commentary on the *Metaphysics* is nothing else than the *Notabilia* that I am here editing, as I believe I have demonstrated beyond any reasonable doubt. There is no parallelism between Duns Scotus's *Notabilia* and Antonius Andreae's *Expositio super Metaphysicam*, which should be regarded as an independent (if not very original) work by Antonius Andreae.

12. The Edition

In establishing the text, my aim has been to reconstruct what I take to be Duns Scotus's latest version of the *Notabilia* as preserved in *M*. As a consequence, I have preferred *M* over *V* except

---

[156] Duns Scot. *Quaest. super Met.*, VII, q. 16 *extra* (OPh IV, p. 325, footnote 70); VII, q. 7, §19 (OPh IV, p. 152, footnote 30); VIII, q. 4, §10 (OPh IV, p. 492, footnote 12).

[157] See above, footnote 4.

[158] In a few notes to volume XII of Duns Scotus's *Opera omnia*, the Vatican editors still refer the reader to Antonius Andreae's commentary on the *Metaphysics* where Duns Scotus refers to his own commentary on the *Metaphysics*. See Duns Scot., *Ord.* IV, dist. 11, pars 1, art. 2, q. 1 (*Opera Omnia*, XII, p. 256-257, explicit sources [= F] apparatus; p. 258-259, implicit sources apparatus [= T], footnotes 193, 199, 204). In another footnote, the Vatican editors make it clear that they consider Antonius Andreae's commentary on the *Metaphysics* as a revision of Duns Scotus's own commentary in which it is not possible anymore to identify what is due to Duns Scotus and what to Antonius Andreae. See Duns Scot., *Ord.* IV, dist. 11, pars 1, art. 2, q. 1 (ed. Vat. XII, p. 260, implicit sources apparatus [= T], footnote 205). In light of what I have said above, this view should now be rejected.

when I believe that *V* preserved a reading that was corrupted in *M*. I have indicated all the variants preserved in *V* in the critical apparatus. As I have mentioned above, there is some evidence that the scribe of *M* very often could not read correctly what he found in the exemplar. As a consequence, I made several emendations and conjectures. In doing so, my guiding principle has been to start from the error in *M* to reconstruct the correct reading in a paleographically justifiable way.

For reasons of uniformity, I have adopted the orthographical conventions followed by the editors of Duns Scotus's works in the Vatican edition (Vatican City, 1950-) and in the *Opera philosophica* (St. Bonaventure, NY, 1997-2006). Accordingly, I have distinguished between V and U (e.g., "Ubi", not "Vbi") and v and u (e.g., "vos", not "uos"), but not between i and j (e.g., "eius", not "ejus"). Also, I have consistently restored the diphthongs -ae and -oe (e.g., "rosae", not "rose"; "coena", not "cena").

I have divided the text of each book in paragraphs progressively numbered. When necessary, I have grouped several paragraphs under one section. Each section should be taken as a note or remark about a few lines of Aristotle's text. In the Aristotelian apparatus and in the left margins, I have indicated the lines of Aristotle's text being commented on. In order to make it easier for readers to find their way in Duns Scotus's work, I have added a title to each section. Those titles (which, I should stress, are my own and not Duns Scotus's) describe the topic discussed in each section in as plain a way as possible.

In my edition, I have restored what I take to be the correct order of the paragraphs. As I have argued above, I believe that that order was the one originally intended by Duns Scotus and was disrupted because the copyists were not able to understand where some paragraphs had to be placed. My guiding principle to restore the correct order of paragraphs has been to follow the order of the text of Aristotle's *Metaphysics* as known to Duns Scotus and to us.

There are three apparatuses: first, the Aristotelian apparatus, which indicates which parts of Aristotle's *Metaphysics* are being commented on; second, the source apparatus, which indicates explicit and implicit sources, when it has been possible to indentify them, as well as Duns Scotus's references to other parts of the *Notabilia* or to other of works of his; third, the critical apparatus, which indicates variants and emendations.

Occasionally, I have provided an annotation to the text, in order to clarify some points that I believe are particularly obscure.

There are three appendices. Appendix I indicates (a) which paragraphs are present both in *M* and *V* and which paragraphs are present only in *M*; (b) the original order of paragraphs in both *M* and *V* (as opposed to the order I have restored in the edition, which is indicated by their Arabic numeral). Appendix II indicates the differences between the text of the *Metaphysics* commented on in the *Notabilia* and William of Moerbeke's text as printed in the critical edition by Vuillemin-Diem. Appendix III contains an edition of the passages from Ferrandus de Hispania's commentary on the *Metaphysics* to which Duns Scotus referred in his *Notabilia*.

BIBLIOGRAPHY

Primary Sources

AEGID. ROMAN., *Quodl.* = *Aegidii Columnae Romani Quodlibeta*, Louvain, 1646; ed. stereotypa, Frankfurt am Main, 1966.

AEGID. ROMAN., *Super An. Post.* = *Expositio Egidii Romani super libros Posteriorum Aristotelis cum textu eiusdem*, Venetiis, 1496; ed. stereotypa, Frankfurt am Main, 1967.

AEGID. ROMAN., *Theor. de corp. Christi* = *Aegidii Romani Theoremata de corpore Christi*, Romae, 1555.

ALBERT. MAGN., *De animal.* = ALBERTUS MAGNUS, *De animalibus libri XXVI* – ed. H. Stadler, 2 vols. (*Beiträge zur Geschichte der Philosophie des Mittelalters*, 15-16), Münster, 1916-1920.

ALBERT. MAGN., *Met.* = ALBERTUS MAGNUS, *Metaphysica* – ed. B. Geyer, 2 vols. (*Alberti Magni Opera omnia*, XVI 1-2), Münster, 1960.

ALBERT. MAGN., *Phys.* = ALBERTUS MAGNUS, *Physica* – ed. P. Hossfeld (*Alberti Magni Opera omnia*, VI 1-2), Münster, 1987-1993.

ALBERT. MAGN., *Super Porph.* = ALBERTUS MAGNUS, *Super Porphyrium de V universalibus* – ed. M. Santos-Noya (*Alberti Magni Opera omnia*, I 1A), Münster, 2004.

ANON., *Quaest. De an.* = *Ignoti auctoris Quaestiones super Aristotelis librum De anima* – ed. B. Bazán, in *Trois commentaires anonymes sur le traité de l'âme d'Aristote* (*Philosophes médiévaux*, 11), Louvain, 1971, p. 351-527.

ANON., *Quaest. in Phys.* (Zimm.) = ANONYMUS, *Quaestiones in Physicam* – ed. A. Zimmermann, in A. ZIMMERMANN, *Ein Kommentar zur Physik des Aristoteles aus der Pariser Artistenfakultät um 1273*, Berlin, 1968.

ANON., *Quaest. in Phys.*, Cambridge, Peterhouse, ms. 192 = ANONYMUS, *Quaestiones in Physicam*, Cambridge, Peterhouse, ms. 192, in S. DONATI, 'Utrum accidens possit existere sine subiecto: Aristotelische Metaphysik und christliche Theologie in den Physikkommentaren des 13. Jahrhunderts', in *Nach der Verurteilung von 1277: Philosophie und Theologie an der Universität von Paris im letzten Viertel des 13. Jahrhunderts. Studien und Texte* – ed. J. A. Aertsen – K. Emery, Jr. –

BIBLIOGRAPHY　　　　　　　　　　　　　　　　　　LXI

A. Speer (*Miscellanea Mediaevalia*, 28), Berlin, 2001, p. 577-617: p. 598-599.

ANON., *Quaest. in Phys.*, Oxford, Oriel Coll., ms. 33 = ANONYMUS, *Quaestiones in Physicam*, Oxford, Oriel College, ms. 33, in S. DONATI, '*Utrum accidens possit existere sine subiecto*: Aristotelische Metaphysik und christliche Theologie in den Physikkomentaren des 13. Jahrhunderts', in *Nach der Verurteilung von 1277: Philosophie und Theologie an der Universität von Paris im letzten Viertel des 13. Jahrhunderts. Studien und Texte* – ed. J. A. Aertsen – K. Emery, Jr. – A. Speer (*Miscellanea Mediaevalia*, 28), Berlin, 2001, p. 577-617: p. 598-599.

ANON., *Quaest. super Met.* = ANONYMUS (*c.* 1290), *Quaestiones super Metaphysicam*, Cambridge, Peterhouse, ms. 192, in S. DONATI, 'English Commentaries before Scotus. A Case Study: The Discussion on the Unity of Being', in *A Companion to the Latin Medieval Commentaries on Aristotle's* Metaphysics – ed. F. Amerini – G. Galluzzo, Leiden – Boston, 2014, p. 137-207: p. 201.

ANSEL. CANT., *De casu diab.* = ANSELMUS CANTUARIENSIS ARCHIEPISCOPUS, *De casu diaboli* – ed. F. S. Schmitt (*S. Anselmi Cantuariensis Archiepistopi Opera omnia*, I, p. 227-276), Edinbugh, 1946.

ANSEL. CANT., *De conc.* = ANSELMUS CANTUARIENSIS ARCHIEPISCOPUS, *De concordia praescientiae et praedestinationis et gratiae Dei cum libero arbitrio* – ed. F. S. Schmitt (*S. Anselmi Cantuariensis Archiepistopi Opera Omnia*, II, p. 243-288), Roma, 1940.

ANSEL. CANT., *Prosl.* = ANSELMUS CANTUARIENSIS ARCHIEPISCOPUS, *Proslogion* – ed. F. S. Schmitt (*S. Anselmi Cantuariensis Archiepistopi Opera omnia*, I, p. 89-122), Edinbugh, 1946.

ARIST., *An. Pr.* (AL III 1-4) = ARISTOTELES LATINUS, *Analytica Priora. Translatio Boethii (recensiones duae), Translatio anonyma, Pseudo-Philoponi aliorumque Scholia* – ed. L. Minio-Paluello (Aristoteles Latinus, III 1-4), Bruges – Paris, 1965.

ARIST., *An. Post* (AL IV 1; IV 4) = ARISTOTELES LATINUS, *Analytica Posteriora. Translationes Iacobi, Anonymi sive 'Ioannis', Gerardi et Recensio Guillelmi de Moerbeka* – ed. L. Minio-Paluello – B. G. Dodd (Aristoteles Latinus, IV 1-4), Bruges – Paris, 1968.

ARIST., *Cat.* (AL I 1-2) = ARISTOTELES LATINUS, *Categoriae vel Praedicamenta. Translatio Boethii* – ed. L. Minio-Paluello (Aristoteles Latinus, I 1-2), Bruges – Paris, 1961.

ARIST., *De an.* (iuxta trans. novam Guilelm. de Moerb.) = ARISTOTELES, *De anima*, iuxta translationem novam Guillelmi de Moerbeka, in *Sancti Thomae de Aquino Sentencia libri De anima* in *Sancti Tho-*

mae de Aquino Opera Omnia iussu Leonis XIII P. M. edita, XLV 1, Roma – Paris, 1984.

ARIST., *De cael.* = ARISTOTELES, *De caelo* – ed. D. J. Allan, Oxford, 1936.

ARIST., *De gen. et corr.* (AL IX 1) = ARISTOTELES LATINUS, *De generatione et corruptione. Translatio Vetus* – ed. J. Judycka (Aristoteles Latinus, IX 1), Leiden, 1986.

ARIST., *De int.* (AL II 1) = ARISTOTELES LATINUS, *De interpretatione sive Periermeneias. Translatio Boethii* – ed. L. Minio-Paluello (Aristoteles Latinus II 1), Bruges – Paris, 1965.

ARIST., *Eth. Nic.* (AL XXVI 1-3) = ARISTOTELES LATINUS, *Ethica Nicomachea. Translatio Roberti Grosseteste Lincolniensis sive 'Liber Ethicorum' (Recensio Pura et Recensio Recognita)* – ed. R. A. Gauthier (Aristoteles Latinus, XXVI 1-3), Leiden – Bruxelles, 1973.

ARIST., *Iuv.* = ARISTOTELES, *De iuventute et senectute (De morte et vita)*, in ARISTOTELES, *Parva Naturalia* – ed. W. D. Ross, Oxford, 1955.

ARIST., *Met.* (AL XXV 3.2) = ARISTOTELES LATINUS, *Metaphysica lib. I-XIV. Recensio et Translatio Guillelmi de Moerbeka* – ed. G. Vuillemin-Diem (Aristoteles Latinus, XXV 3.2), Leiden – New York – Köln, 1995.

ARIST., *Phys.* (AL VII 1.2) = ARISTOTELES LATINUS, *Physica. Translatio Vetus* – ed. F. Bossier – J. Brams (Aristoteles Latinus VII 1.2), Leiden – New York, 1990.

ARIST., *Sens.* = ARISTOTELES, *De sensu et sensibilibus (iuxta translationem latinam qua Thomas de Aquino usus est)* in *Sancti Thomae de Aquino Sentencia libri de sensu et sensatu*, in *Sancti Thomae de Aquino Opera omnia iussu Leonis XIII P. M. edita*, XLV 2, Roma – Paris, 1985.

ARIST., *Somn. et Vig.* = ARISTOTELES, *De somno et vigilia*, in ARISTOTLE, *Parva Naturalia* – ed. D. Ross, Oxford, 1955.

ARIST., *Top.* (AL V 1-3, trans. Boethii) = ARISTOTELES LATINUS, *Topica. Translatio Boethii, Fragmentum Recensionis Alterius et Translatio Anonyma* – ed. L. Minio-Paluello, adiuvante B. G. Dodd (Aristoteles Latinus V 1-3), Bruxelles – Paris, 1969.

Auct. Arist. = J. HAMESSE, *Les* Auctoritates Aristotelis. *Un florilège médiéval. Étude historique et édition critique* (*Philosophes médiévaux*, 17), Louvain – Paris, 1974.

AUG., *De div. quaest. oct. tr.* = *Sancti Aurelii Augustini De diversis quaestionibus octoginta tribus* – ed. A. Mutzenbecher (*CCSL*, 44A), Turnhout, 1975.

AUG., *De Gen. ad litt.* = *Sancti Aurelii Augustini Hipponensis De Genesi ad litteram libri duodecim* – ed. J. Zycha (*CSEL*, 28.3.1), Vienna, 1894.

AUG., *De Trin.* = *Sancti Aurelii Augustini De Trinitate libri XV* – ed. W. J. Mountain (*CCSL*, 50), Turnhout, 1968.

AUG., *In Iohan. Ev.* = *Sancti Aurelii Augustini In Iohannis Evangelium Tractatus CXXIV* – ed. R. Willems (*CCSL*, 36), Turnhout, 1954.

AUG., *Retract.* = *Sancti Aurelii Augustini Retractationum libri II* – ed. A. Mutzenbecher (*CCSL*, 57), Turnhout, 1984.

AVER., *De sub. orbis* (Iunt. IX) = AVERROES, *De substantia orbis*, in *Aristotelis Opera cum Averrois commentariis*, IX, Venetiis, apud Iuntas, 1562; ed. stereotypa, Frankfurt am Main, 1962.

AVER., *In De anima* (ed. Crawford) = *Averrois Cordbubensis Commentarium Magnum in Aristotelis De Anima libros* – ed. F. S. Crawford, Cambridge, Mass., 1953.

AVER., *In De cael.* (ed. Arnzen – Carmody) = *Averrois Cordubensis commentum magnum super libro De celo et mundo Aristotelis* – ed. R. Arnzen (ex recognitione F. H. Carmody), Leuven, 2003.

AVER., *In De gen. et Corr.* (Iunt. V) = AVERROES, *In De generatione et Corruptione*, in *Aristotelis Opera cum Averrois commentariis*, V, Venetiis, apud Iuntas, 1562; ed. stereotypa, Frankfurt am Main, 1962.

AVER., *In Met.* (Iunt. VIII) = AVERROES, *In Metaphysicam*, in *Aristotelis Opera cum Averrois commentariis*, VIII, Venetiis, apud Iuntas, 1562; ed. stereotypa, Frankfurt am Main, 1962.

AVER., *In Met.* II (ed. Darms) = AVERROES, *In Aristotelis librum II (α) Metaphysicorum commentarius: Die lateinische Übersetzung des Mittelalters auf handschriftlicher Grundlage mit Einleitung und problemgeschichtlicher Studie* – ed. G. Darms, Freiburg (Germany), 1966.

AVER., *In Met.* V (ed. Ponzalli) = *Averrois In librum V (Δ) Metaphysicorum commentarius* – ed. R. Ponzalli, Berna, 1971.

AVER., *In Met.* IX (ed. Bürke) = B. BÜRKE, *Das neunte Buch (Φ) des lateinischen grossen Metaphysik-Kommentars von Averroes*, Bern, 1969.

AVER., *In Phys.* (Iunt. IV) = AVERROES, *In Physicam*, in *Aristotelis Opera cum Averrois commentariis*, IV, Venetiis, apud Iuntas, 1562; ed. stereotypa, Frankfurt am Main, 1962.

AVER., *Prol. in tertium Phys.* = AVERROES, *Prologus in tertium Physicorum* – ed. H. Schmieja, in H. SCHMIEJA, 'Drei Prologe im grossen Physikkommentar der Averroes?' in *Aristotelisches Erbe im arabisch-lateinischen Mittelalter: Übersetzungen, Kommentare, Interpretationen* – ed. A. Zimmermann (*Miscellanea Mediaevalia*, 18), Berlin – New York, 1986, p. 175-189: p. 177-178.

AVIC., *De animal.* = AVICENNA, *De animalibus.* Per magistrum Michaelem Scotum de arabico in latinum translatum, Venetiis, per Iohannem et Gregorium de Gregoriis [*c.* 1500].

AVIC., *De diluviis* = AVICENNA, *De diluviis* (*Meteora* II.6) in M. A. ALONSO, 'Homenaje a Avicena en su milenario. Las traducciones de Juan González de Burgos y Salomón' *El-Andalus*, 14 (1949), p. 291-319.

AVIC., *Liber de phil. prima* = AVICENNA LATINUS, *Liber de philosophia prima sive scientia divina* – ed. S. Van Riet, 2 vols. (Avicenna Latinus, I 3-4), Louvain – Leiden, 1977-1980.

AVIC., *Suff.* = Avicenna, *Sufficientia*, in *Avicenne perhypatetici philosophi ac medicorum facile primi opera in lucem redacta*, Venetiis, 1508; ed. stereotypa, Frankfurt am Main, 1961.

BOETH., *De divis.* = *Anicii Severini Boethii De divisione liber* – ed. J. Magee, Leiden, 1998.

BOETH., *De sanct. trin.* = BOETHIUS, *De sancta trinitate*, in BOETHIUS, *De consolatione phiosophiae, Opuscula theologica* – ed. C. Moreschini, München – Leipzig, 2000.

BOETH., *In Cat.* = *Anicii Severini Boethii In Categoriae libri quatuor* – ed. J.-P. Migne (*PL*, 64), Paris, 1847; ed. stereotypa, Turnhout, 1979.

BOETH., *In Isag. Comm., sec. ed.* = *Manlii Anicii Severini Boethii In Isagogen Porphyrii Commenta. Editio secunda* – ed. S. Brandt (*CSEL*, 48), Vienna – Leipzig, 1906.

BOETH., *In Periherm., prima ed.* = *Anicii Manlii Severini Boetii Commentarii in librum Aristotelis ΠΕΡΙ ΕΡΜΗΝΕΙΑΣ*, 2 vols. – ed. C. Meiser, Leipzig, 1877-1890.

BONAV., *In IV Sent.* = BONAVENTURA, *In quartum librum Sententiarum*, in *S. Bonaventurae Opera Omnia*, IV, Quaracchi, 1889.

DUNS SCOT., *Lect.*, I-II (ed. Vat. XVI-XIX) = IOANNES DUNS SCOTUS, *Lectura in librum primum et secundum Sententiarum* – ed. Commissio Scotistica (*Ioannis Duns Scoti Opera Omnia*, XVI-XIX), Vatican City, 1960-1993.

DUNS SCOT., *Ord.* IV (ed. Vat. XI-XIV) = IOANNES DUNS SCOTUS, *Ordinatio. Liber quartus* – ed. Commissio Scotistica (*Ioannis Duns Scoti Opera Omnia*, XI-XIV), Vatican City, 2008-2013.

DUNS SCOT., *Quaest. in Isag. Porph.* (OPh I) = IOANNES DUNS SCOTUS, *Quaestiones in librum Porphyrii Isagoge*, in *B. Ioannis Duns Scoti Quaestiones in librum Porphyrii Isagoge et Quaestiones super Praedicamenta* – ed. R. Andrews – G. Etzkorn – †G. Gàl – R. Green – T. Noone – R. Wood (*Ioannis Duns Scoti Opera Philosophica*, I, p. 1-245), St. Bonavenure, NY, 1999.

DUNS SCOT., *Quaest. super De an.* (OPh V) = IOANNES DUNS SCOTUS, *Quaestiones super secundum et tertium de anima* – ed. C. Bazán – K. Emery – R. Green – T. Noone – R. Plevano – A. Traver (*Ioannis Duns Scoti Opera Philosophica*, V), Washington, D.C. – St. Bonaventure, N.Y., 2006.

DUNS SCOT., *Quaest. super Met.* (OPh III-IV) = IOANNES DUNS SCOTUS, *Quaestiones super libros Metaphysicorum Aristotelis* – ed. R. Andrews – G. Etzkorn – G. Gál – R. Green – †F. Kelley – † G. Marcil – T. Noone – R. Wood (*Ioannis Duns Scoti Opera philosophica*, III–IV), St. Bonaventure, NY, 1997.

DUNS SCOT., *Quaest. super Praed.* (OPh I) = IOANNES DUNS SCOTUS, *Quaestiones super Praedicamenta Aristotelis* – ed. R. Andrews, G. Etzkorn, †G. Gàl, R. Green, T. Noone, R. Wood (*Ioannis Duns Scoti Opera Philosophica*, I, p. 247-566), St. Bonaventure, NY, 1999.

EUCL., *Elem.* (iuxta trans. Adheladri Bathoniesis) = H. L. L. BUSARD, *The First Latin Translation of Euclid's Elements Commonly Ascribed to Adelard of Bath*, Toronto, 1983.

Fallaciae ad modum Oxoniae = C. R. KOPP, *Die "Fallaciae ad modum Oxoniae". Ein Fehlschlusstraktat aus dem 13. Jahrhundert*, Köln, 1985.

FERRAND. DE HISP., *In Met.* = FERRANDUS DE HISPANIA, *In Metaphysicam*, Oxford, Merton College, ms. 281; Cambridge, Peterhouse, ms. 56.

GALFR. DE ASPALL, *Quaest. super Phys.* = GEOFFREY OF ASPALL, *Questions on Aristotle's Physics* – ed. S. Donati – C. Trifogli; trans. E. J. Ashworth – C. Trifogli (*Auctores Britannici Medii Aevi*, 26-27), Oxford, 2017.

GUALT. BURL., *De pur. artis log. Tract. Brevior* = GUALTERUS BURLEUS, *De puritate artis logicae Tractatus Brevior*, in *Walter Burleigh: De puritate artis logicae tractatus longior. With a Revised Edition of the Tractatus Brevior* – ed. P. Boehner, St. Bonaventure, N.Y., 1955.

GUILL. DE BONKES (?), *Quaest. super Phys.*, = GUILLELMUS DE BONKES (?), *Quaestiones super Physicam*, Cambridge, Peterhouse, ms. 192, f. 51rb-vb, in S. DONATI, '*Utrum accidens possit existere sine subiecto*: Aristotelische Metaphysik und christliche Theologie in den Physikkomentaren des 13. Jahrhunderts', in *Nach der Verurteilung von 1277: Philosophie und Theologie an der Universität von Paris im letzten Viertel des 13. Jahrhunderts. Studien und Texte* – ed. J. A. Aertsen – K. Emery, Jr. – A. Speer (*Miscellanea Mediaevalia*, 28), Berlin, 2001, p. 577-617: p. 598-599.

GUILL. DE WARE, *In II Sent.* = GUILLELMUS DE WARE, *In secundum librum Sententiarum*, Firenze, Biblioteca Nazionale Centrale, ms. A IV 42, in *Ioannis Duns Scoti Opera Omnia*, VII, Vatican City, 1973, p. 120, nota F.

HENR. DE GAND., *Quodl.* I = HENRICUS DE GANDAVO, *Quodlibet* I – ed. R. Macken (*Henrici de Gandavo Opera omnia*, V), Leuven, 1979.

HENR. DE GAND., *Quodl.* III = HENRICUS DE GANDAVO, *Quodlibet* III, in *Quodlibeta Magistri Henrici Goethals a Gandavo doctoris Solemnis* – ed. I. Badius, Paris, 1518; ed. stereotypa, Louvain, 1961.

HENR. DE GAND., *Quodl.* VIII = HENRICUS DE GANDAVO, *Quodlibet* VIII, in *Quodlibeta Magistri Henrici Goethals a Gandavo doctoris Solemnis* – ed. I. Badius, Paris, 1518; ed. stereotypa, Louvain, 1961.

HENR. DE GAND., *Quodl.* IX = HENRICUS DE GANDAVO, *Quodlibet* IX – ed. R. Macken (*Henrici de Gandavo Opera omnia*, XIII), Leuven, 1983.

IOH. DAMASC., *De fide orth.* = IOHANNES DAMASCENUS, *De fide orthodoxa* (*PG*, 94); iuxta translationem Burgundi Pisani, in St JOHN DAMASCENE, *De Fide orthodoxa.Versions of Burgundio and Cerbanus* – ed. E. M. Buytaert, St. Bonaventure, NY, 1955.

Liber sex princ. (AL I 7) = *Liber sex principiorum*, in ARISTOTELES LATINUS, *Categoriarum supplementa. Porphyrii Isagoge, Translatio Boethii, et Anonymi fragmentum vulgo vocatum "Liber sex principiorum"* – ed. L. Minio-Paluello adiuvante B. G. Dodd (*Aristoteles Latinus* I 6-7), Bruges – Paris, 1966.

MATT. AB AQUASP., *Quaest. de cogn.* = MATTHAEUS AB AQUASPARTA, *Quaestiones de cognitione*, in *Matthaei ab Aquasparta Quaestiones disputatae de fide et de cognitione*, Quaracchi, 1957.

PETR. DE ALV., *Quodl.* = PETRUS DE ALVERNIA, *Quodlibet*, Paris, Bibliothèque Nationale de France, ms. 15851, in S. DONATI, 'La dottrina di Egidio Romano sulla materia dei corpi celesti: Discussioni sulla natura dei corpi celesti alla fine del tredicesimo secolo', *Medioevo*, 12 (1986), p. 229-280: p. 242-243.

PETR. HISP., *Tract.* = PETER OF SPAIN, *Tractatus Called afterwards Summulae logicales* – ed. L. M. de Rijk, Assen, 1972.

PETR. IOHN. OLIV., *In II Sent.* = PETRUS IOHANNIS OLIVI, *Quaestiones in secundum librum Sententiarum* – ed. B. Jansen, 3 vols., Quaracchi, 1922-1926.

PRISC., *Inst. Gram.* = PRISCIANUS, *Institutiones Grammaticae* – ed. M. Herz, 2 vols., Leipzig, 1855-1859; ed. stereotypa, Hildesheim, 1961.

PS. DION. AR., *De div. nom.* = PSEUDO DIONYSIUS AREOPAGITA, *De divinis nominibus* in *Corpus Dionysiacum*, I – ed. B. R. Suchla, Berlin, 1990; iuxta translationem Ioannis Saraceni, in *Dionysiaca*.

Recueil donnant les traductions latines des ouvrages attribués a Denys de l'Aréopage, I – ed. P. Chevallier, Bruges, 1937; ed. stereotypa, Stuttgart, 1989.

Ps. Dion. Ar., *De myst. theol.* = Pseudo Dionysius Areopagita, *De mystica theologia*, in *Corpus Dionysiacum*, II – ed. G. Heil – A. M. Ritter, Berlin, 1991; iuxta translationem Ioannis Saraceni, in *Dionysiaca. Recueil donnant les traductions latines des ouvrages attribués a Denys de l'Aréopage*, I – ed. P. Chevallier, Bruges, 1937; ed. stereotypa, Stuttgart, 1989.

Radulph. Brit., *Quaest. De an.*, II = Radulphus Brito, *Quaestiones De anima*, II, Firenze, Biblioteca Nazionale Centrale, ms. Conv. Soppr., E. I. 252, in S. de Boer, *The Science of the Soul: The Commentary Tradition on Aristotle's* De anima, *c. 1260-c. 1360*, Leuven, 2013.

Richard., *Abstr.* = Master Richard Sophista, *Abstractiones* – ed. M. Sirridge – S. Ebbesen, with E. J. Ashworth (*Auctores Britannici Medii Aevi*, 26), Oxford, 2016.

Richard. Rufus Cornub., *In Phys.* = Richard Rufus of Cornwall, *In Physicam Aristotelis* – ed. R. Wood (*Auctores Britannici Medii Aevi*, 16), Oxford, 2003.

Rob. Gross., *In Post. An.* = Robertus Grosseteste, *Commentarius in Posteriorum Analyticorum Libros* – ed. P. Rossi, Firenze, 1981.

Rob. Gross., *In Phys.* = Robertus Grosseteste, *Commentarius in VIII libros Physicorum Aristotelis* – ed. R. C. Dales, Boulder, 1963.

Siger. de Brab., *Quaest. in Met.* = Siger de Brabant, *Quaestiones in Metaphysicam. Texte inédit de la reportation de Cambridge. Édition revue de la reportation de Paris* – ed. A. Maurer (*Philosophes médiévaux*, 25), Louvain-la-Neuve, 1983.

Sophism. Veneta Prima = *Sophismata Veneta Prima*, as referred to in S. Ebbesen – F. Goubier, *A Catalogue of 13th-century Sophismata*, vol. 1, Paris, 2010.

Sophism. Veneta Ultima = *Sophismata Veneta Ultima*, as referred to in S. Ebbesen – F. Goubier, *A Catalogue of 13th-century Sophismata*, vol. 1, Paris, 2010.

Sophismata Wigornensia = Anonymus, *Sophismata Wigornensia*, Worcester, Cathedral Library, ms. Q.13, referred to in S. Ebbesen – F. Goubier, *A Catalogue of 13th-century Sophismata*, vol. 2, Paris, 2010.

Statuta Antiqua Universitatis Oxoniensis – ed. S. Gibson, Oxford, 1931.

THOM. AQ., *De ente et essentia* (ed. Leon. XLIII) = THOMAS DE AQUINO, *De ente et essentia*, in *Sancti Thomae de Aquino Opera omnia iussu Leonis XIII P. M. edita*, XLIII, Roma, 1976, p. 319-381.

THOM. AQ., *De Pot*. = THOMAS DE AQUINO, *De Potentia* – ed. P. M. Pession, in *S. Thomae Aquinatis Quaestiones disputatae*, II, Torino – Roma, 1965, p. 1-276.

THOM. AQ., *In I Sent*. = THOMAS DE AQUINO, *Scriptum super primum librum Sententiarum*, 2 vols. – ed. P. Mandonnet, Paris, 1929.

THOM. AQ., *In Met*. = *S. Thomae Aquinatis In duodecim libros Metaphysicorum Aristotelis expositio* – ed. M.-R. Cathala – R. M. Spiazzi, Torino – Roma, 1964.

THOM. AQ., *In Phys*. = *S. Thomae Aquinatis In octo libros Physicorum Aristotelis Expositio* – ed. P. M. Maggiòlo, Torino – Roma, 1965.

THOM. AQ., *Sent. libri Ethic.* (ed. Leon. XLVII 1) = THOMAS DE AQUINO, *Sentencia libri Ethicorum*, in *Sancti Thomae de Aquino Opera omnia iussu Leonis XIII P. M. edita*, XLVII 1, Roma, 1969.

THOM. AQ., *Sum theol*. = *Sancti Thomae de Aquino Summa Theologiae*, Cinisello Balsamo (MI), 1988.

THOM. AQ., *Super Boet. de Trin.* (ed. Leon. L) = THOMAS DE AQUINO, *Super Boetium De Trinitate*, in *Sancti Thomae de Aquino Opera omnia iussu Leonis XIII P. M. edita*, L, Roma – Paris, 1992, p. 1-171.

SECONDARY SOURCES

ANDREWS, R., 'The *Notabilia Scoti in libros Topicorum*: An Assessment of Authenticity', *Franciscan Studies*, 56 (1998), p. 65-75.

BALIĆ, C., *John Duns Scotus: Some Reflections on the Occasion of the Seventh Centenary of His Birth*, Roma, 1966.

BATAILLON, J. L., 'Exemplar, pecia, quaternus', in *Vocabulaire du livre et de l'écriture au Moyen Âge. Actes de la table ronde, Paris 24-26 septembre 1987* – ed. O. Weijers, Turnhout, 1989, p. 206-219.

BÉRUBÉ, C., 'Antoine André, témoin et interprète de Scot', *Antonianum*, 54 (1979), p. 386-446.

BOURGAIN, P., 'La naissance officielle de l'œuvre: l'expression métaphorique de la mise au jour', in *Vocabulaire du livre et de l'écriture au Moyen Âge. Actes de la table ronde, Paris 24-26 septembre 1987* – ed. O. Weijers, Turnhout, 1989, p. 195-205.

BRIQUET, C.-M., *Les filigranes. Dictionnaire historique des marques du papier dès leur apparition vers 1282 jusqu'en 1600*, Paris, 1907.

CALLUS, D. A., 'Robert Grosseteste as Scholar', in *Robert Grosseteste as Scholar and Bishop* – ed. D. A. Callus, Oxford, 1955, p. 1-69.

CERUTI, A., *Inventario Ceruti dei manoscritti della Biblioteca Ambrosiana*, ed. stereotypa cum additionibus, Trezzano s/N, 1977.

CIPRIANI, R., *Codici miniati dell'Ambrosiana. Contributo a un catalogo*, Milano, 1968.

COURTENAY, W. J., 'Scotus at Paris: Some Reconsiderations', in *John Duns Scotus 1308-2008: The Opera Theologica of Scotus. Proceedings of "The Quadruple Congress" on John Duns Scotus. Part 2 (Archa verbi. Subsidia, 4)* – ed. R. Cross, St. Bonaventure, NY – Münster, 2012, p. 1-19.

DALES, R. C., 'Robert Grosseteste's *Commentarius in octo libros Physicorum Aristotelis*', *Mediaevalia et Humanistica*, 10 (1956), p. 10-33.

DEMPSTER, T., *Asserti Scotiae Cives sui. S. Bonifacius rationibus IX. Ioannes Duns rationibus XII*, Bologna, 1621.

DONATI, S., 'La dottrina di Egidio Romano sulla materia dei corpi celesti: Discussioni sulla natura dei corpi celesti alla fine del tredicesimo secolo', *Medioevo*, 12 (1986), p. 229-280.

—, '*Utrum accidens possit existere sine subiecto*: Aristotelische Metaphysik und christliche Theologie in den Physikkommentaren des 13. Jahrhunderts', in *Nach der Verurteilung von 1277: Philosophie und Theologie an der Universität von Paris im letzten Viertel des 13. Jahrhunderts. Studien und Texte* – ed. J. A. Aertsen – K. Emery, Jr. – A. Speer (*Miscellanea Mediaevalia*, 28), Berlin, 2001, p. 577-617.

—, 'English Commentaries before Scotus. A Case Study: The Discussion on the Unity of Being', in *A Companion to the Latin Medieval Commentaries on Aristotle's* Metaphysics – ed. F. Amerini – G. Galluzzo, Leiden – Boston, 2014, p. 137-207.

DUMONT, S. D., 'The Univocity of the Concept of Being in the Fourteenth Century: John Duns Scotus and William of Alnwick', *Medieval Studies*, 49 (1987), p. 1-75.

FAES DE MOTTONI, B. – C. LUNA, *Catalogo dei manoscritti. Città del Vaticano (Aegidii Romani Opera Omnia*, I, 1/1), Firenze, 1987.

FERCHIUS, M., *Vita Ioannis Dunsii Scoti franciscani Doctoris subtilis et apologiae pro eodem*, Bologna, 1623; 2nd ed. Napoli, 1629.

FLETCHER, M., 'The Faculty of Arts', in *The History of the University of Oxford*, I, *The Early Oxford Schools* – ed. J. I. Catto, Oxford, 1984, p. 369-399.

FLÜELER, C., 'Die verschiedenen literarischen Gattungen der Aristoteleskommentare: zur Terminologie der Überschriften und Kolophone', in *Manuels, programmes de cours et techniques d'enseignement dans les universités médiévales* – ed. J. Hamesse, Louvain-la-Neuve, 1994, p. 75-116.

GALLE, G. – G. GULDENTOPS, 'Ferrandus Hispanus on Ideas', in *Platonic Ideas and Concept Formation in Ancient and Medieval Thought* – ed. G. Van Riel – C. Macé – L. Van Campe, Leuven, 2004, p. 51-80.

GALLUZZO, G., 'Genus and differentia in Scotus's *Questions on the Metaphysics*', in *Johannes Duns Scotus 1308-2008: Die philosophischen Perspektiven seines Werkes / Investigations into His Philosophy. Proceedings of "The Quadruple Congress" on John Duns Scotus*. Part 3 – ed. L. Honnefelder *et al.*, St. Bonaventure, N.Y. – Münster, 2010, p. 247-263.

GENSLER, M., 'Catalogue of Works by or Ascribed to Antonius Andreae', *Mediaevalia Philosophica Polonorum*, 31 (1992), p. 147-155.

GLORIEUX, P., 'Duns Scot et les *"Notabilia cancelarii"*', *Archivum Franciscanum Historicum*, 24 (1931), p. 3-14.

HISSETTE, R., *Enquête sur les 219 articles condamnés à Paris le 7 mars 1277*, Louvain – Paris, 1977.

JORDAN, J. – S. WOOD, *Inventory of Western Manuscripts in the Biblioteca Ambrosiana*, vol. 2, Notre Dame, IN, 1986.

LEADER, D. R., 'Philosophy at Oxford and Cambridge in the Fifteenth Century', *History of University*, 4 (1984), p. 25-46.

LEWRY, O., 'Grammar, Logic and Rhetoric 1220-1320', in *The History of the University of Oxford*, I, *The Early Oxford Schools* – ed. J. I. Catto, Oxford, 1984, p. 401-433.

LOHR, C. H., 'Medieval Latin Aristotle Commentaries', *Traditio*, 23 (1967), p. 313-413.

—, 'Medieval Latin Aristotle Commentaries', *Traditio*, 24 (1968), p. 149-245.

—, 'Medieval Latin Aristotle Commentaries', *Traditio*, 27 (1971), p. 251-351.

—, 'Medieval Latin Aristotle Commentaries', *Traditio*, 29 (1973), p. 93-197.

MAIER, A., *Codices Vaticani Latini 2118-2192*, Città del Vaticano, 1961.

—, 'Literarhistorische Notizen über P. Aureoli, Durandus und den 'Cancellarius' nach der Handschrift Ripoll 77bis in Barcelona', in A. MAIER, *Ausgehendes Mittelalter*, I, Roma, 1964, p. 139-179.

—, 'Handschriftliches zu Wilhelm Ockham und Walter Burley', in A. MAIER, *Ausgehendes Mittelalter*, I, Roma, 1964, p. 209-235 and 470-474.

MAIERÙ, A., 'Tecniche di insegnamento', in *Le scuole degli ordini mendicanti (secoli XIII-XIV)*, Todi, 1978, p. 307-352.

MARMO, C., 'Scotus' Commentary on Aristotle's *Topics*', in *Lo scotismo nel Mezzogiorno d'Italia* – ed. F. Fiorentino, Porto, 2010, p. 153-170.

MÜLLER, G., 'La 'reportatio'', *Salesianum* 21 (1959), p. 647-659.

PASINI, C., 'Le acquisizioni librarie del cardinale Federico Borromeo e il nascere dell'Ambrosiana', *Studia Borromaica*, 19 (2005), p. 461-490.

PELSTER, F., 'Handschriftliches zur Ueberlieferung der *Quaestiones super libros Metaphysicorum* und der *Collationes* des Duns Scotus', *Philosophisches Jahrbuch*, 43 (1930), p. 474-487.

PELZER, A., "Les versions latines des ourvrages de morale conservés sous le nom d'Aristote en usage au XIIIe siècle', *Revue néoscolastique de philosophie*, 23 (1921), p. 316-341, 379-396.

PINI, G., 'Una lettura scotista della "Metafisica" di Aristotele: L'"Expositio in libros Metaphysicorum" di Antonio Andrea', *Documenti e studi sulla tradizione filosofica medievale*, 2 (1991), p. 529-586.

—, 'Sulla fortuna delle "Quaestiones super Metaphysicam" di Duns Scoto: le "Quaestiones super Metaphysicam" di Antonio Andrea', *Documenti e studi sulla tradizione filosofica medievale*, 6 (1995), p. 281-361.

—, '*Notabilia Scoti super Metaphysicam*: Una testimonianza ritrovata dell'insegnamento di Duns Scoto sulla *Metafisica*', *Archivum franciscanum historicum*, 89 (1996), p. 137-180.

—, 'Duns Scotus' Commentary on the *Topics*: New Light on his Philosophical Teaching', *Archives d'histoire doctrinale et littéraire du moyen âge*, 66 (1999), p. 225-243.

POWICKE, F. M., *The Medieval Books of Merton College*, Oxford, 1931.

RHODES JAMES, M., *A Descriptive Catalogue of the Manuscripts in the Library of Peterhouse*, Cambridge, 1899.

SBARALEA, J. H., *Supplementum et castigatio ad Scriptores trium ordinum s. Francisci*, Romae, 1806; 2ª ed. 1921.

STREVELER, P., 'Richard the Sophister', in *The Stanford Encyclopedia of Philosophy* (Winter 2010 Edition) – ed. E. N. ZALTA, URL = ⟨http://plato.stanford.edu/archives/win2010/entries/richard-sophister/⟩.

VUILLEMIN-DIEM, G., 'Praefatio' in *Aristoteles Latinus XXV 3.1. Metaphysica Lib I-XIV. Recensio et Translatio Guillelmi de Moerbeka* – ed. G. Vuillemin-Diem, Leiden – New York – Köln, 1995.

WEISHEIPL, J. A., 'Curriculum of the Faculty of Arts at Oxford in the Early Fourteenth Century', *Medieval Studies*, 26 (1964), p. 143-185.

ZIMMERMANN, A., 'Ein Averroist des späten 13. Jahrhunderts: Ferrandus de Hispania', *Archiv für Geschichte der Philosophie*, 50 (1968), p. 145-164.

—, 'Die Kritik an Thomas von Aquin im Metaphysikkommentar der Ferrandus de Hispania', in *Tommaso d'Aquino nella storia del pensiero*, II, Napoli, 1976, p. 259-267.

—, 'Aristote et Averroës dans le Commentaire des Ferrandus de Hispania sur la "Métaphysique" d'Aristote', *Diotima*, 8 (1980), p. 159-163.

—, 'Ferrandus Hispanus – ein Verteidiger des Averroes', in *Nach der Verurteilung von 1277. Philosophie und Theologie an der Universität von Paris im letzten Viertel des 13. Jahrhunderts. Studien und Texte* (*Miscelanea Mediaevalia*, 28) – ed. J. A. Aertsen – K. Emery, Jr. – A. Speer, Berlin – New York, 2001, p. 410-416.

IOANNIS DUNS SCOTI
NOTABILIA SUPER METAPHYSICAM

CONSPECTUS SIGLORUM

M   Milano, Biblioteca Ambrosiana, C 62 Sup. (s. xv$^{med.}$)
V   Città del Vaticano, Biblioteca Apostolica Vaticana, Vat. lat. 2182 (s. xiv$^{in.}$)

⟨LIBER II⟩

⟨De cognitione infiniti⟩

II 2 994b27-31   **1.** Nota quod Philosophus dicit in fine secundi quod infinitum additione non cognoscitur, quia intellectus noster finitus, si debet intelligere, oportet eum accipere hoc post illud et illud post illud, et numquam consumeret sic infinita. Sed ita non est in Deo, quia et Deus habet intellectum infinitum et non accipit sic hoc post hoc, sed omnia sunt simul in intellectu suo et uno intuitu fertur in omnia, et, licet sint infinita, intellectu tamen apprehenduntur simul.

⟨De consuetudine⟩

II 3 995a3-6   **2.** Nota quod illud capitulum de consuetudine, ubi dicitur LEGIBUS, Commentator exponit de sectis aliquorum. Et dicit quod aliqui talium sectarum propter consuetudinem aliquam malam credunt opposita principiis, ut creationem, quae fuit apud eum oppositum principiis et quod nihil creatum fuit principium. Unde super prooemium III *Physicorum* dicit quod multum nocet mala consuetudo philosophantibus; sic enim aliqui nituntur legibus institutis quod negant veritatem, si sit contra illas leges, licet sint falsae. Unde quod exemplificat, quod aliqui fuerunt assueti quod venenum comederunt ut cibum.

⟨De logica universali et speciali⟩

II 3 995a13-14   **3.** Post sequitur in littera: ABSURDUM EST SIMUL QUAERERE SCIENTIAM ET MODUM SCIENDI. Nota quod est duplex logica:

Arist.: II, 2/3 II 2 994b27-31 (AL XXV 3.2, p. 47, 97-100)   11/12 II 3 995a3-6 (transl. nova in AVER., *In Met.* II, t. c. 3, f. 34v H)   22/23 II 3 995a13-14 (AL XXV 3.2, p. 47, 114-115)

II, 11/15 AVER., *In Met.* II, t. c. 14 (ed. Darms p. 77, 15-18; Iunt. VIII, f. 34v I-K)   16/20 AVER., *Prol. in tertium Phys.* (p. 177); cfr *Auctor. Arist.*, n. 113-114 (p. 149)   23/25 AVER., *In Met.* II, t. c. 15 (ed. Darms, p. 78, 47-48; Iunt. VIII, f. 35r F)

II, 2/20 Nota – cibum] §1-2 *desunt in* V   8/9 apprehenduntur simul] *coni.*, apprehendentur sumuntur M   18 si] *coni.*, sit M   22 Post – littera] *om.* V   simul] *om.* V

4 NOTABILIA SUPER METAPHYSICAM II

una universalis, sicut logica proprie | dicta; alia specialis, quae est M 51rb
25 in omni scientia speculativa, et de hac debet intelligi propositio.
Unde logica specialis in metaphysica traditur in primo libro eiusdem, scilicet quod ista scientia quae est sapientia debet speculari per altissimas causas. Similiter logica propria naturalis philosophiae traditur in II *Physicorum*, ubi docet quattuor causas et docet
30 qualiter naturalis debet demonstrare per eas.

4. ⟨Ad⟩ unum argumentum quod faciunt: "modus sciendi non est scientia, logica est modus sciendi, ergo non est scientia", dicendum quod minor falsa est, sed dicitur pro tanto quod docet modum sciendi. Et si tunc arguitur sic: "de modo sciendi non est
35 scientia, logica est de modo sciendi, ergo", maior est falsa, quia de modo sciendi vere est scientia; unde intellectus intelligit obiectum suum, de quo scientiam habet, et iterum de isto actu intelligendi, reflectendo, potest acquirere sibi scientiam, quia, licet prius fuerit quasi modus, post tamen se habet in ratione obiecti.

40 ⟨De materia in mathematicis⟩

II 3 995a14-16 5. Post sequitur: mathematica quaerenda est extra materiam. Sed tunc sequitur quod mathematica non habent materiam, quod est contra Philosophum, qui dicit oppositum VI huius, quod mathematica considerat ea quae sunt in materia sed non ut in mate-
45 ria.

6. Dico quod, cum materia sit de quidditate rei, tunc, secundum quod pars quidditatis, ad metaphysicum pertinet, sed ad ma-

---

Arist.: 41 II 3 995a14-16 (AL XXV 3.2, p. 47, 116-117)

26/28 Cfr Arist., *Met.* I 2 982b9-10 (AL XXV 3.2, p. 16, 119-120)   28/30 Cfr Arist., *Phys.* II 3 194b16-195b30 (AL VII 1.2, p. 56, 1-63, 2), II 7-8 198a14-199b32 (AL VII 1.2, p. 78, 10-91, 6)   31/32 Aeg. Rom., *Super An. Post., Prologus* (f. 2ra); cfr Albert. Magn., *Super Porph.*, cap. 2 (p. 2, 47-48)   43/45 Arist., *Met.* VI 1 1026a14-15 (AL XXV 3.2, p. 126, 48-127, 52)

25 speculativa] *coni.*, specialissima *M*, specialis vel speculativa via *V*   hac] hoc *M*   26/27 eiusdem] eius *V*   27 scilicet] videlicet *V*   scientia] sola *V*   28 causas] etc. *add. M*   30 eas] etc. *add. M*   31 Ad] *suppl.*   unum] unde *M*   32 ergo] igitur *V*   non est scientia] *om. V*   32/33 dicendum] dico *V*   falsa est] est falsa *V*   dicitur pro tanto] pro tanto dicitur modus *V*   33/34 quod – modum] *om. V*   34/35 si – ergo] similiter *M*   35/36 quia – scientia] *om. V*   36 intelligit] intelligens *V*   37 scientiam] *om. V*   isto] illo *V*   38 quia] et *V*   38/39 prius fuerit] fuerit hoc prius *V*   39 modus] sed *add. V*   41/73 Post – posteriori] §5-9 desunt in *V*   41 Post] *coni.*, prius *M*   47/48 mathematicum] *coni.*, metaphysicum *M*

thematicum in quantum subest quantitati, et isto modo non est
subiectum motus; aliquando hoc additur quod appropriat ad ipsum, et sic tertio modo pertinet ad considerationem naturalis ut
sit subiectum alio modo, ut est pars compositi quod est per se subiectum motus et est principium indeterminationis, et isto modo
tertio est causa incertitudinis. Sic autem non consideratur a mathematico, nec alio modo, ut est pars quidditatis et consideratur a
metaphysico loquendo de materia proprie, quae scilicet est principium substantiae, vel extensive, prout est subiectum formae acci-
dentalis.

7. Et hic loquendo de subiecto quantitatis, materia non pertinet ad considerationem mathematici, quia quantitas ibi consideratur quantum ad suas passiones (est enim ibi subiectum primum,
non passio), non quantum ad subiectum cui inest nec quantum ad
principium ratione cuius sibi inest, quod est materia. Secundum
aliquos tamen quantitas terminatur in naturalibus quae habent
materiam, licet forte posset inesse si non haberent materiam, secundum quod Commentator ponit *De caelo*.

8. Et sic salvandum dictum VI huius quod mathematica considerat abstracta a materia secundum considerationem, non secundum esse: a materia extensive nec etiam communiter a materia
proprie. Si tamen ab utraque esset abstracta, nihilominus vera
quae ostenduntur sicut in altera.

9. Quantitas vero absolute licet esset immediatum subiectum
motus vel terminus, adhuc mathematicus potest abstrahere a
motu, quia prius potest considerari ⟨sine⟩ posteriori.

10. Materia vero proprie consideratur a metaphysica ut est pars
quidditatis, quae est ratio prior; a naturali ut est subiectum vel
principium generationis, quae est ratio posterior. Sic quattuor
causae alio modo considerantur hic, quia in quantum causae ip-

---

62/64 Cfr Petr. Alv., *Quodl.* II, q. 10, Paris, BNF, lat. 15851, f. 27va (in S. Donati, 'La dottrina di Egidio Romano sulla materia dei corpi celesti: Discussioni sulla natura dei corpi celesti alla fine del tredicesimo secolo', *Medioevo*, 12 (1986), p. 229-280: p. 242-243)
64/65 Aver., *In De cael.* I, t. c. 20 (ed. Arnzen – Carmody, p. 38, 71-39, 84; Iunt. V, f. 15r C-D)   66 Arist., *Met.* VI 1 1026a14-15 (AL XXV 3.2, p. 126, 48-127, 52)

48 quantitati] *coni.*, quidditati *M*   49 aliquando] *coni.*, aliquid *M*   additur] *coni.*, addit *M*   50 ad] *coni.*, s. *M*   51/52 subiectum] *coni.*, sui *M*   52 indeterminationis] *coni.*, determinationis *M*   53 Sic] *coni.*, si *M*   non] *coni.*, ut *M*   56 exstensive] *coni. ex lin. 68 infra*, ex intentione *M*   58 hic] *coni.*, hoc *M*   64 haberent] *coni.*, haberet *M*   73 sine] *suppl.*   74 Materia] Item nota *praem. V*   vero] *om. V*   75 naturali] autem *add. V*   ut] non *V*   76 Sic] etiam *add. V*

sius esse; aliter ibi, quia in quantum causae transmutationis vel esse transmutabilis vel alio modo specificati sic vel sic.

80 ⟨De materia in corporibus caelestibus⟩

II 3 995a17   11. Post sequitur: FERE OMNIS NATURA HABET MATERIAM, quod dicit Commentator esse intelligendum pro natura in corpore caelesti, quia non habet materiam secundum ipsum, et dicit quod ipsi sola forma est subiecta quantitati. Et hoc dicit, quod, si 85 poneret materiam, esset caelum in potentia ad esse et non esse. Sed ex hoc sequitur quod in scientia naturali [est] certitudo mathematicae quaerenda est, quia saltem in libro *Caeli et mundi*, quae est pars naturalis scientiae, quia ibi consideratur de caelo ut habet materiam pro forma ut est subiecta quantitati; sic materia non est 90 subiectum motus nec indeterminationis, etc.

12. Nota unum argumentum: si caelum non habet materiam, tunc liber *De generatione* et *De caelo et mundo* non essent partes ⟨unius scientiae, quia⟩ una considerat materiam transmutabilem, alia non; sed si essent partes unius scientiae, tunc haberent a ma-95 teria unionem in subiecto scientiae superioris, quia de subiecto oportet praecognoscere quid; ubi quid, ibi unitatem; etc.

Arist.: 81 II 3 995a17 (AL XXV 3.2, p. 47, 118)

82/84 AVER., *In Met.* II, t. c. 16 (ed. Darms, p. 80, 29-37; Iunt. VIII, f. 35v M-36r A)

---

77 considerantur] *coni.*, consideratur *M* et *V*   77/78 ipsius] *om. M*   81/96 Post – etc.] *§11-12 desunt in V*   82 pro natura] *coni.*, pronomen *M*   86 est] *del.*
89 materiam pro forma ut est subiecta] *coni.*, formam pro materia subiecta et ut *M*
93 unius scientiae quia] *suppl.*

⟨LIBER III⟩

⟨De ordine tertii libri⟩

1. Commentator dicit hic quod Philosophus ponit quaestiones separatim et solutiones per se pro tanto quia convenit cum scientia disputativa, scilicet logica, et ita sic facit. Ideo ista, quod illa conveniat cum ista, probatur, quia ens simpliciter est subiectum unius et alterius.

2. Dico quod argumentum non valet, quia de tali sub|iecto non concluditur separatim processus circa quaestiones et solutiones; et dico quod sumit falsum, quia ens subiectum non est logicae, tunc esset scientia realis.

⟨De auctoritate tertii libri⟩

3. Similiter nota quod, quando aliquis disputat ad utramque partem, rationes partis unius concludunt oppositum rationibus alterius, aliter non esset vere elenchus; oportet igitur necessario in syllogismo alterius partis defectum esse in materia vel in forma vel in utroque. Et hic concludit. Vel in uno syllogismo vel in alio ergo assumit aliqua falsa, vel saltem forma argumenti non valet.

4. Et ideo considerandum quod non est magnae auctoritatis tertius liber. Unde dicit Commentator quod primum argumentum quod facit Philosophus peccat secundum consequens. Bene dicit quod sunt logicae rationes, id est probabiles.

Arist.: III, **19/20** III 2 996a20-21 (AL XXV 3.2, p. 50, 67-68)

III, 2 Aver., *In Met.* III, t. c. 1 (f. 36v M)   **19/21** Aver., *In Met.* III, t. c. 3 (f. 41r A)

III, **2/10** Commentator – realis] *§1 et 2 desunt in V*   **7** de] *coni.*, q *M*   **8** concluditur] *coni.*, concludit *M*   **12** Similiter] *om. V*   **13** rationes – rationibus] *om. V*   **14** alterius] partis *add. V*   oportet igitur] ergo debet *V*   **14/15** necessario – partis] *om. M*   **15** defectum esse] esse defectum *V*   vel¹ in] et *M*   **15/16** vel² – concludit] *om. M*   **16** in] *om. M*   ergo] igitur *V*   **18/19** Et – liber] quia liber tertius non est magnae auctoritatis *V*   **19** Commentator] scilicet in isto tertio *add. V*   **20** Bene] unde *V*   **21** rationes] demonstrationes *V*   probabiles] etc. *add. M*

⟨Prima quaestio: utrum eadem scientia consideret quattuor causas⟩

III 2 996a18-b1

5. Prima quaestio est utrum eadem scientia consideret quattuor causas.

6. Quod non, est: unius scientiae non est considerare nisi contraria, vel aliter et melius ***; diversa principia non sunt ⟨contraria; ergo⟩ non considerantur ab eadem scientia.

7. Dico quod prima maior et minor sunt falsa. Licet enim contraria cognoscantur ab eadem scientia ***. Unde dicit ibi Commentator quod est ipsa fallacia consequentis.

8. Alia ratio: finis omnis est alicuius actus finis – verum est, vel actus interioris vel exterioris; tunc minor: omnis actus est per motum – hoc est falsum. Unde eo modo quo maior vera est, et minor falsa, et e converso.

9. Nota quod in mathematicis non est finis acquisitus per motum, licet alius, scilicet ordo, etc.

⟨Secunda quaestio: quam causam sapientia considerat⟩

III 2 996b1-26

10. Secunda quaestio est, quam causam | considerat scientia M 52rb
quae est sapientia. Et quod finem. Et facit talem rationem: illa scientia quae est principalior est finis aliarum; scientia quae est sapientia est finis; ergo magis considerat finem.

11. Et in arguendo dicit quod maior accipitur ex praedeterminatis. Sed illa non sunt alicubi praedeterminata nisi in primo libro, ubi tangit condiciones sapientiae. Ex hoc igitur habetur quod fecit primum librum.

Arist.: 24/25 III 2 996a18-20 (AL XXV 3.2, p. 50, 65-68)   26/27 III 2 996a20-21 (AL XXV 3.2, p. 50, 66-67)   32 III 2 996a25-27 (AL XXV 3.2, p. 50, 70-51, 74)   36 III 2 996a29-32 (AL 3.2, p. 51, 76-79)   39/40 III 2 996b8-10 (AL XXV 3.2, p. 51, 89-84)

30/31 AVER., *In Met.* III, t. c. 3 (f. 41r A)   44 ARIST., *Met.* I 2 982a14-17 (AL XXV 3.2, p. 15, 93-96)

24/37 Prima – etc.] §§5-9 desunt in V   27 Post melius *et ante* diversa lacunam supposui   27/28 contraria ergo] suppl.   30 scientia] coni., essentia M   Post scientia et ante unde lacunam supposui   32 est¹] coni., enim M   verum] coni., unum M   36/37 Nota – etc.] §9 post §4 et ante §5 pos. M   40 illa] ista V   41 scientia] om. M   42 ergo – finem] igitur considerat magis finem V   43 in arguendo] om. M   43/44 maior – praedeterminatis] finis allegat praedeterminata quaedam V   44 illa – nisi] non est alicui alii M   alicubi] coni., alii M, alicui V   primo] principio V   46 primum] principium V

12. Nota quod Aristoteles in hac littera ponit artem et aedificatorem in genere causae efficientis, licet tamen ars ponatur ab aliis in genere causae formalis.

13. Nota quod dicit hic in littera quod magis cognoscimus quid est quam quid non est. Et hoc est verum, quia secundum Philosophum, I *Posteriorum*, demonstratio affirmativa est potior negativa. Unde nota quod nulla negativa est prima, sed reducitur ad affirmativam. Est tamen aliqua prima in genere necessariarum.

14. Nota argumenta quae facit Aristoteles de causis ad secundam quaestionem, quod argumentum de singulis causis per se dicit propositum suum, simul accepta dicunt oppositum.

⟨Tertia quaestio: utrum scientia principiorum sit eadem cum scientia substantiae⟩

15. Tertia quaestio: utrum eiusdem scientiae est considerare principia communissima (et exponit quae sunt) et considerare substantiam. Vocat 'scientiam de substantia' in littera metaphysicam. Hoc est argumentum quod substantia est subiectum metaphysicae.

16. Nota quod secunda ratio pro tertia quaestione dicit verum, prima falsum, et contra conclusionem istius falsae sunt duo argumenta ad oppositum.

17. Genus subiectum est quod habet unam rationem considerandi. Et sic intelligitur illud IV *Metaphysicae*, in principio, quod unius generis subiecti est una scientia. Unam rationem considerandi potest habere sive sit unum genus praedicabile sive unum ad

---

Arist.: 47/48 III 2 996b5-7 (AL XXV 3.2, p. 51, 86-89) 50/51 III 2 996b14-16 (AL XXV 3.2, p. 51, 95-98) 55/56 III 2 996b10-13, 13-22, 22-26 (AL XXV 3.2, p. 52, 91-52, 106) 60/62 III 2 996b26-997a15 (AL XXV 3.2, p. 52, 107-53, 131) 62 III 2 997a11 (AL XXV 3.2, p. 53, 128-129) 65/66 III 2 996b33-997a2 (AL XXV 3.2, p. 52, 113-118) 66/67 III 2 997a11-15 (AL XXV 3.2, p. 53, 128-131) 68 III 2 997a5-7 (AL XXV 3.2, p. 52, 121-123)

48/49 *Non inveni* 51/52 Arist., *Anal. Post.* I 25 86a31-b39 (AL IV 1, p. 57, 7-59, 7; IV 4, p. 314, 12-315, 13) 63/64 Cfr Duns Scot., *Quaest. super Met.* I, q. 1, §92-96 (OPh III, p. 47-48) 69 Arist., *Met.* IV 2 1003b12-15 (AL XXV 3.2, p. 68, 30-33)

47/57 Nota – oppositum] *§12-14 desunt in V* 52/53 negativa] *coni.*, naturae *M* 57 dicunt] *coni.*, dicit *M* 60 quaestio] est *add. V* 62 substantiam] et *add. V* in littera] *om. V* 65 dicit] concludit *V* 66 istius] illius *V* 68/73 Genus – aliis] *§17 deest in V; hunc paragraphum post §62 et ante §63 pos. M*

quod omnia alia reducuntur, quod scilicet consideratur secundum unam rationem in omnibus aliis.

⟨Quarta quaestio: utrum sit una scientia omnium substantiarum⟩

18. Nota quod primum argumentum quartae quaestionis ad oppositum videtur esse bonum, quod metaphysicus non considerat quidditates in speciali, et | dicit Aristoteles quod tunc aliae scientiae superfluerent.

19. Primum argumentum pro non valet, quia dicit sic: "si ista non sit omnium, cuius est?", quasi dicat: "nullius alterius". Non valet, quia posset esse alicuius de genere substantiae, scilicet intelligentiarum.

⟨Quinta quaestio: utrum est una scientia substantiarum et accidentium⟩

20. Quinta quaestio: utrum eadem scientia est accidentium et substantiarum.

21. Quod non, quia, si sic, cum scientia quae est accidentium est demonstrativa, ergo scientia de substantia est demonstrativa substantiarum.

22. Dico quod est amphibologia. Unde debet concludi quod scientia quae est substatiae est demonstrativa, non tamen demonstrativa substantiae. Unde idem argumentum: "eadem est scientia principiorum et conclusionum, ergo sicut est demonstrativa conclusionum ita principiorum" non valet, sed sequitur: "ergo scientia principiorum est demonstrativa". Unde non valet: "scientia est de duobus; ergo, sicut unum demonstratur, et aliud".

Arist.: 75/78 III 2 997a17-21 (AL XXV 3.2, p. 53, 134-137)   79/80 III 2 997a16-17 (AL XXV 3.2, p. 53, 133-134)   87/88 III 2 997a30-32 (AL XXV 3.2, p. 53, 146-148)

75 quartae quaestionis] quaestionis quartae *V*   77 aliae] *om. M*   79 quia dicit sic] istud scilicet *V*   ista] illa *V*   81 valet] videt *V*   de genere] generis *V*   85/86 accidentium et substantiarum] substantiarum et accidentium *V*   87 si] *corr. ex* sit *M* sic] sicut *V*   88 demonstrativa¹] determinativa *M*, substantiarum determinativa *add. V* ergo] igitur *V*   88/89 substantiarum] *om. V*   90 Unde debet] debet enim *V* 91 scientia quae est] scientia est quae *M*   demonstrativa] determinativa *M*   91/92 demonstrativa] determinativa *M*   92 substantiae] *om. V*   92/94 Unde – principiorum] *om. V*   94 ergo] igitur *V*   95 principiorum] principalior *V* demonstrativa] igitur sicut scientia est demonstrativa determinativa principiorum *add. V* 96 demonstratur] determinatur *V*

⟨De sensibilibus et sensu⟩

III 2 997b23-26   23. Secundum argumentum contra in sexta – quod dicitur quod, si sensibilia sunt intermedia, et sensus – videtur quod non valet, quia sensibile non dicitur nisi per accidens ad sensum, sensus per se.

24. Et Commentator dicit hic quod sensus est in genere relationis. Sed hoc est falsum, si accipiat illum pro potentia, quia potentia est in secunda specie qualitatis, ⟨et⟩ est ⟨una⟩ numero vere sicut species est una numero (non numerositate suppositi sicut Sortes).

⟨De scientia sensibilium⟩

2 997b32-998a2   25. SIMUL AUTEM NEC HOC VERUM QUIA GEODOSIA. Argumentum non cogit, quia scientia non est de existentibus incorruptibiliter (nota exemplum), sed est de passionibus incorruptibiliter subiectis inhaerentibus.

26. Sed hoc contra Philosophum similiter nota: illud argumentum secundum quod sic incipit, AT VERO NEC VERE SENSIBILIUM, accipit unum falsum, scilicet quod nihil est rec|tum nec *M* 54ra rotundum in sensibilibus. Dico quod falsum est, immo vere rectum est in sensibilibus et rotundum. Probat enim Philosophus alicubi *De caelo et mundo*, aliter esset vacuum.

Arist.: **98/99** III 2 997b20-24 (AL XXV 3.2, p. 54, 171-175)   **105** III 2 997b32-34 (AL XXV 3.2, p. 54, 182-184)   **112/113** III 2 997b34-998a6 (AL XXV 3.2, p. 55, 185-191) **113/114** III 2 998a1-2 (AL XXV 3.2, p. 55, 187-188)

102/103 AVER., *In Met.* III, t. c. 7 (f. 45v H). Cfr ARIST. *Cat.* 8 9a14-27 (AL I 1, p. 64, 14-24); DUNS SCOT., *Quaest. super Met.* V, q. 12-14, §14 et 105-107 (OPh III, p. 618 et 639-640)   **115/116** ARIST., *De Cael.* II 4 287a11-22

98/105 Secundum – Sortes] *§23-24 desunt in V*   **98** contra] *coni.*, bonum *M* **104** et] *suppl.*   una] *suppl.*   numero] *coni.*, numerus *M*   **107/116** Simul – vacuum] *§25 et 26 post §34 et ante §57 pos. M et V*   **107** Simul] similiter *V*   geodosia] geodosi *V* **108/109** incorruptibiliter – exemplum] in corpore extra *V*   **109** sed] scientia *add. M* **109/110** incorruptibiliter subiectis inhaerentibus] inhaerentibus subiectis incorruptibiliter *V*   **111** Sed – nota] item nota contra Philosophum quod *V*   **112** secundum] secundi *M*   vere] naturae *V*   **113** accipit] accipitur *M*   scilicet quod] hoc *M*   est] *om. M*   **114/115** Dico – rotundum] hoc est falsum quia utrumque est in sensibilibus *V*   **115/116** alicubi] *coni.*, alibi *M*, alicui *V*   **116** esset] esse *M*

⟨Quare duo corpora non possunt esse simul⟩

III 2 998a7-19   27. SUNT AUTEM ALIQUI QUI DICUNT etc. Nota in secunda ratione, qua arguit Philosophus duo corpora esse simul, oportet intelligere quod Philosophus vult dicere quod solae quantitates sunt causae istius impossibilitatis. Hoc probat IV *Physicorum*, ubi dicit quod, si omnes qualitates et omnia alia separantur a cubo, adhuc tantum replebit de loco sicut prius.

28. Theologi quidam dicunt quod grossities est causa; unde, amota grossitie, possent duo corpora esse simul, licet haberent quantitates.

29. Prima ratio et tertia concludit inconveniens eis, non simpliciter.

30. Nota, in prima ratione Philosophus utitur isto: "quando aliqua duo sunt eiusdem rationis, sicut est de uno, et de alio".

⟨De natura⟩

III 3 998a21-b3   31. ET DE PRINCIPIIS etc. Post: NATURA LECTI. 'Natura' ibi accipitur pro defi|nitione quidditativa; aliquando proprie, quae   M 53vb
est principium motus et cetera necessaria elementa.

32. Expositor ponit illud pro ratione; tamen magis esse videtur exemplum declarans quaestionem, unde dicit: 'ut lectum'. Quia dicit 'amplius', videtur esse pro expositione secunda, quod prius fecerat unam rationem.

Arist.: **118/121** III 2 998a7 (AL XXV 3.2, p. 55, 191-193)   **127** III 2 998a11-13 (AL XXV 3.2, p. 55, 195-198); III 2 998a14-15 (AL XXV 3.2, p. 55, 198-199)   **129** III 2 998a11-13 (AL XXV 3.2, p. 55, 195-198)   **132** III 3 998a21 (AL XXV 3.2, p. 55, 207); III 3 998a32-b3 (AL XXV 3.2, p. 56, 217-219)   **136** III 3 998b1-2 (AL XXV 3.2, p. 56, 218); III 3 998a28 (AL XXV 3.2, p. 55, 213)

121/123 ARIST., *Phys.* IV 8 216b2-9 (AL VII 1.2, p. 165, 8-14)   **124/126** BONAV., *In IV Sent.*, dist. 49, pars 2, sect. 2, art. 3, q. 1, corpus, ad 3 et ad 4 (p. 1028-1029)   **135** THOM. AQ., *In Met.* III, lect. 8, § 426 (p. 120)

118/148 Sunt – etc.] *§27-34 post §46 et ante §25 pos. M*   **118/138** Sunt – rationem] *§27-32 desunt in V*   **120** quantitates] *coni.*, diversitates *M*   **121** Physicorum] *coni.*, philosophus *M*   **124** quidam dicunt] dicunt quidam *M*   **126** quantitates] etc. *add. M*   **130** alio] etc. *add. M*   **136** lectum] *coni.*, tum *M*

⟨De definitionibus et de universali et singulari⟩

III 3 998b4-14   33. IN QUANTUM COGNOSCIMUS. Duae primae rationes bene concludunt, sed tertia ad oppositum non valet. Commentator dicit contrarium huius.

34. Post, cum infertur duas definitiones esse eiusdem, unam per genus et differentiam, aliam per principia realia rei, dico quod idem est definire rem per principia essentialia et per genus et differentiam, quia ex eis sumuntur genus, et differentia et partes significant per se et non plus, per modum tamen totius, addendo 'habens' etc.

⟨Contra opinionem Averrois de singulari et universali⟩

III 3 998b11   35. AT VERO NEQUE UTROBIQUE POSSIBILE etc. Ibi dicit Commentator quod singulare et universale sunt diversae naturae, quia unum intelligibile, aliud non. Contra: una potentia superior potest quicquid potest inferior. Dico quod non sunt diversae naturae.

⟨De ordine in individuis⟩

III 3 999a6-13   36. AMPLIUS IN QUIBUS PRIUS ET POSTERIUS, etc. Nota illud: in substantiis non est ordo. Loquitur scilicet de individuis.

Arist.: 140 III 3 998b4 (AL XXV 3.2, p. 56, 221)   140/141 III 3 998b4-6 (AL XXV 3.2, p. 56, 221-223), III 3 998b6-8 (AL XXV 3.2, p. 56, 224-226), III 3 998b9-11 (AL XXV 3.2, p. 56, 226-228)   143 III 3 998b11-14 (AL XXV 3.2, p. 56, 229-231) 150 III 3 998b11 (AL XXV 3.2, p. 56, 229)   156/157 III 3 999a6 (AL XXV 3.2, p. 57, 256-257), III 3 999a12-13 (AL XXV 3.2, p. 57, 262-263)

141/142 AVER., *In Met.* III, t. c. 10 (f. 48v K-L)   150/152 AVER., *In Met.* III, t. c. 10 (f. 48v L)

143/154 Post – naturae] *§34 et 35 post §42 et ante §25 pos.* V   143 Post] *om.* M   infertur duas] dicitur tunc duae M   esse] *om.* M   unam] una M   144 genus et differentiam] differentiam et genus M   aliam] alia M   145 idem] istud M   et²] per *add.* V   146 sumuntur] sumitur M   146/147 significant] signatae M   et² – plus] significant tamen partes V   147 tamen] *om.* V   150 neque] *coni. ex textu Aristotelis,* in M et V   utrobique] utroque V   possibile] *coni. ex textu Aristotelis,* posse M et V etc.] *om.* M   151 sunt] sint M   152 intelligibile] intellectum M   152/153 una – inferior] quicquid potest potentia inferior et superior V   156/198 Amplius – successivis] *§36-46 post §56 et ante §27 pos.* M   156/183 Amplius – intelligibile] *§36-42 post §56 et ante §34 pos.* V   156 etc.] *om.* V   157 est] ergo *add.* M   scilicet] *om.* V

37. Dicunt aliqui quod unum indivi|duum non habet magis perfectionem speciei quam aliud.

38. Dico quod non est verum, sed intellectus est quod non est ibi talis ordo quod unum individuum recipit perfectionem suam a tertio mediante alio, unde multotiens duo dependent a tertio ita quod neutrum a neutro. Non sic de speciebus: antequam sit a tertio, unum recipit perfectionem suam ab alio et ab eo dependet. Et haec videtur intentio litterae. Unde exemplificat in numeris, ubi unus numerus habet perfectionem suam quantum ad aliquid ab alio et ab eo dependet. Ternarius enim includit binarium.

39. Commentator vult dicere quod intellectus propositionis est: in individuis non est ordo, sic scilicet quod unum sit de compositione alterius.

⟨De principiis in essendo et in cognoscendo⟩

40. AMPLIUS AUTEM HOC QUIDEM MELIUS etc. Nota: principia realia sunt principia rerum in essendo sicut genus et differentia in cognoscendo.

41. Similiter argumentum quod facit: "si universalia principia sint, ergo et universalissima sicut ens et unum sunt maxime principia", non secundum se tenet, quia non sunt genera. Similiter conclusio non est inconveniens, quod singulare.

⟨De principiis sensibilium⟩

42. EST AUTEM HABITA DUBITATIO. Ibi facit talem consequentiam: "si nihil sit praeter simul totum, id est singulare, nihil

---

Arist.: **165** III 3 999a7-9 (AL XXV 3.2, p. 57, 258-259)   **172** III 3 999a13-14 (AL XXV 3.2, p. 57, 263-265)   **175/177** III 3 998b17-19 (AL XXV 3.2, p. 56, 234-236)   **178** III 3 999a4-5 (AL XXV 3.2, p. 57, 255)   **180/181** III 4 999a24 (AL XXV 3.2, p. 58, 275), III 4 999b1-4 (AL XXV 3.2, p. 58, 288-291)

158/159 THOM. AQ., *In Met.* III, lect. 8, § 438 (p. 122)   **168/170** AVER., *In Met.* III, t. c. 11 (f. 50v H)

---

159 speciei] species *M*   **161** recipit] recipiat *V*   **162/163** ita quod] et tamen *V*   **163** Non – speciebus] *om. M*   sic] *coni.*, sit *V*   antequam] *coni.*, an *M* et *V*   **164** unum] quod *add. M*   alio] aliquo *M*   **165** haec] hoc *V*   Unde] quia ut *V*   numeris ubi] littera *V*   **167** et ab eo dependet] unde *M*   Ternarius] trinarius *M*   enim] *om. M*   binarium] et *add. V*   **168** Commentator] et *praem. V*   **169/170** compositione] proportione *V*   **172** etc.] *om. V*   Nota] quod *add. V*   **173** rerum] rei *V* sicut] *coni.*, sic *M* et *V*   **176** ergo] igitur *V*   sicut ens] ut omnis *V*   **177** secundum se] *coni.*, peᵉ *M*, secundum esse *V*   **178** quod singulare] singulariter *M*   **180** habita] duo *add. V*   Ibi] *om. V* erit intelligibile". Videtur per eum quod singulare non est intelligibile.

43. Similiter in secunda ratione deducit ad hoc inconveniens, quod nihil erit incorruptibile. Et probat istud consequens esse falsum per ra|tionem duplicem. Argumentum bene probat quod aliquid ⟨est⟩ incorruptibile si est generatio; hoc est verum, sed illud est materia et causae agentes universales.

44. Similiter nota quod dicitur in littera: MOTUS NULLUS EST INFINITUS. Verum est: 'nullus unus'; tamen aggregatio istorum est infinita. Sic probat Philosophus, VIII *Physicorum*, quod motus est infinitus. Et non intelligit ⟨sic hic⟩.

45. Similiter nota quod dicit 'finem' significando hunc terminum ante et post. Talem consequentiam facit Commentator, II *Metaphysicae*, super passum de causis.

46. Super illud: QUOD AUTEM GENERATUM EST, ESSE ERIT NECESSARIUM, QUANDO PRIMUM FACTUM EST: verum est in permanentibus, non successivis.

⟨De materia et forma perpetua⟩

47. AMPLIUS AUTEM SI MATERIA EST QUOD EST INGENITA. Facit hoc ⟨argumentum⟩: "si materia est perpetua, et aliqua forma est perpetua". Probat, quia habet esse a forma.

48. Non valet, secundum ponentes quod potest remanere in esse possibili destructa omni | forma. Item, posito quod non dicant verum, adhuc male dicit Philosophus; sed debet sic: "ergo habet formas sibi succedentes perpetuo", non aliquam unam formam, quia non dependet ab una forma tantum nisi sicut dicendo: "in communi dependet a forma, sed non ab hac nec ab illa".

⟨Utrum omnium sit una forma⟩

III 4 999b20-24   49. In quaestione sequente, utrum omnium sit una forma, facit argumentum et deducit ad hoc inconveniens, quod non omnia essent unum quorum esset una forma. Ex hoc patet ⟨quod⟩, per eum, quae habent unam formam sunt unum. Et hoc contra Commentatorem, quia, si unus intellectus numero, omnes essent sic.

215   50. Similiter nota: et illi qui ponunt causam individuationis materiam sub quantitate dicerent unam esse formam omnium existentium et tamen esse diversam per accidens, quia recipitur in alia parte materiae. Ergo erit unum per se et diversa per accidens.

⟨De numero principiorum⟩

III 4 999b30-1000a1   51. In quaestione sequente dicit quod, si unum principium est numero, et principiatum est tantum unum numero; tunc, quia nihil est in principiato nisi principium unum numero, essent simplices formae. Non ⟨enim⟩ esset ibi causa formalis et non esset aliquid intrinsecum causa, sed tantummodo extrinsecum, quia
225 principiatum non dicitur differre a principio nisi quatenus principium est conprincipium cum aliquo alio principio ab eo diversum, quia, si sit unum principium tantum in principiato et ab eo principiato diversum, ergo aliquid aliud est | in principiato quam est   M 53ra illud principium, et hoc est oppositum positi. Unde Commenta-
230 tor dicit hic quod ex uno non fit compositum.

⟨De singulari, uno et particulari⟩

III 4 999b33-34   52. Similiter dicit quod singulare est synonymum uni numero, unde in littera: unum enim numero et singulare nihil differt.

Arist.: 210/212 III 4 999b20-22 (AL XXV 3.2, p. 59, 308-310)   220/223 III 4 999b27-33 (AL XXV 3.2, p. 58, 317-322)   232/233 III 4 999b33-34 (AL XXV 3.2, p. 59, 322)

213/214 Aver., *In De an.* III, t. c. 4 et 5 (ed. Crawford, p. 383, 6-413, 758; Iunt., f. 137-153)   215/218 Cfr Thom. Aq., *Super Boet. de Trin.*, q. IV, a. 2 (ed. Leon., L, p. 125); Aeg. Rom., *Quodl.* I, q. 11 (p. 24)   229/230 Aver., *In Met.* III, t. c. 14 (f. 53r D)

---

212 quod] *suppl.*   221 tunc quia] quia tunc *M*   223 enim] *suppl.*

NOTABILIA SUPER METAPHYSICAM III

53. Nota contra hoc quod non potest esse quod unum | relativum sit primae intentionis et aliud secundae, quia relativa sunt simul natura, sed res naturaliter est prior quam sibi attribuatur intentio; sed universale dicit aliquid secundae intentionis; ergo et particulare, si est correlativum eius. Non ergo singulare est idem particulari, quia singulare dicit rem primae intentionis, sicut unum numero.

⟨Utrum eadem sint principia corruptibilium et incorruptibilium⟩

54. Utrum eadem sint principia corruptibilium et incorruptibilium. In ista quaestione, contra Empedoclem deducit ad hoc inconveniens, quod Deus sit insipientior aliis, quia non cognosceret odium, quia ⟨non⟩ componitur ex odio. Sed nota quod conclusio est inconveniens pro quanto ponit quod Philosophus non ponit Deum nihil cognoscere extra se, sed accipit ab Empedocle.

55. Et postea, in EADEM, quasi primum dubitatum conceditur.

56. Dicit Commentator quod Philosophus dixit hoc deridendo istos qui dixerunt duos deos, unum bonum, alterum malum. Illos qui sic dixerunt vocamus Manichaeos.

⟨De figura et dimensionibus⟩

57. De tertio libro, quaestione sexta decima, circa medium: ADHUC SIMILITER EST IN SOLIDO. Immediate post istam quaestio-

---

Arist.: 243/245 III 4 1000b3-9 (AL XXV 3.2, p. 60, 356-61, 361) 248 III 4 1000b32-1001a3 (AL XXV 3.2, p. 61, 385-387) 253/254 III 5 1002a20-21 (AL XXV 3.2, p. 64, 471-472) 254/255 III 4 1001b26-28 (AL XXV 3.2, p. 63, 445-446)

249/250 AVER., *In Met.* III, t. c. 15 (f. 56r E)

234/240 Nota – numero] §53 post §55 et ante §56 pos. M et V   234 Nota] om. V   non – quod²] om. V   236 res] respectus V   attribuatur] attribuitur V   237 sed universale] universale autem V   ergo et] igitur V   238 si est] sed etiam M   ergo] igitur V   242/243 Utrum – questione] In illa quaestione utrum eadem sint principia corruptibilium et incorruptibilium V   corruptibilium et incorruptibilium] corporalium et incorporalium M   245 non] suppl.   246/247 inconveniens – Empedocle] non est inconveniens apud Philosophum quia ponit deum vel cognoscere extra se sed accipit ab Empedocle V   247 sed] coni., sicut V   248 postea] prius V   eadem] nota quod non ponit add. et del. V   quasi] utrum M   dubitatum] dubitatur M   conceditur] §53 post §55 et ante §56 pos. M et V   249 Dicit Commentator] Commentator dicit V   dixit] dicit V   250 istos] illos V   duos] suos V   251 qui sic dixerunt] om. V   253 De] om. V   medium] in illa quaestione add. V   253/254 Adhuc] ad hoc V   254/255 in – quaestionem] om. V   254 solido] coni., solito M

nem utrum corpora et superficies et numeri sint substantiae etc., ibi dicit Commentator quod figura est de essentia corporis.

58. Et dico: est falsum. Nec etiam est de essentia quantitatis, ergo multo fortius nec substantiae etc. Quod non quantitatis patet, quia figura est tantum clausio linearum et spatium inter superficies. Figura autem est in quarta specie qualitatis.

59. Similiter nota quod Commentator ponit dimensiones infinitas – et, *De substantia orbis*, nec in genere substantiae – propter hoc quia semper sunt in continua transmutatione et nunc uno modo terminantur nunc alio.

⟨De superificie⟩

60. Similiter facit tale argumentum in littera: superficies non est substantia, quia est in corpore in potentia, quia nihil quod est in alio in potentia est substantia eius; sed ⟨videtur⟩ quod superficies est in potentia, quia, si actu, tunc actu terminaret corpus et esset corpus divisum actu.

61. Sed ego facio argumentum tale: pars est in toto in potentia, quia, si est in actu, cum ex duobus in actu non fit unum, tunc ex partibus non fit unum; sed ultra, quod est in potentia in alio non est substantia eius; sequitur igitur quod partes substantiae | non essent substantiae, quod est contra Philosophum in *Praedicamentis*.

Arist.: 266 III 5 1002a20-28 (AL XXV 3.2, p. 64, 471-478)

---

256 AVER., *In Met.* III, t. c. 17 (f. 61r D-F)   260 ARIST., *Cat.* 8 10a11-16 (AL I 1, p. 27, 4-9)   261/264 AVER., *De sub. orbis* 1 (f. 4r A-D)   275/276 ARIST., *Cat.* 5 3a29-32 (AL I 1, p. 10, 12-15)

255 et¹] *om. V*   256 ibi dicit Commentator] Commentator dicit ibi *V*   essentia] esse *M*   257 Et dico] dico quod hoc *V*   essentia] esse *M*   258 non] quando *V*   258/259 patet] *om. M*   259 est] *om. V*   inter] intra *V*   260 figura autem] et *V*   261 nota quod] *om. V*   261/262 ponit – orbis] et De substantia orbis ponit dimensiones infinitas *V*   262/263 in – hoc] nec integra et sic semper *M*   263 transmutatione] transumptive *M*   nunc] tunc *V*   264 terminantur] transmutantur *V*   266/267 non – potentia] est in corpore in potentia igitur non est substantia *V*   268 in alio in potentia] in potentia in alio *V*   sed] scilicet *V*   videtur] *suppl.*   268/269 superficies est] est superficies *V*   270 esset] tunc *M*   divisum actu] actu divisum *V*   271 Sed – tale] facio ergo consimile argumentum *V*   272 est] *om. V*   cum] *om. M*   duobus] *coni.*, non *M et V*   272/273 tunc – unum] *om. M*   273 ultra] *om. V*   est] aliud *add. V*   in alio] *om. V*   274 eius] eis *V*   sequitur igitur] *om. M*   275 essent] sunt *V*   Philosophum] Aristotelem *V*

62. Similiter ex illa | littera arguo sic: si superficies est in poten- *M 54rb* tia, ergo color, quia superficies est subiectum ibi. Dico quod superficies non est subiectum coloris nisi in quantum color visibilis est; immo, color est in corpore sicut in subiecto, sicut etiam calor, frigus, humidum, siccum, ⟨quae⟩ sunt per se causae coloris.

⟨De figuris⟩

63. Similiter nota: Commentator super hanc litteram vult dicere, in uno exemplo de tunica, quod formae artificialium sunt figurae; sed figura est in quarta specie qualitatis; ergo in genere sunt formae artificiales, quod est contra multos qui dicunt quod formae artificiales non sunt in genere.

64. Similiter nota quod Dionysius, *De mystica theologia*, et alii, scilicet auctor *Sex principiorum*, dicunt quod figurae incisionis sunt actu, tamen occultatae, et per scindentem manifestantur.

⟨De punctis in divisione lineae⟩

65. Similiter nota quod aliqua linea dividitur; divisa autem, habentur ibi duo puncta in actu. Si haec fuerint prius in potentia, aut ergo duo simul, et tunc erunt puncta consequenter entia, et similiter tunc non fuit continuum, quia continua copulantur ad unum | terminum communem. Si autem fuit ibi tantum unum *M 54va* punctum, aut remanebit in actu cum una parte divisa vel in alia,

---

Arist.: 292/293 III 5 1002a30-b5 (AL 3.2, p. 65, 480-494 et 487-488)

283/284 Aver., *In Met.* III, t. c. 17 (f. 61v G)   285/286 Arist., *Cat.* 5 3a29-32 (AL I 1, p. 10, 12-15)   286/287 *Non inveni*   288 Cfr Ps. Dionys. Areopag., *De myst. theol.* 2 (*PG*, 3, col. 1025; *Corpus dionysiacum* 2, p. 145, 5-7; trans. Iohannis Saraceni, *Dionysiaca* 1, 580-581)   289 *Liber sex princ.* (AL I 7, p. 36, 16-18)

---

277 Similiter – sic] item arguo sic ar *V*   278 est] eius *add. V*   ibi] *om. V*   278/279 superficies] species *V*   279 subiectum coloris] coloris subiectum similiter illud Commentator aliud unius in quantum unum ens *V*   visibilis est] est visibilis *V*   280 corpore sicut in] *om. M*   280/281 etiam – coloris] et causae suae quattuor sunt qualitates per se etiam calor frigus humidum et siccum *V*   281 quae] *suppl.*   283/284 Similiter – dicere] Item hoc vult Commentator *V*   285 sed figura] figura autem *V*   285/286 in genere sunt formae artificiales] formae artificiales sunt in genere *V*   286/287 qui – genere] *om. V*   288 mystica theologia] musica theologica *M*   288/289 et – scilicet] *om. V*   289 dicunt quod] quia *M*   290 tamen] sed *V*   scindentem] incidentem *V*   292 quod] quando *V*   divisa autem] *om. V*   293 ibi duo] *om. M*   haec] hoc *M*   fuerint prius] prius fuerunt *V*   294 erunt puncta consequenter entia] consequentur entia puncta *M*   296 autem] *om. M*   297 cum – alia] divisa tunc una parte vel alia *M*

non tamen in ambabus, cum sit indivisibile. Si cum una tantum, tunc alia erit interminata; vel generabitur ibi unum de novo, sed pari ratione hoc dicerem de alia. Si illud punctum sic est cum duobus, tunc erit indivisibile divisibile, hoc est: vel erit quasi ⟨quod⟩ in linea est indivisibile in se unitum, divisum est in duo.

66. Dicitur quod sunt ibi duo puncta in potentia et consequenter entia, et confirmatur per Boethium, *Super praedicamenta*, capitulo de quantitatibus continuis, qui hoc dicit expresse.

67. Sed ego dico quod est ibi unum punctum in potentia, et, cessante continuitate, cessat punctum sine generatione et corruptione. Et tunc agens, qui per se distinguit partes divisas, per accidens causat duo puncta in actu.

⟨De instanti⟩

68. Similiter post dicit Philosophus: NUNC... ALIUD VIDETUR SEMPER ESSE. Tamen aliquis commentator et alii volunt dicere quod est idem manens variatum secundum esse. Arguunt per rationem Philosophi in capitulo de tempore: nunc sequitur mobile sicut tempus motum; sed mobile in toto motu est idem secundum essentiam, variatum tamen secundum esse; ergo similiter instans.

69. Contra: aut intelligunt mobile secundum substantiam tantum qui dicunt quod consequitur mobile; et certum est hoc falsum, quia mobile primum de | quo intelligit Philosophus, secundum omnes, mensuratur aevo. Ergo intendit de mobili secundum quod est sub motu; sed certum est quod mobile, secundum quod est sub motu, est sub diversis mutatum esse realiter diversis; ergo similiter nunc, quod mensurabit eum sub illis mutatum ⟨esse⟩, erit diversum realiter.

Arist.: 311/312 III 5 1002b5-8 (AL XXV 3.2, p. 65, 489-492)

303/304 RICHARD. RUFUS CORNUB., *In Phys.* (p. 215) 304/305 BOETH., *In Cat.* 2 (*PL*, 64, col. 204C) 312 aliquis commentator] THOM. AQ., *In Met.* III, lect. 13, §513 (p. 142-143) alii] *Non inveni* 313/316 ARIST., *Phys.* IV 11 219b22-28 (AL VII 1.2, p. 176, 14-177, 2)

298 tamen] enim *V* cum²] tamen *M* 299 erit] esset *M* generabitur] generatur *M* ibi] *coni.*, igitur *M*, sibi *V* 300 hoc] tantum *M* 301 erit¹] est *V* quod] *suppl.* 302 unitum] unicum *V* 303 duo] *om. M* 304 entia] essentia *V* 305 qui] quia *M* dicit] scilicet *add. M* 306 dico] duo *scrips. et corr. s.l. V* 311/340 Similiter – posteriori] §68-72 *desunt in V* 311 aliud] *coni. ex textu Aristotelis*, autem *M* 313/314 rationem] *coni.*, rationes *M* 320 mobili] *scripsi*, mobile *M* 323 illis] et *add. M* 324 esse] *suppl.*

70. Quod intelligit de mobili non secundum substantiam sed cum motu, probo, quia dicit ibi, capitulo de tempore, quod mobile non potest esse sine motu; certum est hoc esse falsum de substantia mobilis; ergo oportet hoc intelligi de mobili ut est subiectum proprium motus.

71. Et similiter Philosophus, VI *Physicorum*, probat quod, si indivisibile moveretur, signaret infinita puncta, et secundum eos nunc fluens causat tempus, quod est quoddam continuum; sed per Philosophum, in eodem VI, nullum continuum componitur ex indivisibilibus; sed si tempus sic causatur, componeretur ex entibus quae sunt indivisibilia subiecto.

⟨De verbis quibus utitur Aristoteles in probando a priori et a posteriori⟩

72. Nota quod, quando dicit Philosophus 'quapropter' vel 'unde' vel aliquid tale, probat aliquid a priori; quando dicit 'signum', 'enim', aliquando 'tunc', a posteriori.

326/327 ARIST., *Phys.* IV 11 220a1-3 (AL VII 1.2, p. 177, 9)   330/331 ARIST., *Phys.* VI 10 241a6-14 (AL VII 1.2, p. 253, 12-20)   331/332 Cfr BOETH., *De sancta trin.* 4 (p. 176, 243)   332/334 ARIST., *Phys.* VI 1 231a24 (AL VII 1.2, p. 216)

---

328 mobilis] *coni.*, mobili *M*   334 si] terminus *add. et del. M*   334/335 entibus] *coni.*, omnibus *M*   339 priori] *coni.*, posteriori *M*   340 posteriori] *coni.*, priori *M*

⟨LIBER IV⟩

⟨De scientia entis⟩

IV 1 1003a21-32   1. EST SCIENTIA QUAEDAM QUAE SPECULATUR ENS IN QUANTUM ENS. Probo: communia prima impressione intelliguntur; ignotis communibus ignorantur particularia; omnes scientiae determinant de particularibus entibus; ergo oportet aliquam | de *M*55ra ente in communi in quantum ens, id est quamlibet rem secundum entitatem suam ita quod entitas supra rem, considerare.

2. Similiter istud quod dicit post: NECESSE ET ENTIS ELEMENTA ESSE NON SECUNDUM QUOD ENS ACCIDENS, LICET SECUNDUM QUOD ENTIA, id est secundum entitatem suam.

3. Similiter istud quod dicit post, facit unam rationem quod cuius scientiae est considerare principia entis in quantum ens, et principiata istorum in quantum entia. Probat illud per antiquos. Sed ego aliter: eiusdem est considerare principium primum per se et primum eius effectum; sed entitas est primus effectus et primo causatus; ergo etc.

⟨De consideratione substantiarum separatarum⟩

4. Nota: licet metaphysicus non consideret quaelibet secundum propriam rationem, tamen considerat substantias separatas non tantum secundum quod entia sed secundum quod talia entia, et hoc quia, secundum quod talia, non considerantur in aliis scientiis.

⟨De principiis et causis substantiarum⟩

IV 2 1003b17-19   5. Philosophus concludit talem conclusionem in littera: SUBSTANTIARUM OPORTET HABERE PRINCIPIA ET CAUSAS SECUNDUM PHILOSOPHUM.

Arist.: IV, 2/3   IV 1 1003a21-26 (AL XXV 3.2, p. 67, 3-4)   8/10 IV 1 1003a29-31 (AL XXV 3.2, p. 67, 12-13)   11/13 IV 1 1003a26-32 (AL XXV 3.2, p. 67, 9-14)   25/26 IV 2 1003b17-19 (AL XXV 3.2, p. 68, 36-37)

IV, 2/22 Est – scientiis] §1-4 *desunt in* V   7 considerare] *coni.*, considerandi M   24 Philosophus – littera] *om.* V   25/26 secundum philosophum] *om.* V

6. Nota quod pro eodem habet (et convertibilia sunt) quod quaecumque per se considerat principia et causas alicuius, illud aliquod erit per se subiectum talis considerationis.

7. Contra: aliqua scientia considerat per se principia passionum.

8. Propter hoc dico quod debet intelligi de primis principiis scientiae. Et similiter principia passionum et subiecti sunt eadem, non tamen proxima, sed secundum proportionem, ut dicitur | in XII *Metaphysicae*, quia idem est nasus simus et cavus, ergo residua sunt eadem quantum ad unitatem subiecti, quia istam unitatem concedit Philosophus. Et tamen simum pertinet ad considerationem physici, cavum vero mathematici.

9. Similiter ideo illud non valet: "non separantur in generatione et corruptione, ergo sunt eadem", quia passiones et accidentia non separantur, tamen non sunt eadem.

10. Ad primum sic: intendit Philosophus quod ista sunt eadem: 'homo' et 'unus homo' et 'homo' et 'ens homo'; ergo, derempto homine, erunt essentialiter eadem; si sic, igitur etc.

⟨De opinione Averrois de ente et uno contra Avicennam⟩

11. Similiter Commentator arguit contra Avicennam, qui ponit ens et unum esse dispositiones additas rei, ita quod non sunt de quidditate, sic: quaelibet res est per se ens, id est per quidditatem suam, et unum per quidditatem suam, et non per accidens; ergo ens et unum non differunt etc.

Arist.: 27/29 IV 2 1003b16-17 (AL XXV 3.2, p. 68, 34-37)   39/40 IV 2 1003b26-30 (AL XXV 3.2, p. 68, 45-69, 49)

IV, 35 Arist., *Met.* XII 4 1070b16-21 (AL XXV 3.2, p. 251, 117-123)   42 *Vide supra* §9   46/50 Aver., *In Met.* IV, t. c. 3 (f. 67v B)

27 quod] philosophus *add. V*   28 quaecumque] quicumque *V*   considerat] *om. M*   29 aliquod erit] aliud est *V*   talis considerationis] *om. M*   30 aliqua] alia *V*   33 passionum et subiecti] subiecti et passionum *V*   35 Metaphysicae] *om. V*   35/46 quia – Similiter] *in marg. inf. pos. V*   36 sunt] una et *add. V*   istam] illam *V*   37/38 considerationem] considerationi *V*   38 cavum vero] et cavum *V*   39 Similiter] si *V*   40 ergo] igitur *V*   eadem] non valet *add. V*   41 separantur] et verbum et simum *add. V*   tamen non sunt] et non sunt tamen *V*   42 ista] illa *V*   43 ergo] igitur *V*   43/44 derempto] *coni.*, dempto *M*, decepto *V*   44 si] sed *M*   igitur etc.] *om. M*   46 Commentator] quoniam *M*   47 additas] eddatas *V*   48 res] ratio *M*; vel ratio *add. V*   id est] *om. M*   49 et¹] similiter *add. V*   et² – accidens] *om. V*   ergo] igitur *V*   50 differunt] dicunt *M*

12. Contra formam sic: homo per quidditatem suam est animal et per quidditatem suam rationale, ergo animal est de quidditate rationalis; quod est falsum, quia haec est per accidens: "rationale est animal" et e converso.

13. Similiter arguit Commentator: si sint ⟨idem⟩ unum et ens, aut per se, et habeo propositum; si per accidens, ergo per aliud oportet esse ens et unum. Et non erit tale per aliud nisi illud aliud sit tale. Et de illo alio quaero: aut est ens et unum per se, et habeo propositum; si non, tunc per aliud, et sic in infinitum. | Vel, si stetur ibi, eadem ratione stabitur in primis.

14. Respondeo: dico quod 'per accidens' secundum quod opponitur per se primo modo, sicut haec est per accidens: "homo est risibilis", quia non est per se primo modo, est tamen secundo.

15. Similiter cum dicit ultra: illud aliud aut est ens et unum, tunc quaerit ultra de illo, et, si sic, ergo eadem ratione standum in primo: dico quod non valet, quia homo est albus per albedinem et tamen albedo non est alba.

16. Similiter detur quod illud aliud sit ens et unum, tunc quaerit ultra de illo, et si sic, ergo eadem ratione standum est in primo: dico quod non valet, quia di|versimode potest secundum inhaerere primo et tertium secundo etc., praecise in talibus communibus quae denominantur a se ipsis, ut "unitas est una" et "bonitas est bona".

17. Tamen dico quod forma est bona gratia terminorum: quando aliquid per quidditatem suam est tale et per quidditatem suam est aliud, illa alia duo sunt eadem essentialiter quando ista alia praedicantur de quolibet essentialiter, sicut ens et unum se-

---

55/60 Aver., *In Met.* IV, t. c. 4 (f. 69v G)

---

51 per quidditatem – animal] est animal per quidditatem suam *V*   52 suam] *om. M*   ergo] igitur *V*   53 quod est falsum] quia falsum est *V*   haec] hoc *V*   54 converso] et caetera *add. V*   55 Commentator] quoniam *M*   idem] *suppl.*   56 habeo] habetur *V*   56/57 ergo – unum] igitur per aliud debet illud esse ens et unum per aliud *V*   57 Et non erit tale] *om. M*   58 de illo alio quaero] tunc quia istud aliud *M*   est] *om. M*   unum] et ens *add. V*   habeo] habetur *V*   60 ratione] *om. M*   61 Respondeo] responsio *V*   62 sicut] sic *V*   haec] hoc *V*   63 modo] *om. M*   est tamen] sed *V*   64 Similiter] idem *add. M*   aliud] aliud *corr. s.l. ex* autem *M*   aut] *om. V*   est] erit *V*   65/66 tunc – primo] *om. V*   66 albedinem] albedo *add. V*   69 ultra] ultima *V*   sic] sit *V*   ergo] *om. V*   primo] sed *add. V*   70 secundum] tertium *M*   71 etc.] v *V*   74 dico] divisio *V*   75 suam] nam *V*   76 duo sunt] sed *M*   ista] illa *V*

cundum opinionem communem, licet secundum Avicennam unum non praedicetur essentialiter de quolibet sed denominative, quia est in genere quantitatis; sed si non de quolibet, tunc non bene arguit supra de animali et rationali; ergo etc.

18. Nota quod aliqui dicunt quod antiqui non distinguebant inter unum principium numeri et quod convertitur cum ente, ideo non convenit solvere. Dico quod est falsum, immo, dante oppositum, contingit solvere, si nullum sit tale unum essentialiter dictum.

⟨De multiplicitate et aequivocatione⟩

19. Similiter nota quod Philosophus facit talem consequentiam: "si unum dicitur multipliciter, et haec, id est partes suae, erunt multiplices".

20. Contra: non valet: "canis est multiplex, ergo caeleste sidus".

21. Respondeo: | in aliquo multiplici sunt multiplicitates non ordinatae ad invicem, et tunc, quando secundum unam distinctionem distinguitur, adhuc potest remanere in quolibet distincto alia multiplicitas, sicut patet in exemplo: "possibile est canem currere" primo distinguitur secundum compositionem et divisionem per istos qui dicunt quod omnis modalis distinguitur secundum compositionem et divisionem; tunc, non obstante ista distinctione multiplicitatis, adhuc manet propositio distinguibilis secundum aequivocationem, quae est multiplicitas in cane. Sic hic.

Arist.: 88/90 IV 2 1004a22-23 (AL XXV 3.2, p. 70, 76-77)

78/81 AVIC., *Liber de phil. prima* III, 3, (p. 121, 48-122, 71); cfr AVER., *In Met.* IV t. c. 3 (f. 67r D-E)   82/84 THOM. AQ., *In Met.* IV, lect. 2, §557 (p. 155)   97/98 *Distinctio propositionis modalis secundum compositionem et divisionem fere comunis est*; cfr GUALT. BURL., *De pur. artis log. Tract. Brevior* (p. 239, 22-28)

78 opinionem communem] communem opinionem *V*   secundum Avicennam] quod Avicenna *V*   80 est] secundum eum *add. V*   quantitatis] et ideo non praedicatur nisi denominative *add. V*   tunc] omne *M*   81 bene] *om. M*   ergo etc.] *om. V*   82/86 Nota – dictum] *§18 deest in V; istum paragraphum post §120 et ante §121 in libro quinto pos. M*   88 quod] *om. V*   91 ergo] igitur *V*   92 mutiplicitates] multiplices *M*   94 distincto] distincte *M*   95 in] hoc *add. V*   96 primo] prima *M*   divisionem] ultra tunc non obstante *add. M*   97 per istos] secundum illos *V*   modalis] mol' *add. V*   98 divisionem] ultra *add. M*   tunc] et *V*   ista] *om. M*   99 manet] remanet *V*   100 hic] *§29 post §21 et ante §22 pos. M et V*

⟨De passionibus entis⟩

IV 2 1004b5-8   22. Nota quod Philosophus dicit in littera, ut videtur, quod ens in quantum ens habet passiones, super illud: QUONIAM AD UNUM IN QUANTUM UNUM ⟨ET⟩ ENS etc.

105   23. Dico quod loquitur ibi de primo ente, id est substantia, quae habet passiones. Et, sicut omnia alia entia reducuntur ad illam, ita omnes passiones aliorum ad passiones eius.

24. Similiter dicit quod eadem sunt passiones entis et unius.

25. Dico quod sicut hic est duplex sensus: "Isti pugnant ut vincant se", quod exemplum ponit Priscianus, *De constructionibus*, ubi ponit quattuor constructiones, scilicet haec: reciproca, secundum retransitionem etc.

26. Et nota quod passiones entis cuiuslibet, quia passiones substantiae sunt eadem sibi et aliae attributiones ibi per attributionem. |

⟨De subiecto logicae et metaphysicae⟩

IV 2 1004b17-26   27. Nota: dicitur post quod 'omnibus', id est logicae et meta-   *M* 56ra physicae, 'commune est ens'. Hoc videtur pro Commentatore, qui dicit quod ens est subiectum logicae et metaphysicae.

120   28. Sed concluditur: "ergo logica esset scientia realis". Quod concedo ad textum.

29. Et ad alium textum qui dicit quod circa idem laborarent: verum est quantum ad usum.

30. Quaere supra ad textum, etc.

Arist.: 102/104   IV 2 1004b5-6 (AL XXV 3.2, p. 70, 94-95)   117/118   IV 2 1004b20 (AL XXV 3.2, p. 71, 108-109)   122   IV 2 1004b17-18 iuxta transl. novam in AVERROES, *In Met.* IV t. c. 5 (f. 70r B)

110/112   *Exemplum non inveni in Prisciano*, cfr PRISC., *Inst. gram.* XII (p. 584); *sed inveni in* RICHARD. (MAG. ABSTR.), *Abstr.*, soph. 62   118/119   AVER., *In Met.* IV, t. c. 5 (f. 70v I)

103/104   super – etc.] *om. V*   104   unum] *coni. ex textu Aristotelis,* unicum *M*   et] *suppl. ex textu Aristotelis*   105   primo ente] ente primo *V*   106   Et] suas *M*   ita] *om. M*   107   eius] etc. *add. M*   108/121   Similiter – textum] *§24-28 desunt in V*   111   quattuor] *coni.*, 5 *M*   scilicet haec] *coni.*, sed haec scilicet *M*   112   retransitionem] *coni. ex textu Prisciani et Petri Hispani,* recusationem *M*   117   omnibus] *coni.*, communis *M*   117/118   metaphysicae] *coni.*, physicae *M*   120   concluditur] *coni.*, concludit *M*   122/123   Et – usum] *§29 post §21 et ante §22 pos. M et V*   122   alium] *om. V*   laborarent] laboraret *V*   124/134   Quaere – etc.] *§30-32 desunt in V*

⟨De sophistica⟩

31. Similiter nota quod sophistica docet demonstrative in *Topicis*, tamen usus illius deceptionis fallet hominem.

32. Nota quod problema pertinet ad considerationem istius scientiae cuius est considerare praemissas, quia problemata distinguuntur ut tales quaestiones: "Utrum Deus sit in praedicamento creaturae", quae pertinent ad librum *Topicorum*. Unde super hoc ac si esset maior praemissa de *Topicis*, sic: "genus est tale, et Deus est huiusmodi, ergo etc." Minor praemissa bene accipitur a specialibus scientiis, etc.

⟨De cognitione per principia⟩

IV 3 1008b8-14

33. CONGRUIT AUTEM etc. Et post dicit unam conditionem principii, quod principium debet esse firmissimum.

34. Contra: ergo cognitio per prima principia est firmissima, ergo certissima; ergo cognoscere per principia prima est cognoscere certius quam per proxima, quod est contra Philosophum in *Posterioribus*, qui dicit quod cognitio per proxima est 'propter quid', per remota 'quia'.

35. Respondeo: cognitio per prima principia de suo proprio cognoscibili est certior quam cognitio per proxima de suo; si tamen unus sciat aliquam conclusionem per utraque principia, certius cognoscit illam per proxima.

⟨De ignorantia et deceptione⟩

IV 3 1005b13-14

36. Sequitur: CIRCA EA QUAE IGNORANT DECIPIUNTUR OMNES.

Arist.: 136 IV 3 1005b8-11 (AL XXV 3.2, p. 73, 164-167)   148/149 IV 3 1005b13-14 (AL XXV 3.2, p. 73, 169-170)

130/131 Cfr ARIST., *Top.* I 4 101b29-32 (AL V 1, p. 8, 22-9, 3)   140/142 ARIST., *Post. An.* I 13 78a22-30 (AL IV 4, p. 299, 10-17)

126/127 in Topicis] *coni.*, tempore *M*   127 usus] eius *add. M*   129 praemissas] *coni.*, practicam *M*   130 ut] *coni.*, unde *M*   praedicamento] *coni.*, praedicamenta *M*   132 praemissa] *coni.*, res *M*   133 praemissa] *coni.*, res *M*   136 Congruit – Et] *om. V*   137 quod] esse et *V*   138 ergo] igitur *V*   139 cognoscere] cognitio *V*   139/140 cognoscere certius] certius cognoscere *V*   140/141 contra – est] *om. M*   143 Respondeo] responsio *V*   144 cognitio] *om. V*   per proxima] proximorum *M*   145 sciat] si *M*   aliquam conclusionem] unam quaestionem *M*

37. Contra hoc est Philosophus, III *De anima*, ubi dicit quod non | decipitur circa quod quid; ubi dicit littera Commentatoris: *M* 56rb "vel intelligis et non deciperis, vel non intelligis" etc.

38. Respondeo: est ibi distributio accomodata, et est sensus: "omnes qui decepti sunt decipiuntur circa ea quae ignorant".

⟨Quod Aristoteles fecisset logicam ante metaphysicam⟩

39. ET QUAECUNQUE ALIA DETERMINAMUS AD LOGICAS DIFFICULTATES. Ex hoc habetur quod fecit logicam ante metaphysicam.

⟨De primo principio⟩

40. De prima conditione principii dicit commentator quod qui mentitur de primo principio dicit contraria inesse eidem; et dicit quod contraria opinio est quae est contradictionis. Ex hiis sequitur quod opiniones erunt contrariae, non res subiectae.

41. Similiter non est inconveniens ad quod deducit, quia magis est inconveniens "erunt contradictoriae" quam "contrariae"; ad hoc debet deducere similiter adversarius ex quo concludit magis inconveniens, non minus.

42. Similiter consequentia non valet opinative: "concludit contradictoria esse simul vera, ergo contraria", quia ibi est consequentia a superiori ad inferius, quia contradictio est superior, contrarietas inferior, quia illam includit.

43. Similiter non est inconveniens adversario concedere aliud inconveniens.

44. Similiter Philosophus dicit quod eadem scientia contrariorum, et contradictoriorum simul.

Arist.: 156/158 IV 3 1005b20-22 (AL XXV 3.2, p. 73, 176-178) 160 IV 3 1005b26-32 (AL XXV 3.2, p. 73, 182-187)

150/151 ARIST., *De an*. III 8 430b26-29 iuxta trans. novam Guill. de Moerb. in THOM. AQ., *Sent. libri de an.* (ed. Leon., XLV 1, p. 224) 151/152 *Non inveni* 153 Cfr PETR. HISP., *Tract.*, XII, 26 (p. 225-226) 160/162 THOM. AQ., *In Met.* IV, lect. 6, §602 (p. 167) 174 ARIST., *Met.* IX 2 1046b10-11 (AL XXV 3.2. p. 181, 59-60); cfr *Auct. Arist.*, n. 223 (p. 134)

---

150 III De anima] *om. M* ubi] ut *M* 151 quod] quid *M* 153 Respondeo] responsio *V* est ibi] ibi etc. est *V* 154 ignorant] vel aliter ad intentionem Philosophi, circa ea sola quae ignorant decipiuntur *add. V* 156/186 Et – intellectione] *§39-49 desunt in V* 166 adversarius] *coni.*, adversamus *M* 167 non] *coni.*, et *M* 169/170 consequentia] *coni.*, consequens *M*

NOTABILIA SUPER METAPHYSICAM IV

45. Similiter concludit contradictionem intelligere unica intellectione; impossibile est intelligere compositionem cum extremis.

46. Ad primum: licet non sit inconveniens adversario primi | principii, tamen recipienti principium hoc etiam est magis inconveniens quam opinari contradictoria; adversarius autem bene potest.

47. Ad aliud: regula est intelligenda de ***.

48. *** sicut dico quod eadem opinione ego adhaereo uni veritati et alii, sed alia et alia opinio intellectum asserit unum.

49. Ad aliud: dico quod contradictoria et contraria intelligo unica intellectione.

⟨De processu in infinitum in demonstrationibus⟩

50. Similiter nota, pro quaestione de causis in secundo, illud quod dicit post: OMNIUM ESSE DEMONSTRATIONEM IMPOSSIBILE, NAM IN INFINITUM PROCEDERENT ET NEC ITA FORET DEMONSTRATIO.

51. Contra: in rebus rationis est procedere in infinitum, sicut patet de actibus intellectus: semper enim possum reflectere me; demonstratio autem est res rationis.

52. Respondeo: sicut causae essentialiter ordinatae realiter entis dependent ab una prima, similiter omnes veritates omnium demonstrationum ab una veritate primae demonstrationis; res autem rationis sunt accidentaliter ordinatae; ideo non valet.

⟨De praedicatione et significatione⟩

53. Utrum haec sit vera: "hoc est hoc quia 'hoc' significat hoc".

54. Quod non: quia vox significat rem, et tamen non est res. |

Arist.: 189/191 IV 4 1006a8-9 (AL XXV 3.2, p. 74, 197-199)   200 Cfr IV 4 1006a32-34 (AL XXV 3.2, p. 75, 221-223)

---

178 *Vide supra §41*   182 *Vide supra §42*   185 *Vide supra §45*   188 ARIST., *Met.* II 2 994a1-b31 (AL XXV 3.2, p. 44, 35-47, 100)

---

179 principium] *coni.*, eum *M*   180 adversarius autem] *coni.*, autem usque *M*   182 *Post* de *lacunam supposui*   183 *Ante* sicut *lacunam supposui*   184 asserit unum] *coni.*, assertivum *M*   185 contraria] et in contraria *add. M*   186 intellectione] *coni.*, intentione *M*   188/189 Similiter – post] *om. V*   188 secundo] *coni.*, 4° *M*   189 omnium] omni *V*   190 in] *om. V*   193 enim] *om. M*   194 autem] *om. M*   195 Repondeo] responsio *V*   entis] entes *V*   196 similiter] et *add. V*   198 ideo] ratio *M*   200/231 Utrum – alio] *§§53-62 desunt in V; istos paragraphos post §91 in libro quinto et ante §91 nunc restitutum ad librum quartum pos. M*   200 haec] *coni.*, hoc *M*

55. Similiter album significat albedinem; ergo album est albedo.

56. De re istius propositionis nota quod valet ad tales propositiones "Caesar est homo Caesare non existente" et consimiles; et quod haec sit vera propositio, quia necesse est hoc esse hoc quia significat hoc: 'Caesar' semper significat uniformiter, sive sit sive non.

57. Dicitur quod significat hoc si Caesar sit.

58. Contra: Philosophus dicit quod hoc est petitionem accipere contra negantes principium primum, scilicet quod res sit vel non sit, sed tantum debet accipi significatum nominis.

59. Unde concedo hoc esse verum: "Caesar est homo ipso non existente". Et hoc probatur per syllogismum ex oppositis, accipiendo superius et inferius pro terminis, quod est licitum. Unde Philosophus accipit hos terminos: 'disciplina', 'medicina', 'studiosa'.

60. Ad primum: est fallacia accidentis, sicut hic: "tu comedis bene, 'bene' est adverbium, ergo etc.". Tamen magister ille *Summularum* dicit quod est aequivocatio; tamen credo non esse verum, quia non significatur ibi aequivoce aliquid, sed est ibi diversa suppositio, unde in uno accipitur materialiter et in alio significative.

61. Similiter haec dictio intelligenda est non de illis intentionibus sed de re, scilicet "homo qui est vox". Unde sequitur: "homo significat animal rationale, ergo homo est"; sed non valet, "'homo' est vox, ergo vox est animal rationale", sed est ibi accidens vel figura dictionis, quae semper sequuntur.

62. Ad aliud: intellige: | hoc significat hoc nomen quando significat quidditatem sub modo convenienti, qui modus non impedit praedicationem unius de alio.

216/217 ARIST., *An. Pr.* II 15 63b40-64a10 (AL III 1-4, trans. Boethii rec. flor. et carn., p. 122, 15-123, 2)   218 *Vide supra §54*   219/220 *Fallaciae ad modum Oxoniae* (p. 30)   229 *Vide supra §55*

---

216 disciplina] *coni. ex textu Aristotelis*, distinctiva *M*   219 adverbium] *coni.*, adverbius *M*   224 dictio] ratio *add. M*

⟨Quod unum tantum significetur⟩

63. NON UNUM SIGNIFICARE NIHIL EST SIGNIFICARE. Verum.

64. Contra: tunc nomen aequivocum nihil significat, quia significat plura.

65. Similiter nihil contingit intelligere non intelligentem unum.

66. Contra: tunc non possum intelligere multa.

67. Respondeo: non 'significet unum tantum'; non 'intelligentem unum tantum'. Unde intelligit quod nomen debet significare unum, id est rem sub propria et determinata ratione. Unde non sequitur quod non possit nomen plura significare, immo | hoc *M* 56vb
supponit in littera. Sed quod significat plura debet significare ea sub propria ratione, et ita facit aequivocum.

⟨De praedicationibus accidentalibus⟩

68. OMNINO VERO DESTRUUNT SUBSTANTIAM.

69. Et post: HOMINI NON ESSE ET NON ESSE HOMINI, QUAMVIS HAE NEGATIONES. Contra: in *Perihermeneias*, "unius affirmationis, una negatio".

70. Et post deducit ad hoc inconveniens, quod in accidentalibus praedicationibus est procedere in infinitum. Sed hoc non est inconveniens, quia sunt accidentaliter ordinata.

71. Similiter dicit Philosophus quod non sunt ⟨nisi⟩ duo modi praedicandi per accidens. Contra: multi alii sunt; unde in V ponit quattuor modos.

72. Similiter quod dicit Philosophus: non magis videtur quod unum accidens sit subiectum alterius quam e converso, hoc vide-

---

Arist.: 233 IV 4 1006b7 (AL XXV 3.2, p. 75, 230-231) 247 IV 4 1007a20-21 (AL XXV 3.2, p. 76, 277) 248/249 IV 4 1007a24-25 (AL XXV 3.2, p. 77, 280-282) 251/252 IV 4 1007a33-b1 (AL XXV 3.2, p. 77, 289-293) 254/255 IV 4 1007b1-6 (AL XXV 3.2, p. 77, 293-297) 257/258 IV 4 1007b12-13 (AL XXV 3.2, p. 77.302)

249/250 ARIST., *De int.* 7 17b38-39 (AL II 1, p. 12, 1-2) 255/256 ARIST., *Met.* V 7 1017a19-22 (AL XXV 3.2, p. 103, 306-309)

233/256 Non – modos] §*63-71 desunt in V* 237 intelligentem] *coni.*, includentem *M* 251/252 accidentalibus praedicationibus] *coni.*, actibus praedicabilibus *M* 253 accidentaliter] *coni.*, ordinabiliter *M* 254 nisi] *suppl.* 257 Philosophus] post quod *add. V* quod²] *om. V* 258 accidens] *om. M* sit] esse *V* 258/259 hoc – quia] contra *V*

tur male dictum, quia accidens prius videtur esse subiectum alterius posterioris.

73. Similiter videtur quod vult dicere quod accidens non est subiectum accidentis. Hoc videtur contra Avicennam, | qui ponit aliquod accidens citius inesse alii quam substantiae. *V*59vb

74. Similiter passiones superiores prius demonstrantur de passionibus inferioribus quam de substantiis.

75. Ad primum: verum est in quolibet genere oppositionis; similiter unius affirmationis una negatio, id est contradictio.

76. Ad aliud: licet non sit inconveniens procedere in infinitum in genere in accidentaliter ordinatis ***. Et hoc probat, unde, licet animali in quantum animal non repugnet visus, tamen animali ut est in talpa. Similiter hic.

77. Ad aliud: omnes alii modi reducuntur ad istos duos modos, vel quando | subiectum praedicatur de accidente vel ens per accidens de ente per accidens. *M*57ra

78. Similiter nota quod eadem improbatio qua improbatum est in primo modo accidentaliter ordinatorum, et in secundo.

79. Ad aliud: aliqui dicunt quod unum accidens est causa alterius, non tamen subiectum; alii contrarium.

80. Ad Philosophum, "accidens non potest esse subiectum", quia dicit: "quare magis unum accidens subiectum quam aliud?": dico quod, si in praedicationibus per accidens esset procedere in infinitum, nullum erit ibi primum subiectum, quia, si sic, ergo sunt essentialiter ordinata. Unde non est intentio Philosophi quin, ubi est ordo essentialis, ibi unum accidens est subiectum al-

---

Arist.: 261/262 IV 4 1007b2-4 (AL XXV, 3.2, p. 77, 293-294)

262/263 AVIC., *Liber de phil. prima*, II 7 (p. 156)   266 *Vide supra* §69   268 *Vide supra* §70   272 *Vide supra* §71   277 *Vide supra* §73   277/278 THOM. AQ., *In Met.* IV, lect. 7, §635 (p. 174)   278 AEG. ROM., *Theor. de corp. Christi*, prop. 39 (f. 26rb, C-D, 26va-b, B-D)   279 *Vide supra* §72 *et* 73

259/260 alterius posterioris] *om. M*   261/262 Similiter – accidentis] nam dicit unum accidens non potest esse subiectum alterius quando dicit quia non magis unum accidens est subiectum quam aliud similiter *V*   262 videtur] esse *add. V*   Avicennam] 2° Metaphysicae capitulo septimo *add. V*   ponit] dicit *V*   266/276 Ad – secundo] §75-78 *desunt in V*   269 *post* ordinatis *et ante* Et *lacunam supposui*   273 vel[1] *coni., et M*   274 accidens] etc. *add. M*   277 Ad aliud] *om. V*   aliqui dicunt] dicunt aliquid *V*   unum] *om. M*   278 non tamen] sed non *V*   contrarium] dicunt et *add. V*   279/280 accidens – aliud?] *om. V*   281 praedicationibus] probationes *M*   282 nullum] vernum *M*   ibi] in *M*   primum] principium *V*   284 ibi] verum *add. V*

terius. Probatio: in *De anima*, actus activorum sunt in patiente et disposito, ergo unum accidens respectu alterius est dispositio. Similiter in VII ⟨*Physicorum*⟩, albedo in cane et equo sunt comparabilia, quia utriusque susceptivum est unum specie; sed certum est quod nulla una substantia specie, sed sicut superficies. Et hoc est verum in quantum album est visibile, licet corporeitas vel aliquid tale sit simpliciter subiectum coloris.

⟨De negatione in complexis et incomplexis⟩

81. Post: DUORUM DUAE NEGATIONES.

82. Contra: affirmatio non habet nisi unam negationem; similiter negatio non habet aliam negationem quam affirmationem.

83. Respondeo: loquitur de incomplexis. Unde 'homo' et 'non homo', quae sunt contradictoria incomplexa, praedicantur, secundum opinionem istorum, de aliquo uno; hoc igitur erit homo et erit non homo; sed utraque est affirmatio, ergo habebit duas negationes. Obiectio ergo procedit de complexis; respondeo in incomplexis.

⟨De desiderio sanitatis in aegro⟩

84. In littera magis curandum esse dicit aegro de sanitate quam sano.

85. Contra: desiderium non habiti est amor habiti, ergo magis amat sanitatem habens eam quam non habens. Unde concordat istud cum homilia illa Augustini de amore Petri et Pauli. Unde

---

Arist.: 293 IV 4 1008a6 (AL XXV 3.2, p. 78, 328-329) 303/304 IV 4 1008b29 (AL XXV 3.2, p. 81, 387-387)

285/286 Arist., *De an.* II 2 414a11-12 iuxta trans. novam Guil. de Moerb. in Thom. Aq., *Sent. libri de an.* (p. 82); cfr *Auct. Arist.*, n. 55 (p. 179) 287/288 Arist., *Phys.* VII 4 248b21-23 (AL VII 1.2, p. 270, 9-11) 306/307 Aug., *In Iohan. Ev.*, tr. 124, 6 (*CCSL*, 36, p. 686, 20-687, 33; *PL*, 35, col. 1975)

285 anima] dicitur *add. V* 286 disposito] si *add. M* ergo] igitur *V* respectu alterius est] per eos fit *M* 287 VII] 4 *M* Physicorum] *suppl.* albedo] alba *M*, a3ᵃ *praem. V* equo] e contrario *V* 289 quod] *om. M* sed] *om. M* Et hoc] *om. M* 291 sit] sic *V* simpliciter subiectum coloris] corporis simpliciter subiectum *M* coloris] *§87-90 post §80 et ante §81 pos. M et V* 295 negatio] nemo *V* aliam negationem quam] negationem nisi *V* 296 incomplexis] *coni.*, complexis *M et V* Unde] *om. V* 297 incomplexa] complexa *M* 298 istorum] illorum *V* 299 habebit] habebunt *V* duas] *om. M* 300 ergo] *om. M*, dicit *add. et del. V* 303 magis – dicit] dicit quod magis curandum est *add. V* 307 istud] illud *V* 307/308 Unde – Augustinus] ubi *V*

nota quod in homilia illa Augustinus vult quod Petrus magis dilexit (mystice loquitur ibi, non historialiter).

86. Respondeo: magis laborandum est aegro ad acquirendam sanitatem quam sano, sed sanus plus | gaudet et placet de sanitate, sicut miseri magis diligunt acquirere non tamen plus diligunt beatitudinem nec plus delectantur in ea quam beati. Sequeretur tamen secundum opinionem praedictam.

⟨De gradibus falsitatis⟩

87. Minus falsum est magis verum: PALAM QUIA ALTER MINUS, QUIA MAGIS VERUM.

88. Contra: omne minus falsum est falsum, omne magis verum est verum; ergo, si minus falsum est magis verum, falsum est verum.

89. Respondeo: non intelligit de uno dicente, sed de quattuor dicentibus, quorum duo dicunt duo contradictoria et alii duo alia. Unde sequitur quod, | si unus de quattuor dicentibus contradictoria dicat magis falsum, aliquis eorum dicet magis verum; ergo iste qui dicit: "quattuor sunt quinque" dicit minus falsum quam qui dicit: "quattuor sunt mille"; ergo dicens oppositum istius "quattuor sunt mille" dicit magis verum, si magis verum est quod est propinquius simpliciter vero. Ergo aliquid est verum simpliciter.

90. Argumentum non concludit nisi unus et idem diceret duo etc.

Arist.: 316/317 IV 4 1008b31-36 (AL XXV 3.2, p. 81, 390-395)

---

330 *Vide supra §88*

---

309 mystice] et *add. V* non] *om. V* historialiter] etc. *add. M* 310 acquirendam] acquirendum *V* 311 sed] unde *M* de sanitate] *om. M* 312 acquirere] beatitudinem quam beati *add. V* plus] *om. M* 313 quam beati] *om. V* 314 secundum opinionem] sed ap^om *V* 316/331 Minus – etc.] *§87-90 post §80 et ante §81 pos. M et V* 316 verum] unum *M* 316/317 palam – verum] *om. V* 317 verum] *coni. ex textu Aristotelis*, unum *M* 318 falsum²] et *add. V* 319 minus] est *add. M* falsum²] ergo *M* 321 Respondeo] responsio *V* intelligit] intelligerit *V* 322 dicentibus] differentibus *M* dicunt duo²] sunt *M* 323 si unus] aliquis *M* dicentibus] *coni.*, dicentium *M et V* 323/324 contradictoria] si aliquis minus *add. M* 324 dicet] dicta *M* 324/325 ergo iste] sed ille *V* 325 dicit¹] quod *add. V* 326 ergo] igitur *V* 328 est propinquius] propinquius est *V*

⟨De subiecto accidentis et de gradibus falsitatis: altera redactio⟩

91. Nota quod de ratione subiecti proximi est quod sit tantum in potentia receptiva alterius, non quod sit per se existens; sed hoc est de ratione subiecti remoti, scilicet substantiae. Unde ad minus substantia cum uno accidente est subiectum alterius, sicut materia cum una forma substantiali una materia respectu complexioris.

92. Unde nota quod ex ista ratione secunda Philosophi, scilicet quod in per accidens non est processus in infinitum, etc., arguit ex hypothesi. Respice qualiter dicit ad propositum, quod scilicet accidens est subiectum alterius, etc.

93. Nota etiam pro una alia ratione quam facit Philosophus, quod de magis falsa et minus vera, etc., Commentator vult dicere quod idem est minus falsum et magis verum.

94. Et dico quod hoc est falsum, sed hoc est verum: "minus falsum est falsum, magis verum est verum", per regulam *Topicorum*: "quod magis vel minus inest, simpliciter inest". Unde intelligitur de quattuor sic: unus dicit: "quattuor sunt mille"; alius: "quattuor sunt quinque"; tertius: "quattuor non sunt mille"; quartus: "quattuor non sunt quinque". Si ille qui dicit: "quattuor sunt mille" dicit magis falsum, ergo dicens oppositum eius, scilicet "quattuor non sunt mille" dicit magis verum. Similiter ex alia parte.

95. Et hoc est verum | semper: "illud est magis quia magis appropinquat illi quod est maxime tale". Et hoc est notabile.

96. Nota tunc quod argumenta facta in penultimo capitulo quarti libri sunt bona ad probandum quod contradictio est in incomplexis.

Arist.: 333/334 IV 4 1007a33-b17 (AL XXV 3.2, p. 77, 289-78, 308)   336/337 IV 4 1007b1-17 (AL XXV 3.2, p. 77, 292-78, 308)   338/339 Cfr IV 4 1007b11-13 (AL XXV 3.2, p. 77, 301-302)   340/341 IV 4 1008b31-36 (AL XXV 3.2, p. 81, 390-395)   356/358 IV 4 1008a38-1010a15 (AL XXV 3.2, p. 82, 431-85, 48)

343/344 Aver., *In Met.* IV t. c. 18 (f. 86v B-D)   346/347 Arist., *Top.* II 11 115b3-4 (AL V 1-3, p. 48, 1-2)   354/355 Arist., *Met.* IV 7 1011b24 (AL XXV 3.2, p. 88, 594-89, 595); *vide infra §121-125*

333/358 Nota – incomplexis] *§91-96 desunt in V; istos paragraphos in libro quinto post §62 nunc restitutum ad librum quartum et ante §92 pos.* M   337 complexioris] *coni.*, completioris M   345 sed] *coni.*, sicut M   hoc²] falsum *add.* M   348 sic] *coni.*, si M   357/358 incomplexis] *coni.*, complexis M

⟨De cognitione veritatis per sensibilia⟩

360   97. Nota Augustinum, ⟨De⟩ *octoginta tribus quaestionibus*, 9, M57va
IV 5 1010a1-9   cum dicit similem propositionem huic quae dicitur in medio quarti ab illis qui sunt istius opinionis quod nullus ⟨potest veritatem scire⟩ quia nulla est cognitio sive prudentia nisi sensitiva. Unde dicit nihil esse verum vel nobis manifestum, quia omnia
365 sunt in continuo motu: CIRCA VERO OMNINO SEMPER PERMUTANS NIHIL CONTINGERE VERUM DICERE. Unde similem sententiam dicit Augustinus. Et post, in *Retractationibus*, non retractat nisi de corporibus gloriosis, in quibus dicit quod ipsi possunt cognoscere vere, sed nos non nisi per revelationem.

370   98. Dico: licet sol moveatur, tamen lucem habet, quae ⟨non⟩ est in motu; unde, licet non possit videri in quantum mobilis, tamen in quantum lucens. Similiter ad minus motus est per se sensibile; habetur ergo quod aliquis potest videre ea semper in motu, et hoc est aliquid verum.

375   ⟨De veritate sensus et falsitate phantasiae⟩

IV 5 1010b1-3   99. In littera dicitur quod sensus verus et phantasia falsa.
        100. Contra: phantasia est motus factus a |sensu; ergo, si sensus   V 60ra
recte apprehendit, et phantasia.
        101. Respondeo: et si sensus sit verus, phantasia potest laedi et
380 male disponi. Aliter, secundum quod innuit Augustinus, *De octo*-

---

Arist.: 365/366 IV 5 1010a7-9 (AL XXV 3.2, p. 84, 473-476)   376 IV 5 1010b1-3 (AL XXV 3.2, p. 85, 504-506)

---

360 AUG., *Diuers. quaest.* 9 (*CCSL* 44A, p. 16, 2-10; *PL*, 40, col. 13)   367/369 AUG., *Retract.* I, 26 (*CCSL*, 57, p. 75, 20-25; *PL*, 50, col. 624)   377 Cfr ARIST., *De an*. III 3 429a1-2 iuxta trans. novam Guil. de Moerb. in THOM. AQ., *Sent. libri de an*. (p. 197); cfr *Auct. Arist.*, n. 111 (p. 183)   380/381 Potius AUG., *Trin.* XI, III, 6 (*CCSL*, 50, p. 340, 8-14, 341; *PL*, 42, col. 988-989)

---

360 De] *suppl.*   quaestionibus 9] quaestione quod M   361/369 cum – revelationem] ubi multa dicit pro opinione negantium scientiam quia omnia sunt in motu nec retractat hoc V   362/363 potest veritatem scire] *suppl.*   363 sive] *coni.*, sine M   364 nobis] non *add.* M   366 dicere] *coni.* ex textu Aristotelis, deesse M   370/374 Dico – verum] Sed dico quod licet sol non videatur in quantum mobilis, videtur tamen in quantum lucens; similiter, motus est per se sensibile, igitur aliquis est percipere ipsum semper esse in motu, et hoc est aliquod verum V   370 non] *suppl.*   est] *coni.*, esset M   373 habetur] *coni.*, habet M   376 falsa] sic M   377 phantasia] phantasiam M   factus] *om.* M   378 recte] recta M   380/381 innuit – 2] immutat quod concedo sed M

ginta tribus questionibus, 2: dicit quod phantasia conservat speciem in absentia sensibi|lium, et tunc potest esse ita intensa quod potest movere intellectum secundum quod videtur phantasiae res esse praesens. Nec oportet sensus particularis iudicare de isto errore, vel quia ligatur, sicut patet in somniis, vel quia sensibile non est praesens et aliter non iudicat phantasmata, aut in somniis est soluta et species ita intensa quod etc.

⟨De deceptione in tribus generibus sensibilium⟩

102. Nota quod est sensibile proprium, sicut color visus, sonus auditus.

103. Aliud est non proprium sed commune, sed tamen per se sensibile, et sunt quattuor, secundum Aristotelem: numerus, magnitudo, figura, motus. Numerus autem est communissimum, unde percipitur ab omni sensu, ut visus iudicat duos colores, similiter sensus ceteri.

104. Aliud est tertium, scilicet sensibile per accidens, prout quod sensus visus iudicat quod sit simul talis vel talis, etc.

105. Et in istis sensibilibus per accidens tota die decipitur sensus. In primo non eodem, scilicet tempore, tamen diversis temporibus potest iudicare aliter et aliter, quia mutatum est obiectum. In obiecto alieno decipitur sensus. In communi sensibili decipitur etiam aliquando.

⟨Quod sensus non iudicet de suo actu⟩

106. Post dicit quod SENSUS NON EST SUIMET. Bene verum est quod sensus per actum suum iudicat de sensibili, tamen de suo actu non iudicat. Unde visus non videt suam | visionem, sed sensus

---

Arist.: 389/390 IV 5 1010b14-17 (AL XXV 3.2, p. 86, 515-526) 404 IV 5 1010b35-36 (AL XXV 3.2, p. 86, 535-536)

391/392 Arist., *De an.* II 6 418a17-19, iuxta trans. novam Guil. de Moerb. in Thom. Aq., *Sent. libri de an.* (ed. Leon., XLVI 1, p. 118) 396/397 Arist., *De an.*, II 6 418a20-23, iuxta trans. novam Guil. de Moerb. in Thom. Aq., *Sent. libri de an.* (ed. Leon., XLVI 1, p. 118).

382 in] s *add. et del.* V 383 potest movere] permoveret V intellectum] intellectu V secundum] *om.* M phantasiae] fan^re V 384 oporet] valet V particularis] particulares M isto] illo V 386/387 et – etc.] *om.* V 389/419 Nota – alterius] *§102-109 desunt in* V 404/408 Post – etc.] *§106 post §114 et ante §119 pos.* M 405 suo] *coni.*, alio M

communis, secundum aliquos. Vel secundum aliquos intellectus iudicat de omnibus actibus inferiorum, etc.

⟨Quae relativa sunt simul natura⟩

107. Facit talem rationem: "movens enim prius moto naturaliter". Post arguit contra se ipsum: sunt relativa quae sunt simul natura. Respondit quod 'nihil minus', tamen videtur semper argumentum stare.

108. Respondeo: ista quae dicuntur per modum actionis et illa quae sunt per se relativa sunt simul natura; alia quae sunt per | modum mensurae et mensurati, ista non sunt simul natura, unde unum extremum est per se relativum, secundum per accidens.

109. Post nota etiam quod quot species unius relativi, et alterius; tamen res subiectae possunt esse plures unius quam alterius.

⟨Utrum omnia sint relativa⟩

110. Videtur quod illud ad quod deducit Philosophus sicut ad inconveniens, scilicet quod omnia sunt ad aliquid, sit verum; nam omnia sunt causata, vel creata tantum; similiter omnia sunt sensibilia vel intelligibilia.

111. Dico quod omnia esse ad aliquid est dicere quod habent tantum essentiam relativam, non absolutam; esse autem relativum est esse rem cui competit relatio. Unde non est inconveniens dicere quod relationes dicuntur de aliquibus et tamen illa non sunt ad aliquid proprie.

Arist.: 410/411 IV 5 1010b35-1011a2 (AL XXV 3.2, p. 86.535-87.539) 418 IV 6 1011b7-8 (AL XXV 3.2, p. 88, 578-579) 421/422 IV 6 1011a17-20 (AL XXV 3.2, p. 87, 554-557)

407 *Non inveni* 407/408 *Non inveni* 414/415 Cfr ARIST., *Met.* V 15 1021a26-30 (AL XXV 3.2, p. 113, 611-615)

416 mensurati] et *add. M* 421/422 illud – nam] *om. M* 421 sicut] *coni.*, sic *V* 422 quod omnia sunt] *coni.*, quomodo sicut *V* 423 omnia] omnes *M* causata] *coni.*, causatae *M, om. V* vel creata tantum] *om. M* tantum] *coni.*, tanta *V* 424 intelligibilia] intellectibilia *V* 425 dicere] de esse *M* 425/426 quod² – relativam] omnia habere essentiam respectivam *V* 426 autem] *om. M* 427 esse rem] res *M* inconveniens] *coni.*, idem *M*, illud *V* 429 proprie] ut patet in solutione *add. V*

112. Unde nota quod Philosophus reducit ad hoc inconveniens, quod entitas rerum esset earum apparentia. Hoc apparet ex utraque ratione.

113. Et hoc contra eos qui dicunt quod essentiae rerum referuntur ad Deum. Et sequitur de necessitate: si essentia in quantum essentia referretur ad Deum, essentia vere et omnes creaturae essent ad aliquid, et tunc nihil absolutum. Et hoc contra eos qui dicunt quod creaturae non tantum per accidens sed per se referuntur.

114. Ad primum argumentum de causato: omnia sunt per se secundo modo, non primo; ideo non relativa.

⟨De apparentibus et relativis: altera redactio⟩

115. Post dicit quod, si omnia ⟨sunt⟩ sicut apparent, ergo omnia ad aliquid, etc. Sed non oportet, sicut nec illud: "homo est similis, ergo est relativum et in genere relationis".

116. Similiter quod dicit: "unum refertur uni"; contra: causatum refertur ad causam ita quod unum potest esse in pluribus.

117. Similiter excedens ad excessum, et tamen multa sunt excessa et non nisi unum excedens.

118. Ad primum: dixerunt apparentiam esse entitatem earum; ideo bene dicit consequentiam, licet non simpliciter.

⟨De duplici visione⟩

119. OCULIS DUOBUS EXISTENTIBUS, NON EADEM UTRIQUE VISUI. Ergo aliud apparebit uni oculo et aliud alii; ergo potentia visiva, quae est eadem, potest simul duo videre. Et haec est

---

Arist.: 430/431 IV 6 1011b4-7, 1011b7-12 (AL XXV 3.2, p. 88, 575-578)   441/442 IV 6 1011a19-20 (AL XXV 3.2, p. 87, 556-557)   444 IV 6 1011b7-8 (AL XXV 3.2, p. 88. 578-579)   451/452 IV 6 1011a25-28 (AL XXV 3.2, p. 87, 563-565)

433/434 HENR. GAND., *Quodl.* III, q. 9 (f. 61 O); GUILL. DE WARE, *In II Sent.*, d. 1, q. 4, Firenze, Bibl. Naz., A IV 42, f. 70ra in *Ioannis Duns Scoti Opera Omnia*, VII (p. 120, nota F)   438 *Vide supra* §110   448 *Vide supra* §115   453/455 AUG., *Trin.*, XI, II, 4 (*CCSL*, 50, p. 338, 121-123; *PL*, 42, col. 987); cfr PETR. IOH. OLIV., *In II Sent.*, q. 73 (vol. 3, p. 94), *ubi non est mentio de Augustino sed similis positio proponitur*

430 Unde – reducit] Ad ultimum autem ut deducit Philosophus ergo ad inconveniens scilicet *V*   432 ratione] sua *add. V*; *hic desinit textus latus in V*   434 essentia] *coni.*, esse *M*   434/435 essentia] *coni.*, esse *M*   435 referretur] *coni.*, referetur *M*   441/449 Post – simpliciter] *§115-118 post §120 et ante §121 pos. M*   441 sunt] *suppl.*   442 Sed] *coni.*, unde *M*   451/457 Oculis – naturales] *§119-120 post §106 et ante §115 pos. M*

sententia Augustini, in XI *De Trinitate*, quod, si unus oculus elevetur et alius deprimatur, videbit uterque diversa.

120. Hoc est contra eos qui dicunt quod nullus potest habere duas sensationes simul: quia sunt duo puncti naturales.

⟨De contradictione⟩

121. UNUM EST DE UNOQUODQUE AUT DICERE AUT NEGARE.

122. Contra: si hoc, ergo album verum est dicere de omni homine aut non album de omni homine; ergo omnis homo aut est albus aut non albus.

123. Dicitur quod contradictoria omnia proprie sunt complexa, et secundum hoc excluduntur ista, scilicet album et non album.

124. Si obicitur, quia in *Praedicamentis* loquitur Philosophus de incomplexis | cum non pertinet ad eum determinare de complexis, dicitur quod hoc verum est quia ex hoc saltem habetur quod contradictoria non possunt esse vera, sed non quod de quolibet. Si vero de quolibet, ergo album quod est incomplexum praedicatur de quolibet uno numero, non de quolibet uno distincto.

125. Unde dico quod in complexis et in incomplexis est contradictio. Unde si intendebat Aristoteles de propositionibus, tunc propositiones non essent contradictoriae, sed contrariae, sicut patet: "omnis homo est albus" et "omnis homo non est albus" sunt contrariae, non contradictoriae.

⟨De medio per abnegationem⟩

126. Similiter nota quod Philosophus dicit de medio quod eodem modo utitur medio quando dicitur: "causas oportet esse medias", per abnegationem scilicet.

Arist.: 459/460 IV 7 1011b24 (AL XXV 3.2, p. 88, 594-89, 595)   478/479 IV 7 1011b29-31 (AL XXV 3.2, p. 89, 599-601)

456/457 Cfr THOM. AQ., *Summa theol.* I, q. 58, a. 2   466/468 ARIST., *Cat.* 10 13a37-b35 (AL I 1, p. 35, 10-36, 14)   478/480 Cfr THOM. AQ., *In Met.* IV, lect. 16, §722 (p. 201)

---

455 diversa] *coni.*, divisa *M*   457 quia sunt] *coni.*, ponunt *M*   duo] *coni.*, quod *m*
464 omnia] *coni.*, omnis *M*   465 scilicet] *coni.*, quia *M*   467 cum] *coni.*, tamen *M*
469 non quod] quod non *M*   470 vero] *coni.*, igitur *M*   479 dicitur] *coni.*, dicit *M*

⟨De medio inter ens et non ens⟩

127. Similiter ⟨ad⟩ illud quod ⟨dicit in⟩ ista consequentia quam facit si generatio est a non esse ad esse: "si ens et non ens termini essent generationis ut contradictorii, cum generatio sit medium inter ea, etc.", dico quod arguit: "si potest esse medium inter ens et non ens ut sunt contradictoria, multo fortius inter terminos generationis et corruptionis, quae sunt privatio et forma; et tunc illud medium potest esse terminus; et tunc erunt plures quam duo termini in generatione et corruptione".

⟨De definitione et nomine⟩

128. DEFINITIO EST ORATIO CUIUS EST SIGNUM NOMEN.

129. Definitio est oratio significans quid est esse et nomen est signum istius orationis; ergo nomen non significat quidditatem rei nisi mediante definitione.

130. Similiter aliqua possunt habere rationem quae dicit | quid significatur per nomen et tamen non definientur; igitur etc.

131. Respondeo: est nomen secundae intentionis 'definitio', unde est de quarto praedicamento. Dico igitur quod oratio istius quidditatis explicite expressiva 'cuius', scilicet quidditatis, nomen est signum, est definitio eius, non cuius orationis.

132. Ad aliud: in omnibus habentibus naturam quidditatis idem est quod dicitur per nomen et quod est res.

Arist.: 482/483 IV 7 1012a5-9 (AL XXV 3.2, p. 89, 610-614) 491 IV 7 1012a23-24 (AL XXV 3.2, p. 90, 628-630)

501 *Vide supra §130*

482 ad] *suppl.* dicit in] *suppl.* 483 a] *coni.*, animal *M* ad] *coni.*, et *M*
498 praedicamento] *coni.*, praedicamentis *M*

⟨LIBER V⟩

⟨De duplici distinctione nominum⟩

1. Nota quod distinctio nominum est duplex: una est quando nomina sunt multiplicia et tunc distinguenda, et hoc pertinet ad logicum; alia est rerum significatarum per nomen, quod nomen nec univoce nec aequivoce praedicatur de eis, sed analogice, et ista per quendam ordinem attribuuntur ad aliquod primum. Et talis distinctio pertinet ad metaphysicam.

2. Et non distinguit res istas quibus competit nomen analogice ut unum dimittat et aliud accipiat, quia haec distinctio est facienda quandocumque fit sermo de multiplici; sed quando utrumque accipit et considerat ordinem inter se et attributionem ad tertium, tunc pertinet ad specialem tractatum.

⟨Quot modis principium dicatur⟩

3. ⟨i⟩ Ista pars magnitudinis a qua incipit motus localis; ⟨ii⟩ unde unumquodque incipit maxime moveri optime; ⟨iii⟩ illa pars rei quae primo generatur, sicut cor in animali, etc.; ⟨iv⟩ unde incipit rei generatio quae tamen est extra rem, sicut filius ex patre; ⟨v⟩ unde res primo innotescit, sicut dicimus principia | demonstrationis esse dignitates.

4. Differunt isti duo primi modi, quia in primo ex principio magnitudinis designatur principium motus, in secundo e contrario.

5. Ponit exemplum de principio inexistente, ut cor vel cerebrum. Averroes facit unum argumentum, credo VII *Physicorum*,

---

Arist.: V, 15 V 1 1012b34-1013a1 (AL XXV 3.2, p. 92, 3-5)   16 V 1 1013a1-4 (AL XXV 3.2, p. 95, 5-8)   16/17 V 1 1013a4-7 (AL XXV 3.2, p. 93, 8-10)   17/18 V 1 1013a7-10 (AL XXV 3.2, p. 92, 10-12)   20/21 V 1 1013a14-16 (AL XXV 3.2, p. 92, 16-18)   23/24 V 1 1013a5-6 (AL XXV 3.2, p. 92, 9-10)

V, 20/22 Cfr Thom. Aq., *In Met.* V, lect. 1, §753 (p. 209)   24/25 Aver., *In Phys.* VII, t. c. 4 (f. 309r C)

V, **4** significatarum] *coni.*, signatarum M   **6** attribuuntur] *coni.*, attribuunt M   **9** dimittat] *coni.*, dimittant M   distinctio] *coni.*, diffinitio M   **10** multiplici] *coni.*, multiplice M   **24** Averroes] *coni.*, Averrois M

quod cerebrum non, quia vidit arietem ambulare decollatum; similiter agnus visus est ambulare extracto corde; similiter annulosi auferas caput, auferas cor, cauda movebitur, etc. Unde dico quod influit cor cerebro in omnibus, etc.

⟨De principiis et causis⟩

6. Post dicit quod TOTIENS AUTEM ET CAUSAE DICUNTUR; OMNES ENIM CAUSAE PRINCIPIA.

7. Videtur consequentia non valere, sicut nec haec: "omnis homo animal, ergo totiens dicitur 'homo' quotiens 'animal'"; sed, si totiens 'homo' sicut 'animal', ergo omne animal homo. Sic debet sequi hic: "quotiens principia totiens causae, ergo omnia principia causae", quod est falsum, quia primus modus principii nullo modo habet rationem causae, scilicet principium continui unde incipit motus.

8. Unde dico quod aliqui modi principii conveniunt causae, sicut tertius et quartus et ultimus de cognoscente, quod est principium agendi ⟨et⟩ cognoscendi sicut 'suppositiones', quae sunt propositiones per se notae, etc.

⟨De intellectu et voluntate⟩

9. Nota similiter quod Philosophus exemplificat de aliquibus quae habent illud efficientis de intellectu et voluntate. Hoc contra Henricum, qui ponit voluntatem tantum potentiam | activam.

⟨De natura⟩

10. Et post: QUAPROPTER ET NATURA PRINCIPIUM. Et est principium respectu motus vel naturati, sed diversimode, quia respectu unius est formale, respectu alterius efficiens.

Arist.: 30/31 V 1 1013a16-17 (AL XXV 3.2, p. 92, 18-93, 19)   36/38 Cfr V 1 1012b34-1013a1 (AL XXV 3.2, p. 92, 3-5)   39/40 Cfr V 1 1013a4-7, 7-10 et 14-16 (AL XXV 3.2, p. 92, 10-12, 8-10, 18-18)   42 V 1 1013a16 (AL XXV 3.2, p. 92, 17-18)   44/45 V 1 1013a10-14 (AL XXV 3.2, p. 92, 13-16)   48 V 1 1013a20-21 (AL XXV 3.2, p. 93, 22-24)

---

46 HENR. GAND., *Quodl.* IX, q. 5 (p. 131); cfr DUNS SCOT., *Lect.* II, d. 25, q. un., §54 (ed. Vat. XIX, p. 246)

---

31 causae] *coni. ex textu Aristotelis*, cen *M*   39 conveniunt] *coni.*, convenient *M*   39/40 sicut] *coni.*, sed *M*   41 et] *suppl.*   46 activam] *coni.*, passivam *M*   48 natura] *coni. ex textu Aristotelis*, nomen *M*   Et] *coni.*, nec *M*

⟨De formis in definitionibus⟩

11. ET PARTES QUAE IN RATIONE, supple: sunt formae.

12. Contra: ex duabus formis non fit unum actu, quia forma est actus; ergo non est una definitio ex illis.

13. Dicitur quod comparatae partes definitionis ad invicem, unum est materiale et potentiale respectu alterius; respectu definiti sunt formae, tamen una perfectior alia.

⟨De efficiente⟩

14. Nota quod quadruplex efficiens elicitur ex littera ista et illa sequente: una quae dat alteri formam per quam agit, sicut grave generans dat ei formam per quam movetur; sed istud generans non est efficiens proprie effectivum formae iam generatae, sed ipsammet formam. Ubi dicatur quod est efficiens remotum; exemplum huius ponit in littera.

⟨De causis per praesentiam et per absentiam⟩

15. Nota quod dicitur in littera quod idem per absentiam et per praesentiam utraeque sunt causae respectu contrariorum.

16. Et hoc valet ad hoc quod unum extremum in contrariis est constitutivum potentiae per carentiam perfectae formae formaliter. Ex quo enim absentia, secundum Philosophum, est causa alicuius positivi in genere causae efficientis, ergo similiter privatio perfectionis unius contrarii erit causa formalis constitutionis contrarii positivi.

17. Sed contra eos: sequitur tunc quod in omni genere nihil esset ibi perfectum et positivum nisi | una species, quia numquam duae species oppositae sunt aeque perfectae, licet Deus possit; ex quo igitur in uno genere est unum perfectissimum, ergo omnia ista constituerentur formaliter per negationem et carentiam eius, etc.

18. Dico tamen quod non. Ad Philosophum: vult dicere quod idem quod est causa efficiens per praesentiam, illud idem est causa sine qua non per absentiam. Si autem intelligat de privatione et

---

Arist.: 52 V 2 1013a29 (AL XXV 3.2, p. 93, 29)   59/60 V 2 1013a29-32 (AL XXV 3.2, p. 93, 29-32)   63/64 V 2 1013a30-32 (AL XXV 3.2, p. 93, 30-32)   66/67 V 2 1013b11-16 (AL XXV 3.2, p. 93, 46-50)

68/69 *Non inveni*   79 *Vide supra §15*

habitu, tunc verum, et nihil pro eis. Si de contrariis, tunc glossa litteram sicut prius.

⟨De malo⟩

19. Similiter illud est notabile pro quaestione de malo, scilicet quod dicit quod absentia et praesentia sunt causae in eodem genere causae, scilicet efficientis. Ex quo sequitur non tantum bonum habere causam effectivam, sed malum causam effectivam, non solum defectivam. Quod concedo.

⟨De causis ad invicem⟩

20. Aliud similiter quod dicit, quod causae sibi invicem sunt causae, ut finis efficientis et e converso; sed dicit quod non eodem genere causae.

21. Et hoc contra eos qui ponunt voluntatem potentiam passivam tantum, et ponunt duplicem finem, unum metaphorice moventem, ut dicit Philosophus. Et hoc dicit iste: unus est finis extra, qui movet ut desiderabile; alius est finis intra, qui movet ut intellectus scilicet, et istud movet, secundum eum, ut efficiens.

22. Contra: si finis esset causa movens ut efficiens, tunc in eodem genere causae efficiens et finis essent invicem causae.

23. Confirmat opinionem suam per auctoritatem Commentatoris, | in XI, de balneo, si esset in anima, etc.

⟨De suppositionibus conclusionis⟩

24. Et suppositiones conclusionis, scilicet sunt causa materialis demonstrationis. Hoc est verum quantum ad terminos.

Arist.: 85/86 V 2 1013b15-16 (AL XXV 3.2, p. 94, 49-50)   91/92 V 2 1013b9-11 (AL XXV 3.2, p. 93, 43-46)   104 V 2 1013b20 (AL XXV 3.2, p. 94, 53-54)

94/98 Aeg. Rom., *Quodl.* VI, q. 23 (p. 429a-b); cfr Duns Scot., *Lect.* II, d. 25, q. un., §22-24 (ed. Vat. XIX, p. 234-235)   96 Arist., *De gen. et corr.* I 7 324b13-15 (AL IX 1, p. 39, 7-9)   101/102 Aver., *In Met.* XII, t. c. 36 (f. 319v I-K)

86 quod] *coni.*, qui *M*   95 metaphorice] *coni.*, metaphysice *M*   96 unus] *coni.*, magnus *M*   99 movens] *coni.*, movet *M*   101 auctoritatem] Aristotelis *add. et del. M*

⟨De forma partis et totius⟩

V 2 1013b22-23   **25. UT QUOD QUID ET TOTUM ET COMPOSITIO ET SPECIES.**
26. Ex ista littera habetur, secundum aliquos, quod forma totius est alia a forma partis.
27. Sed hoc non valet, quia secundum hoc erunt quattuor in composito, quia nominat ibi quattuor, scilicet quod quid etc.

⟨De arte⟩

V 2 1013b6-7   28. Nota similiter quod, in littera priori per sex lineas vel plures, dicit quod statuifactiva, id est ars illa, se habet in genere causae efficientis.

⟨De fine⟩

V 2 1013b25-26   29. Nota similiter quod magna dubitatio est utrum finis, ut existens et acquisitus, sit causa.

⟨De elementis in mixto⟩

V 2 1013b17-20   30. Nota similiter quod dicit Philosophus in littera: sicut syllabarum sunt causae materiales litterae, sic elementa mixti. Arguo tunc sic: sicut litterae ibi manent non solum virtute, sic elementa in mixto.

⟨De praedicatione in causis per se et per accidens⟩

V 2 1013b34-1014a3   31. Similiter nota litteram sequentem: **AMPLIUS AUTEM UT ACCIDENS ET HORUM GENERA VELUTI STATUAE ALITER POLYCLETUS, ET ALITER STATUIFICATOR, QUIA ACCIDIT STATUEFACTORI | POLYCLETUM ESSE. ET CONTINENTIA ACCIDENS, UT HOMO CAUSA STATUAE SIC ET TOTALITER ANIMAL, QUIA POLYCLETUS HOMO, ET HOMO ANIMAL.**

Arist.: 107 V 2 1013b22-23 (AL XXV 3.2, p. 94, 55-56)   113/114 V 2 1013b6-7 (AL XXV 3.2, p. 93, 40-42)   117/118 V 2 1013b25-26 (AL XXV 3.2, p. 94, 58-59)   120/121 V 2 1013b17-20 (AL XXV 3.2, p. 94, 52-54)   125/130 V 2 1013b34-1014a3 (AL XXV 3.2, p. 94, 66-70)

108/109 *Non inveni*; cfr THOM. AQ., *In Met.* V, lect. 3, §779 (p. 215)

107 quod quid] *coni. ex textu Aristotelis*, quicquid *M*   species] *coni. ex textu Aristotelis*, partes *M*   120/121 syllabarum] *coni. ex textu Aristotelis*, figurarum *M*   121 sic] *coni.*, sicut *M*   123 *§35 post §30 pos. M*   125 Amplius autem] *coni. ex textu Aristotelis*, quod ubi *M*   128 statuifactori] *coni. ex textu Aristotelis*, statuifactio *M*

32. Contra, quia videtur ⟨quod in⟩ consequentia ista "quia Polycletus homo" est fallacia consequentis, si reducitur in syllogismum. Syllogismus similis potest fieri in primo libro, in principio, sic: Sortes per se sanatur. Sicut enim ibi dicitur: "actus est circa obiectum singulare"; sic dico: "agens circa singulare est singulare". Sicut ergo est ibi fallacia consequentis arguendo de obiecto singulari etc., sic hic arguendo de agente singulari.

33. Dico tamen quod haec regula est bona, ut dicitur hic: "quicquid praedicatur de inferiori per accidens, et de omni superiori", licet non secundum aliquos; licet non teneat: "quicquid praedicatur per se". Et causa est: numquam concluditur identitas aliquorum inter se nisi ex identitate duorum amborum, scilicet non unius tantum, in tertio. Et si concluditur identitas tanta inter se sicut in duobus, non erit fallacia; si sic maior, est fallacia accidentis communiter et semper est fallacia consequentis.

34. In primo exemplo concluditur identitas per se duorum, et tamen in praemissa una, scilicet hac: "Sor per se sanatur", ut dicitur ibi. Hic autem concluditur identitas per accidens tantum [fuit]; et ita in praemissis, licet ibi fuit in una praemissa identitas per se, tamen, quia identitas maior includit minorem, illa | identitas per se includeret per accidens et alia similiter et ideo ex identitate per se sequitur in conclusione identitas ⟨per accidens⟩, etc.

⟨De causa per accidens propinqua et remota⟩

35. Similiter nota quod est causa per accidens propinqua et remota: propinqua, quando est ibi causa sine qua non est effectus, ita tamen quod effectus non potest esse sine ea; remota, quando potest esse, sicut statuam facere non potest esse sine homine, tamen statuator per se aedificat, non homo nec Polycletus; potest esse et filius sine albedine.

⟨De definitione elementi⟩

36. Nota: in definitione elementi ponitur indivisibile. Et hoc debet intelligi non de divisione quae est in partes quantitativas, quia ex hoc sequitur quod, si in ligno esset tantum materia prima et forma in quas resolvitur sicut in partes, et quattuor elementa non manerent in essentiis secundum virtutem, tunc sequeretur quod lignum esset ita vere elementum sicut ignis, quia neutrum nisi materiam primam et unam formam habet, secundum eos. Istud tamen nego.

⟨De genere et differentia⟩

37. CUI INEST DIFFERENTIA, ET GENUS SEQUITUR. Nota quod ubicumque est differentia, ibi est consequentia essentialis. Sequitur enim: ubicumque est rationale, et animal. Et tamen non per se et essentialiter praedicatur animal de rationali. Sed aliqui accipiunt hanc litteram quod per se, etc.

38. Nota similiter quod, ex littera praecedenti, solvitur quaestio tertii quae quaerit utrum genus et species sint magis principia quam principia realia prius considerata. Nominat et haec de elementis: ita bene est genus elementum in definitione sicut materia in resolutione reali.

39. Tamen commentator concedit argumentum quod non. Quod tamen non oportet, credo. Sic, vel male intellexi. Quaeratur.

Arist.: 161 V 3 1014a26-31 (AL XXV 3.2, p. 95, 90-91) 170 V 3 1014b12-13 (AL XXV 3.2, p. 96, 112) 175 V 3 1014b3-11 (AL XXV 3.2, p. 96, 102-113)

161/168 THOM. AQ., *In Met.* V, lect. 4, §799 (p. 219) 170/173 Cfr DUNS SCOT., *Quaest. super Met.* III, q. un., §4 et 13 (OPh III, p. 287 et 290-291) 173/174 THOM. AQ., *In Met.* V, lect. 4, §806 (p. 220) 175/176 ARIST., *Met.* III 3 998a21-b14 (AL XXV 3.2, p. 55, 207-56, 231) 180 ARIST., *Met.* III 3 998b11-14 (AL XXV 3.2, 56, 229-231); THOM. AQ., *In Met.* III, lect. 8, §430 (p. 121)

158 non – Polycletus] homo nec Polycletus non *M* 163 quia] *coni.*, et *M* 164/165 quattuor elementa non] non quattuor elementa *M* 165 manerent] *coni.*, manent *M* virtutem] *coni.*, virtute *M* 168 istud] *coni.*, istos *M* 170 differentia] *coni. ex textu Aristotelis*, dicitur *M* 171 differentia] *coni.*, consequentia *M* 177 prius] *coni.*, quasi *M* 180 quod non] *coni.*, unde *M*

NOTABILIA SUPER METAPHYSICAM V 49

⟨De connascentiis⟩

V 4 1014b22 40. Nota quod connascentia oportet quod habeant medium; per hoc differunt a tactu. Tamen non oportet quod illud medium sit distans | localiter, sed possunt tangere se. Si enim esset distans, *M* 60va essent minus una et perfecta quam tangentia. Unde nullum medium requiritur nec distans nec virtualiter; tamen oportet esse aliquam unitatem, aliter numquam esset ⟨unum⟩ natum ab eis nec auctum nec continuum.

41. Nota similiter quod nec hic nec in libro *Physicorum* bene probatur materiam esse naturam.

42. Similiter nota quod hic ponunt aliqui multos modos. Sed non oportet.

⟨De potentia diminuta in materia⟩

V 4 1014b26-28 43. AMPLIUS AUTEM NATURA, etc. Et post: A SUA PROPRIA POTESTATE.

44. Hoc contra eos qui ⟨ponunt⟩ potentiam diminutam. Non enim dicitur 'ex' sed 'a', quod dicit circumstantiam causae efficientis; non enim primarie est efficiens transmutationem, etc.

45. Unde ponunt aliqui quod de necessitate non esset motus naturalis nisi esset potentia talis. Ex quo sequitur quod oportet eos ponere quod quaelibet materia propinqua et remota habet talem potentiam.

46. Quod tamen non oportet. Unde fuerunt moti quod, sicut in ovo est aliquid activum ad productionem gallinae, sic in omni materia. Quod tamen non oportet.

⟨De differentia in naturalibus et artificialibus⟩

47. Nota quod alia differentia est in naturalibus, alia in artificialibus, ut dicitur in II *Physicorum* quod medicatio, ut dicitur ibi-

---

Arist.: 184/185 V 4 1014b22 (AL XXV 3.2, p. 96, 121-122)   196/197 V 4 1014b26-28 (AL XXV 3.2, p. 96, 125-127)

191/192 ARIST., *Phys.* II 1 193a9-28 (AL VII 1.2, p. 45, 9-47, 4)   193/194 THOM. AQ., *In Met.* V, lect. 5, §808 (p. 221)   198 Cfr GALFR. DE ASPALL, *Quaest. super Phys.* I, q. 65 (p. 340-342); II, q. 4 (p. 394-398)   209/212 ARIST., *Phys.* II 1 193b12-18 (AL VII 1.2, p. 49, 2-9)

---

187 essent] *coni.*, esset *M*   189 unum] *suppl.*   eis] *coni.*, eo *M*   198 ponunt] *suppl.*   199 quod] *coni.*, qui *M*

dem, denominatur a principio effectivo, quia est a medicina; generatio dicitur naturalis quia est via ad naturam ⟨ut⟩ formam. Dicit etiam hic quod denominatur ab efficiente, exemplificans de materia quod est natura, quia est a natura ut efficiente. Et sic distinguitur natura contra motum, | id est ut denominatur a termino ad quem. M 60vb

⟨De termino generationis⟩

48. Et nota quod hic, scilicet in ultima littera capituli de natura et in libro *Physicorum*, videtur quod vult quod forma per se sit terminus generationis. Tamen in VII huius dicit quod compositum.

⟨De natura et principio motus⟩

49. ET PRINCIPIUM MOTUS... INEXISTENS ACTU ET POTESTATE.

50. Dico quod exponitur quod natura potestate, quae est materia, est principium motus; in actu est natura quae est forma, et illa est principium motus similiter.

51. Sed hoc non valet, quia materia non est principium motus.

52. Arguitur: et forma inexistens potestate et actu, utroque modo est principium motus.

53. Sed hoc non valet, quia forma in potentia non movet.

54. Ideo arguitur quod 'potestate' et 'actu' refertur non ad inexistens, sed ad principium motus. Tunc est sensus quod forma est principium, etc. Haec enim forma aliquando | actu movet et est M 63vb principium motus, aliquando non movet nec est principium motus actualis. Et hoc est verum, quia forma gravis non semper movet deorsum actualiter, sed est tantum principium motus in potentia.

Arist.: 213/214 V 4 1014b26-32 (AL XXV 3.2, p. 96, 125-97, 129) 218/219 V 4 1015a10-11 (AL XXV 3.2, p. 97, 144-145) 223/224 V 4 1015a17-19 (AL XXV 3.2, p. 97, 151-153)

219 ARIST., *Phys.* II 1 198b12-18 (AL VII 1.2, p. 49, 2-9) 220/221 ARIST., *Met.* VII 8 1033b16-18 (AL XXV 3.2, p. 146, 393-395) 225/227 *Non inveni* 229/230 AVER., *In Met.* V, t. c. 5 (ed. Ponzalli, p. 96, 122-97, 129; ed. Iunt. VIII, f. 108v G) 232/236 THOM. AQ., *In Met.* V, lect. 5, §826 (p. 224)

212 ut] *suppl.* 214 natura¹] vel *add. M* 215 ut] *coni.*, unde *M* 223/237 Et - potentia] *§49-54 post §107 et ante para, 108 pos. M* 223 Et] *coni. ex textu Aristotelis*, ut *M* 226 natura quae] quae natura *M* 232/233 non ad inexistens] *coni.*, in aliud existens *M*

⟨De ratione necessarii⟩

55. Nota quod Philosophus vult quod duo hic sunt de ratione violenti, scilicet quod sit contrarium motui voluntatis et quod sit praeter voluntatem.

56. Hoc est contra eos qui credunt se habere bonum argumentum contra eos qui dicunt quod, stante dictamine, voluntas non potest velle oppositum. Et arguunt: si sic, tunc voluntas cogitur ad hoc. Respondetur quod coactus requirit quod sit praeter voluntatem et quod sit contrarium motui voluntatis.

57. Similiter aliqui dicunt quod, quando homo est in uno peccato mortali, necessario cadit in aliud. Sed tunc arguitur: si necessario, ergo non est culpabilis. Dico quod semper est culpabilis si non cogitur; non autem cogitur, quia libere vult.

⟨De culpabili et non culpabili⟩

58. Similiter nota quod illud necessarium non est culpabile, sicut Philosophus dixit, scilicet quando est coactus. Aliud tamen necessarium est, sicut quando homo duxit se in habitum malum, necessario agit male; sed illud est culpabile, sicut III *Ethicorum* ebrius duplici maledictione.

⟨De opinione Avicennae de terminis modalibus⟩

59. Similiter nota quod Avicenna dixit in *Metaphysica* sua quod omnes definitiones Aristotelis et auctorum possibilis et impossibilis, contingentis et necessarii sunt circuli: quodlibet definit aliud, sicut patet consideranti definitiones Aristotelis.

60. Sed respondetur ⟨ad⟩ argumentum quod possibile commune est genus quod de se non dicit nisi posse, et dividitur per necessarium et non necessarium. Et secundum subdividitur se-

---

Arist.: 239/240 V 5 1015a26-27 et 32-33 (AL XXV 3.2, p. 98.159-161)   252/253 V 5 1015a31-32 (AL XXV 3.2, p. 98, 164-165)

242/245 *Non inveni*; cfr HENR. GAND., *Quodl.* I, q. 16 (p. 95-96, 22-57)   247/248 *Non inveni*   248/249 *Non inveni*   255/256 ARIST., *Eth. Nic.* III 6 1113b30-33 (AL XXVI 1-3 fasc. quartus, p. 418, 28-419, 1)   258/261 AVIC., *Liber de phil. prima* I, 5 (p. 40)

240 sit] de *add.* M   244 cogitur] *coni.*, cogatur M   247 aliqui] *coni.*, illi qui M   249 si] *coni.*, de M   260 quodlibet] *coni.*, quilibet M   262 respondetur] *coni.*, respondet M   ad] *suppl.*

cundum quod habet inclinationem ad unam partem, et dicitur 'natum'; et quod est indeterminatum ad unam et aliam et est indefinitum et est ad utrumlibet. Primum, scilicet necessarium, non dividitur; et illud est primum, quia inter species una est prior naturaliter et perfectior alia.

61. Unde necessarium distinguitur per impossibile vel possibile, quae sunt priora et notiora eo. Probatio, quia possibile est notius, cum sit genus; et ex hoc sequitur quod negatio sit notior, quia per eandem speciem immediate cognosco privationem et habitum.

62. Similiter necessarium est prius contingenti, ideo contingens distinguitur per necessarium. Unde necessarium est prius possibili privative accepto vel, si non *** possunt salvari per ista.

63. Contra istam salvationem auctorum sunt multa argumenta, etiam necessaria forte.

⟨De coactione⟩

64. Nota similiter quod non quaelibet coactio excusat, sed illa quando non potest operari secundum impetum voluntatis propter cogentem.

⟨De tribus regulis unitatis per accidens⟩

V 6 1015b23-27   65. Nota quod Philosophus dicit quod totum accidit parti quia pars accidit parti.

66. Similiter dicit quod totum accidit toti quia pars utriusque compositi accidit eidem parti.

67. De prima regula | accipitur hoc argumentum: animal accidit rationali, quia praedicatur de eo per accidens; igitur accidit animali rationali.   M 61rb

68. De secunda arguunt sic: ubicumque est in principio contingentia, propositio est contingens et numquam necessaria; ratione cuius dicunt hanc contingentem: "omne grammaticum de necessitate est homo" et multa alia. Et dicunt etiam quod hoc erit per accidens: "homo albus est homo albus".

Arist.: 285/286 V 6 1015b23-26 (AL XXV 3.2, p. 99, 192-195)   287/288 V 6 1015b26-27 (AL XXV 3.2, p. 99, 195-196)

289/291 *Non inveni*   292/296 *Non inveni*

---

277 possibili] *coni.*, impossibili M   *post* non *et ante* possunt *lacunam supposui*

NOTABILIA SUPER METAPHYSICAM V

69. Sed contra: in syllogismo ex oppositis conclusio semper sequitur impossibilis, quia negatio eiusdem de se. Tunc sequitur: "nullus homo albus est lapis, omnis homo albus est lapis, ergo nullus homo albus est homo albus"; conclusio impossibilis; ergo eius opposita necessaria, scilicet: "omnis homo albus, etc.".

70. Nec possunt evadere dicendo quod, licet forte [non] habet locum iste syllogismus in propositionibus quae non sunt verae, tamen in veris ⟨non⟩ habet. Unde, licet homo albus sit unum per accidens, tamen propositio est vera secundum omnes – nisi forte glossent quod Aristoteles indendit de oppositis ubi non sunt talia per accidens, etc. Tamen ego dico quod propositio est necessaria.

71. Tertio dicit quod duo accidentia sunt idem per accidens quia accidunt tertio.

72. Contra: tunc sequitur istud: "si iste homo est bonus et faber, ergo bonus faber", quia utrumque accidit tertio, ergo utrumque erit idem per accidens.

⟨De uno per accidens in universalibus⟩

73. Similiter dicit quod sic est in universalibus sicut in singularibus; unde, licet superius praedicetur per se de inferiori, si aliquid accidit illi universali, utrumque, scilicet et illud | superius et accidens, acciderit tertio. Exemplum: Coriscus est homo musicus.

⟨De uno, continuo et indivisibili secundum tempus⟩

74. Dicit quod CONTINUUM EST CUIUS MOTUS UNUS SECUNDUM SE ET NON POSSIBILE ALITER. Post exponit 'unus': UNUS AUTEM CUIUS INDIVISIBILIS, INDIVISIBILIS AUTEM SECUNDUM TEMPUS.

75. Ibi nota quod haec non est definitio, sed descriptio, quia continuum de quo mathematica est prius motu. Sed tamen ⟨mo-

---

Arist.: 308/309 V 6 1015b21-22 (AL XXV 3.2, p. 99, 190-191)   314/315 V 6 1015b28-32 (AL XXV 3.2, p. 99, 197-201)   319/320 V 6 1016a5-6 (AL XXV 3.2, p. 99, 209-211)   321/322 V 6 1016a6 (AL XXV 3.2, p. 99, 211-212)

302 non] *del.*   303 verae] *coni.*, unae *M*   304 veris] *coni.*, unis *M*   non] *suppl.*   305 vera] *coni.*, una *M*   315 si] *coni.*, et *M*   316 superius] *coni.*, inferius *M*   319 Dicit] *coni.*, dices *M*   319/320 secundum se] *coni. ex textu Aristotelis*, possibile *M*   321 autem cuius] *coni. ex textu Aristotelis*, alicuius *M*   324 de] *coni.*, ex *M*   mathematica] *coni.*, mathematicum *M*   324/325 motus] *suppl.*

tus⟩ magis notus est nobis quam illud, unde secundum notificat. Unde, quanto magis habet motum unum, tanto magis unum.

76. Similiter dicit quod 'indivisibilis secundum tempus'. Videtur quod non, quia nullus motus est indivisibilis. Ita quod, ⟨si⟩ una pars moveatur in uno tempore, in eodem tempore omnes aliae: sic intelligit indivisibilitatem.

⟨De unitate subiecti⟩

77. AMPLIUS ALIO MODO DICITUR UNUM EO QUOD SUBIECTUM SIT SPECIE INDIFFERENS. Exemplificat de vino.

78. Nota hic: subiectum unum intelligitur vel pro eo quod immediate subicitur unitati, et illud non est subiectum resolutionis, et tunc illud subiectum est proximum unitatis; alio modo remotum subiectum, et tunc hoc est subiectum resolutionis, sicut quattuor elementa sunt subiectum unum non proximum unitatis.

⟨De unitate generis⟩

79. DICUNTUR AUTEM UNUM ET QUORUM GENUS UNUM DIFFERENS OPPOSITIS... UT EQUUS QUIDEM, HOMO, CANIS, UNUM QUIA OMNIA ANIMALIA.

80. Contra: quaecumque habent indivisionem in aliquo, in quantum illam habent, sunt unum cum ⟨eo⟩; ergo isopleuros et isosceles, ⟨quae⟩ non habent divisionem in triangulo, erunt unus triangulus; cuius oppositum | dicit Philosophus. Dicit enim quod sunt 'una figura' sed non sunt unus triangulus.

81. Si enim, quando dicitur 'una figura', unitas illa nihil addit figurae, sic sunt una figura. Si autem dicat unitatem additam, sic intendit Philosophus hic: sic sunt una figura et non unus triangulus, quia unitas addita figurae est differentia, et illa est una in omnibus speciebus trianguli; per istam enim differentiam consti-

---

Arist.: 327 V 6 1016a6 (AL XXV 3.2, p. 99, 211-212)   332/333 V 6 1016a17-18 (AL XXV 3.2, p. 100, 224-225)   333 V 6 1016a20-21 (AL XXV 3.2, p. 100, 227-228)   334 V 6 1016a19-20 (AL XXV 3.2, p. 100, 226-227)   340/342 V 6 1016a24-25 (AL XXV 3.2, p. 100, 230-231)   346/347 V 6 1016a30-32 (AL XXV 3.2, p. 100, 237-239)

349/356 Cfr THOM. AQ., *In Met.* V, lect. 7, §863 (p. 232)

---

325 secundum] *coni.*, sequitur *M*   328 si] *suppl.*   338 unum] *coni.*, uni *M*   342 animalia] *coni.* ex textu Aristotelis, alia *M*   344 eo] *suppl.*   345 quae] *suppl.*   347 sed] *coni.*, sic *M*   349 dicat] *coni.*, dicant *M*

tuitur triangulus quia et figura competit eis et similiter per unam et eandem differentiam praedicatur de illis et non per aliam, sicut duo homines non differunt in animali, et ita ⟨nec in⟩ differentia eius, scilicet rationale.

82. Et ideo una figura et non unus triangulus, nisi intelligatur quod unitas nihil addit triangulo. Tunc eodem modo sunt triangulus unus sicut figura una, et non est plus dicere nisi quod sunt unum genere, scilicet in genere trianguli, et est sensus: sunt unus triangulus genere. Sed si unitas addat aliquid realis, [tunc sive] illa unitas est differentia trianguli et alia est differentia per quam dividitur in hanc speciem, isopleuros, et isosceles, etc. Ideo negatur quod [non] sunt triangulus unus sic.

83. Ad unum argumentum solvitur per hoc quod dicunt 'sunt una figura'; aut ergo figura quae est triangulus, aut una alia; non una alia; ergo figura quae est triangulus.

⟨Responsiones ad argumenta de unitate⟩

84. Ad argumenta quae facit prius de unitate per accidens, quod haec est per accidens: "animal rationale est animal", dico quod ratio Philosophi est intelligenda quando ex illis duobus constituitur unum accidentaliter, ut per exemplum suum patet, non essentialiter, sicut responsum est prius in quaestione illa quae quaerebat utrum genus per se praedicetur de differentia. Et illud argumentum ibi ultimum potest sumi ex ista littera.

85. Ad aliud de bono et fabro, dico quod bonitas est dispositio obiecti vel est dispositio qualitatis, id est accidens fabrilis, quae est bona etiam. In praemissis accipitur solum bonitas ut est dispositio obiecti; et, si sic concluditur in conclusione, tunc sequitur conclusio vera, quia et ex hiis sit unum per accidens, non tamen sic unum quod una sit dispositio alterius. Et hoc patet in littera, ubi dicit Philosophus quod haec est per accidens: "homo est albus musicus" vel tale simile, ut non quod albus sit dispositio musici vel e converso. Sic hic, bonus et faber sunt unum per accidens, ut sumebatur divisim prius.

Arist.: 372 V 6 1015b23-26 (AL XXV 3.2, p. 99, 193-195)

---

365 *Vide supra §80* 369/370 *Vide supra §67* 373/375 DUNS SCOT., *Quaest. super Met.* III, q. un., §5 et §14 (OPh, III, p. 287-288, 291) 376 *Vide sura §72*

---

355 non] *coni.*, ut *M* nec in] *suppl.* 361 tunc sive] *del.* 364 non] *del.* 369 de] *coni.*, licet *M* 371 quod] *coni.*, quia *M* 384 unum] *coni.*, utrum *M*

86. Ad aliud argumentum, "homo albus est homo albus", dico quod regula illa Philosophi est intelligenda quando sunt duo tota ita quod sit unum subiectum, ut quod in uno homine, ⟨non quod⟩ sit subiectum cum uno accidente, sicut hic: "homo albus est homo albus".

87. Ad primum: non oportet propter aliquam identitatem quod praedicatur aequaliter dictum ex ista, | sicut non praedicantur aequaliter sic "homo est coloratus" et "homo est risibilis". Unde non est idem dicere "faciunt unum per accidens" et "praedicantur per accidens", quia haec faciunt unum per accidens, homo et risibile, non tamen 'risibile' praedicatur de eo per accidens.

⟨De aptitudine et potentia⟩

88. Ad aliud: dico quod non semper propter hoc est solum etc. quia repugnat formae formaliter esse in pluribus – sic non formae solis.

89. Unde nota quod nec aptitudo infert potentiam nec e converso. Et nota quod aptitudo differt a potentia, quia aptitudo est inclinatio alicuius secundum se in quid, vel magis non repugnantia; potentia autem est ordo ad actum.

90. Potest igitur potentia esse sine aptitudine, ut possibile est grave esse sursum, non tamen est aptum ibi esse, quia repugnat ei secundum se; et aptitudo sine potentia, ut caecus est aptus ad videndum: nihil enim dicitur privatum nisi cum natum est habere habitum, secundum Aristotelem in *Praedicamentis*, capitulo de oppositione, et in isto V ubi loquitur de privatione; non tamen est possibile caecum videre, quia a privatione ad habitum impossibilis est regressus.

91. Sic etiam nulli universali, quantum est ex sua forma, repugnat dici de multis; haec tamen aptitudo potest impediri quia non sunt multa de quibus dicatur.

---

386 *Vide supra §68*   387 *Vide supra §66*   391 *Vide supra §84*   398 *Argumentum ad quod §88 respondit videtur deesse*   401/415 Cfr Duns Scot., *Quaest. in Isag. Porph.*, q. 18, §11 (OPh I, p. 116)   409/410 Arist., *Cat.* 10 12a26-29 (AL I 1-5, edit. composita, p. 71, 1-5)   410 Arist., *Met.* V 22 1022b24-26 (AL XXV 3.2, p. 117, 713-715)   411/412 Cfr Arist., *Cat.* 10 13a31-36 (AL I 1-5, edit. composita, p. 73, 19-23)

---

387 illa] *coni.*, i *M*   388 non quod] *suppl.*   391 aliquam] *coni.*, aliam *M*   392 aequaliter] *coni.*, universaliter *M*   sicut] *coni.*, sō *M*   393 aequaliter] *coni.*, universaliter *M*   415 dicatur] *§53-62 et 91-96 nunc restitutos ad librum quartum post §91 pos. M*

NOTABILIA SUPER METAPHYSICAM V 57

⟨De indivisibilitate alii et divisibilitate sibi⟩

V 6 1016a32-b3   **92. AMPLIUS AUTEM UNUM DICUNTUR, QUORUM INTELLI-GENTIA.** Quartus modus unius, secundum Thomam ibi.
93. Nota quod aliquid est indivisibile alii, sibi tamen divisibile.
420 Unde, licet homo albus sit ens per accidens in se divisum, tamen istud totum est indivisibile isti toti, scilicet sibi ipsi, homo-albus. Unde ego dicerem quod haec est praedicatio per se primo modo: "Homo albus est homo albus".

⟨De indivisione et uno⟩

V 6 1016b3-5   **94.** Nota quod Philosophus dicit hic quod omnia, in quantum sunt indivisa, sunt unum. Et hoc est unum argumentum in alia parte folii, quod scilicet isopleuros et isosceles essent unus triangulus. Videtur ergo per Philosophum quod indivisio est ratio formalis unius. De hoc feci unam rationem, quaestione de ente et
430 uno, utrum significant positivum vel privationem. Dicebatur in quarto.

⟨De duobus difficultatibus de unitate et continuitate⟩

V 6 1016b5-b13   **95.** Nota, dicit: SI IN QUANTUM HOMO NON HABET DIVISIONEM, EST UNUS HOMO.
435 **96.** Contra: tunc omnis homo esset unus homo solus, pro isto sophista.
97. Similiter dicit: QUORUM SUBSTANTIA UNA, ⟨UNA⟩ VERO AUT [CONTINUUM] CONTINUITATE.
98. Tunc sequitur quod substantia est continua; continuitas au-
440 tem solum est de genere quantitatis.

Arist.: 417/418 V 6 1016a32-b3 (AL XXV 3.2, p. 100, 240-101, 247)   425/426 V 6 1016b3-5 (AL XXV 3.2, p. 101, 247-249)   427/429 V 6 1016a30-32 (AL XXV 3.2, p. 100, 237-239)   433/434 V 6 1016b5 (AL XXV 3.2, p. 101, 249-250) 437/438 V 6 1016b8-13 (AL XXV 3.2, p. 101, 254-255)

418 THOM. AQ., *In Met.* V, lect. 7, §864 (p. 232)   422/423 Cfr *supra* §70   429/431 DUNS SCOT., *Quaest. super Met.* IV, q. 2, *Utrum ens et unum significent eandem naturam*, §43, 58-60 (OPh III, p. 330, 333)   435 RICHARD. (MAG. ABSTR.), *Abstract.*, Soph. 3 (p. 71-73); cfr S. EBBESEN and F. GOUBIER, *A Catalogue of 13th-century Sophismata*, vol. 2, Paris, 2010, p. 331: *Sophism. Veneta Ultima* 11

430 positivum] *coni.*, potentiam *M*   Dicebatur] *coni.*, dicetur *M*   437 una] *suppl. ex textu Aristotelis*   vero] *coni. ex textu Aristotelis*, numero *M*   438 continuum] *del. ex textu Aristotelis*

99. Ad primum: sicut distinguebatur de additione uni|tatum, ubi prius ut loquebatur de figura et triangulo, etc.

100. Ad aliud: non est idem dicere haec: "substantia est una" et "hoc est unum secundum substantiam". Similiter nec ista: "substantia est continua" et haec: "substantia est continua secundum substantiam". Unde haec est vera: "substantia est una et est continua", quia est quanta, sed aliae non sunt verae propositiones. Vel si sic, tunc secunda dicit causam materialem, et hoc est substantiam esse unam secundo modo per se. Illud verbum 'secundum' est indifferens ad omne genus causae, ut dicitur in V.

⟨De unitate et numero⟩

101. UNI VERO ESSE PRINCIPIUM ALICUI NUMERO. Vult Aristoteles quod unum cui competit quidditative esse principium numeri est mensura. Et non est idem dicere: "hoc est tale" et "hoc est tale quidditative". Album inest homini, non tamen competit quidditative homini, etc. Unde hoc est pro Avicenna.

102. Nec obstat quod hic dicit quod aliud unum est in diversis generibus. Hoc dicit pro hiis quae sunt fundamenta unius. Unde exemplificat de diesi et tono, quibus non competit quidditative unum principium sed tantum sicut fundamentum. Unde dividit hic unitatem secundum quidditatem secundum unitatem specificam, quia unitas est eiusdem speciei in omnibus, licet sit passio cuiuslibet generis.

⟨De unitate numerali et de quattuor modis unitatis⟩

103. Nota quod dicit quod sunt unum numero quorum materia est una.

104. Contra: si sic, ergo ubi non est materia ibi nec unitas numeralis; materia autem non est in angelis; ergo etc. | Contra: se-

---

Arist.: 452 V 6 1016b17-18 (AL XXV 3.2, p. 101, 265)   457/458 V 6 1016b21-22 (AL XXV 3.2, p. 101, 268-269)   465/466 V 6 1016b32-33 (AL XXV 3.2, p. 102, 284)

441 *Vide supra* §96   442 *Vide supra* §81   443 *Vide supra* §98   450 ARIST., *Met.* V 18 1022a19-20 (AL XXV 3.2, p. 115, 672-673)   456 AVIC., *Liber de phil. prima* III, 1 (p. 107, 66-75)

456 pro] *coni.*, per *M*   459 diesi] *coni.*, diesis *M*   tono] *coni.*, tonus *M*   465 quod] bene *add. et del. M*

quitur oppositum istius conclusionis. Post dicit enim quod quae differunt proportione, et genere; et specie quae genere; et sic de aliis. Quae ergo differunt specie differunt numero. Sed quae differunt numero, quodlibet eorum est unum numero. Ergo angeli, cum differant specie, habebunt unitatem numeralem.

105. Similiter nota quod hic: AMPLIUS AUTEM ALIA SECUNDUM NUMERUM SUNT UNUM, hic ponit quattuor modos aliquis, ut omnes, sed dicunt isti quod isti modi sunt logicales et intentionales.

106. Contra: si nullus esset intellectus, esset unitas numeralis et unitas proportionis. Probatio, quia materia esset una, etc. Tamen forte moti sunt pro duobus modis intermediis, qui sunt modi tantum intentionales.

⟨De oppositione unitatis et multiplicitatis per accidens⟩

107. Similiter nota quod unum per accidens et multa per accidens opponuntur.

⟨De ente per accidens⟩

108. Nota quod aliqui dicunt quod tunc est ens per accidens quando accidens praedicatur de subiecto cum verbo 'est', sicut "homo est albus", ita quod istud complexum est ens per accidens.

109. Sed hoc non ⟨est⟩ verum, sed illud est ens per accidens quod aggregat in se diversas naturas, sicut "hic homo albus" sine complexione. Unde haec compositio non est per accidens: "homo est albus", sed per se.

110. Sed nota quod per istud complexum significamus et notificamus omnes causas per accidens.

Arist.: 469/471 V 6 1016b35-1017a3 (AL XXV 3.2, p. 102, 286-291)   474/475 V 6 1016b31-32 (AL XXV 3.2, p. 102, 282-284)   483/484 V 7 1017a3-4 (AL XXV 3.2, p. 102, 291-292)

476/477 THOM. AQ., *In Met.* V, lect. 8, §876 (p. 236); cfr DUNS SCOT., *Quaest. super Met.* V, q. 4, §7 (OPh III, p. 438)   480/481 Cfr DUNS SCOT., *Quaest. super Met.* V, q. 4, §9 (OPh III, p. 439)   486/488 THOM. AQ., *In Met.* V, lect. 9, §885 (p. 237)

471 ergo] dicuntur specie *add. et del.* M   476 ut] *coni.*, et M   478 esset] *coni.*, esse M   484 opponuntur] §49-54 *post* §107 *pos.* M   487 quando] *coni.*, quia M   489 est] *suppl.*   490 sicut] *coni.*, sed M   494 accidens] nota tamen quod aliqui dicunt quod tunc est ens per accidens quia accidens praedicatur de subiecto cum verbo est sicut homo albus ita quod istud complexum est ens per *add. et del. scribendo* 'vacat' *s.l.* M

⟨De divisione entis per se⟩

111. QUOTIENS DICITUR ENS, TOTIENS ESSE SIGNIFICAT.

112. Aliqui dicunt et exponunt sic, quod ens dicitur totiens quotiens esse significat. Et est sensus suus quod quot sunt modi praedicandi, tot sunt genera entis. Et itaque exponit hic de divisione entis in sua genera.

113. Contra: aut intendit per 'esse' compositionem propositionis. Sed hoc esse est idem in omni propositione sive praedicetur accidens sive substantia, et illud esse non to|tiens significat. Probatio, quia illud est indifferens ad oppositum; unde homo est animal per se, sed posset significare per 'esse' et intelligere per 'esse', licet falso, quod homo est animal per accidens. Unde nota quod numquam intentiones secundae dividunt primas.

114. Si intelligat per 'esse' quod significat idem quod ens praedicatum, tunc erit nugatio in omni propositione sic: dicendo "homo est albus", si 'esse' idem significaret quod 'albus', tunc esset idem hic "homo est albus albus".

115. Dico igitur: probatur per hanc litteram ⟨quod⟩ intelligit quod ens dividitur in significata sicut aequivocum in aequivocata. Unde vult quod 'ens totiens dicitur sicut esse', id est significata sua. Unde accipit ibi 'esse' non pro compositione sed pro entibus specialibus. Unde pro eodem accipit ibi 'ens' et 'esse' etc.

116. Tunc illud quod dicit post: NIHIL ENIM DIFFERT habet referri ad unam dubitationem quae potest esse si 'album' praedicatur in concreto et concretum concernit subiectum et subiectum et forma aggregant diversas naturas et forma praedicatur sicut ens per accidens. Tunc dicit quod significat formam. Et tunc dicit quod nihil refert dicere quod homo est convalescens et sanus, ubi est concretio ad subiectum, sicut hic ubi ponitur forma tantum, sic dicendo: "homo est in sanitate" et "convalescit".

Arist.: **496** V 7 1017a23-24 (AL XXV 3.2, p. 103, 309-311)   **517** V 7 1017a27-30 (AL XXV 3.2, p. 103, 314-315)

497/500 THOM. AQ., *In Met.* V, lect. 9, § 890 (p. 238)   **501/507** Cfr DUNS SCOT., *Quaest. super Met.* V, q. 5-6, § 63 (OPh III, p. 461)   **508/511** Cfr DUNS SCOT., *Quaest. super Met.* V, q. 5-6, § 62 (OPh III, p. 461)   **512/516** Cfr DUNS SCOT., *Quaest. super Met.* V, q. 5-6, § 66 (OPh III, p. 462)

504 indifferens] *coni.*, differens *M*   **512** probatur] *coni.*, probat *M*   quod] *suppl.*   **517** post] *coni.*, plus *M*   Nihil enim] enim nihil *M*

⟨De verbo esse⟩

117. Similiter nota quod 'esse' quae est compositio est secundae intentionis sicut compositio quam significat, unde | est syncategorematicum. Nec est inconveniens verbum esse syncategoromaticum, quia 'incipit' et 'desinit' sunt talia, ut habetur in sophismatibus abstractis. Similiter conceditur quod modus est syncategorematicum; sicut alii modi, sic arguitur quod 'esse', quod probat III *Perihermeneias*.

118. Sed si sic, ergo significatur ibi, sic dicendo: "homo est", quod aliquid secundae intentionis praedicatur de homine; quod non est verum, quia homo esset si non esset secunda intentio.

119. Dico quod 'esse' est aequivocum ad esse existere, et tunc est sensus: "homo est", id est "existens". Et tunc illud 'esse' est copula et est secundae intentionis.

120. Similiter nota argumentum quod, si 'esse' esset primae intentionis [etc.], aut significaret rem unius generis determinati; tunc sequitur quod illud prius attribuitur subiecto quam praedicatum specificans, quod non est verum, quia illud esse est solum nota dicendi et praedicat alterum adiacens tantum. Si rem cuiuslibet generis, tunc esset nugatio praedicando sic: "homo est quantus", quia ens significaret idem praedicato, et sic de aliis praedicatis.

⟨De universalibus et accidentibus⟩

121. Similiter UNIVERSALIA SECUNDUM SE EXISTUNT, id est praedicata | universalia insunt secundum se, etc.

Arist.: 548   V 9 1017b35-1018a2 (AL XXV 3.2, p. 104, 353-357)

529/530   Cfr RICHARD. (MAG. ABSTR.), *Abstract.*, Soph. 187 (p. 240-241); cfr etiam *Sophism. Veneta Prima* 9, "Quod incipit esse desinit non esse"; *Sophism. Veneta Ultima* 10, "Quod incipit esse desinit non esse" (in EBBESEN and GOUBIER, *A Catalogue*, vol. I, p. 254)   530/531   Cfr ANON., *Quaest. super Met.* Cambridge, Peterhouse, 192, III, f. 20rb, in S. DONATI, 'English Commentaries before Scotus. A Case Study: The Discussion on the Unity of Being', in *A Companion to the Latin Medieval Commentaries on Aristotle's* Metaphysics – ed. F. Amerini – G. Galluzzo, Leiden – Boston, 2014, p. 137-207: p. 201, n. 164   532   ARIST., *De int.* 3 16b22-25 (trans. Boethii, AL II 1, p. 7.16-19)   536/538   Cfr DUNS SCOT., *Quaest. super Met.* V, q. 5-6, § 65 (OPh III, p. 462)

528/529 syncatecorematicum] *coni.*, fi^ta tho^cum *M*   530 conceditur] *coni.*, concedit *M*   modus] *coni.*, motus *M*   531 sic] *coni.*, si *M*   532 Perihermeneias] *coni.*, problematum absolute *M*   540 etc.] *del.*   541 prius] *coni.*, primo *M*   544 nugatio] *coni.*, illius *M*   545 significaret] *coni.*, significat *M*   545/546 praedicatis] *§18 nunc restitutum libro IV post §120 et ante §121 pos. M*   548 existunt] *coni.*, erunt *M*

550 **122.** Similiter ex ista littera cum sequente accipitur quod praedicatum per accidens prius inest singularibus quam universalibus.

⟨De non eodem, diverso et differente⟩

V 9 1018a9-15 **123.** Idem et non idem, idem et diversum, idem et differens: primum dicitur de quolibet ente et non ente; 'diversum' competit
555 entibus omnibus comparatis ad invicem; 'differens', quando dicit diversitatem duorum entium, addit super 'diversum' convenientiam, et hoc in proportione vel genere vel specie vel numero.

124. Unde diversum est genus differentis; unde definitur differentia per diversum.

560 **125.** Contra: si addit convenientiam in proportione, tunc, cum generalissima conveniant, sic generalissima essent differentia. Hoc est argumentum ad probandum quod ens ⟨non⟩ est univocum.

⟨De similitudine, identitate et aequalitate⟩

V 9 1018a15-17 **126.** Nota quod relativa aequiparantiae sunt illa quae refe-
565 runtur secundum eandem formam, sicut simile simili simile; superpositionis et suppositionis relativa sunt quae referuntur secundum diversam formam, ut pater ad filium, unde unum secundum formam paternitatis, aliud refertur ad aliud secundum formam filiationis.

570 **127.** Similiter nota quod Philosophus definit ista relativa in plurali, quia, si in singulari, oportet addidisse aliud correlativum; sed in plurali non, quia tunc accipitur ut denominat utrumque extremum relationis, sicut simile comprehendit duo.

128. Nota etiam quod si|militudo et identitas et talia et aequa- M 64vb
575 litas etc., sunt species alicuius determinati generis, sicut similitudo est species qualitatis, aequalitas quantitatis. Tamen sunt in omni genere denominative. Unde anima intellectiva vere similis alii. Unde dicit Boethius quod genus est tenuis similitudo specierum. Sequitur ergo: species sunt similes. Hoc est verum.

Arist.: 550 V 9 1018a2-4 (AL XXV 3.2, p. 104, 357-105, 359)   553/555 V 9 1018a9-11 (AL XXV 3.2, p. 105, 366-368)   555/557 V 9 1018a12-15 (AL XXV 3.2, p. 105, 369-371) 564/565 V 9 1018a15-17 (AL XXV 3.2, p. 105.373-374)

578 BOETH., *In Isag. comm. ed. sec.* (*CSEL*, 48, p. 166.8-14)

551 prius] *coni.*, primo *M*   554 dicitur] *iter. M*   562 non] *suppl.*   569 formam] rationem, *s.l. et in mg.* aliter: formam *M*   filiationis] *coni.*, similitudinis *M*   571 plurali] *coni.*, phisicis *M*   correlativum] *coni.*, correlarium *M*

⟨De relative oppositis⟩

129. Nota quod relativa non sunt relative opposita nisi comparata ad idem; si ad diversa, relativa sunt, sed non relative opposita. Exemplum in quaestione sua videtur, ubi tractabatur de ista propositione *Praedicamentorum*: "mons magnus et parvus".

⟨De contradictione et oppositione privativa⟩

130. Nota quod, licet unum extremum contradictionis non sit in genere quia est non ens, tamen contradictio vere est in genere.

131. Similiter negatio nec privatio non sunt in genere, tamen oppositio privativa.

132. Et credo quod contradictio, privativa oppositio et alia sunt species oppositionis, et credo quod sunt in genere relationis, quia scilicet dicuntur ad invicem sicut relativa aequiparantiae, ut contradictorium contradictorio contradictorium, etc.

⟨De potentia ad opposita⟩

133. EORUM, scilicet contrariorum, QUAE SUB EADEM POTESTATE. Non intendit de potentia activa irrationali, quia non valet ad opposita per se nisi per accidens, sicut frigus per accidens facit calorem quia constringit poros etc., sed de potestate rationali; tunc potest | stare quod illa valet ad opposita. Vel melius: intendit de potentia irrationali passiva, et illa valet ad opposita. Exemplum: materia ad oppositas formas est in potentia.

134. Contra: in libro III *Physicorum* dicit Philosophus quod, si posse sanari et aegrotare essent idem, sanitas et aegritudo essent idem; ergo sic hic: si potentiae contrariorum essent idem, et contraria essent idem.

135. Respondeo: aliquando accipitur potentia prout ordinatur ad actum; et illa diversificatur ad diversitatem actus subiecti pro isto quod est in potentia, id est pro subiecto potentiae; et illud est idem numero, licet potentiae et actus sunt diversi, sicut materia prima est eadem sub formis diversis.

Arist.: 595/596 V 10 1018a25-31 (AL XXV 3.2, p. 105, 384-106, 390)

583/584 DUNS SCOT., *Quaest. super Met.* IV, q. 3, §29 (OPh III, p. 372)   ARIST., *Cat.* 6 5b33-39 (AL I 1-5, edit. composita, p. 57, 16-24)   602/604 ARIST., *Phys.* III 1 201a34-b3 (AL VII 1.2, p. 101.2-5)

---

592 ut] *coni.*, unde M   595 sub] *coni. ex textu Aristotelis*, sunt M

⟨De identitate et diversitate in omni genere⟩

136. QUONIAM AUTEM ENS ET UNUM MULTIPLICITER DICUNTUR... QUARE IDEM ET DIVERSUM... SECUNDUM UNAMQUAMQUE CATEGORIAM etc. Hic dicit quod diversum est in omni categoria; et tunc sequitur quod idem, eius oppositum.

137. Hoc est contra eos qui dicunt quod identitas est in substantia solum, etc.

138. Tamen dico quod identitas et diversitas sunt generis determinati, sed sunt in omni genere denominative.

⟨De pluralitate accidentium in eodem subiecto⟩

139. DIVERSA VERO SPECIE DICUNTUR etc. Quintus modus differentium specie: **QUAECUMQUE IN EADEM SUBSTANTIA ENTIA**, ut accidentia, **DIFFERENTIAM HABENT**.

140. Ex ista littera accipitur quod accidentia eiusdem speciei non possunt esse in eodem subiecto.

141. Tamen glossatur quod intelligitur de accidentibus ⟨absolutis; alio actui⟩ generandi vero correspondet alia paternitas; et similiter quando unus est similis multis, habet multas similitudines.

142. Contra hoc quod dicit de relationibus: intelligitur quod duo lumina possunt esse in eadem parte, secundum Dionysium, *De divinis nominibus*. Tamen de hoc dubium.

143. Similiter species colorum [ut] concurrunt in uno puncto medii; unde, si ibi esset oculus, videret distincte utrumque colorem, si opponitur directe, etc.

144. Unde addo ad intellectum propositionis: quia accidentia realia et absoluta et educta de potentia subiecti non possunt, et hoc est verum; et sic non est lumen nec alia; ideo etc.

Arist.: 612/614 V 10 1018a35-38 (AL XXV 3.2, p. 106, 393-397)   621 V 10 1018a38-b1 (AL XXV 3.2, p. 106, 398-399)   622/623 V 10 1018b6-7 (AL XXV 3.2, p. 106, 404-405)

616/617 THOM. AQ., *In Met.* V, lect. 11, §907 (p. 244)   624/625 THOM. AQ., *In Met.* V, lect. 12, §935 (p. 249)   631/632 PS. DIONYS. AREOPAG., *De div. nom.* 2, 4 (ed. Suchla, I, p. 127; *PG*, 3, 642A-B; *Dionysiaca* I 78-81)   636/638 Cfr DUNS SCOT., *Quaest. super Met.* V, q. 7, §2 (OPh III, p. 489)

---

613 quare] *coni. ex textu Aristotelis*, quam *M*   614 categoriam] *coni. ex textu* Aristotelis, cathegoricam *M*   615 categoria] *coni.*, cathegorica *M*   626/627 absolutis – actui] *suppl.*   633 ut] *del.*

⟨De prioritate et posterioritate in tempore⟩

145. Priora et posteriora dicuntur. In infinitis non est aliquod primum simpliciter; sed tempus est infinitum, secundum Philosophum; ergo in eo non est prius et posterius. Cuius contrarium dicit Philosophus, ubi assignat prius in tempore respectu futurorum aliquod nunc, cui nunc futurum proxima est pars. Similiter in *Praedicamentis* dicit quod illud est prius quod est remotius ab isto nunc.

146. Dicitur quod Philosophus vult dicere quod in tempore non est prius et posterius.

147. Contra: ex hoc sequitur de necessitate quod, si anima non sit, nec tempus, quia essentiale et definitio temporis est numerare motum | secundum prius et posterius; ergo, si in tempore non sit prius et posterius nec ex significatione ⟨nostra⟩, videtur ⟨quod⟩ tempus non erit, etc. Quam conclusionem nego.

148. Similiter nota quod Philosophus assignat communem rationem prioris hic, scilicet quod est principio propinquius. Tamen Philosophus dicit in *Praedicamentis* quod illud est prius quod est principio remotius.

⟨De potentiis activis⟩

149. Ex definitione potentiae activae sequitur quod nec voluntas nec forma nec potentia diminuta sit potentia activa.

150. Nec aliquid naturale, quia natura est principium movendi per se ⟨in se, non⟩ ut est in alio, sed potentia activa est in alio ⟨per se, in se⟩ per accidens in quantum movetur.

Arist.: 640 V 11 1018b9-19 (AL XXV 3.2, p. 106, 407-417)   642/644 V 11 1018b17-19 (AL XXV 3.2, p. 106, 415-417)   654/655 V 11 1018b10-12 (AL XXV 3.2, p. 106, 408-10)   659 V 12 1019a15-20 (AL XXV 3.2, p. 108, 452-457)

640/642 Arist., *Phys.* III 6 206a9-10 (AL VII 1, p. 124, 7-9)   645/646 Arist., *Cat.* 12 14a26-29 (AL I.2, edit. composita, p. 75, 20-23)   647/648 *Non inveni*   649/653 Cfr Duns Scot., *Quaest. super Met.* V, q. 8, §8-9 (OPh III, p. 524)   656/657 Arist., *Cat.* 12 14a26-29 (AL I.2, edit. composita, p. 75, 20-23)   661/663 Arist., *Phys.* II 1 192b20-27 (AL VII 1.2, p. 43, 5-11)

640 posteriora] *coni. ex textu Aristotelis*, perfectiora *M*   642 posterius] *coni.*, perfectius *M*   643 ubi] *coni.*, unde *M*   644 proxima] *coni.*, proximus *M*   650 nec] *coni.*, nisi *M*   651 posterius] nec ex significatione nostra *add. et del. scribendo* 'vacat' *s.l. M*   652 nostra] *suppl. ex additione deleta*   quod] *suppl.*   655 prioris] *coni.*, priorum *M*   662 in–non] *suppl.*   662/663 per–se] *suppl.*

151. De voluntate similiter sequitur, quia, si esset principium transmutandi aliquid etc., tunc obiectum suum esset pure passivum.

152. Similiter voluntas non est ⟨nisi⟩ in se ipsa, ergo non convenit sibi esse potestatem in altero etc.

153. Similiter sequitur de omnibus ⟨de quibus⟩ est una ratio quia, si ponerentur talia, non esset principium transmutandi alterum in quantum alterum.

154. Sed idem dico quod non oportet de voluntate, quia Philosophus distinguit in IX inter potentiam activam et factivam; et dico quod haec definitio convenit potentiae factivae.

155. Aliter dicitur, secundum eos, quod haec definitio est eadem et convenit utrique potentiae.

156. Dico tunc quod ibi sunt duo | in definitione: aut 'in altero' aut 'in quantum alterum'. Et dico quod voluntas est principium transmutandi se ipsum in quantum alterum. *M* 65vb

157. Voluntas enim habet unum habitum concreatum, scilicet affectionem commodi, secundum Anselmum. Et voluntas existens in illo actu primo, scilicet habitu, est in potentia ad actum secundum. Sicut enim aliquod opus extra est finis factivae, sic actus sive usus potentiae activae est finis eius. Et hoc probo, quia omnes dicunt quod intellectus est potentia receptiva speciei; sic ergo aliquis debet acquirere scientiam per inventionem ipso intellectu existente in naturali habitu principiorum qui est actus suus primus sicut habitus est in potentia ad actum secundum, scilicet cognitionem acquirendam. Tamen non (ut videtur Anselmus dicere ubi supra) si voluntas esset instrumentum tantum ita quod non haberet aliquem actum primum (id est habitum illum): non posset se movere, quia esset tunc tantum instrumentum.

158. Similiter dico quod grave, secundum formam gravis, est in actu et movet se ipsum in quantum est in potentia ad actum secundum, scilicet esse deorsum. Si generans ipsum omnino corrumpatur, unde separantur ista duo praedicta? Quia multa sunt gravia

---

672/673 Arist., *Met.* IX 8 1050a23-27 (AL XXV 3.2, p. 189, 298-301)   675/676 *Non inveni*   680/681 Ansel. Cant., *De conc.* 3, 11 (p. 281, 5-12); cfr *De casu diab.* 4 (p. 241, 13-16)   693/699 Cfr Duns Scot., *Quaest. super Met.* IX, q. 14, §51 (OPh IV, p. 642)

---

664 esset] *coni.*, est *M*   667 nisi] *suppl.*   668 altero] *coni.*, altera *M*   669 de quibus] *suppl.*   681 commodi] *coni.*, cuiusmodi *M*   685 sic] *coni.*, si *M*   692 movere] *coni.*, vicere *M*

habentia formam, id est actum primum, et tamen non habent actum istum secundum, quia quando est deorsum non est in potentia, sed quando sursum.

159. Si|militer, potentia diminuta est principium transmutandi se ipsum in quantum est in potentia ad sui completionem; et talis alteritas sufficit ad hoc quod aliquid sit agens et patiens.

160. Similiter de natura, etc.

161. Arguo contra eos: accipio mixtum. Illud est corruptibile. Circumscribatur omne agens exterius, quod solum ⟨habet⟩ rationem causae efficientis secundum eos. Aut ergo corrumpitur mixtum aut non. Si sic, ergo intrinsecum esset corrumpens; et hoc est verum, et tangitur hoc in libro *De morte et vita*. Si non, ergo, cum sit corruptibile, quia componitur ex contrariis, aliquod esset corruptibile quod non de necessitate corrumpetur, quod est contra Philosophum.

162. Similiter argumentum aliud Philosophi II *Physicorum* dicit quod casus et fortuna sunt causae per accidens, et omnes dicunt quod sunt causae per accidens in genere causae efficientis. Sed omnis causa per accidens reducitur ad causam per se in eodem genere causae. Sed illa reducitur ad naturam vel intellectum, ut dicitur ibidem, quia istae sunt causae per se. Ergo natura et intellectus sunt efficientes.

⟨De conformitate in numero et persona⟩

163. AMPLIUS HABITUS... DICUNTUR. Nota similiter illud quod dixit, quod numquam oportet illa regula intelligi, id est conformari in numero et persona etc., ex parte appositi et suppositi. Unde hoc est bonum latinum: "materia est duo" vel "currens est ego", et non "sum ego".

⟨De abstracto et concreto⟩

164. Similiter dicit Philosophus: DICTA | POTESTATE, DICITUR TOTIENS POTENS. Nota quod abstractum absolute sumitur

---

Arist.: 720 V 12 1019a26-28 (AL XXV 3.2, p. 108, 465-467) 726/727 V 12 1019a32-33 (AL XXV 3.2, p. 108, 472-473)

704 AEG. ROM., *Quodl.* VI, q. 12 (p. 395b) 708 ARIST., *Iuv.* 1 478b24-26 712/713 ARIST., *Phys.* II 4 196b23-27 (AL VII 1.2, p. 69, 1-5)

705 habet] *suppl.* 705/706 rationem] *coni.*, ratione M 721/722 conformari] *coni.*, confirmari M

a forma. Concretum denominat subiectum aut ratione formae, aliquando causae efficientis [vel formalis] vel finalis vel materialis, sicut patet: sanum denominat urinam, diaetam, etc.

165. Unde quando denominatur subiectum ratione formae, si forma sit univoca a qua sumitur abstractum, tunc concretum erit univocum; si ratione aliorum [etc.], tunc non oportet quod, si abstractum sit univocum, et concretum.

⟨De definitione possibilis, impossibilis et necessarii⟩

166. Nota in definitione istorum: 'possibile' etc.; et post: negatio necessari, scilicet non necessarium, quod est contingens indefinitum. Et prius: privatio possibilis, id est impossibile. Ideo non est inconveniens impossibile definiri per necessarium, vel si possibile est notum aut necessarium. Dicitur tunc quod est circumscriptio.

⟨De definitione possibilis⟩

167. Philosophus dicit possibile cuius oppositum non est ex necessitate falsum.

168. Contra: aliquid possibile, scilicet necessarium, habet oppositum de necessitate falsum, quia oppositum eius est impossibile.

169. Dico quod aliquid repugnat alicui per se quod tamen non repugnat sibi secundum genus; exemplum de talpa. Ita dico quod possibile secundum quod tale non oportet quod habeat oppositum, etc.; tamen aliquod possibile, non in quantum possibile sed in quantum tale, habet oppositum, etc.

⟨De possibili et potentia⟩

170. Similiter dicit Philosophus quod possibile quod est in propositionibus non dicitur secundum aliquam priorem potentiam.

Arist.: 736 V 12 1019b28-30 (AL XXV 3.2, p. 109, 503-505) 736/737 V 12 1019b30-33 (AL XXV 3.2, p. 110, 506-508) 738/739 V 12 1019b23-24 (AL XXV 3.2, p. 109, 499) 743/744 V 12 1019b27-29 (AL XXV 3.2, p. 109, 503-504) 754/755 V 12 1019b34-35 (AL XXV 3.2, p. 110, 509-510)

---

749 Cfr ARIST., *Met.* V 22 1022b24-26 (AL XXV 3.2, p. 117, 715-718)

---

729 vel formalis] *del.*   732 univoca] *corr. ex* unica *M*   733 etc.] *del.*   754 Similiter] *coni.*, aliter *M*   755 potentiam] *coni.*, differentiam *M*

171. Unde nota quod ista propositio: "possibile est mundum fieri", licet nulla sit potentia | realis activa, tamen adhuc propositio est vera, quia talis possibilitas non requirit aliquid reale, scilicet potentiam passivam vel activam a qua sumitur, sed tantum quod termini propositionum non repugnant; unde non est vera de veritate sermonis propter activitatem potentiarum, licet haec requiratur ad hoc quod reducatur in actum. Unde si poneretur per impossibile quod Deus non esset et post esset et crearet mundum, adhuc propositio illa semper fuisset vera.

172. Similiter nota quod locus ab auctoritate dicitur affirmative, sed numquam negative.

⟨De ratione quidditativa quantitatis⟩

173. Nota quod Philosophus definit quantitatem per divisibilitatem et non per mensuram. Et dico quod divisibilitas est de ratione quidditativa, licet alii dicant mensuram; sed dico quod mensura non nisi denominando. Sed mensura proprie est in genere relationis.

⟨De passionibus et speciebus⟩

174. Similiter nota quod ex hac littera, ubi loquitur de passionibus quantitatis, elicitur quod numquam species alicuius generis determinati est passio eius nec illud genus praedicatur de eo secundo modo ex quo praedicatur primo modo, sed semper passio alicuius est species alicuius alterius quam istius cuius est passio. Hoc est notabile pro illa quaestione de ente, quia ens potest habere aliquam communem passionem omnibus entibus, etc.

Arist.: 768/769 V 13 1020a7-8 (AL XXV 3.2, p. 110, 517-519) 774/775 V 13 1020a19-26 (AL XXV 3.2, p. 110, 531-111, 537)

765/766 Cfr Duns Scot., *Ord.* I, d. 28, q. 1-2, §34 (ed. Vat. VI, p. 124-125) 770 Cfr Thom. Aq., *In I Sent.*, d. 24, q. 1, a. 3, c. et ad 3 (p. 583-584); cfr Duns Scot., *Quaest. super Met.* V, q. 9, §8-32 (OPh III, p. 529-535) 779/780 Duns Scot., *Quaest. super Met.* IV, q. 2, §69-70 (OPh III, p. 336)

757 activa] *coni.*, absci^da *M* 761 activitatem] *coni.*, facilitatem *M* 761/762 requiratur] *coni.*, res *M* 765 ab auctoritate dicitur] dicitur ab auctoritate *M* 780 aliquam] *coni.*, aliam *M*

⟨Quomodo quantitas possit considerari⟩

175. Similiter nota quod Philosophus in *Praedicamentis* consideravit quantitatem in quantum mensura; et quia locus habet aliam rationem mensurae, quia extrinsece, | quam superficies, quae intrinsece, ideo ponit locum speciem quantitatis per se, et tempus similiter. Hic autem consideravit 'corpora permutantium', id est 'permutatorum' (ita exponitur illud Philosophi: "transmutatur omne transmutans", id est: transmutatum).

⟨De linea et terminatione⟩

176. Linea in se considerata est in genere quantitatis; terminatio eius in quarta specie qualitatis, figura etc.

⟨De divisione relationis⟩

177. AD ALIQUID TALIA DICUNTUR. Ista divisio relationis datur per relatum. Nec ex hoc sequitur quod relatum est genus generalissimum, quia sic nec quantum, et tamen prius notificavit quantitatem sic: 'quantum' est 'quod est divisibile', et tamen quantitas est ipsa divisio. Unde sicut nec quantum nec quale est per se in genere, sic nec relatum; immo forte relatum est nomen secundae intentionis. Tamen sic notificavit, quia est nobis notius concretum quam abstractum.

178. Similiter ista divisio non est generis in species per se, sed est fundamentorum et aliorum per accidens, quia fundamenta sunt effectiva causa distinctionis specierum relationis; non tamen formaliter, sed formales causae sunt differentiae propriae quae sunt absolutae, secundum aliquos, non relativae.

Arist.: 786/787 V 14 1020b8-12 (AL XXV 3.2, p. 111, 556-559)   790 V 13 1020a16 (AL XXV 3.2, p. 110, 528)   793 V 15 1020b26-32 (AL XXV 3.2, p. 112, 573-578)   795/796 V 13 1020a7 (AL XXV 3.2, p. 110, 517)

782/786 ARIST., *Cat.* 6 4b24-25 (AL I 2, edit. composita, p. 54.21); cfr THOM. AQ., *In Met.* V 15 986 (p. 261)   787/788 Cfr ARIST., *Phys.* III 1 201a23-25 (AL VII 1.2, p. 100, 3-4)   790/791 ARIST., *Cat.* 8 10a11-16 (AL I 2, edit. composita, p. 66.5-9)

795 sic] *coni.*, sicut *M*

⟨De uno quod est fundamentum relationis⟩

179. Et post dicit ibi: AMPLIUS AEQUALE ET SIMILE etc., quod unum quod est fundamentum istarum relationum (scilicet identitatis, aequalitatis, similitudinis, quae sunt relationes | super unum), illud unum est principium numeri et metrum. Illud est in genere quantitatis. Et hoc est pro opinione Avicennae.

180. Et si illud unum esset convertibile cum ente, nec littera sequens esset ad propositum: UNUM AUTEM PRINCIPIUM NUMERI METRUM, nec quicquid infert nec alia quae ibi dicuntur. Unde alia littera dicit plane quia illud unum est de genere quantitatis.

⟨De potentiis logicis et geometricis⟩

181. Similiter nota, pro capitulo de potentia praecedente, quod potentiae logicae et geometricae sunt dictae metaphorice respectu quattuor modorum prius dictorum. Similiter motus est in geometricis metaphorice, id est imaginando solum, sicut imaginando quod punctus fluens causat lineam.

⟨De potentiis activis et passivis in relationibus⟩

182. ACTIVA VERO ET PASSIVA.

183. Contra: relatio non est fundamentum relationis; potentia activa et passiva referuntur vere et essentialiter secundo modo relationis; ergo non sunt fundamentum relationis; cuius oppositum dicitur hic.

184. Dico quod potentia activa et passiva sunt vere relativa; et non sunt fundamenta, sed illud quod est potentia, quae est aliqua qualitas. Unde Philosophus loquitur ibi ut loquitur de potentia resistendi exemplificans de alia qualitate secundum quam resistit.

185. Nota etiam quod exemplificat sic quia illud [quod] est notius quam proprietates quae insunt talibus fundamentis.

Arist.: 807 V 15 1021a9-11 (AL XXV 3.2, p. 113, 592-594) 813/814 V 15 1021a12-13 (AL XXV 3.2, p. 113, 596-597) 814 V 15 1021a13-14 (AL XXV 3.2, p. 113, 597-598) 815 V 6 1016b16-17 (AL XXV 3.2, p. 101, 265) 817/819 V 12 1019b33-35 (AL XXV 3.2, p. 110, 507-510) 823 V 15 1021a14-19 (AL XXV 3.2, p. 113, 599-602)

811 AVIC., *Liber de phil. prima* III, 1 (p. 107, 66-75) 830/831 ARIST., *Phys.* IV 8 215a29-b12 (AL VII 1.2, p. 161, 5-19)

818 metaphorice] *coni.*, metaphysice *M* 820 metaphorice] *coni.*, metaphysice *M* 830 ut] *coni.*, ubi *M* 831 exemplificans] *coni.*, exemplificat *M* 832 quod] *del.*

186. Unde nota: | Philosophus in *Praedicamentis* dicit quod non habemus nomina denominativa imposita ad secundam speciem qualitatis. Unde pugil est aequivocum ad primam speciem et secundam; ad primam pertinet in quantum actualiter habet artem.

⟨De actione et passione in relationibus⟩

187. Nota quod Philosophi exempla sunt ad fundamentum relationis secundum quae relativa dicuntur.

188. Et ex hoc sequitur quod actio et passio non sunt species relationis, quia, si sic, non essent fundamenta. Et ex hoc sequitur quod actio et passio non habent respectum pro formali differentia, quia tunc non essent fundamentum. Unde nihil est "actio est motus ab hoc" etc., quia Philosophus dicit, III *Physicorum* scilicet, quod actio et passio non sunt motus nec e converso, sed motus est id cui haec insunt. Unde, sicut homo est id cui inest risibilitas, et tamen risibilitas est aliud essentialiter, sic hic.

⟨De tertio modo relationis⟩

189. Nota quod in tertio modo relationis relativa illa vere referuntur sicut alia, si accipiantur uniformiter, scilicet unum extremum pro fundamento. Unde exemplificat de quadratura circuli, quae est scibilis, non tamen scitur in actu. Et hoc non mirum est, si argumenta sua concludunt. Unde Philosophus hic epilogat: SECUNDUM SE IGITUR DICTA RELATIVA. Ergo isti tres modi non per accidens referuntur.

190. Similiter nota quod fundamenta relativorum primi modi sunt unum, numerus, continuum; in secundo modo, qualitates se-

---

Arist.: 840/841 V 15 1021a16-26 (AL XXV 3.2, p. 113, 600-610) 851 V 15 1021a29-b3 (AL XXV 3.2, p. 113, 614-114, 621) 855/856 V 15 1021b3-4 (AL XXV 3.2, p. 114, 622) 858/859 V 15 1020b32-1021a14 (AL XXV 3.2, p. 112, 579-113, 598) 859/860 V 15 1021a14-26 (AL XXV 3.2, p. 113, 599-610)

834/836 ARIST., *Cat.* 8 10a32-b5 (AL I 2, edit. composita, p. 66, 20-28) 845/846 Cfr THOM. AQ., *In Phys.* III, lect. 5 §320 (p. 158) 846/848 ARIST., *Phys.* III 5 202b19-22 (AL VII 1.2, p. 108, 2-5) 853/854 ARIST., *Cat.* 7 7b27-33 (AL I 2, edit. composita, p. 61, 11-15)

846 Physicorum] *coni.*, propo^m *M* 854 est] *coni.*, tunc *M* 856 isti] *coni.*, ista *M* 859 qualitates] *coni.*, qualitatis *M*

860 cundae speciei et tertiae speciei, quae sunt prin|cipia agendi, et actio et passio; in tertio modo sunt opiniones.

191. Aliqui dicunt quod ⟨per⟩ 'scibile' ⟨et⟩ 'intelligibile' omnia simul accipit in littera; ita (inquam) dicunt quod, si in omni genere fundamenta istorum (scilicet mensuratorum) sunt, in omni 865 genere praecise scibile et intelligibile. Unde omnis quidditas est per se mensurabilis, id est cognoscibilis a scientia, et tamen fundamentum scientiae est tantum in prima specie qualitatis. Et hoc non est inconveniens: non enim semper convertuntur fundamenta. Et hoc forte intellexit Philosophus hic et in *Praedicamen-* 870 *tis*, quia forte fundamentum scientiae dependet ad fundamentum scibilis licet non e converso; unde causa prima non est in omni genere, et tamen causatum relativum est in omni genere, quia omne ens est causatum.

192. Alii ⟨dicunt⟩ aliter quod accipit hic 'mensuram' non pro 875 habitu cognoscitivo et 'mensurabile' pro obiecto, sicut prior opinio, sed accipit sicut in X, scilicet quod in omni genere est aliquid unum, scilicet primum, mensura in genere.

193. Sed hoc, ut ibi dicitur, est dupliciter: vel unum secundum replicationem vel secundum perfectionem. Exemplum primi: 880 unitas in numeris per replicationem, scilicet mensurat. Exemplum secundi, sicut prima species et perfectissima in quolibet genere est prima mensura, non quod aliquotiens sumpta reddat quamlibet speciem, sed in accessu et recessu ab ea attenditur nobilitas specierum. Unde, sicut unum principium numeri non dependet a 885 numeris nec etiam prima | species mensurans non dependet a posterioribus, sic nec mensura, secundum istam opinionem, a mensurabili, sed e converso. Tamen mensura est prior quia unum principium numeri vel prima species. Et secundum hoc istius mensurae fundamentum et fundamentum mensurati est in omni genere, quia et prima species et posterior sunt in [omni] genere eodem, et similiter unum et numerus, et tamen in omni genere est una prima species et aliae poteriores, ideo etc.

194. Ideo secundum hoc sequitur quod scientia est mensurata quia in scibili obiecto est perfectio, scilicet quidditas quae est obiectum intellectus, ad quam secundum quod habitus scientiae vel cognitio magis accedit, perfectius habitus est, et perfectius sicut et maius unus.

195. Dico 'habitus vel cognitio' propter sensibile et sensum, quia in sensu non est habitus illud quod mensuratur sicut in cognitione intellectuali, quia in visu non est habitus videndi, sed mensuratum est cognitio et mensura ab obiecto sensus, scilicet quidditas coloris etc.

⟨De genere et specie⟩

196. Nota etiam quod Philosophus videtur concedere quod genus dicitur ad aliquid et non species, in *Topicis*. Contra: ⟨hic⟩ dicitur contrarium, quia, si genus dicitur ad aliquid, et species. Et probatur: genus et species sunt eiusdem generis, quia, si species generis est in alio genere, esset una species duorum generum; si ergo genus sit in genere relationis, et species. Et concedo; | sed Philosophus intellexit de fundamentis.

197. Aliter et melius, dico quod intelligit quod genus est primo et per se ad aliquid, et species per se sed non primo. Illa ⟨per se et⟩ primo quando secundum totum intellectum suum competit illud quod competit illis primo; per se quando secundum partem intellectus eorum, scilicet secundum genus, non secundum differentiam, vel e converso, etc.

⟨De relativis per accidens in abstracto et concreto⟩

198. Similiter nota quod Philosophus dicit quod aequalitas est ad aliquid per se quia aequale per se.

Arist.: 905/906 V 15 1021b3-6 (AL XXV 3.2, p. 114, 622-625) 918/919 V 15 1021b6-8 (AL XXV 3.2, p. 114, 625-627)

905/906 ARIST., *Top.* IV 4 124b18-19 (AL V.1-3, trans. Boethii, p. 75, 13-15)

---

890 omni] *del.*   896 perfectius] *coni.*, perfectus *M*   896/897 sicut] *coni.*, sic *M*   897 maius] *coni.*, minus *M*   899 sicut] *coni.*, sic *M*   905 in Topicis contra] contra in Topicis *M*   hic] *suppl.*   912 per se et] *suppl.*   919 se¹] *coni.*, accidens *M*

199. Dico: ad aliquid est dupliciter, idem est enim quod 'habens ad aliud' vel potest intelligi pro habitudine ad aliud. Unde habitudo ad aliud est vere in genere relationis, non tamen habens relationem. Unde relativum, quod est habens relationem, est notius nobis quam habitudo ad aliud.

⟨De duobus modis quibus relativa dicuntur per accidens⟩

200. Similiter nota etiam quod duplum accidit homini quia substantia, id est homo, est prior quantitate, ⟨quae est⟩ fundamentum duplicitatis; et album accidit duplo quia posterius; ideo et homo et album sunt relativa per accidens.

⟨De genere concretorum⟩

201. Nota quod album, licet significet formam, concernendo tamen subiectum non est ens per accidens (quia tale aggregat aeque primo duas naturas ex intellectu suo), sed est ens per se; et tamen non est in genere per se, quod requiritur ad hoc quod sit abstractum.

202. Contra: tunc humanitas esset per se in genere, et non homo, quia homo est | concretum. *M 68rb*

203. Respondeo: est abstractum a subiecto et supposito. Unde homo, licet [non] abstrahat a supposito, tamen ⟨non⟩ a subiecto, et ideo non est in genere per reductionem sicut album.

204. Hoc dixi quia Philosophus definit in *Praedicamentis* relativa, id est illa quae habent relationem ut pater etc., nec tamen sequitur quod definiat ens per accidens, quia pater est concretum relationis sicut album qualitatis, et neutrum ens per accidens. Unde relatio est ad aliquid quia est habitudo ad aliquid. Unde ad aliquid non dicit nisi habitudinem ad terminum, sed potest hic intelligi vel pro habente habitudinem ad terminum vel pro habitudine ad terminum, etc.

Arist.: 926/927 V 15 1021b8-11 (AL XXV 3.2, p. 114, 627-629)

941/942 Arist., *Cat.* 7 6a36-b11 (AL I 2, edit. composita, p. 58, 23-59.4)

927 quae est] *suppl.* 239 non¹] *del.* non²] *suppl.* 946 aliquid] unum *add. et del.* M

⟨De definitione perfecti⟩

V 16 1021b12   205. PERFECTUM VERO DICITUR etc. Nota in introductione capituli de termino qualiter definit perfectum Thomas. Dicit quod perfectum, ex praemissis, "est terminatum, et absolutum non dependens ab alio, et non privatum sed habens ea quae sibi secundum suum genus competunt". Et ideo ratione *a* introducitur capitulum de termino; ratione *b* introducitur 'secundum quod', ⟨quod⟩ est communius 'secundum se'; ratione *c* hoc nomen 'habitus' introducitur capitulo de termino, quae est pars perfecti. Et prius dixit de perfecto, ideo etc.

206. Contra: perfectum est cui nihil deest; si sibi nihil deest, ergo non est terminatum, sed potius interminatum, quia nihil deest; ergo de ratione perfecti non est terminus.

207. Di|co quod de ratione perfecti [est terminus] simpliciter   *M* 68va non est terminus, sed in genere perfecti est terminus, quia tale est finitum ad infinitum. Unde idem argumentum facit Philosophus in III *Physicorum* de definitione infiniti quae fuit data ab antiquis, scilicet quod infinitum est cuius nihil est extra, quia dicit quod ista definitio convenit perfecto, ergo non bene datur. Unde nota quod illa definitio quae datur a Philosopho est infiniti in potentia, non in actu, etc.

⟨De termino⟩

V 17 1022a5-10   208. Post: CUIUS OMNIA INFRA, id est 'omnes partes', non 'indivisibile terminans', quia aliter sequeretur quod terminus esset infra terminum, etc.

209. Similiter post dicit quod, si quod quid est terminus cognitionis, et rei.

210. Contra: multa sunt terminus cognitionis quae non et rei.

211. Dico quod numquam cognoscitur res antequam cognoscatur ipsum quod ⟨quid⟩ est. Ipsum igitur quod quid est terminus,

---

Arist.: 950 V 16 1021b12-13 (AL XXV 3.2, p. 114, 630-631)   971 V 17 1022a4-5 (AL XXV 3.2, p. 115, 657-658)   974/975 V 17 1022a8-10 (AL XXV 3.2, p. 115, 662-664)

950/958 THOM. AQ., *In Met.* V, lect. 19, §1044 (p. 273)   964/967 ARIST., *Phys.* III 6 206b33-207a2 (AL VII 1.2, p. 128, 2-3)

953 privatum] *coni. ex textu Thomae*, principiatum *M*   956 quod] *suppl.*   962 est terminus] *del.*   978 quid] *suppl.*

et per consequens includit infra eum omnia quae sunt de quidditate rei et nihil extra. Et ideo, quia cognitio accidentium quae sunt principia cognitionis quod quid terminatur ad cognitionem quod quid, ideo oportet quod terminetur ad esse rei, quia in quod quid totum includitur, etc.

212. Similiter nota quod Philosophus dicit hic quod 'finis cuiusque' est terminus, quia ad illud terminatur motus.

⟨De subiecto coloris⟩

213. Ex hoc argumentum potest sumi (color in superficie exemplum): accidens est subiectum accidentis. Et hoc est verum.

214. Unde nota quod color sequitur | mixtionem qualitatum primarum; sed ita vere sunt mixtiones qualitatum istarum in profundo sicut in superficie; ergo ibi erit color in corpore, scilicet ut in subiecto, et non in superficie. Et hoc est verum, tamen est in superficie in quantum color est visibilis. Et sic loquitur *De sensu et sensato* quando definit colorem, ex quo liber intitulatur *De sensu*. Tamen accidit dicta sua verificari de sensibilibus in quantum talia; unde pomum divisum quod apparet coloratum non est ex dividente, tunc enim in instanti dividens introduceret colorem: non est verisimile; sed vere fuit ibi prius, sed non visibilis.

⟨De reduplicatione secundum quamlibet causam⟩

215. Nota: 'secundum quod' et 'in eo quod' et 'in quantum' sunt idem.

216. Unde nota quod dicit hic quod 'in quantum', ⟨'in eo quod'⟩, vel 'secundum quod' dicitur totiens [in quantum in eo quod] quotiens causa, ita quod potest reduplicare secundum quamlibet causam. Et secundum hoc essent concedendae tales propositiones: "homo in quantum homo est corruptibilis et in quantum homo est incorruptibilis", quia secundum materiam

---

Arist.: 984/985 V 17 1022a6-7 (AL XXV 3.2, p. 115, 660-661)   987/988 V 18 1022a14-17 (AL XXV 3.2, p. 115, 667-670)   1002/1003 V 18 1022a19-20 (AL XXV 3.2, p. 115, 672-673)

993/994 ARIST., *Sens.* 3 439b11-12 (in ed. Leon., XLV 2, p. 33); cfr *Auct. Arist.*, n. 14 (p. 196)

982 quod quid] *coni.*, quicquid M   1002/1003 in eo quod] *suppl.*   1003/1004 in quantum in eo quod] *del.*

corruptibilis, secundum formam incorruptibilis. Similiter: "aliqua, in quantum conveniunt, differunt"; ex quo multitudo est causa convenientiae et multitudo est causa differentiae, ideo sequitur quod aliqua, in quantum conveniunt, differant, etc. Unde istud valet ad multa talia sophismata.

⟨Quomodo superficies sit alba secundum se⟩

217. Dicit quod superficies est alba secundum se. |

218. Contra: 'per se' et 'secundum se' praesupponit de omni, et istud presupponit semper; sed in superficie non est causa quod semper inhaereat color, licet immediatum eius subiectum sit.

219. Similiter dicit hic quod 'secundum se' est causa; et, cum hoc, quod haec est secundum se: "homo est homo", quia non habet causam.

220. Ad primum: 'secundum se', si secundo modo dicendi quando subiectum cadit in definitione etc., dicitur dupliciter, scilicet quando est subiectum immediatum passioni, et secundum hoc non praesupponit causam necessariam, etc.; alio modo 'secundum se' dicit causam necessariam. Et secundum hoc ponitur exemplum de superficie, scilicet secundum primum. Forte secundum quod dicit causam, exemplum ponitur de vivere in littera.

221. Unde nota quod iste secundus modus est bipartitus: vel ut dicit causam necessariam vel ut dicit subiectum immediatum, sicut dictum est.

222. Similiter primus tripartitus, et primus gradus est quando idem de se, et tunc excludit causam comparticipem, ut dicit Linconensis; secundus gradus est quando definitio praedicatur de definito; tertius, quando pars definitionis de definito.

Arist.: 1014 V 18 1022a30 (AL XXV 3.2, p. 116, 685)   1018/1019 V 18 1022a19-20 (AL XXV 3.2, p. 115, 672-673)   1019/1020 V 18 1022a32-35 (AL XXV 3.2, p. 115, 687-689)   1027 V 18 1022a31 (AL XXV 3.2, p. 116, 685-686)

1015 ARIST., *An. Post.* I 4 73b25-26 (AL IV.1-4, rec. Guillelmi, p. 290, 12-13); cfr *Auct. Arist.*, n. 42 (p. 314)   1021 *Vide supra §218*   1021/1022 ARIST., *An. Post.* I 4 73a37-b3 (AL IV 1-4, rec. Guillelmi, p. 289, 28-32)   1031 ARIST., *An. Post.* I 4 73a34-37 (AL IV 1-4, rec. Guillelmi, p. 289, 26-28)   1032/1033 ROB. GROSS., *In Post. An.*, I, 4 (p. 111, 46-51)

1023 est subiectum] subiectum est *M*   1026 scilicet] *coni.*, sed *M*   1029 vel] *coni.*, et *M*

1035   223. Similiter nota quod aliqui dicunt quod 'secundum quod' dicit causam praecisam et nescio quae alia, licet sic non esset idem ad 'per se' sed ad 'per se et primo', et tale convertitur cum universali. Sed non videtur quod Philosophus sic utitur eo, sed tantum ut dicit causam per se non primo.

1040   224. Similiter | nota quod aliqui dicunt quod modus quartus in *Posteriorum* est modus praedicandi, alii quod est modus causandi: reducitur enim tantum ad causam efficientem. Sed non videtur mihi, etc. *M* 69rb

⟨De homine, anima et vita⟩

18 1022a31-32   225. Nota quod vult hic quod haec est [in] primo: "anima vivit"; haec est per se: "homo vivit", quia per animam in qua est vita primo, ut hic dicit.

⟨De quidditate singularium⟩

V 18 1022a27   226. Similiter nota quod dicit 'quod quid' Calliae. Dico quod,
1050   si singulare per se intelligitur, vere habet quod quid; si non, tunc est exemplum pro tanto, hoc est: si habet quod quid, tunc sic, ita quod exemplum ponimus etc.

⟨De dispositione⟩

V 19 1022b1-2   227. Hic dicit quod de ratione dispositionis est tantum habere
1055   partes. Sed 'habere partes in toto' est differentia quantitatis, 'habere in loco' est praedicamentum.

228. Sed ex hoc sequitur quod est aliquis conceptus communius generalissimo, et dico in genere quantitatis, quia possum concipere ordinem partium absque quod in loco vel in toto.

1060   229. Similiter sequitur: sic ponere est ponere dispositionem esse praedicamentum, scilicet secundum quod dicit ordinem partium in loco.

Arist.: 1045/1046 V 18 1022a31-32 (AL XXV 3.2, p. 116, 685-687) 1049 V 18 1022a25-27 (AL XXV 3.2, p. 116, 689-691) 1054/1055 V 19 1022b1-2 (AL XXV 3.2, p. 116, 691)

1035 *Non inveni*   1040/1041 Arist., *An. Post.* I 4 73b10-16 (AL IV 1-4, p. 290, 1-6)   1041 Cfr Rob. Gross., *In Post. An.*, I, 4 (p. 114, 114-119)

1045 in] *del.*   1047 primo] *coni.*, primum *M*   1049 quid] *coni.*, aliquid *M*   1051 exemplum] *coni.*, extra *M*   1057/1058 communius] *coni.*, communis *M*   1060 ponere¹ est] *coni.*, pōne *scrips. et del. M*

⟨De factione⟩

V 20 1022b5-6   230. Similiter dicit quod factio est media inter facientem et factum.

231. Sed sequitur tunc quod factio est in neutro; quia ex quo est medium, quare magis in uno quam in alio? Et hoc concludunt aliqui.

232. Sed dico quod non dicit hoc propter hoc quod est in neutro ut in subiecto.

⟨De habitu et habitudine⟩

V 20 1022b4-5   233. Similiter habitus debet esse medium inter habentem et habitum. Ergo, sicut motus, ut est ab | hoc et in hoc, est in diversis praedicamentis, sic habitus, eo modo ut comparatur ad habentem et ad illud quod habetur.   M 69va

234. Dico quod habere hic non est habere sicut possidens habet possessionem, quia illud habere est in genere actionis, haberi in genere passionis; sed istud habere est ex hoc quod aliquid adiacet corpori, sive habeatur ut possessio sive non, ut calciatio passiva calciati est habitus praedicamentum. Illa scilicet habitudo quae est habentis ad habitam rem nec est habitus, nec e converso, scilicet habitudo ad habentem. Unde calciatio passiva non habetur ut dominium. Unde nec denarius nec vestis est habitus, etc.

235. Nota etiam quod vestitio activa et passiva non nisi quoad fieri. Unde, si Deus crearet hominem vestitum sine vestiente, vere vestitio passiva esset ⟨habitus⟩ praedicamentum, et sumitur ab illa habitudine, etc.

⟨De definitione passionis⟩

V 21 1022b15-16   236. PASSIO DICITUR QUALITAS SECUNDUM QUAM ALTERARI CONTINGIT. Sed si passio praedicamentum sit secundum qualitatem talem, in quo genere erit passio secundum quam aliquid mutatur secundum substantiam et secundum alia?

Arist.: 1064/1065 V 20 1022b5-6 (AL XXV 3.2, p. 116, 696-697)   1072/1073 V 20 1022b4-5 (AL XXV 3.2, p. 116, 695-696)   1089/1090 V 21 1022b15-16 (AL XXV 3.2, p. 117, 706-707)

1067/1068 *Non inveni*

1081 habitus] *coni.*, habitudo *M*   1086 habitus] *suppl.*   1092 substantiam] *coni.*, scla *M*

237. Dico igitur forte quod isto modo non est praedicamentum, sed species alicuius determinati generis.

⟨De actionibus et passionibus⟩

238. Dicit quod actiones dicuntur passiones, sed hoc est dictum: illa quae sequuntur ex actionibus vel rebus activis. |

⟨De privatione⟩

239. Similiter nota quod illa privatio qua privatur aliquid per vim, sicut est ablatio ecclesiae vel talium, non opponitur habitui quae est forma, sed illud habere oppositum est sicut dominium vel aliqua pars quae habetur, etc.

240. Similiter hic dicit de talpa. Dicitur quod privatur visu, etc. Dico quod exemplum est, hoc est: "si privatur". Unde dicunt aliqui quod non habet oculos. Non est verum nec etiam ⟨si⟩ est pellis detracta, ut dicunt. Sed forte non indiget visu. Nescio tamen claris oculis.

⟨Quomodo frigus habeat hominem⟩

241. Nota quod aliqui volunt dicere hanc impropriam: "frigus habet hominem". Non est verum, immo habet frigus sicut susceptivum susceptum; ⟨vel⟩ sicut dominus quia agit in hominem secundum impetum, etc., unde prius dixit quod febris habet hominem, etc.

⟨De modis habendi et essendi in⟩

242. Nota quod dicit hic quod tot sunt modi 'habere' sicut 'esse in'.

Arist.: 1096 V 21 1022b18-19 (AL XXV 3.2, p. 117, 709-710)   1099/1100 V 22 1022b31-32 (AL XXV 3.2, p. 117, 723-724)   1103/1104 V 22 1022b24-25 (AL XXV 3.2, p. 117, 715-718)   1109/1110 V 23 1023a11-13 (AL XXV 3.2, p. 118, 740-741)   1111/1112 V 23 1023a8-11 (AL XXV 3.2, p. 118, 737-740)   1112/1113 V 23 1023a10 (AL XXV 3.2, p. 118, 738-739)   1115/1116 V 23 1023a23-25 (AL XXV 3.2, p. 118, 750-751)

1103 ALBERT. MAGN., *De animal.* I, 2, 3 (vol. 1, p. 51)   1109/1110 *Non inveni*

1105 si] *suppl.*   1106/1007 claris oculis] *coni.*, claros oculos M   1111 vel] *suppl.*

243. Contra: hic non ponit nisi quattuor modos, in *Physicis* novem.

244. Dico quod quattuor modi 'essendi in' sunt a toto vel parte vel toto integrali vel toto secundum rationem (quattuor sunt), vel sicut totum in parte et e converso, scilicet genus in specie et e converso, et reducuntur ad tertium modum hic, scilicet continens et contentum. Alii tres modi 'essendi in' sumuntur a causa, et hoc triplici ⟨modo⟩, sicut materia habet formam et aliquid habet efficientem et finem, et reducuntur ad primum modum, qui est movere aliud secundum impetum, scilicet duo ultimi modi de fine et efficiente: unde, licet finis non moveat, | tamen movet efficientem *M* 70ra ad agendum. Illud de materia reducitur ad secundum modum hic [ad] 'esse in', sicut mensuratum in mensura.

245. Sed ponitur ibi exemplum de tempore. Reducitur illud ad tertium modum de continente et contento.

⟨De primo subiecto remoto vel proximo⟩

246. Nota quod primum subiectum aliquando accipitur a Philosopho pro remoto, aliquando pro proximo. Sic utitur 'primum' multotiens.

⟨De materia⟩

247. Similiter ut componitur 'ex parte speciei'. Et post: SPECIES EX SPECIEI MATERIA, scilicet componitur. Ex hoc habetur quod materia est pars speciei.

⟨Quot modis aliquid dicatur fieri ex aliquo⟩

248. Et 'ex' propriissime est nota causae materialis, et hoc vel sensibilis vel intelligibilis.

Arist.: 1123 V 23 1023a13-17 (AL XXV 3.2, p. 118, 742-745) 1125/1126 V 23 1023a8-9 (AL XXV 3.2, p. 118, 737-738) 1128/1129 V 23 1023a11-13 (AL XXV 3.2, p. 118, 740-741) 1131 V 23 1023a13-14 (AL XXV 3.2, p. 118, 742) 1133/1134 V 24 1023a26-28 (AL XXV 3.2, p. 118, 753-756) 1137 V 24 1023a35-36 (AL XXV 3.2, p. 118, 260-261) 1137/1138 V 24 1023b2 (AL XXV 3.2, p. 119, 763) 1141/1142 V 24 1023a35-b2 (AL XXV 3.2, p. 118, 762-763)

1117/1118 ARIST., *Phys.* IV 3 210a14-24 (AL VII 1.2, p. 142, 16-143, 9) 1130 ARIST., *Phys.* IV 12 221a16-18 (AL VII 1.2, p. 181, 12-14)

1122 scilicet] *coni.*, similiter *M* 1124 modo] *suppl.* 1125/1126 movere] *coni.*, vicere *M* 1137 Similiter] *coni.*, scilicet *M*

249. 'Ex' aliquando accipitur pro termino transmutationis, ut "ex albo fit nigrum"; aliquando sicut ex fieri factum, sicut "vir ex puero", et non est ita proprie; aliquando pro causa movente, sicut "ex convicio bellum" et aliquando significat 'post'. Sed isti modi improprii. Unde 'ex' improprie est nota causae efficientis.

⟨De parte⟩

250. Sequitur capitulus de parte.

251. UT TRIUM DUO PARS ALIQUALITER. Aliqui negant tales propositiones: "tria et duo sunt quinque" et consimiles, quia dicunt quod ternarius et dualitas sunt duae species distinctae et non possunt constituere unum, sicut nec homo et asinus unum animal. Sed dicunt quod quinque est quinque sicut ex materia.

252. Ad auctoritatem unam Euclidis, scilicet quod numerus minor est pars maioris, glossatur quod verum est 'aliqualiter', ut hic dicitur, id est unitates minoris, non numerus constitutus in specie.

⟨De toto finito⟩

253. Nota | quod Philosophus vult, III *Physicorum*, tractatu de infinito, credo, quod totum et perfectum vel sunt idem vel convertuntur.

254. CONTINUUM ET FINITUM: hic dicit quod totum non habet rationem perfecti nisi sit finitum. Et ideo Philosophus bene increpavit definitionem infiniti secundum antiquos, quae est "cuius nihil est extra"; et tale est totum et perfectum, quae sunt finita, quia finitum ⟨est⟩ totum perfectum, quia, si non, tunc aliquid est extra.

Arist.: **1143/1144** V 24 1023b5-8 (AL XXV 3.2, p. 119, 765-769) **1144/1145** V 24 1023a30-31 (AL XXV 3.2, p. 118, 756-758) **1146** V 24 1023b8-11 (AL XXV 3.2, p. 119, 766-773) **1150** V 25 1023b14-15 (AL XXV 3.2, p. 119, 775-776) **1159** V 26 1023b26-28 (AL XXV 3.2, p. 119, 787-789) **1162** V 26 1023b32-34 (AL XXV 3.2, p. 120, 794-796)

1150/1154 *Non inveni*; cfr DUNS SCOT., *Quaest. super Met.* V, q. 9, §38 et 41 (OPh III, p. 537-538) **1155** EUCL., *Elem.* VII, prop. 5 (iuxta trans. Adhelardi Bathoniensis, p. 201); cfr DUNS SCOT., *Quaest. super Met.* V, q. 9, §3 et 43 (OPh III, p. 528 et 538) **1159/1161** ARIST., *Phys.* III 6 207a13-14 (AL VII 1.2, p. 128, 16-17) **1163/1165** ARIST., *Phys.* III 6 206b33-207a2 (AL VII 1.2, p. 128, 2-4)

1146 Sed] *coni.*, ad *M* **1149** capitulus] *coni.*, cuius *M* **1162** quod] *coni.*, quia *M* **1163** perfecti] *coni.*, finiti *M* **1166** est] *suppl.* perfectum] *coni.*, partes *M*

255. Et propter hoc definitio illa antiquorum est magis perfecti et totius finiti quam infiniti, sicut arguit Philosophus. Unde qui ponunt quod tempus et alia ⟨sunt⟩ infinita, non concludunt ea tota, quia tunc finita et nulla pars extra sumenda.

⟨De toto integrali et per praedicationem⟩

256. Nota quod totum integrale non dicitur proprie nisi quando ex partibus quantitativis.

257. Similiter omnia tota sunt sic tota quod componuntur ex illis quorum sunt, excepto universali toto, quod non componitur, cum est totum per praedicationem. Unde dicit in littera: UNUM OMNIA ESSE; sunt partes subiectivae ut unumquodque sit tale.

⟨De omni et toto⟩

258. Similiter 'omne' distinguit Philosophus et 'totum'. Et nota quod non accipit ibi Philosophus 'omne' pro toto distributivo, sed 'omne' ut dicitur de uno singulari, sicut dicimus: "omnis haec aqua".

259. Et nota quod Philosophus hic dicit quod in numeris et humidis transpositio non facit diversitatem. Hoc contra eos qui ponunt ultimam unitatem esse formale numeri. Sed contra: si tunc poneretur ultima unitas prima pars, non esset | idem numerus specie, vel saltem idem numero (hoc dico propter cavillationem aliam). Sed hoc est falsum: sive ponantur in medio sive alibi, non erit variatus numerus.

*M*70va

⟨De genere subiecto⟩

260. Genus subiectum est quod est primum susceptivum illorum quae sunt ab eo. Unde illa sunt unius generis subiecti quae habent idem susceptivum primum et transmutantur ad invicem. Unde quod Philosophus dicit quod corruptibile et incorruptibile

---

Arist.: 1173/1174 V 26 1023b32-34 (AL XXV 3.2, p. 120, 794-796)   1177/1178 V 26 1023b31 (AL XXV 3.2, p. 120, 792-793)   1180/1181 V 26 1024a1-10 (AL XXV 3.2, p. 120, 799-809)   1184/1185 V 26 1024a6-8 (AL XXV 3.2, p. 120, 804-807)   1192/1194 V 28 1024a36-b4 (AL XXV 3.2, p. 121, 835-122, 839)

1185/1186 THOM. AQ., *In Met.* VIII, lect. 3, n. 1725 (p. 412)   1195/1197 ARIST., *Met.* X 10 1058b26-29 (AL XXV 3.2, p. 216, 516-519)

1170 sunt] *suppl.*   1180 Similiter] *coni.*, scilicet *M*   omne] *coni.*, primo *M*

plus differunt, etc., non est verum de genere praedicabili sed de genere subiecto.

261. Similiter dicit quod in omni genere est unum primum mensura. Non intelligitur de praedicabili: non enim colores, sapores et aliae qualitates habent aliquam minimam qualitatem mensuram omnium. Sed in omni genere subiecto, id est particulari, est aliquid minimum istius mensura, scilicet colores habent albedinem, sapores dulce vel aliquid tale, etc. Unde in qualitate sunt forte centum vel mille.

⟨De diversis genere⟩

262. Diversa vero genere quorum diversum primum subiectum. Ergo per oppositum, etc. Ex hoc arguitur contra ponentes pluralitatem formarum.

263. Dico quod, si intelligunt de genere praedicabili, tunc est falsum, quia in prima specie qualitatis sunt quinque sensibilia quinque sensuum, quorum nullum eorum habet cum alio subiectum idem immediatum nec transmutantur ad invicem, tamen sunt eiusdem speciei. Si intelligant de genere subiecto, tunc dico quod non sunt diversa genere, quia, etsi non resolvuntur ad invicem, tamen omnes in | tertium, scilicet in materiam primam. Sic igitur de formis etc.

264. Nota bene exemplum de diversis genere. Exemplum est: sicut species et materia sunt diversa genere.

⟨De fundamentis remotis relationis⟩

265. Octo dupla dualitatis ratione. Ex hoc dicunt aliqui quod dualitas est proprium fundamentum relationis.

266. Sed non oportet. Una enim species relationis potest habere multa fundamenta remota, unde excessus et continentia po-

---

Arist.: 1206/1207 V 28 1024b9-12 (AL XXV 3.2, p. 122, 846-848)   1217/1218 V 28 1024b12 (AL XXV 3.2, p. 122, 848)   1220 V 29 1025a1 (AL XXV 3.2, p. 123, 873-874)

1198/1199 Arist., *Met.* X 1 1052b18-19 (AL XXV 3.2, p. 196, 42-43)   1207/1208 Cfr Duns Scot., *Quaest. super Met.* VII, q. 20 (OPh IV, p. 381-394)   1220/1221 *Non inveni*

1200 aliquam] *coni.*, aliquid *M*   qualitatem] *coni.*, quantitatem *M*   1206 quorum] *coni. ex textu Aristotelis,* quo *M*   1220 Octo] *coni. ex textu Aristotelis,* ecce *M*

test fundari in pluribus excedentibus et continentibus, et ita quod istae rationes non variantur secundum se.

267. Bene verum est quod relationes variantur aliquando effective a fundamentis; non tamen formaliter, sed a propriis differentiis, etc.

⟨De volendo malum propter se⟩

268. HOMO FALSUS QUI EST... ELECTUS TALIUM RATIONUM... PROPTER se. Ex hoc infero quod, si eligat mentiri propter aliud, denominatur ab habitu istius finis et non ab habitu istius falsitatis.

269. Ex hac littera habetur quod voluntas potest velle malum propter se, ita quod nec sit bonum simpliciter nec apparens. Et forte hoc est verum. Neque enim oportet obiectum voluntatis ut est intellectum neque ut est extra ⟨habere⟩ aliam bonitatem priorem antequam moveatur voluntas. Unde obiectum voluntatis potest esse non ens, etc.

270. Sed nec ista complacentia qua placet in suo obiecto est bonitas naturaliter praecedens quae requiritur quod sit in obiecto voluntatis motae, sed tantum | de se voluntas, et non propter aliud, potest velle impossibilia et potest obiectum elicere nullo modo bonum.

271. Unde voluntas potest elicere propter se odire Deum, quod nullo modo est bonum, nec simpliciter nec apparens, nisi postquam est actu mota, quando placet in actu suo, licet illa bonitas, ut praedictum est, non praecedit naturaliter in obiecto motum voluntatis.

272. Tamen oppositum tenentes fulciunt se VII *Ethicorum*. Sed ego tenerem oppositum.

Arist.: 1230/1231 V 29 1025a1-3 (AL XXV 3.2, p. 123, 876-877)

1240 Cfr HENR. GAND., *Quodl.* VIII, q. 10 (f. 321v Q); THOM. AQ., *Sum. theol.* I-II, q. 26, a. 2   1250 ARIST., *Eth. Nic.* VII 4 1047a10-24 (AL XXVI 1-3, fasc. quartus, p. 498, 26-499, 11); cfr AEG. ROM., *Quodl.* I, q. 19 (p. 41b)

1237 habere] *suppl.*   1241 praecedens] *coni.*, praecedentis M   1248 praedictum est] *coni.*, praedicatur M

⟨De accidente⟩

273. ACCIDENS etc. Nota quod, licet extra intentionem causae particularis sit aliquis effectus casualis, non tamen primae causae. Glossatur ista propositio: "non est causa determinata eius"; verum est respectu cuius est accidens vel aliter causa proxima, etc.

Arist.: 1253 V 30 1025a4-6 (AL XXV 3.2, p. 123, 886-888)   **1255** V 30 1025a24-25 (AL XXV 3.2, p. 123, 896-897)

⟨LIBER VI⟩

⟨De subiecto scientiae universalis et aliarum scientiarum⟩

VI 1 1025b3-10   1. PRINCIPIA ET CAUSAE QUAERUNTUR.

2. CIRCUMSCRIPTE etc., id est 'particulariter', non 'per accidens', ut quidam. Et hoc patet per litteram sequentem: SIMPLICITER, scilicet universaliter.

3. CAUSAE ET PRINCIPIA QUAERUNTUR. Contra: quaestiones sunt aequales numero hiis quae vere scimus, id est omnis quaestio est scibilis per demonstrationem; si ergo principia et causae quaeruntur, et possunt sciri per demonstrationem.

4. Argumentum concludit verum, quia concludit de cognitione simpliciter, non tamen quoad nos. Unde ista scientia est certissima simpliciter, non tamen quoad nos, sed | difficillima, quia   *M*71rb
remotissima a sensu, ut dicitur ex hac littera.

5. CIRCUMSCRIPTE TRACTANT, scilicet aliae scientiae, NON DE ENTE SIMPLICITER, NEC IN QUANTUM ENS EST NEC DE IPSO QUOD QUID, quia subiectum cuiuslibet scientiae particularis non continetur sub propria ratione quidditativa, sed sub ratione aliqua accidentali.

6. Ego in quaestione dixi contrarium. Et glosso: 'circumscripte', id est 'particulariter'; 'nec in quantum ens est', supple: in universali; 'nec quod quid', in universali.

⟨De demonstratione essentiae⟩

VI 1 1025b14   7. NEC EST DEMONSTRATIO SUBSTANTIAE NEC EIUS QUOD QUID EST.

Arist.: VI, 2   VI 1 1025b3-10 (AL XXV 3.2, p. 125, 3-11)   3   VI 1 1025b8 (AL XXV 3.2, p. 125, 9)   4/5   VI 1 1025b9 (AL XXV 3.2, p. 125, 9)   6   VI 1 1025b3 (AL 3.2 XXV 3.2, p. 125, 3)   14   VI 1 1025b8-9 (AL XXV 3.2, p. 125, 9)   14/15   VI 1 1025b9-10 (AL XXV 3.2, p. 125, 9-10)   23/24   VI 1 1025b14 (AL XXV 3.2, p. 125, 15-16)

VI, 4 *Non inveni*   19 DUNS SCOT., *Quaest. super Met.* I, q. 9, §18 (OPh III, p. 169-170)   20/21 Cfr DUNS SCOT., *Quaest. super Met.* I, q. 9, §42 (OPh III, p. 178)

VI, 14 tractant] *coni. ex textu Aristotelis*, tractante *M*   16 quia] *coni.*, quod *M*

8. Contra: ut dicitur II *Physicorum*, ex hoc quod est talis finis, ex hoc oportet talem esse formam; ergo per causam finalem potest demonstrari definitio sumpta a causa formali.

9. Similiter in *Posterioribus* dicit quod aliqua definitio est principium demonstrationis, scilicet quae sumitur a prima causa. Credo quod illa est finalis, quia scilicet includit principium demonstrationis et illa quae pertinent ad demonstrationem, sed non ordinat ordine propositionum.

10. Dico quod verum est quod aliquod quod quid potest demonstrari inesse cuius est; non tamen potest demonstrari esse quod quid, et differentia magna est in hiis verbis. Sed de demonstrari esse quod quid alicuius oportet sumere maiorem logicam consimilem: "definitio includit genus et differentiam; hoc est tale; ergo hoc est". Minor realis et maior logica, et ex talibus numquam erit demonstratio, sed argumentum probabile. |

⟨De ratione qua est considerare quod quid est et si est⟩

11. Similiter post dicit quod eiusdem rationis est considerare quod quid est et si est et e converso.

12. Dico sicut patet in *Posterioribus*, quando loquitur de istis in fine capituli.

⟨De scientia affectiva⟩

13. Similiter nota hic quod Philosophus non ponit nisi activam et factivam et theoricam; non ponit affectivam. Unde affectiva et practica pertinent ad practicam.

⟨De principio motus in movente⟩

14. Similiter nota: CIRCA SUBSTANTIAM IN QUA EST PRINCIPIUM STATUS ET MOTUS IN EA. Hoc est contra eos qui dicunt

---

Arist.: 41/42 VI 1 1025b17-18 (AL XXV 3.2, p. 125, 18-19) 46/47 VI 1 1025b25 (AL XXV 3.2, p. 126, 25-26) 50/51 VI 1 1025b19-21 (AL XXV 3.2, p. 125, 21-22)

25/26 Arist., *Phys*. II 2 194b5-7 (AL VII 1.2, p. 54, 8-55, 1) 28/29 Arist., *An. Post*. I 16 75b30-33 (AL IV.1-4, rec. Guillelmi, p. 294, 18-20) 43/44 Arist., *An. Post*. II 1 89b34-35 (AL IV.1-4, rec. Guillelmi, p. 321, 13-14) 51/52 Cfr Thom. Aq., *In Phys*. II lect. 1, §143-144 (p. 74)

---

35 magna] *coni.*, magis *M*   47 theoricam] *coni.*, theologicam *M*

glossam talem: "non est principium motus in quo est", scilicet motus. Et dico quod motus in movente et movens est principium, non tamen naturale. Unde excludit per haec verba istam glossam, et debet intelligi sic: in qua est natura, etc.

⟨De potentia activa in naturalibus⟩

VI 1 1025b21-24   15. Similiter hic nota pro potentia activa, si intelligant hanc litteram de differentia scientiae physicae et aliarum sic quod in aliis est principium effectivum extra, in physica principium naturale intra ('in aliis', scilicet artificialibus sicut in moralibus).

⟨De materia in definitione entium naturalium⟩

VI 1 1026a2-3   16. NULLIUS EORUM SINE MOTU ⟨RATIO⟩. Hoc est falsum. Sic ad litteram intelligitur 'sine motu', id est materia, quae est principium passivum motus.

⟨De distinctione physicae, mathematicae et metaphysicae⟩

VI 1 1025b30-1026a19   17. Nota hic ubi loquitur de physica et mathematica et metaphysica, non distinguit eas penes consimilia subiecta, scilicet penes rationem formalem, sed est de considerabilibus quantum ad proprietates mathematicas inhaerentes considerabilibus. Unde ex hoc non habetur quod corpus mobile in quantum mo|bile, nec M71vb similiter de aliis, etc. Si enim mobilitas et immobilitas essent rationes formales subiecti eorum, ergo ratio immobilitatis esset ratio formalis subiecti considerati a mathematico, ergo numerus consideraretur ab eo in quantum immobilis.

18. Similiter distinguit hic penes principia, quae est prior distinctio, secundum illud primi *Physicorum*: "altera est scientia ex alteritate principiorum".

Arist.: 57/58 VI 1 1025b21-24 (AL XXV 3.2, p. 125, 23-126, 25)   62 VI 1 1026a2-3 (AL XXV 3.2, p. 126, 37)   66/67 VI 1 1025b30-1026a19 (AL XXV 3.2, p. 126, 31-127, 55)   68/69 VI 1 1026a7-10 (AL XXV 3.2, p. 126, 42-45)

57/60 THOM. AQ., *In Met.* VI, lect. 1, §1153 (p. 296)   63/64 THOM. AQ., *In Met.* VI, lect. 1, §1158 (p. 297)   76/77 ARIST., *Phys.* I 1 184a10-16 (AL VII 1.2, p. 7, 3-8)

---

52 scilicet] coni., si M   59 naturale] coni., materiale M   60 moralibus] coni., naturalibus M   62 Nullius] coni. ex textu Arist., nullis M   ratio] suppl. ex textu Arist.   73/74 consideraretur] coni., consideratur M

19. Similiter nota quod ex hoc sequitur quod immobilia et separata sunt unum, licet penes illa differentia detur, quia ita bene est metaphysica circa separabilia in quantum entia sicut circa inseparabilia in quantum entia, ita quod convenit cum aliis in quantum considerat mobilia et inseparabilia [immobilia] et tamen in hoc excellit quod considerat immobilia et separabilia, quae non considerantur ab aliis.

⟨De materia naturali et sub quantitate⟩

20. Nota etiam quod materia naturalis non est primum principium motus, sed est materia sub quantitate, quae prior est qualitatibus sensibilibus; aliter in quantitate non esset motus, quia principium motus est intra, etc.

⟨De subiecto metaphysicae⟩

21. Ideoque: de differentia. Ab hoc loco usque ibi: Et quoniam ens dictum est multipliciter, nota multa argumenta pro et contra pro quaestione quae quaerit de subiecto metaphysicae. Dicitur enim haec scientia ut hic dicitur 'theologia'. Verum est: a causa, id est Deo, denominatur, non a subiecto proprio, sicut scientia naturalis | a natura, quae est principium et causa.

⟨De subiecto physicae⟩

22. Similiter ⟨post⟩ multa alia, dicit quod, si non esset substantia praeter materiam consistens, physica esset de omnibus entibus et prima.

23. Contra: si non essent alia nisi istae res naturales, adhuc esset considerare ista in quantum quanta et in quantum naturalia et in quantum entia, [et] ita quod, in quantum considerantur sub ratione entis, quae est prior mobilitate, esset prima scientia.

Arist.: 83 VI 1 1026a16 (AL XXV 3.2, p. 126, 51-127, 52)   91 VI 1 1026a5 (AL XXV 3.2, p. 126, 39)   92 VI 2 1026a30 (AL XXV 3.2, p. 127, 69)   98/99 VI 1 1026a27-29 (AL XXV 3.2, p. 127, 63-64)

92/94 Duns Scot., *Quaest. super Met.* I, q. 1, §14-17, 58-61 (OPh III, p. 20-21, 35-36)

81 ita] *coni.*, tamen *M*   82 mobilia] *coni.*, immobilia *M*   inseparabilia] *coni.*, separabilia *M*   immobilia] *del.*   83 separabilia] *coni.*, inseparabilia *M*   94 haec] vel *add. s.l. M*   98 post] *suppl.*   103 et] *del.*

24. Similiter iste textus est contra eos qui ponunt physicam considerare naturam sub ratione motus et non sub propria quidditate. Si ergo omnia essent naturalia et non consideraret ea nisi sub ratione motus, tamen quidditas esset prior motu, tunc haec scientia non esset prima.

25. Dicunt illi quod, si non esset alia substantia, esset alia natura et ens, quae esset ipsum moveri, et esset prius sicut nunc est aliquod quod est ipsum ens et primum. Et tunc illud moveri esset quidditas et non accidens sicut nunc.

26. Contra: sequitur propositum quod motus tunc consideraretur sub ratione quidditativa. Quod concedo, et dico quod tunc, si ita esset, ⟨sic⟩ consideraret.

⟨De consideratione identitatis et diversitatis⟩

VI 2 1026b10-11

27. EODEM MODO VERO NEC GEOMETER SPECULATUR. In secunda parte secundi capituli quarti est eadem sententia quae hic, scilicet quod nulli scientiae pertinet considerare identitatem vel diversitatem alicuius, unde | nec geometra identitatem sibi ipsi vel alii, etc. Respice ibi. *M* 72rb

⟨De non ente et ente per accidens⟩

VI 2 1-26b21

28. Similiter nota: quando dicit "non ens quodammodo est ens per accidens", hoc est verum, sed non est simpliciter ens; unde ens per accidens non est nisi aggregatio duorum ex quibus fit unum actualiter non per se.

⟨De sophistica⟩

VI 2 1026b14-16

29. Similiter quod dicit quod sophistica est circa accidens, hoc est verum pro tanto quia ista fallacia maxime latet.

30. Similiter nota quod, secundum quod dicitur in principio quarti, scilicet quod sophistica est circa omnia etc., non intendit

---

Arist.: 118 VI 2 1026b10-14 (AL XXV 3.2, p. 128, 82-85) 124/125 VI 2 1026b21 (AL XXV 3.2, p. 128, 92-93) 129/130 VI 2 1026b14-16 (AL XXV 3.2, p. 128, 85-87)

105/106 *Non inveni*; cfr DUNS SCOT., *Quaest. super Met.* I, q. 9, §37-38 (OPh III, p. 174) 110/111 *Non inveni* 122 ARIST., *Met.* IV 2 1004b1-4 (AL XXV 3.2 p. 70, 90-93) 131/132 ARIST., *Met.* IV 2 1004b17-20 (AL XXV 3.2, p. 71, 106-109)

109 esset] *coni.* ē est *M* 116 sic] *suppl.* 119 capituli] *coni.*, s *M* sententia] *coni.*, scientia *M* 129 sophistica] *coni.*, solum *M*

ibi dicere quod subiectum sophisticae est circa omne ens etc. ita quod praedicatur de omnibus, sicut vult Commentator; sed usus logicae se extendit ad omnem scientiam.

⟨De scientia entis per accidens⟩

31. Similiter nota quod haec ratio 'ens', scilicet 'per accidens' (quae ratio accidit homini albo), hoc scitur aliquo modo, licet non simpliciter sit ens, sed secundum quid, id est in conceptione. Tamen illud quod subest, non scibile simpliciter: sicut nec infinitum, licet ratio infiniti (non infinitum, scilicet res quae subest: tunc oporteret intellectus ea finire, et tunc non essent infinita).

32. Similiter aliqui dicunt quod est fallacia accidentis: "intelligo et scio rationem entis per accidens, ergo scio ens per accidens".

33. Dico quod non est verum. Unde ita vere dico aliquid quando dico me nihil dicere et intelligo aliquid vere quando intelligo nihil me in|telligere sicut quando dico et intelligo te esse hominem.

⟨De ente in paucioribus⟩

34. Similiter nota quod ens in pluribus non est causa entis in paucioribus per se, sed per accidens: non per se, quia oppositum non est causa alterius oppositi, et ista sunt opposita; sed per accidens, scilicet in quantum defectivum. Et hoc est quod dicit quod entis per accidens non est aliqua causa determinata, etc.

35. Similiter si ens per accidens sit ens in paucioribus, ergo, cum eclipsis lunae sit in paucioribus, est ens per accidens, et per consequens non esset vere scibile.

36. Dico quod ens per accidens 'in paucioribus' [et in p] non dicitur ex hoc quod raro evenit, quia frequentius evenit quam ens in pluribus forte et aliquando. Sed pro tanto dicitur aliquid frequenter evenire quia in comparatione ad causam: causa enim entium frequenter posita in esse, necessario ponitur effectus. Sed tamen non oportet quod, causa alia posita in esse, accidat ens in

---

Arist.: 150/151 VI 2 1026b30-33 (AL XXV 3.2, p. 128, 101-103)

134 AVER., *In Met.* IV, t. c. 5 (f. 70v H-I)   143/144 *Non inveni*   153/154 ARIST., *Met.* V 30 1025a24-25 (AL XXV 3.2, p. 123, 896-897)

147 nihil] *coni.*, aliquid M   158 et in p] *del.*   160 aliquando] *coni.*, alia M   161 causa enim] enim causa M

paucioribus, id est per accidens, quia potest esse quod producat ens in paucioribus quia non est eius determinata causa sicut in aliis. Unde eclipsis lunae licet raro eveniat, tamen de quacumque et quandocumque ponitur causa, de necessitate eclipsatur, quia quod non frequenter eclipsatur hoc accidit quia causa necessaria non semper ponitur in esse.

⟨De materia et de ente per accidens⟩

37. Similiter nota illud quod dicit, quod materia est causa entis per accidens.

38. Arguitur sic: entis | per accidens est causa per accidens; causae per accidens sunt casus et fortuna, quae reducuntur ad efficientem vel materialem causam; ergo.

39. Dico quod materia non est causa per accidens nisi occasionaliter tantum; et hoc non absolute considerata, quia de se est indifferens ad quamcumque formam sive sit per accidens sive non, sed materia sub indispositione aliqua comparata ad agentem defectivum. Unde, si agens sit perfectae virtutis, quamvis in materia sit indispositio, adhuc non producetur ens per accidens, quia, sicut potest inducere formam, sic potest tollere omnem dispositionem in materia. Et ideo respectu superiorum causarum numquam est ens per accidens, quia sunt agentia perfecta. Sed agens hoc aliquando est debile, et ideo non potest tollere talem indispositionem materiae; et ideo aliquando causatur per accidens, quia inducit formam sicut potest.

⟨De causa efficiente entis per accidens⟩

40. Nota quod ens per accidens habet causam, id est efficiens, per accidens; non materiam, nisi occasionaliter.

41. Similiter nota quod concurrit ex duabus causis accidentaliter ordinatis, ita quod neutra intendat aliam. Verbi gratia, aliquis intendit exire ut quaerat potum alicubi et ibi invenit latrones et vulneratur, quod est ens per accidens. Unde nec inventio latronum intenditur ab exeunte nec inventio illius hominis intenditur a latronibus. |

Arist.: 171/172 VI 2 1027a13-15 (AL XXV 3.2, p. 129, 122-124)

---

167 quandocumque] *coni.*, quocumque *M*   182 sic] *coni.*, non *M*

⟨De argumentis Aristotelis contra destruentes ens per accidens⟩

42. Similiter nota quod argumentum Philosophi contra destruentes ens per accidens est ex duabus impossibilibus.

43. Unde bene verum est quod in exemplis suis aliquid est ibi quod habet causam per se, et multa etiam sunt ibi. Sed est ibi una causa ad minus quae non est causa per se, sed per accidens est, et hoc est quod dicit in littera. Vide exempla.

44. Unde nota quod necessaria causa includit causam per se, non tamen e converso.

45. AUT EST, scilicet determinate, AUT NON, scilicet determinate, quia diversimode est aut non est si futurum contingens ad utrumlibet, etc.

46. Nota similiter quod argumentum Philosophi, ut videtur, non concludit (quia si posita causa per se de necessitate effectus ponitur, ergo omnia ex necessitate): quia adhuc oportet quod non tantum sit necessaria habitudo effectus ad causam per se, sed oportet quod sit necessaria habitudo et quod causa sit necessario posita ad hoc quod omnia eveniant de necessitate.

47. Similiter nota quod argumentum Philosophi non est de istis intentionibus 'causa' et 'effectus', sed de hiis quae sunt causa et effectus; quia, si sic, concederem tibi quod, posita causa, necessario et effectus (⟨si⟩ istae intentiones).

48. Similiter arguitur contra hoc quod dicit, quod scilicet aliquid habet causam per se et tamen resolvendo oportet venire ad causam non per se. Contra.

⟨De veritate et falsitate in intellectu⟩

49. Nota quod aliqui dicunt, super finem sexti, quod omnis veritas et falsitas est in intellectu componente et dividente tam|quam in cognoscente. Unde, licet intellectus simplex sit verus in quantum conformatur suo obiecto, non tamen cognoscit se conformari ei, sicut nec sensus suo; sed cognoscere se conformari

---

Arist.: **198/199** VI 3 1027a29-b6, b6-11 (AL XXV 3.2, p. 130, 139-150, 150-155) **203** VI 3 1027a34-b11 (AL XXV 3.2, p. 130, 144-155) **206** VI 3 1027b5 (AL XXV 3.2, p. 130, 149) **209/210** VI 3 1027a29-b11 (AL XXV 3.2, p. 130, 139-155) **223** VI 4 1027b25-28 (AL XXV 3.2, p. 131, 170)

219/221 *Non inveni* **223/225** THOM. AQ., *In Met.* VI, lect. 4, §1236 (p. 311)

---

208 utrumlibet] *coni.*, universale *M*   **218** si] *suppl.*   **219** scilicet] *coni.*, li *M*

pertinet ad intellectum componentem. Et sic glossat eum sic et consequentiam eius alibi, ubi dicit, scilicet in II huius, quod unumquodque sic se habet ad entitatem sicut ad cognoscibilitatem vel veritatem. Non tamen approbo.

228/229 THOM. AQ., *In Met.* II, lect. 2, §298 (p. 85)   229/231 ARIST., *Met.* II 1 993b30-31 (AL XXV 3.2, p. 44, 33-34)

228 sic¹] *coni.*, si *M*   229 consequentiam] *coni.*, controversiam *M*

⟨LIBER VII⟩

⟨De separabilitate accidentium⟩

1. Hic accipiunt aliqui quod intentio Philosophi fuit quod nullo modo posset separari accidens a subiecto.

2. Tamen dicitur quod verum est per viam naturae.

3. Sed contra hoc arguunt quod nec Deus, quia includit contradictionem. Probant per argumenta I *Physicorum* contra Anaxagoram, qui posuit unum intellectum segregantem omnia, qui esset quasi unus Deus; et dicit quod quaerere eum intellectum segregantem accidentia a substantiis est quaerere impossibilia.

4. Contra istos arguo sic: Philosophus, tractatu de vacuo, quaerit utrum, posito quod esset aliquod spatium in quo non esset aliquod corpus sed sonus vel color, utrum esset vacuum; et respondet suo modo: distinguit enim utrum illud corpus sit natum recipere vel non, et secundum hoc solvit. Sed arguo tunc: ex hypothesi includente contradictoria sequuntur contradictoria; nunc, si hoc sit verum, | secundum intentionem eorum, quod accidens non potest separari a subiecto sine contradictione, tunc haec hypothesis includeret contradictoria, scilicet quod sit vacuum quia non est ibi corpus. Quod non sit vacuum sequitur quia impossibile est per te colorem separari a corpore; est ergo ibi corpus; et tunc sequitur

---

Arist.: VII, 2 VII 1 1028a18-20 (AL XXV 3.2, p. 134, 11-13)

VII, 2/9 Cfr Anon., *Quaest. in Phys.* I, q. 13, in A. Zimmermann, *Ein Kommentar zur Physik des Aristoteles aus der Pariser Artistenfakultät um 1273*, Berlin, 1968, p. 24-25; Anon., *Quaest. in Phys.*, ms. Oxford, Oriel Coll. 33, f. 14ra-b; Anon., *Quaest. in Phys.*, Cambridge, Peterhouse 192, f. 59va; Guill. de Bonkes (?), *Quaest. in Phys.*, Cambridge, Peterhouse 192, f. 43vb, in S. Donati, '*Utrum accidens possit existere sine subiecto*: Aristotelische Metaphysik und christliche Theologie in den Physikkommentaren des 13. Jahrhunderts', in *Nach der Verurteilung von 1277: Philosophie und Theologie an der Universität von Paris im letzten Viertel des 13. Jahrhunderts. Studien und Texte* – ed. J. A. Aertsen, K. Emery, Jr., A. Speer (Miscellanea Mediaevalia, 28), Berlin, 2001, p. 598-599   5/22 Cfr Duns Scot., *Quaest. super Met.* VII, q. 1, §17, lin. 13-17 (OPh IV, p. 95); Duns Scot., *Ord.* IV, d. 12, pars 1, q. 1, §43-44 (ed. Vat. XII, p. 312-313)   6/9 Arist., *Phys.* I 4 188a5-13 (AL VII 1.2, p. 21, 15-22, 5)   10/14 Arist., *Phys.* IV 6 214a9-11 (AL VII 1.2, p. 156, 20-157, 1)

VII, 7   qui] *coni.*, quae M

oppositum positi, scilicet quod est ibi corpus; et tunc sequitur ultra quod non est vacuum.

5. Ad argumentum eorum: ipse loquitur solum de intellectu ut est naturaliter operans per causas secundas; et tale, ut sic intellectum, non potest agere nisi ut illa nata sunt recipere operationem. Et bene verum est: Deus per naturam nullam secundam potest separare accidens a subiecto. Tamen, ut absolute consideratur Deus operans, potest. Ipse intellexit primo modo, quia aliter non intelligebant de Deo antiqui nisi ut operatur per causas naturales.

⟨De significatione in concreto et in abstracto⟩

6. Similiter nota quod hic sunt verba multa ad probandum quod concretum significat subiectum. Sed glossatur sic: quia ex modo significandi et dicendi datur intelligere subiectum secundario et ex consequenti.

7. Similiter facit argumentum unum: accidentia sunt entia quia sunt entis; abstracta autem non significant ut entis, ergo non sunt entia; sed concreta significant ut entis, et ideo sunt entia.

8. Dico quod abstracta ut sunt entis vere non significant; modo, si argumentum valeret, deberet accipere quod significant quod non sunt entis, ad hoc quod | sequatur inconveniens; sed si sic acciperet, tunc assumeret falsum, quia nec significat sicut nec 'homo' significat, sed significat istud abstractum, et illud est quid et hoc quia entis.

⟨De prioritate substantiae⟩

9. SUBSTANTIA praecedit accidens TEMPORE. Contra: tempus est aeternum secundum eum; ergo nulla substantia praecessit tempore, quia tunc tempus tempore.

10. Similiter quod dicit 'cognitione', contra: omnis cognitio ortum habet a sensu; sed accidentia prius sentiuntur; ergo prius cognoscuntur.

M73vb

Arist.: 45 VII 1 1028a33 (AL XXV 3.2, p. 133, 24-25)

---

23 *Vide supra §3*

---

23 solum] *coni.*, similiter *M*   38 vere] *coni.*, nex *M*   48 cognitione] *coni.*, cognitionem *M*

11. Respondeo ad secundum quod accidentia prius cognoscuntur prioritate temporis, sed non prioritate perfectionis, quia imperfectius cognoscuntur cum sunt imperfecte entia respectu substantiae.

⟨De substantiis caelestibus⟩

12. UT CAELUM ET PARTES EIUS UT ASTRA, LUMINA ET SOL. Hoc exemplum est pro ponentibus quod ***.

⟨De prioritate formae respectu materiae et compositi⟩

13. DICITUR AUTEM SUBSTANTIA etc.

14. Post: QUARE ET SI SPECIES MATERIA. Hoc antecedens exponitur dupliciter, scilicet: sequitur "forma est prior materia, ergo prior est composito, quia quod est prius priore est prius posteriore et materia est prior composito quia pars est prior toto".

15. Contra: non videtur materia magis ens composito, nec prior intentione sed executione (sic imperfectiora sunt priora). Confirmatur, IX huius, capitulo septimo: AT VERO ET SUBSTANTIA PRIUS.

16. Ideo nota quod "forma est prior et magis ens quam materia, ideo similiter et quam compositum" non oportet consequentiam esse a maiori, ut exponitur supra per expositorem, scilicet unumquodque propter quod, etc.; sed a simili: propter eandem rationem, id est similem, qua forma est actus et perfectio materiae, et compositi – materiae ut receptivi, compositi ut constituti per ipsam intra, cuius compositi essentia est.

17. Sed numquid actus est prior actuali, scilicet cuius est pars, sicut est prior potentia [potentialiter]?

18. Et quomodo pars magis ens | toto includente illam et aliud ens?

Arist.: 56 VII 2 1028b12-13 (AL XXV 3.2, p. 133, 42-43) 59 VII 3 1028b33-36 (AL XXV 3.2, p. 134, 64-66) 60 VII 3 1029a5-7 (AL XXV 3.2, p. 134, 72-74)

66/67 ARIST., *Met.* IX 8 1050a4-6 (AL XXV 3.2, p. 189, 280-282) 70 THOM. AQ., *In Met.* VII, lect. 2, §1278 (p. 321) 71/74 Cfr FERRAND. HISP., *In Met.* VII, *vide Append. III, text. I*

53 cum] *coni.*, tamen *M* 57 *post* quod *lacunam supposui* 60/93 Post – secunda] §13-21 *post* §75 *et ante* §76 *pos. M* 74 essentia] *coni.*, essentiam *M* 76 potentialiter] *del.*

19. Si tenetur prima expositio quae ponitur supra, tantum sit hoc quoad prius, sicut littera dicit 'prior erit', non quoad 'magis ens' ('prius' aequivocum).

20. Aliter, 'quare si' non est nota causae pro 'quia', sed consequentiae, cuius antecedens infert consequens 'propter eandem rationem' secundum Platonicos de forma separata. Non est autem consequentia bona secundum Aristotelem nec consequens verum, nec eadem ratio antecedentis et consequentis secundum ipsum. Ratio secundum Platonem posset esse quia forma continet perfectiones omnium in specie, ita quod quodlibet individuum deficit ab eius perfectione sicut materia a perfectione formae – non omnis, sed sic sicut utrumque deficit: individuum enim participat perfectionem formae separatae prout illa diminute recipitur in materia individuali.

21. Et pro secunda ***.

⟨De materia⟩

22. DICO MATERIAM QUOD SECUNDUM SE NEQUE EST QUID NEC QUANTUM. Illud exponitur dupliciter: uno modo quod sit ibi expositio materiae quid sit, alio modo quod sit ibi una ratio.

23. Primi dicunt quod materia subicitur alicui, composito scilicet vel formae, ita quod praedicatur de materia denominative.

24. Cuius contrarium dicit Philosophus IX. Dicit enim quod materia praedicatur de aliquo denominative, ut "archa est lignea" exemplum ibi; non enim vult quod compositum praedicetur ibi denominative, quia tunc esset in praedicationibus circulus, quod est inconveniens dictum in *Posterioribus*.

25. Et illud quod in littera dicitur, quod praedicatur de materia, debet sic intelligi, hoc | est: materia habet rationem receptivi res-

---

Arist.: 80 VII 3 1029a5-7 (AL XXV 3.2, p. 134, 73-74)   82 VII 3 1029a5 (AL XXV 3.2, p. 134, 73)   95/96 VII 3 1029a20-21 (AL XXV 3.2, p. 135, 87-89)

---

79 *Vide supra §14*   99/100 FERRAND. HISP., *In Met.* VII *vide Append. III, text. II*   101/103 ARIST., *Met.* IX 7 1049a18-21 (AL XXV 3.2, p. 187, 225-227)   105 ARIST., *An. Post.* I 3 72b25-73a6 (AL IV.1-4, rec. Guillelmi, p. 288, 19-37)

---

82 quare] *coni.*, et *M*   91 illa] *coni.*, illud *M*   93 *post* secunda *lacunam supposui*   96 Illud] dicitur *add. et del. M*   101 Philosophus] *coni.*, per *M*

pectu istorum sicut substantia respectu accidentium, non tamen praedicantur sicut accidens de substantia.

26. Unde ratione permanentiae vel ratione receptivi et susceptivi probat materiam esse substantiam, tamen quod sit maxime substantia est impossibile, sicut dicit ibi.

⟨De superficie, de albo et de levi⟩

27. Nota: definitio non est quidditas, sed expressiva quidditatis.

28. ET PRIMO QUIDEM DICEMUS DE EO LOGICE. Quidam dicunt sic ibi quod, si album et leve essent eadem superficiei realiter, tunc idem inter se.

29. Sed ista expositio non valet, quia nec consequentia, quia animal et rationale sunt idem essentialiter homini, non tamen inter se.

30. Sed sic: si una passio est eadem superficiei, eadem ratione et aliae, et tunc ponerentur in definitione eius; et per consequens ex eis fieret unum essentialiter; sed est impossibile quod ex diversis passionibus diversi generis constituatur unum essentialiter, quia diversorum generum et non subalternatim positorum diversae sunt etc.

31. Similiter ALBO ET LEVI ESSENT UNUM, supple: tertio, id est superficiei constituenti ⟨unum⟩ ex ambobus; non inter se, sicut dicunt primi.

⟨De quidditate entis per accidens⟩

32. NON SECUNDUM SE DICITUR DUPLICITER, id est istud 'homo albus', quod non est dictum [non] secundum se 'dicitur dupliciter, ⟨id est⟩ aggregat in se duo; unum se habet ex additione ad aliud, non e converso.

Arist.: 110/111 VII 3 1029a26-28 (AL XXV 3.2, p. 135, 94-97) 116 VII 4 1029b13-14 (AL XXV 3.2, p. 136, 17) 117 VII 4 1029b21-22 (AL XXV 3.2, p. 136, 125-127) 128 VII 4 1029b21-22 (AL XXV 3.2, p. 136, 125-127) 132 VII 4 1029b29-31 (AL XXV 3.2, p. 137, 134-136)

116/118 THOM. AQ., *In Met.* VII, lect. 3, §1314 (p. 327) 122/127 Cfr FERRAND. HISP., *In Met.* VII, *vide Append. III, text. III* 129/130 *Vide supra §28*

129 unum] *suppl.* 132 Non] *coni. ex textu Aristotelis, nota* M 133 non] *del.* 134 id est] *suppl.*

33. Hic nota: EO QUOD IPSUM ADDITUR DICITUR QUOD DEFINITUR potest legi de toto aggregato vel de illo | quod additur, id M74rb est parti, scilicet albo.

34. ERGO ⟨EST QUID ERAT⟩ ESSE ALIUD TOTALITER ALIQUID. Ista ratio est communis accidentibus et entibus secundum se, quia accidentia non sunt proprie aliquid, sed solum substantiae, et tamen definiuntur, quia sunt entia secundum se; sed ens per accidens non est dictum secundum se nec est hoc aliquid.

⟨De definitione et nomine⟩

VII 4 1030a7-8 35. DEFINITIO VERO EST NON SI NOMEN RATIONI IDEM SIGNIFICAT.

36. Contra: in fine quarti, ubi arguit contra negantes principia, dicit quod definitio est ratio indicans quid significat nomen.

37. Ideo dico quod in habentibus definitionem et quidditatem idem est definitio et ratio significans quid significatur per nomen, in non habentibus non.

⟨De definitione et quidditate accidentium⟩

VII 4 1030b4-5 38. ILLUD AUTEM PALAM QUIA QUAE PRIMO DEFINITIO. Ibi vult dicere quod accidentia vere definiuntur, non tamen primo, sed substantiae; ens per accidens neutro modo.

39. Unde nota quod ista [quae] est manifesta, et vel praecedentia duplicia vel hic sic corrigit praecedentia. Unde, si allegetur quod quantitas est non ens et similiter alia praedicata accidentalia, sicut apparet eum dicere in prioribus quod sic sunt entia sicut non

---

Arist.: 136/137 VII 4 1029b31-33 (AL XXV 3.2, p. 137, 136-137) 139 VII 4 1030a2-3 (AL XXV 3.2, p. 137, 141-142) 145/146 VII 4 1030a6-7 (AL XXV 3.2, p. 137, 146-147) 153 VII 4 1030b4-7 (AL XXV 3.2, p. 138, 182-185) 156 VII 4 1030a28-34 (AL XXV 3.2, p. 138, 170-176) 159/160 VII 4 1030a28-34 (AL XXV 3.2, p. 138, 170-176)

137/138 Cfr FERRAND. HISP., *In Met.* VII, *vide Append. III, text. IV* 147/148 ARIST., *Met.* IV 7 1012a23-24 (AL XXV 3.2, p. 90, 629-630)

136 additur] *coni. ex textu Aristotelis,* addi *M*   136/137 quod definitur] *coni. ex textu Aristotelis,* differre *M*   139 Ergo] *coni. ex textu Aristotelis,* erunt *M*   est quid erat] *suppl. ex textu Aristotelis*   145 non si] *coni. ex textu Aristotelis,* nomen sed *M*   147 fine] *coni.*, principio *M*   156 quae] *del.*   vel] *coni.*, ñ *M*   157 vel] *coni.*, ñ *M* sic] *coni.*, sicut *M*   corrigit] contingit *M; s.l. et in mg.* aliter: corrigit *M*   158 accidentalia] *coni.*, essentialia *M*

160 scibile est scibile (et non scibile simpliciter): dico tunc quod hoc corrigit hic, et dico quod similitudo non est intelligenda quoad omnia.

40. Unde nota quod hic dicit 'simpliciter'; vel si dicat 'similiter' idem erit, quia refert praecedens etc.

165 ⟨De identitate inter quod quid est et illud cuius est⟩

41. UTRUM QUOD QUID SIT IDEM, et post unam lineam: SIN|GULUM AUTEM NON ALIUD VIDETUR ESSE. Hic dicunt aliqui quod exponit illud quod apparet in prima facie. Et dico quod oppositum nullo modo apparet.

170 42. Et post dicit ibi: IN DICTIS SECUNDUM ACCIDENS, quod arguit quod non, sic: si hominis albi quod quid est idem homini albo, tunc ⟨homo albus est idem homini, quia⟩ homo albus non subicitur nisi respectu hominis, qui est vere subiectum; unde dicit quod hic 'homo albus' supponit pro homine. Et tunc ultra: si
175 homo albus est idem homini, per eandem rationem homo musicus, quia quod quid hominis musici per te est idem cum homine musico et non supponit homo musicus nisi pro homine; et tunc idem est homo musicus homini, et sic de infinitis accidentibus. Sed si homo albus et homo musicus sunt idem homo, inter se
180 erunt idem.

43. Ego autem dico quod non est bona expositio. Immo ibi, ad SINGULUM, solvit. Et primo ibi: IN DICTIS SECUNDUM ACCIDENS, arguit quod in entibus per accidens non est quod quid ⟨idem⟩ cum eo cuius est.

185 44. Non autem quaerit utrum ens per accidens, id est praedicatum per accidens, utrum, inquam, eius quod quid sit idem su-

---

Arist.: **163** VII 4 1030b4-7 (AL XXV 3.2, p. 138, 182-185)   **164** VII 4 1030a29-30 (AL XXV 3.2, p. 138, 170-174)   **166** VII 6 1031a15-16 (AL XXV 3.2, p. 140, 229-230)   **167** VII 6 1031a17-18 (AL XXV 3.2, p. 140, 231-233)   **170/171** VII 6 1031a19-28 (AL XXV 3.2, p. 140, 234-241)   **182** VII 6 1031a17-18 (AL XXV 3.2, p. 140, 231-234)   **182/183** VII 6 1031a19-28 (AL XXV 3.2, p. 140, 234-241)

167/169 THOM. AQ., *In Met.* VII, lect. 5, §1357 (p. 336)   **170/180** THOM. AQ., *In Met.* VII, lect. 5, §1359-1360 (p. 336)   **181/190** Cfr FERRAND. HISP., *In Met.* VII, vide Append. III, text. V

160 est scibile² et non scibile³] et non scibile est scibile *M*   **167** Singulum] *coni. ex textu Aristotelis*, singularium *M*   **170** accidens] *coni. ex textu Aristotelis*, se *M*   **172** homo – quia] *suppl.*   **182/183** accidens¹] *coni. ex textu Aristotelis*, se *M*   **184** idem] *suppl.*

biecto (sic dicendo 'homo albus', utrum autem quod quid albi sit idem homini): quia certum est quod hoc nihil esset quaerere, quia certum est quod non est idem; sed quaerit de ente per accidens quod aggregat in se duas naturas.

45. Et tunc arguit IN DICTIS quod non sic: si hominis albi est idem quod quid cum eo, et erit idem homini; hoc autem falsum. Probatio consequentiae: fiat tale argumentum: "⟨si⟩ homo albus est idem suo | quod quid, sit *a*; sed homo *a* est homo albus; ergo homo *a* ⟨est idem quod quid hominis albi⟩". Hoc autem falsum, cum homo sit quod quid hominis. M74vb

46. Et post solvit ibi: AUT NON NECESSE. Iste communiter est modus quo solvit, ubi dicit 'aut' post argumentum vel aliam disiunctionem. Dicit igitur: detur quod ens per accidens habeat quod quid, sicut non habet nec secundum rei veritatem nec secundum eum, sed detur; quod quod quid eius sit idem adhuc non sequitur, quia non oportet, quando maior est idem medio per se et medium minori per accidens, quod concluditur identitas per se maioris cum minori. Et hoc est quod dicit: non oportet EXTREMITATES FIERI EADEM etc.

47. Et post immediate: FORSITAN, arguit ultra quod saltem quod quid hominis albi erit idem homini ⟨per accidens⟩. Sed dicit ipse: hoc non conceditur ex usu loquendi, scilicet quod quod quid sit per accidens idem, quia dicitur communiter quod ubi est idem est idem quidditative.

48. Arguo contra priorem expositionem, primo, quod haec sit vera et necessaria: "homo albus est homo albus"; ergo et quod quid eorum. Consequentia patet. Probatio antecedentis, quia Philosophus dicit quod verissima est quando praedicatur idem de se. Et vult in VII, credo: hic dicit quod omnis quaestio aliquid quae-

---

Arist.: **191** VII 6 1031a19-24 (AL XXV 3.2, p. 140, 234-238) **197** VII 6 1031a24-25 (AL XXV 3.2, p. 140, 238-239) **204/205** VII 6 1031a24-25 (AL XXV 3.2, p. 140.240) **206** VII 6 1031a25-28 (AL XXV 3.2, p. 140, 239-241)

211 *Vide supra §42* **211/212** Cfr BOETH., *In Periherm.*, prima ed., II, 14, (ed. Meiser, p. 215, 18-25; *PL*, 64, col. 387C-D) **215/217** ARIST., *Met.* VII 17 1041a20-24 (AL XXV 3.2, p. 166, 907-911); cfr DUNS SCOT., *Lect.* I, d. 8, p. 1, q. 3, §121 (ed. Vat. XVII, p. 43)

193 si] *suppl.* **195** est – albi] *suppl.* **198** quo] *coni.*, quod *M* **207** per accidens] *suppl.* **213** Consequentia] *coni.*, antecedens *M* antecedentis] *coni.*, consequentiae *M*

rit et aliquid praesupponit; istud est quod supponitur in omni, quod idem est idem, si nihil est notius.

49. Item, per syllogismum ex oppositis: "omne album lignum est homo albus, nullum album lignum est homo albus, | ergo nullus homo albus est homo albus". Conclusio est impossibilis, cum sit in syllogismo ex oppositis. Ergo opposita est necessaria, scilicet "aliquis homo albus est homo albus".

50. Dicitur quod et si haec sit necessaria, tamen non sequitur, quia ad hoc quod quod quid unius esset idem cum quod quid alterius oportet quod quodlibet eorum sit in se vere quid et unum; hoc autem est falsum: non enim homo albus est in se unum quid, sed duo; ideo non oportet etc.

51. Contra: tunc sequitur quod in artificialibus non essent propositiones per se; ita haec "domus est domus" esset per accidens; sed per accidens reducitur ad per se; ergo esset alia propositio notior et verior ista "domus est domus".

52. Similiter hoc quod dicunt quod non est quid et unum in se, contra: in V, capitulo de uno, quarto modo unius, dicit quod definitio est una et indivisibilis, et respondet tacitae obiectioni quod, licet definitio sit divisibilis in se quia ex genere et differentia, tamen est indivisibilis alteri. Ita dico sic: licet hoc quod quid hominis albi non sit nec unum nec indivisibile in se, est tamen unum et indivisibile respectu alterius.

53. Similiter quod dicit ultra: "homo albus supponit pro homine", contra: tunc hoc animal rationale est animal rationale; et tunc animal rationale esset idem ⟨huic⟩ rationali animali, quod non est verum quod est idem per se, sed per accidens.

54. Et similiter quod dicit quod homo albus et homo musicus ⟨sunt idem⟩ cum homine habente | musicam et albedinem, ita quod tota totis etc.

⟨De materia sensibili⟩

55. POSSIBILE VERO ESSE ET NON ESSE, HOC AUTEM IN UNOQUOQUE EST MATERIA. Hic est argumentum quod materia

---

Arist.: 247/248 VII 7 1032a20-22 (AL XXV 3.2, p. 143, 301-302)

---

232 *Vide supra §50*   233 ARIST., *Met.* V 6 1016a33-35 (AL XXV 3.2 p. 100, 240-243)   243/245 *Vide supra §42*; THOM. AQ., *In Met.* VII, lect. 5, §1360 (p. 336)   248/251 *Non inveni*

---

239 supponit] *coni.*, praesupponit *M*   241 huic] *suppl.*   244 sunt idem] *suppl.*

non est de quidditate rei, quia de ratione quidditatis nec est esse nec non esse nec est generabilis nec corruptibilis etc., et hic ponitur materia tamquam principium generationis.

56. Dico quod haec auctoritas intelligitur de materia sensibili; per illam potest res esse et non esse. Et hoc est ad propositum Philosophi, quia hic loquitur de materia ut est principium generationis, et hoc est materia sensibilis.

⟨De principio efficiente⟩

57. Similiter nota quod statim post dicit quod principium efficiens est in alio quam in generabili. Et hoc est verum. Tamen in aliis, ut in mobili secundum locum et augmentabili etc., est principium efficiens motum intra etc. Et non est simile de uno et alio, quia generabile est solum in potentia passiva. Et hoc contra ponentes ⟨potentiam⟩ diminutam.

58. Tamen dicerent quod hic loquitur de principio effectivo completo; potentia diminuta non est tale, sed imperfectum et adiuvans; et ita principale agens et compositum generatum sunt habentia naturam consimilem. Divisionem ponit II *Physicorum*.

⟨De generatione ex spermate et sine spermate⟩

59. Quod enim illic eadem ex spermate fiunt et sine spermate.

60. Dicitur | quod Avicenna voluit dicere quod omnia naturalia possunt fieri eadem specie ab agente universali sine intentione particulari et a particulari agente.

61. Commentator est in alio extremo, dicens quod non sunt eiusdem speciei generata ab agente universali et particulari.

Arist.: 257/258 VII 7 1032a22-25 (AL XXV 3.2, p. 143, 303-307)   268/269 VII 7 1032a30-32 (AL XXV 3.2, p. 143, 312-313)

261/262 Cfr Albert. Magn., *Phys.* I, tr. 3, c. 3 (p. 41-44), c. 10 (p. 56-57), c. 16 (p. 70-73); Galfr. de Aspall, *Quaestiones super Physicam* I, q. 65 (p. 340-342)   263/265 Galfr. de Aspall, *Quaestiones super Physicam* I, q. 65 (p. 340-342)   266 Arist., *Phys.* II 3 195a29-32 (AL VII 1.2, p. 60, 3-6)   270/272 Thom. Aq., *In Met.* VII, lect. 6, §1399 (p. 344)   270/272 Avic., *De diluviis* (p. 307)   273/274 Aver., *In Phys.* VIII, t. c. 46 (f. 187v H)

262 potentiam] *suppl.*   266 Physicorum] *§72 post §58 §et ante §59 pos.* M

62. Contra quod bene arguit Avicenna, *De animalibus*: si aliquid generatum ab universali non sit rationis eiusdem cum alio generato a particulari, tunc tamen istud 'generatum ⟨esse⟩' erit eiusdem speciei cum isto, et tamen primum est non per propagationem et secundum per generationem ⟨naturalem⟩. Et hoc est verum.

63. Sed arguitur: motus differunt penes terminos.

64. Dico quod non solum penes terminos, sed penes media per quae fit motus vel processus. Unde in VII *Physicorum* dicit Philosophus quod motus circularis et rectus sunt omnino incomparabiles et non sunt eiusdem speciei omnino, et tamen per motum circularem et rectum potest homo devenire ad idem ubi specie.

65. Unde Philosophus tenet viam mediam, ut patet hic. Dicit enim quod non omnia possunt fieri sic et sine, sed quaedam possunt fieri a spermate et sine. Et hoc est verum, quia dicit hoc esse et in naturalibus et in artificialibus. Sicut igitur aliqua artificialia possunt fieri a casu et ab arte, et non omnia, quia domus non et alia artificialia perfecta, sic dicendum quod naturalia ut perfecta animalia non possunt fieri a casu, | imperfecta tamen possunt. *M* 75vb

⟨De specie pro natura et pro similitudine⟩

66. Ab arte enim est quaecumque species est in anima. Speciem dico quod quid erat esse cuiuslibet et primam substantiam. Et enim contrariorum quodam modo eadem species. Non potest stare (dicant quid velint) quod intelligitur hic 'species' per similitudinem et tamen quod sit quod quid rei et prima substantia.

67. Dico igitur quod accipitur 'species' pro natura rei, et illa ut intellecta in anima est quod quid intellectum vel cognitum, non quod quid extra; et est prima substantia.

68. Unde nota quod sic est de artificialibus comparatis ad intellectum nostrum sicut de naturalibus comparatis ad intellectum

---

Arist.: 286/288 VII 7 1032a28-32 (AL XXV 3.2, p. 143, 310-312)   294/297 VII 7 1032a32-b3 (AL XXV 3.2, p. 143, 314-317)

275/279 Avic., *De animal.* XV, 1 (f. 47v)   282/285 Arist., *Phys.* VII 4 248a18-b12 (AL VII 1.2, p. 268, 17-269, 17)   286/288 Cfr Thom. Aq., *In Met.* VII, lect. 6, §1400 (p. 344)   297/299 Ferrand. Hisp., *In Met.* VII, *vide Append. III, text. VI*

275 Avicenna, *De animalibus*] *coni.*, Augustinus De moribus Manichaeorum *M*   277 esse] *suppl.*   279 naturalem] *suppl.*   282 VII] *coni.*, 3° *M*   292 animalia] *coni.*, naturalia *M*   299 substantia] *coni.*, unde *M*

108   NOTABILIA SUPER METAPHYSICAM VII

305 divinum. Nota tamen hic quod Deus non solum intelligit essentiam et ideas, sed quod quid individuorum. Unde quod quid individui, quod est in Deo ut cognitum in cognoscente, est principium factivum individui et repraesentativum, unde quod quid in intellectu est prius et prior substantia quam ut est extra [se].
310 Eodem modo de universali, et quod quid ut intellectum est prius et prior substantia quam ut est extra. Sic eodem modo, de nobis, quod quid artificialium cognitorum et existentium extra.

69. Si accipitur prior littera pro similitudine quae est species, tunc istud non est quod quid nec prima substantia nisi repraesen-
315 tative; sicut igitur prius de specie quae est natura. Tamen prior expositio est verior, quia secunda non potest stare, ut patet per multa verba duo vel tria sequentia. |

70. Nota: est una quaestio de ideis, utrum habeant rationem M 76ra
quo Deus cognoscit vel habent rationem quid, id est subiecti. Ista
320 littera potest facere pro hoc, si glossetur de specie 'natura'. Si autem pro similitudine, adhuc potest dici quod sic, saltem reflexive, sicut ego possum reflexive cognoscere speciem rei obiective. Et potest multum facere pro illa quaestione, si tractetur, ista littera.

⟨De specie contrariorum⟩

VII 7 1032b2-3   71. Et enim contrariorum. Aliqui exponunt ad praecedens, ita quod non refertur ad primam substantiam. Dico tamen quod sic. Sicut enim privationis et habitus quod quid est prima substantia ut cognitum, sic et contrariorum etc.

⟨De quidditate privationis⟩

VII 7 1032b3-4   72. Privationis enim substantia quae substantiae est opposita. 'Substantia privationis', id est quidditas privationis, 'quae opposita', id est existens opposita (legatur intransitive,

---

Arist.:   317 VII 7 1032b11-14 (AL XXV 3.2, p. 143, 324-144, 328)
325 VII 7 1032b2-6 (AL XXV 3.2, p. 143, 316-319)   330/331 VII 7 1032b3-4
(AL XXV 3.2, p. 143, 317-318)

325/326 Ferrand. Hisp., In Met. VII, vide Append. III, text. VII; cfr supra §66

---

309 se] del.   310 ut intellectum] coni., intellectum ut M   313 species] coni.,
specie M   330/334 Privationis – scilicet] §72 post §58 et ante §59 pos. M   330 substantia] coni. ex textu Aristotelis, similiter M

id est ex parte una, scilicet privationis); existens opposita 'est substantiae', genitive scilicet.

⟨De specie et arte⟩

73. Similiter nota quod vult post dicere quod medicinalis ars est species. Sed hoc non potest stare sive dicatur quod accipitur species pro quod quid rei ut cognita vel pro similitudine. Probatio. Si igitur intelligitur pro natura, tunc debet sic glossari quia medicinalis ars est natura rei repraesentative, quia in arte est quod quid ut cognitum. Similiter potest glossari pro specie eodem modo.

⟨De arte et forma gravis⟩

74. Nota: hic vult dicere quod ars, quae tamen est forma in mente, est principium activum et habet rationem causae efficientis. Et hoc notabile pro forma gravis quae est in gravi: si dicatur simili modo quod habet rationem causae efficientis, hoc efficiens corrumpitur. Tamen nota quod intelligo de forma inexistente eliciente actum, ⟨non⟩ quae est principium formale; unde, si poneretur quod actio esset in agente ut in subiecto [ut] forma, | dicerem quod esset principium formale quo agens ageret, non tamen eliciens actum etc.

⟨De forma et materia in definitione⟩

75. Similiter nota quod in littera sequente non oportet nec est ad propositum quod exponitur de forma ita quod forma praeexistat sicut materia. Unde legatur aliter. Unde vult de forma quod, sicut forma ponitur in definitione, sic materia. Unde littera est contra primam expositionem.

⟨De forma et composito in generatione⟩

76. Facit 'speciem in alio': non debet intelligi quod per se facit formam in alio, quia tunc forma per se fieret. Unde non concedo

---

Arist.: 336/337 VII 7 1032b13-14 (AL XXV 3.2, p. 144, 326-328)   343/344 VII 7 1032b21-23 (AL XXV 3.2, p. 144, 336-338)   353 VII 7 1032b30-1033a5 (AL XXV 3.2, p. 144, 343-350)   359 VII 8 1033a32-b2 (AL XXV 3.2, p. 145, 175-379)

345/346 *Cfr supra, l. V, §159*   354/355 Thom. Aq., *In Met.* VII, lect. 6, §1412 (p. 346)   357 *Vide supra* §66

348 non] *suppl.*   349 ut] *del.*   357 expositionem] *§13-21 post §75 pos.* M

quod per se facit formam in materia, sed per hoc circumloquitur compositum. Unde facere formam in materia est facere per se compositum et per accidens formam.

⟨De generatione essentiae et formae⟩

VII 8 1033b7   77. NEQUE QUOD QUID ERAT ESSE, sic scilicet non generatur. Ex hoc accipiunt aliqui quod quod quid non generatur per se.

78. Dico quod hoc tantum vult dicere: quod quid erat esse, id est forma, non generatur ex materia, ut loquebatur prius. Unde videtur dicere contrarium Philosophus, scilicet quod quod quid compositi generatur, quia dicit post quod aenea sphaera | per se   M 76vb
generatur, hoc est 'aeneae sphaerae esse', sed 'esse aeneae sphaerae' circumloquitur quod quid eius etc.

79. Videtur etiam dicere contrarium II *Physicorum* et V huius, capitulo de natura, scilicet quod forma per se generatur, quia dicit in utroque loco quod generatio dicitur naturalis et denominatur a natura tamquam a per se termino. Numquam enim denominatur aliquis motus a termino per accidens, quia talia possent accidere infinita per se termino. Sed certum est quod non denominatur a natura, id est a materia, ergo a forma, quia ⟨non⟩ a composito, quia compositum, ut dicit in utroque loco, non est natura, sed habens naturam.

80. Dico igitur quod generatio est naturalis quia est via in naturam, ut dicit ibidem, id est quia est via in naturale, et hoc est compositum; sed quia hoc est naturale per naturam, ideo dicitur quod est via in naturam. Unde ad hoc sequitur quod generatio est via ad naturale, quia est via ad formam etc.

Arist.: 365 VII 8 1033b7 (AL XXV 3.2, p. 146, 383)   368 VII 8 1033a31-b5 (AL XXV 3.2, p. 145, 375-381)   369/370 VII 8 1033b10-11 (AL XXV 3.2, p. 146, 385-387)

366 THOM. AQ., *In Met.* VII, lect. 7, §1422 (p. 348)   373 ARIST., *Phys.* II 1 193b12-18 (AL VII 1.2, p. 49, 2-11)   373/374 ARIST., *Met.* V 4 1015a10-11 (AL XXV 3.2, p. 97, 144-145)   383 ARIST., *Phys.* II 1 193b11-12 (AL VII 1.2, p. 49, 2-3)

368 materia] *coni.*, forma M   ut] *coni.*, ñ M   373 etiam] *coni.*, enim M   379 non] *suppl.*

⟨De generatione formae et processu in infinitum⟩

81. Similiter quod dicit quod generationes irent in infinitum si forma per se fieret: et dico quod non est inconveniens. Hoc enim ipse ponit ⟨in VI, capitulo de praedicatis per accidens⟩.

82. Dico quod est inconveniens in essentialiter ordinatis, sive realibus sive sint ordinata in rebus rationis. Unde [in VI, capitulo de praedicatis per accidens et] in demonstrationibus, quae sunt entia rationis, habet Philosophus pro inconvenienti quod procedatur in infinitum, et hoc est verum, quia sunt ordinatae ad invicem etc.

83. Similiter arguo: materia praefuit, et compositum nihil est nisi materia et forma, ergo forma fit per se.

84. Dico quod materia, in quantum est | pars huius compositi, non praefuit, sicut nec forma etc.

⟨Quod forma non per se fit⟩

85. Aliqui arguunt quod forma non per se fit sic: illud per se generatur quod per se est ens, forma non est huiusmodi. Ergo accipitur unum quasi contrarium dicto prius capitulo 3° huius, scilicet quod forma est magis ens quam compositum; et si hoc, tunc forma prius generatur.

⟨De opinione Platonis de formis artificialium⟩

86. Nota quod Plato numquam voluit dicere quod est forma idealis in artificialibus, ita quod esset domus separata. Tamen Philosophus exemplificat in artificialibus; sed debet accipi pro naturalibus.

Arist.: 388/389 VII 8 1033b4-5 (AL XXV 3.2, p. 145, 379-381)   409/411 VII 8 1033b19-21 (AL XXV 3.2, p. 146, 397-398)

390 Arist., *Met.* VI 2 1026b6-10 (AL XXV 3.2, p. 49, 2-3)   394/395 Arist., *An. Post.* I 2 72b7-11 (AL IV 1-4, rec. Guillelmi, p. 288, 4-6)   402/403 *Non inveni*; cfr Thom. Aq., *In Met.* VII, lect. 7, §1419 (p. 348)   409/411 Arist., *Met.* VII 3 1029a26-33 (AL XXV 3.2, p. 135, 95-104)

---

390 in – accidens] *hic ex l. 392-393 posui*   392/393 in – et] *del.*   404 3°] *coni.*, 2° M

⟨De formis Platonis quoad determinationem et generationem⟩

87. HOC AUTEM DETERMINATUM NON EST etc. Non debet intelligi quod 'non est determinatum' ut universale, sed est indeterminatum quia non habet materiam sensibilem. Unde non expono de universalitate et singularitate etc. Unde dico quod Plato non posuit talem formam ita quod sit tantum intellecta si esset vere unum singulare in quo per se esset natura speciei.

88. Nota quod hic vult Philosophus probare quod, si essent ideae formae abstractae, tunc forma generaret formam; sed hoc est falsum, et falsitatem consequentis probat, sed non consequentiam.

⟨De unitate speciei⟩

89. SED UNUM EST SPECIE UT IN PHYSICIS. Hoc notabile. Si enim non esset intellectus, homo generaret hominem et sic de ceteris, et tamen dicit quod habent unum specie etc. Hoc notabile per hoc, scilicet quod, si non esset intellectus, esset unitas speciei.

⟨De sententia expositoris de generatione propter materiam et de differentia numerali⟩

90. IDEM VERO SPECIE, NAM INDIVIDUA SPECIES. Hic non intelligo de forma, sicut exponitur hic ab expositore, vel de specie | *M 77rb* prout accipitur in logica; sed accipit hic speciem pro specie specialissima, quae est 'individua', id est indivisibilis.

91. Ex ista littera accipitur quod generans non generat aliud nisi propter materiam et ultra quod sola differentia numeralis est per materiam.

92. Et ego dico: quod dicitur quod generans non generat aliud nisi propter materiam, adhuc in consequentia est fallacia conse-

quentis: quia generans non generat aliud, id est non inducit formam suam, nisi quia est materia quae debet transmutari in quam debet forma induci, quia agens in propria materia non potest inducere formam, quia ibi est forma, ergo oportet quod in alia. Et pro tanto dico quod generans non generat nisi propter materiam. Sed ex hoc non sequitur quin forma inducta posset differre numero ab alia et ex hoc non sequitur ⟨quod⟩ quodlibet generans non generat aliud nisi propter materiam, ut est dictum. Ex hoc dico quod non sequitur quod differentia numeralis est propter materiam, ita quod non differret numero istud generatum ab alio.

93. Similiter ex hoc videtur quod Deus non possit generare nec facere aliquid nisi compositum.

⟨De sententia Averrois de transmutatione materiae⟩

94. Dicit Commentator hic quod consequentia magistri non tenet ⟨nisi⟩ per hoc quod materia non transmutatur nisi per hoc quod est aliquid materiale, id est: existens in materia transmutat materiam.

95. Dico quod verum est [nisi mediantibus materialibus quibus transmutaret materiam]. Sed tunc sequitur quod Deus non produceret ⟨nisi⟩ aliquid unum numero immediate, ⟨alia vero mediantibus materialibus quibus transmutaret materiam⟩.

96. Dicunt quod est verum. Unde multitudinem et talia dicunt illi philosophantes quod Deus non posset producere immediate, sed mediantibus aliis.

⟨De diversis opinionibus de potentia activa in materia⟩

97. DUBITABIT AUTEM ALIQUIS. Ex hiis hic accipiunt sententiam ponentes potentiam activam ⟨non⟩ tantum coadiuvantem sed principalem agentem.

Arist.: 452/453 VII 8 1033b26-28 (AL XXV 3.2, p. 146, 403-405) 464 VII 9 1034a9-10 (AL XXV 3.2, p. 147, 420-421)

452/455 AVER., *In Met.* VII, t. c. 28 (f. 178r C)   460/462 Cfr SIGER. BRAB., *Quaest. in Met.* V, q. 11 (rep. Cant., p. 207, 64-78); R. HISSETTE, *Enquête sur les 219 articles condamnés à Paris le 7 mars 1277*, Louvain – Paris, 1977, art. 28, p. 66; art. 33, p. 70-72; art. 68, p. 120-128   464/466 Cfr ALBERT. MAGN., *Met.* VII, tr. 2, c. 10 (vol. 2, p. 352, 20-21); *haec positio reprehenditur in* THOM. AQ., *In Met.* VII, lect. 8, §1442α (p. 352)

---

445 quod] *suppl.*   447 numeralis] *coni.*, naturalis *M*   453 nisi] *suppl.*   456 nisi – materiam] *del.*   458 nisi] *suppl.*   458/459 alia – materiam] *suppl.*   464/465 sententiam] *coni.*, statim *M*   465 non] *suppl.*

98. Sed adversarii dicunt quod non dicit hic de omnibus, unde littera dicit 'aliqua'; loquitur hic igitur solum de animatis. Ubi ars potest concurrere cum principio etc., ibi possunt fieri aliqua et ab arte et sine. Unde nota quod in generatione non est aliquod movens se ipsum, sed forte in alteratione et motu locali; in generatione etiam forte animatorum ubi est semen vel aliqua talis vis.

99. Unde negantes ⟨potentiam⟩ activam allegant litteram istud habere, scilicet quod ignis consimiliter sit sicut domus. Certum est, secundum eos, ⟨quod domus⟩ non generatur ab arte inexistente in domo et agente intra, sed ab efficiente extra; ergo nec ignis ab aliquo principio agente intra sed solum passivo et ab efficiente extra.

⟨De productione univoca⟩

100. ARS ENIM SPECIES. Non potest intelligi nec de similitudine nec de natura rei extra, ut dictum est in alio folio, sed debet accipi pro quod quid rei ut cognitum, et istud est obiectum artis; et pro tanto dicitur ars esse univoca, quia obiectum artis sive habitus in qua vel quo est obiectum, scilicet quod quid, est univocum cum quod quid extra.

101. Nota hic du|plicem univocationem artis, tamen neutra est univocatio [nec] simpliciter; unde aliquando faciens est pars facti, aliquando non, etc.

⟨De praeexistentia materiae et formae in generatione entium omnium praedicamentorum⟩

102. Istud dubito utrum bene sumpsi, scilicet istam litteram: OPORTET PRAEEXISTERE MATERIAM ET SPECIEM, id est vel eandem speciem formaliter vel effective, sicut substantia est causa effectiva in virtute respectu accidentis.

Arist.: 467/468 VII 9 1034a9-10 (AL XXV 3.2, p. 147, 420-421, *ubi Scotus videtur habere 'aliqua' pro 'alia'*)   474 VII 9 1034a16-18 (AL XXV 3.2, p. 147, 427-428)   480 VII 9 1034a24 (AL XXV 3.2, p. 147, 435)   486 VII 9 1034a23-25 (AL XXV 3.2, p. 147, 433-436)   492 VII 9 1034b12-15 (AL XXV 3.2, p. 148, 455-457)

467 THOM. AQ., *In Met.* VII, lect. 8, §1442ε-ζ (p. 353)   473/474 THOM. AQ., *In Met.* VII, lect. 8, §1442ζ (p. 353)   481 *Vide supra* §67

473 potentiam] *suppl.*   activam – litteram] litteram activam allegant *M*   475 quod domus] *suppl.*   477 passivo] *coni.*, passio *M*   486 univocationem] *coni.*, unionem *M*   487 nec] *del.*

495   103. Hic accipitur quod in omni composito est materia propria et forma eiusdem generis. Vel si glossatur 'lignum' ibi ita quod non circumloquatur materiam propriam qualis, tunc erit 'quale lignum' generatum, et illud est ens per accidens; ergo ens per accidens generaretur – hoc est falsum.

500   104. Similiter nota quod, licet in materia sit principium activum, tamen oportet quod, ad hoc quod aliquid sit, quod sit agens extra in virtute cuius agit.

⟨De partibus rei et definitionis⟩

VII 10 1034b21   105. Nota quod hic dicitur: sicut 'ratio ad rem' sic 'partes rationis ad partes rei'.

106. Hoc est contra eos qui dicunt quod genus significat totum et differentia similiter, tamen sub alio modo. Sed dico tunc quod numquam vitabitur nugatio in definitione, quia modus significandi non est de essentia rei.

510   107. Similiter sequitur quod genus ex quo, significans totam essentiam, sufficienter definiret speciem.

108. Arguo tamen contra istud sic: sicut ratio ad rem, sic partes rationis ad partes rei; ergo permutatio.   adnot.

109. Dico concedendo permutationem, tamen eo modo quo prius tenebat prima proportio sive simili|tudo: hoc autem non fuit quantum ad praedicationem.   M 78ra

⟨De materia in definitione⟩

VII 10 1035a11   110. NAM ELEMENTA RATIONIS PARTES SUNT SPECIEI. Hoc est contra Commentatorem, quia certum est elementa non esse partes rationis formales, ergo materiales; ergo materia pertinet ad definitionem.

Arist.: **495** VII 9 1034b14-16 (AL XXV 3.2, p. 148, 457-459)   **500/502** VII 9 1034b16-18 (AL XXV 3.2, p. 148, 459-461)   **504/505** VII 10 1034b20-22 (AL XXV 3.2, p. 148, 463-465)   **518** VII 10 1035a11 (AL XXV 3.2, p. 149, 487-488)

506/507 THOM. AQ., *De ente et essentia*, 2 (p. 372, 164-187); *In Met.* VII, lect. 12, n. 1545 (p. 373), *Summa theol.* I, q. 50, a. 4, ad 1; cfr DUNS SCOT., *Quaest. super Met.* VII, q. 19, §6 (OPh IV, p. 358)   **518/519** AVER., *In Met.* VII, t. c. 21 (f. 171v I); t. c. 34 (f. 184r D-E); cfr THOM. AQ., *In Met.* VII, lect. 9, §1467-1469 (p. 358-359)

498/499 accidens] *coni.*, se M   **512** istud] *coni.*, istos M

⟨De materia in simul toto et in specie⟩

VII 10 1035a1-7   111. Philosophus dicit quod materia est pars simul totius, non speciei.

525   112. Qui ponunt materiam pertinere ad definitionem speciei accipiunt 'speciem' pro forma. Et materia non est pars formae; solum enim materia habet formam in qua, non ex qua.

113. Contra: accipit 'speciem' pro natura sive quidditate, et simul totum accipit pro individuo (alii accipiunt pro composito, id
530   est specie definibili).

114. Tamen, ex quo individuum non habet definitionem, tunc videtur quod materia non pertinet ad definitionem simul totius. Ergo male dicit Commentator quando dicit quod materia pertinet ad definitionem simul totius.

535   115. Unde 'species' facit magnam brigam, quia diversimode accipitur ab adversariis.

⟨De partibus definitionis individui vel compositi⟩

VII 10 1035a20-   116. ET ENIM QUIDEM QUOD SIMUL TOTUM. Legit expositor
b18   de composito et forma, scilicet: quia forma non resolvitur sed
540   compositum, ita pertinent istae partes ad definitionem compositi, non formae.

117. Sicut prius lego tamen aliter sic: illud in quod resolvitur aliquid sunt partes eius; sed compositum resolvitur in partes illas materiales, de quibus dictum est quod non pertinent ad definitio-
545   nem; ergo.

118. Et post solvit ibi: ⟨ET⟩ ENIM NON SI DIVISA, ibi negat consequentiam; et post: ET ENIM QUIDEM SIMUL TOTUM, ibi negat antecedens, scilicet: non quandocumque re|solvitur compositum   M 78rb

---

Arist.: 523/524 VII 10 1035a1-7 (AL XXV 3.2, p. 149, 477-483)   538 VII 10 1035a20-21 (AL XXV 3.2, p. 149, 495-496)   542/545 VII 10 1035a14-17 (AL XXV 3.2, p. 149, 490-492)   546 VII 10 1035a17-18 (AL XXV 3.2, p. 149, 492-493)   547 VII 10 1035a20-21 (AL XXV 3.2, p. 149.495)

525/526 THOM. AQ., *In Met.* VII, lect. 9, §1472 (p. 359)   529/539 THOM. AQ., *In Met.* VII, lect. 9, §1472 (p. 359)   533/534 AVER., *In Met.* VII, t. c. 34 (f. 184r F)   538/541 THOM. AQ., *In Met.* VII, lect. 9, §1476 (p. 359-360)   542 *Vide supra §113*

---

538 quidem] *coni. ex textu Arist.*, quid M   539 quia] *coni.*, quod M   540 ita] *coni.*, non M   546 Et] *suppl. ex textu Arist.*   enim non] *coni. ex textu Arist.*, non enim M   divisa] *coni. ex textu Arist.*, indivisa M   547 quidem] *coni. ex textu Arist.*, quid M

etc., sed quando resolvitur compositum in per se partes. Unde quia simul totum, id est individuum, secundum expositionem meam (et hoc videtur Philosophus sentire quando loquitur de simul toto, sicut patet in VII), resolvitur in tales partes, ideo pertinent ad definitionem eius, si haberet, non autem ad definitionem speciei, id est compositi in communi (non: speciei, id est formae, ut exponit Thomas).

119. Unde nota ibi: ET ENIM NON SI DIVISA, ibi simul arguit et solvit secundum me. Unde ab illo loco: ET ENIM ⟨NON SI⟩ DIVISA, loquitur de materia per accidens quae est per accidens speciei, tamen per se individui.

⟨De circulo in communi et singulari⟩

120. Nota quod dicit quod 'circulus simpliciter' praedicatur 'aequivoce' de communi et singulari.

121. Contra: genera et species et superiora praedicantur de inferioribus univoce.

122. Dico: quando unum nomen imponitur communi sub propria ratione communis et inferiori sub propria ratione inferioris, tunc aequivoce. Exemplum: contingens accipitur pro possibili communi, et sic solum dicit potentiam prout opponitur impossibili; alio modo accipitur determinate propter contingens non necessarium, prout potest esse et non esse; prius prout potuit esse solum; et ideo aequivoce. Sic hic.

123. Tamen non videtur esse ad propositum, ita quod istud 'quia', quando dicit 'circulus aequivoce', dicit istud quod non probat priorem consequentiam. Sed exponitur sic secundum Thomam.

124. Ideo dico quod accipit ibi sic: materia in quantum appropriata ut sit pars huius | circuli et materia prout appropriatur ut sit pars speciei sunt omnino aequivoce etc.

Arist.: 556 VII 10 1035a17-18 (AL XXV 3.2, p. 149, 492-493) 561/562 VII 10 1035b1-3 (AL XXV 3.2, p. 150, 510-511) 573 VII 10 1035b3 (AL XXV 3.2, p. 150, 511)

574/575 THOM. AQ., *In Met.* VII, lect. 9, §1480-1481 (p. 360)

553 haberet] *coni.*, haberent *M*   non autem] aut non *M*   556 non si] *coni. ex textu Arist.*, si non *M*   557 non si] *suppl. ex textu Arist.*   577 appropriatur] *coni.*, approbatur *M*

⟨De expositione Ferrandi contra Thomam de partibus definitionis⟩

125. Hic dicit, ut dicit Ferrandus, quod "si omnes partes definitionis essent formales, ut est in veris definitionibus, tunc omnes erunt prius definito et tota definitione; et si quaedam fuerint partes formae et quaedam partes materiae, scilicet in actu, ut est in definitionibus illorum quae significant aliquid esse in alio, tunc quaedam erunt priores definito simpliciter et quaedam non".

126. Expositio Thomae, ut dicit, non est vera, scilicet quod hoc dicat, secundum Thomam, quia sunt quaedam partes formae quae non sunt de necessitate speciei, sed de perfectione, et exemplificat de visu et auditu in animali, quae non sunt de necessitate animalis in quantum animal, quia tunc omne animal videret et audiret, sed de perfectione.

127. Et tunc Ferrandus dicit quod hoc nihil facit ad propositum: "Nam tales partes non ponuntur in definitione. Et ipse loquitur hic de partibus definitionis in quas dividitur definitio, non in quas dividitur forma. Et hoc ipse intendit declarare per litteram quae sequitur. Quia enim intellexerat quod, si partes definitionis quaedam sunt formae et quaedam materiae, tunc partes quaedam erunt priores definito, quaedam non, ideo exemplificans de talibus definitionibus subdit RECTI VERO RATIO etc., id est definitio, 'non dividitur' in definitione 'acuti', id est tamquam in partem sui, ita ut definitio acuti sit pars definitionis recti, sed magis e converso definitio acuti dividitur | in definitionem recti tamquam in partem sui: rectus enim angulus est pars definitionis acuti", ut dicit Thomas usque ibi ⟨de⟩ definitione digiti: TALIS ENIM HOMINIS PARS DIGITUS.

128. Sed tunc sequitur in Ferrando: "Et omnes istae definitiones in quibus totum accipitur in definitione partis sunt de genere

---

Arist.: 581 VII 10 1035b3-11 (AL XXV 3.2, p. 150, 512-519)   596/597 VII 10 1035b6 (AL XXV 3.2, p. 150, 515-516)   600 VII 10 1035b6 (AL XXV 3.2, p. 150, 515-516)   607 VII 10 1035b11 (AL XXV 3.2, p. 150, 518-519)

581/586 FERRAND. HISP., *In Met.* VII; *vide Append. III, text. VIII*   587/592 THOM. AQ., *In Met.* VII, lect. 10, §1482 (p. 362)   593/604 FERRAND. HISP., *In Met.* VII, *vide Append. III, text. IX*   605 THOM. AQ., *In Met.* VII, lect. 10, §1483 (p. 362)   607/612 FERRAND. HISP., *In Met.* VII, *vide Append. III, text. X*

583 definito] *coni. ex textu Ferrandi*, diffinite *M*   fuerint] *coni. ex textu Ferrandi*, fuerunt *M*   605 de] *suppl.*

definitionum in quibus apparet materia, eo quod pars est de illis quae sunt in alio. Et ideo de illis exemplificavit Philosophus ut ostendat quod quaedam partes talium definitionum sunt priores toto, scilicet formales, quaedam non, scilicet materiales".

⟨De partibus quantitativis⟩

129. Tunc sequitur: QUARE QUAECUMQUE SUNT PARTES. Ubi ostendit quod partes quantitativae definiti sunt posteriores definito.

⟨De partibus definitionis⟩

130. Sequitur: DICTUM EST. Et post: QUAECUMQUE sunt RATIONIS partes. 'Rationis', id est definitionis, secundum Commentatorem. Secundum alios: 'rationis', id est formae.

131. AUT OMNES AUT QUAEDAM. 'Omnes', dicit Commentator, id est formales, sunt priores; 'quaedam', id est partes materiales, quarum quaedam pertinent ad definitionem individui, sed nullo modo speciei. Commentator habet pro se illud quod praecedit: QUAECUMQUE SUNT PARTES UT MATERIA etc. SUNT POSTERIORA.

132. Sed dico quod non, quia [non] debet referri ad tria exempla immediata, quae sunt materia per accidens, et de hac intendit quod illud non pertinet ad definitionem: 'quaedam', id est non necessariae et impertinentes. Unde accipit ibi materiam pro materia per accidens, prout prius cum dividebat aliam materiam quae non est per accidens sed per se, ut sunt | elementa, sicut exemplum suum ponit ibi. *M 79ra*

133. Nota quod numquam concluditur nisi in paucis locis, sive teneat Commentatorem sive alios sive distinguit rationem, ut est

---

Arist.: 614 VII 10 1035b11-12 (AL XXV 3.2, p. 150, 520-521)   618 VII 10 1035b3-4 (AL XXV 3.2, p. 150, 512-513)   618/619 VII 10 1035b13-14 (AL XXV 3.2, p. 150, 521-522)   621 VII 10 1035b13-14 (AL XXV 3.2, p. 150, 521-522)   625/626 VII 10 1035b11-12 (AL XXV 3.2, p. 150, 520-521)   627/628 VII 10 1035a4-6, 1035a6-7, 1035a14-16   630 VII 10 1035b14 (AL XXV 3.2, p. 150, 522)   634 VII 10 1035a10-11 (AL XXV 3.2, p. 149, 487-488)

619/620 AVER., *In Met.* VII, t. c. 35 (f. 186r E-F)   620 THOM. AQ., *In Met.* VII, lect. 10, §1482 (p. 362)   621/624 Cfr AVER., *In Met.* VII, t. c. 35 (f. 186v G)   635/636 *Vide supra §132*

615 posteriores] *coni.*, priores M   624/625 praecedit] *coni.*, sequitur M   627 non] *del.*

dictum, in materiam per se et per accidens et simul totum et alia vocabula etc.

⟨De corpore animato et perfectibili⟩

VII 10 1035b16   134. QUOD QUID ERAT ESSE TALI CORPORI, id est corpori
640 animato: non corpori quod est perfectibile sed corpori id est animali, id est toto composito completive. Non enim anima est sic corporis perfectibilis secundum quod aliqui volunt exponere hic.

⟨De tribus differentiis materiae⟩

VII 10 1035b22-27   135. Nota tres differentias materiae, quia materia per se est prior
645 composito; per accidens quaedam dicitur simul, ut principales partes ut cor et cerebrum; quaedam non, ut illa sine qua compositum potest esse, ut digitus.

⟨De materia et forma in universali et in particulari⟩

VII 10 1035b27-33   136. Nota ab illo loco: UNIVERSALITER NON SUBSTANTIA
650 ⟨SED⟩ SIMUL TOTUM usque ibi: SED RATIONIS PARTES, videtur quod substantia in universali considerata habet materiam et formam in universali, ut dicitur in littera; et post dicit quod singulare habet hanc materiam ⟨et⟩ hanc formam; et in fine quod species et quod quid habet materiam et formam in communi. Hoc dicit ex-
655 presse.

⟨De specie et forma⟩

VII 10 1035b33-35   137. SED [PER] RATIONIS PARTES QUAE [SUNT] SPECIEI SOLUM SUNT. Loquitur hic de specie, id est composito et in communi, non de specie quae est forma. Patet per immediate sequens:

Arist.: 639 VII 10 1035b14-16 (AL XXV 3.2, p. 150, 523-525)   644/647 VII 10 1035b22-27 (AL XXV 3.2, p. 151, 531-536)   649/650 VII 10 1035b27-33 (AL XXV 3.2, p. 151, 537-543)   652/653 VII 10 1035b30-31 (AL XXV 3.2, p. 151, 539-540)   653/655 VII 10 1035b31-33 (AL XXV 3.2, p. 151, 541-543)   657/658 VII 10 1035b33-34 (AL XXV 3.2, p. 151, 543)

---

642 THOM. AQ., *In Met.* VII, lect. 10, §1484 (p. 362)

---

642 secundum] *coni.*, sed *M*   646 quaedam] *coni.*, quae *M*   650 sed] *suppl. ex textu Aristotelis*   653 et] *suppl.*   657 per] *del. ex textu Aristotelis*   rationis partes] *coni. ex textu Aristotelis*, rationes partis *M*   sunt] *del. ex textu Aristotelis*

660 RATIO VERO EST IPSIUS UNIVERSALIS, quia forma non est universalis. Tamen videtur alias Philosophus dicere quod forma dicitur dupliciter, id est universaliter et singulariter.

⟨De intelligentia pro phantasia⟩

138. Nota: hic accipit intelligentiam pro phantasia. Similiter
665 accipit in III *Physicorum* in fine, ubi loquitur de infinito, et | dicit M79rb
quod credere intelligentiae fatuum est, id est phantasiae: licet
enim phantasia imaginetur corpus infinitum, tamen non est aliquod tale.

⟨De definitione et cognitione singularis⟩

139. Similiter nota quod hic apparet manifeste quod singulare
nec per se intelligitur nec definitur, quia singularia non cognoscuntur, ut dicitur in littera, quoniam non cognoscuntur abeunte sensu et intelligentia, id est phantasia.

140. Dicerent alii quod singulare non cognoscitur utrum sit vel
675 existit, vel non nisi per sensum, quia simul totum comprehendit in se duas naturas, scilicet substantiam hanc cum accidentibus; et istam coniunctionem utrum sit nescit intellectus nisi per sensum, quia intellectus non habet aliquam necessariam rationem ut coniunctio istius entis per accidens sit aut non sit; sed per sensum aut
680 phantasiam scitur.

141. Dicitur etiam quod singulare in quantum singulare est idem cum eo cuius est. Unde 'hic homo in quantum hic homo' de intellectu suo solum dicit speciem determinatam in hoc supposito; non enim singulare in quantum tale includit ⟨aliud⟩ in intel-
685 lectu suo. Sed illud singulare cum accidentibus est simul totum, et tunc includit aliquid quod est extra quidditatem eius, et tunc non mirum si non sit idem cum suo quod quid nec definitur.

Arist.: 660 VII 10 1035b34-35 (AL XXV 3.2, p. 151, 543-544)   664 VII 10 1036a5-6 (AL XXV 3.2, p. 152, 548-549)   670/673 VII 10 1036a5-7 (AL XXV 3.2, p. 152, 549-551)

661 ARIST., *Met.* VII 11 1037a9 *iuxta recensionem Guill. de Moerb.* (AL XXV 3.2, p. 554, 618-619) *et explicationem* THOM. AQ., *In Met.* VII, lect. 11, §1523 (p. 369)   664 Cfr THOM. AQ., *In Met.* VII, lect. 10, §1495 (p. 363)   665/668 ARIST., *Phys.* III 8 208a16-19 (AL VII 1.2, p. 133, 9-134, 1)   674/680 MATTH. AQUASP., *Quaest. de cogn.*, q. 4 (p. 285, lin. 26-286, lin. 4)   681/687 *Non inveni*

684 aliud] *suppl.*

⟨De intelligibili⟩

VII 10 1036a3 142. Prius dixit 'intelligibilis' non solum proprie, sed etiam mathematica materia, et hoc patet immediate.

⟨De forma et composito⟩

VII 10 1036a13-25 143. INTERROGATIONI NECESSE OBVIARE. Ab isto loco usque ad illud: DUBITATUR AUTEM, respondet sic: si anima sit idem cum animali, tunc forma est prior composito et compositum poste|rius forma, prius tamen materia; si tamen anima non sit, *M*79va tunc respondendum est sicut prius, scilicet quod aliquod pertinet ad quod quid et aliquod non. Unde ex ista littera non plus habetur nisi quod forma solum pertinet ad quod quid et non materia.

⟨De unitate et continuo⟩

VII 11 1036b17-18 144. ACCIDIT ITAQUE UNAM ESSE MULTORUM. Ab ista littera accipitur unum argumentum quod unitas non est formale in continuo, quia hic reprehendit Platonem super hoc.

145. Similiter V *Physicorum*, capitulo 3°, infert quod unitas non est punctus, quia puncta non possunt esse consequenter entia, quia semper cadit linea media, sed unitates possunt; similiter puncta sunt tangentia, id est sunt rationes secundum quas tanguntur aliqua.

⟨De motu in definitione entium naturalium⟩

VII 11 1036b28-29 146. SINE MOTU NON EST DEFINIRE. Alias, in VI, dixi quod motus non debet definire aliquod naturale; sed accipit hic motum pro materia et forma, quae sunt principia motus.

Arist.: 689 VII 10 1036a3 (AL XXV 3.2, p. 151, 546)   690 VII 10 1036a9-12 (AL XXV 3.2, p. 152, 552-555)   692 VII 10 1036a13-14 (AL XXV 3.2, p. 152, 557)   700 VII 11 1036a26 (AL XXV 3.2, p. 152, 570)   700/701 VII 11 1036b17-18 (AL XXV 3.2, p. 152, 593-594)   709 VII 11 1036b28-29 (AL XXV 3.2, p. 154, 604-605)

700/702 *Non inveni*   703/705 ARIST., *Phys.* V 3 227a27-32 (AL VII 1.2, p. 202, 15-20)   709 *Vide supra* VI, §24

692 Interrogationi] *coni. ex textu Aristotelis*, interrogatio *M*   obviare] *coni. ex textu Aristotelis*, obviari *M*   706 quas] *coni.*, quae *M*   706/707 tanguntur] *coni.*, tangunt *M*

⟨De materia per se et per accidens⟩

147. Nota quod non vult dicere quod semicirculi ⟨non⟩ pertinent ad quidditatem quia sunt singulares; nec etiam habet locum ratio ista, 'quia singulare', in mathematica: ista enim non habent materiam sensibilem. Et tamen materia ista non pertinet ad quod quid (immo, nec in communi pertinent ad quidditatem) quia ⟨non⟩ sunt materia per se. Sed certe elementa respectu litterae sunt per se materia, et ideo pertinent.

148. Similiter nota in ista littera ubi vult quasi quod aliqua materia pertinet ad quidditatem et 'quorundam non sensibilium'.

149. ET OMNIS QUOD NON EST QUOD QUID ERAT ⟨ESSE⟩ est materia, ET SPECIES SECUNDUM SE. Istud intelligitur de materia per accidens. Si in|telligatur pro materia pertinente ad quidditatem, id est materia per se, non ad propositum, immo dicit immediate post quod materia pertinet; unde de materia per accidens prius loquebatur.

⟨De consideratione formae a philosopho naturali⟩

150. UTRUM AUTEM PRAETER MATERIAM. Hic vult et dicit quod naturalis est magis considerare formam quam materiam, cuius oppositum dicit in fine primi *Physicorum*: ibi dicit quod de forma considerare pertinet magis ad alteram scientiam, id est metaphysicam.

151. Similiter si naturalis est magis considerare de forma, et forma est quidditas rei, ergo ad naturalem pertinet considerare quid sui subiecti et aliquam quidditatem, cuius contrarium dicit in VI, quod nulla alia scientia a metaphysica facit mentionem de quod quid.

152. Ad primum Philosophi: de forma est alterius considerare, id est de principio formali, in quantum facit ad esse quid absolute et in communi, pertinet ad metaphysicam; tamen, in quantum constituit hoc corpus naturale, magis pertinet ad naturalem.

153. Ad illud de VI huius respondet super litteram et in quaestione super hoc.

⟨De materia et forma in entibus et definitionibus⟩

154. NEQUE SUNT ISTIUS PARTES SUBSTANTIAE, id est formae. Materia enim non est pars formae, sicut nec nasus concavitatis est materia nisi per accidens, sed per se est simitatis, sicut dixit in principio illius capituli: QUONIAM DEFINITIO.

155. Illud quod dicit post: NAM CUM MATERIA ⟨NON⟩ EST, INDETERMINATUM ENIM, accipitur materia pro materia individuali, quae est cum accidentibus.

156. Similiter quod dicit post im|mediate: UT HOMINIS QUAE ANIMAE RATIO, videtur quod definitio animae est quod quid et definitio hominis. Propter hoc glossatur: id est ratio quae est secundum animam.

⟨De duabus opinionibus de definitionibus per genus et differentias⟩

157. OPORTET AUTEM UNUM ESSE QUODCUMQUE IN DEFINITIONE. Nota pro ista littera quod hic sunt duae opiniones de differentiis sicut et de formis.

158. Qui dicunt unam formam tantum dicunt quod ultima differentia includit de per se intellectu omnes priores alias et tantum differunt secundum rationem etc. Et illi dicunt quod potest defi-

---

Arist.: 746 VII 11 1037a25-26 (AL XXV 3.2, p. 155, 637-638)   748/749 VII 10 1034b20 (AL XXV 3.2, p. 148, 463); 1035a4-6 (AL XXV 3.2, p. 149, 480-482)   750/751 VII 11 1037a27 (AL XXV 3.2, p. 155, 639-640)   753/754 VII 12 1037a28-29 (AL XXV 3.2, p. 155, 640-641)   759/760 VII 12 1037b24-25 (AL XXV 3.2, p. 156, 667-668)

743 *Vide supra §151*   743/744 *Vide supra VI, §5-6*; DUNS SCOT., *Quaest. super Met.* I, q. 9, §42 (OPh III, p. 178)   746/747 Cfr THOM. AQ., *In Met.* VII, lect. 11, §1529 (p. 369)   751/752 THOM. AQ., *In Met.* VII, lect. 11, §1530 (p. 369)   762/766 THOM. AQ., *In Met.* VII, lect. 12, §1555, 1562-1564; cfr *De ente et essentia* 2 (p. 372, 164-194)

747 sicut] *coni.*, sed *M*   750 non] *suppl. ex textu Aristotelis*   751 indeterminatum enim] *coni. ex textu Aristotelis*, enim indeterminatum *M*   751/752 individuali] *coni.*, indivisibili *M*   759 autem] *coni. ex textu Aristotelis*, ad *M*   762 Qui] *coni.*, quae *M*

niri cum generalissimo et ultima differentia; non enim oportet accipere omnes differentias, quia superfluerent.

159. Alii ponentes pluralitatem formarum dicunt quod differentia superior non est de intellectu inferioris, immo differt realiter, ita quod quaelibet non sumitur ab eadem forma realiter, sicut dicunt primi, sed quaelibet differentia a forma diversa, et quod, si debeat definiri aliquid, scilicet species specialissima per genus supremum, oportet accipere omnes differentias medias; si tamen deberet definiri per genus proximum, tunc non oporteret accipere nisi differentiam specificam, quia genus proximum includit in intellectu suo omnia genera superiora et per consequens differentias eorum.

160. Advertendum tamen quod primi numquam possunt definire speciem specialissimam nisi per genus remotum, non proximum, | quia nugatio est, qualitercumque evadere nituntur. Si enim debet definiri 'homo' per 'animal rationale', tamen 'rationale' secundum eos includit per se 'sensibile' et 'animal'.

161. Similiter erit per se nugatio si ponitur ratio pro nominibus. Si 'rationale' potest habere definitionem dicentem quid significatur per nomen, tunc homo est substantia animata sensibilis sensibilis, quae est definitio animalis et rationalis, ita quod 'sensibile' bis poneretur: semel ratione animalis et semel ratione differentiae.

⟨De ordine propositionum in littera⟩

162. Similiter nota quod ⟨in⟩ ista littera: OPORTET AUTEM UNUM etc. usque ad illud: OPORTET INTENDERE continentur quattuor propositiones, et, si debent consequentiae sumi a priori, tunc debet homo accipere primam propositionem in littera ultimam sive quartam, et ultimam in littera primam, et tertiam secundam et secundam tertiam.

Arist.: 788/789 VII 12 1037b24-27 (AL XXV 3.2, p. 156, 667-671) 789 VII 12 1037b27-28 (AL XXV 3.2, p. 156, 672)

767/776 *Non inveni; haec positio de definitionibus defenditur a* DUNS SCOT., *Quaest. super Met.* VII, q. 17, §15-16, 19 (OPh IV, p. 331-333)   779/781 Cfr DUNS SCOT., *Quaest. super Met.* VII, q. 17, §13 (OPh IV, p. 330-331)

782 si] *coni.*, sed *M*   783 Si] *coni.*, sicut *M*   788 in] *suppl.*   autem] *coni. ex textu Aristotelis*, quod *M*   790 si] *coni.*, sic *M*

⟨De genere, specie et differentiis⟩

163. Secundum definitionum divisiones. Hic dicit, pro illo verbo, quae sunt differentiae divisivae generum et differentiae constitutivae generum. Divisivae generum sunt constitutivae specierum. Differentiae divisivae generum sunt differentiae eorum accidentales, sic quod sunt extra intellectum generum; constitutivae sunt de per se intellectu generum.

164. Similiter nota quod qui dicerent quod genus significat totam essentiam speciei, tamen per modum indeterminati, fatigarentur ad glossandum litteram istam. Non enim possunt dicere quod ex genere et differentia fiat unum, scilicet species. Sed possunt dicere quod species cum genere est unum, sed non fiet, quia ex hiis quae | sunt unius essentiae [et] non fit unum, sed magis ex diversis, sicut patet de materia et forma.

165. Similiter nota quod species in ista littera potest accipi vel pro specie quae supponitur generi vel pro forma, et utroque modo est ad propositum. Tamen melius est accipere ultimo modo pro littera sequente, ubi ponitur 'species'.

⟨De praedicatione differentiarum ad invicem⟩

166. Fissio pedum est quaedam pedalitas. Hic trahunt illi qui dicunt primam opinionem quod differentia superior est de intellectu inferioris, quia dicunt quod, quandocumque est praedicatio in abstracto, est praedicatio primo modo per se, quia est praedicatio ratione essentiae, non subiecti, etc.

167. Sed non valet, si intelligitur littera. Non enim vult Philosophus plus dicere nisi quod oportet accipere tales differentias quae dividant differentias superiores ita quod illae differentiae dividentes sunt essentiales, non accidentales, sicut est alatum et non alatum etc. Erit tunc sensus: 'fissio pedum' etc., hoc est: fissio pe-

---

Arist.: 795 VII 12 1037b27-29 (AL XXV 3.2, p. 156, 672-673)   803 VII 12 1037b27-1038a9 (AL XXV 3.2, p. 156, 672-157, 685)   808 VII 12 1038a5 (AL XXV 3.2, p. 157, 681)   811 VII 12 1038a7 (AL XXV 3.2, p. 157, 683)   813 VII 12 1038a15 (AL XXV 3.2, p. 157, 691)

814 *Vide supra §158*   815/817 *Non inveni*

801 dicerent] *coni.*, diceret *M*   802/803 fatigarentur] *coni.*, g'arentur *M*   806 quia] *coni.*, quod *M*   et] *del.*   809 generi] *coni.*, speciei *M*   819 plus] *coni.*, plud *M*

dum est differentia essentialis, non per accidens, hoc est: fissio pedum dividit pedalitatem in quantum est habens pedes. Ideo dicit sic in abstracto.

168. Vel aliter: duplex abstractio, a supposito et a subiecto. Quando autem aliqua duo praedicantur de se invicem in concreto quia sunt solum in uno subiecto, quia sunt alterius naturae, tunc non praedicantur in abstracto (exemplum: album praedicatur de musico, quae sunt in uno subiecto alterius naturae; ideo, ablata ista unitate quam habent | in subiecto, nullo modo praedicantur ad invicem, quia sunt unum per accidens in uno subiecto); sed etiam quia sunt in uno ita quod quodlibet eorum praedicatur de supposito per se. Tunc, si abstrahantur ab illo supposito, adhuc praedicantur de se invicem, non sic quod sit per se primo modo, sed pro tanto sunt eiusdem naturae et essentiae tunc quod differentia inferior est essentialis, id est essentialiter dividens aliam, ita quod abstracta a supposito adhuc habent maiorem unitatem quam albedo et musica. Unde isto modo concedo hanc: "animalitas est rationalitas", quia non solum praedicatur animal de rationali quia sunt in uno subiecto per accidens, sed quia sunt in uno supposito de quo quaelibet eorum per se praedicatur.

⟨De nugatione in definitionibus⟩

169. SI ITAQUE HAEC SIC SE HABENT, ⟨PALAM⟩ QUOD FINALIS DIFFERENTIA. Alii primae opinionis accipiunt hic argumentum tale: si differentiae mediae ponerentur in definitione speciei, cum ultima differentia includat omnes alias, erit nugatio in definitionibus.

170. Sed magis dico quod concluditur nugatio contra eos. Et dico quod non vult dicere nisi istud, quod completa unitas definitionis est ab ultima differentia completive, ab aliis non. Si enim ab aliqua differentia priori esset completio, tunc iste esset actus: si enim in potentia respectu ultimae, tunc non esset illud a quo sumeretur definitio completive. Si illa prior est actus, et ultima: cer-

---

Arist.: 844/845 VII 12 1038a18-21 (AL XXV 3.2, p. 157, 695-697) 845 VII 12 1038a21-25 (AL XXV 3.2, p. 157, 697-700)

---

845 *Vide supra §158* 844/848 THOM. AQ., *In Met.* VII, lect. 12, §1557 (p. 374)

---

833 quodlibet] *coni.*, quilibet *M* 844 Si itaque haec] *coni. ex textu Aristotelis*, sicut ista *M* palam] *suppl. ex textu Aristotelis* 845 hic] *coni.*, hoc *M*

855 tum enim est actus ita quod nullo modo in potentia; | tunc ex illis *M*81ra
non fieret unum, ex quo unum non est in potentia ad aliud. Si autem sit idem actus et non diversus cum ultima differentia, tunc erit nugatio. Et hoc est verum, unde redit ad nugationem supposita hypothesis.

860 ⟨De intentione Aristotelis contra ponentes unam formam substantialem⟩

VII 12 1038a33-34   **171.** SED ORDO NON EST IN SUBSTANTIA. Ex hoc concludunt quod est una forma. Et dico non est, sed vult dicere quod nec propter transpositionem partium definitionis non vitabitur nuga-
865 tio, et ad hoc referendum est: QUOMODO INTELLIGENDUM EST HIC PRIUS etc. Unde non loquitur hic de definitione substantiae solum, sed omnium.

172. ORDO NON EST IN SUBSTANTIA: verum est in ratione sive definitione substantiali, sive fuerit accidentium sive substan-
870 tiae etc. Sic enim primo exposuit substantiam quando dixit: DEFINITIO EST RATIO UNA.

⟨De tertio homine contra Platonem⟩

VII 13 1039a2-3   **173.** "Si ponerentur ideae, erit 'tertius homo'": haec consequentia sic sequitur, quia, si ponatur idea una substantia et homo sen-
875 sibilis alia a sua idea, tamen ab istis per intellectum potest abstrahi homo in communi; iste homo erit tertius, et similiter ab illis tribus potest abstrahi homo, et iste erit quartus, et sic in infinitum, quia cuilibet modo intelligendi correspondet modus essendi, secundum Platonem.

880 ⟨Quomodo partes sint in toto⟩

VII 13 1039a3-8   **174.** Nota quod partes sunt in toto in actu primo. Vere enim pars substantiae substantia. Unde non est in potentia essentiali in

---

Arist.: 862 VII 12 1038a33 (AL XXV 3.2, p. 158, 708-709)   865/866 VII 12 1038a33-34 (AL XXV 3.2, p. 158, 709-710)   868 VII 12 1038a33 (AL XXV 3.2, p. 158, 708-709)   870/871 VII 12 1037b25-26 (AL XXV 3.2, p. 156, 668-669)   873 VII 13 1039a2-3 (AL XXV 3.2, p. 159, 749-750)

862/863 THOM. AQ., *In Met.* VII, lect. 12, §1563 (p. 375)

863 nec] *coni.*, nisi *M*

NOTABILIA SUPER METAPHYSICAM VII 129

toto sicut prius antequam generaretur, sed est in potentia ad actum secundum; non enim per se existit in toto, | id est non habet *M* 81rb
885 existentiam, sed quando separatur iam per se existit. Et haec est intentio sua.

175. Unde dicit: ACTUS SEPARAT etc. Unde cultellus dividens anguillam non generat partem anguillae in actu, sed tantum prohibens removet; quia enim est in toto, tunc prohibetur ne per se
890 existat. Sed cultellus illud removet, non generat, quia non est agens univocum nec aequivocum: non univocum, certum est; nec aequivocum, quia non est nobilius anguilla etc.

⟨De compositione et definitione⟩

VII 14 1039b4-5   **176.** Similiter arguit hic: si non est substantia composita, quid
895 utique definietur? Ex hoc obviatur similiter per capitulum decimum, ubi dicitur: sicut definitio ad definitum, sic partes rei etc.

⟨De simul toto et ratione⟩

VII 15 1039b20   **177.** QUONIAM AUTEM SUBSTANTIA ALTERA ET SIMUL TOTUM ET RATIO. 'Simul totum', id est singulare, non compositum,
900 sicut quidam dicunt. 'Et ratio': non pro forma, sicut quidam dicunt, sed pro quidditate sive definitione quidditativa.

⟨De nominibus et definitionibus⟩

I 15 1040a9-11   **178.** NECESSARIUM ENIM EST EX NOMINIBUS ESSE RATIONEM, NOMEN AUTEM NON FACIET [DEFINITIONEM] DEFINIENS; IGNOTUM ENIM ERIT. Hoc est notabile: sive enim unum
905 nomen synonymum, non manifestabit, etiam notius; sive superius et inferius, adhuc non manifestabit.

Arist.: 887 VII 13 1039a7 (AL XXV 3.2, p. 159, 755)   894 VII 14 1039b4-5 (AL XXV 3.2, p. 161, 786-787)   896 VII 10 1034b21-22 (AL XXV 3.2, p. 148, 464-465)   898/899 VII 15 1039b20 (AL XXV 3.2, p. 161, 804)   903/905 VII 15 1040a9-11 (AL XXV 3.2, p. 162, 828-830)

899/900 THOM. AQ., *In Met.* VII, lect. 15, §1606 (p. 386)

889 tunc] *coni.*, non *M*   895 obviatur] *coni.*, viatur *M*   895/896 decimum] *coni.*, 2ᵐ *M*   898 quoniam] *coni. ex textu Aristotelis*, quomodo *M*   904 definitionem] *del. ex textu Aristotelis*   906 etiam] *coni.*, eum *M*   sive] *coni.*, sed *M*

⟨De nominibus separatis et coniunctis⟩

VII 15 1040a14 179. Sed ibi: SI QUIS AUTEM DICAT innuit unam rationem quae posset dici: etsi nomina communia separata non convertuntur cum definito, tamen omnia coniuncta simul.

180. Ista responsio similis est illi sententiae quam dicit Philosophus in *Posterioribus*, ubi dicit quod, licet definitiva sint in plus, tamen | simul sumpta debent esse aeque. Exemplum suum ibi: binarius est numerus primus utroque modo, et 'numerus' est in plus quam 'binarius' et 'impar', et 'primus utroque modo' est in plus quia competit ternario (est enim primus utroque modo). 'Primus utroque modo' exponitur sic: ita numerus est primus uno modo quando numerus aliquis non mensuratur numeris, ita scilicet quod nullus numerus nec plures possent reddere istum numerum: sic septenarius est primus; alio modo est primitas quando numerus aliquis non est ex numeris, sicut binarius et ternarius. Unde dico quod ista definitio coniuncta solum competit binario. M 81va

⟨De communitate ideae⟩

VII 15 1040a22-27 181. Similiter nota hic pro ratione Philosophi et post contra Platonem, quod Plato non poneret ideam communem singularibus communitate praedicationis, sed participationis et causalitatis.

⟨De definitione singularium⟩

VII 15 1040a27-b2 182. Similiter nota quod ratio Philosophi non concludit quin singulare possit definiri, quia posset definiri per speciem, quae esset quasi genus et materiale, ⟨et⟩ per differentiam individualem quam addit supra speciem. Quia tamen differentiae individuales latent nos, ideo dicitur "sola species definitur", et taliter glossatur.

Arist.: 909 VII 15 1040a14-17 (AL XXV 3.2, p. 162, 832-163, 836) 925 VII 15 1040a8-17 (AL XXV 3.2, p. 162, 827-163, 836) 925/926 VII 15 1040a22-27 (AL XXV 3.2, p. 163, 841-845) 930 VII 15 1040a27-b2 (AL XXV 3.2, p. 163, 846-854)

912/917 ARIST., *An. Post.* II 13 96a32-b1 (AL IV 1-4, rec. Guilelmi, p. 334, 25-32) 930/934 *Contra*, THOM. AQ., *In Met.* VII, lect. 15, §1629 (p. 388-389)

911 tamen] *coni.*, tunc *M*   912 quam] *coni.*, qua *M*   916 impar] *coni.*, par *M*   922 numeris] ni *add. et del. M*   932 et] *suppl.*

⟨De unitate animalis⟩

183. Nota quod totum animal vere est unum quantum ad unitatem substantiae, non tamen quantum ad unitatem continuitatis, cuius definitio datur in V. Unde si illa definitio sit bona, animal non esset vere unum ratione continuitatis.

184. Sed alii dicunt contrarium. Sed non possunt respondere ad definitionem. Unde nota | quod quanto perfectior forma tanto requirit distinctionem in partibus quantum ad organa etc. *M* 81vb

⟨De quod quid est, causa et principio⟩

185. Nota quod hic, in capitulo ubi probat ⟨quod⟩ quod quid est causam et principium, dicit quod ita est hoc per se notum "musicum est musicum" sicut hoc "homo est homo", ita quod quaerere utrum musicum est musicum vel homo est homo est nihil quaerere.

⟨De quaestionibus quid et propter quid⟩

186. Similiter dicit quod 'si est' reducitur ad 'quid'. Hoc est dictum tamquam ad causam, ita quod quod quid est causa et medium ad cognoscendum aliud.

187. Similiter nota: in littera dicit 'per se': hoc dicitur propter medium accidentale.

188. Similiter nota quod 'si est' et 'quia est' sunt quaestiones simplices, quia non quaerunt de inhaerentia; sed 'quid est' et 'propter quid' sunt quasi compositae, quia quaerunt de aliquo inhaerente.

189. Similiter nota quod quantum ad rem 'quid est' et 'propter quid est' quaerunt idem, non quantum ad modum quaerendi, quia 'propter quid' quaerit de alio in comparatione ad aliud, scilicet in quantum est causa alicuius [non]. Tamen quantum ad rem est

---

Arist.: **944/945** VII 17 1041a10-20 (AL XXV 3.2, p. 165, 896-166, 906) **950** VII 17 1041b6 (AL XXV 3.2, p. 166, 926-927) **953** *Verba 'per se' inveniuntur non in textu Aristotelis sed in commento Averrois*: Aver., *In Met.* VII, t. c. 59 (f. 2071E) **959/960** VII 17 1041a10-16 (AL XXV 3.2, p. 165, 896-903)

938 Arist., *Met.* V 6 1016a5-6 (AL XXV 3.2, p. 99, 209-211) **940** Thom. Aq., *In Met.* VII, lect. 16, §1636 (p. 391) **959/962** Cfr Thom. Aq., *In Met.* VII, lect. 17, §1663 (p. 397)

939 continuitatis] *coni.*, continentis *M* **944** quod] *suppl.* **962** non] *del.*

idem: quaerere enim "quid est eclipsis" est quaerere "propter quid luna eclipsatur", quia quid eclipsis est causa ⟨qua⟩ eclipsis inest lunae.

190. Sed nota quod possum per tres annos scire quid est res et tamen non applicare ⟨ei⟩ quod sit causa huius effectus. Et sic possum scire 'quid est' et ignorare 'propter quid' quia non comparo ad aliud, sed 'quid' scio quia scio rem absolute.

⟨De quaestionibus quid et propter quid in simplicibus⟩

VII 17 1041b9-11   191. Post concludit | quod in simplicibus non est quaestio *M* 82ra 'quid' nec 'propter quid', nec doctrina, quia ibi non cognoscitur genus et ignoratur differentia, nec essentia cognoscitur et passio ignoratur. Et hoc est verum in simpliciter simplicibus, ubi non est compositio nec generis et differentiae nec essentiae et passionis.

192. Unde verum est istud in simpliciter simplicibus, quod de eis secundum se non est quaestio, hoc est de eis in se consideratis. Tamen in comparatione ad effectus suos est quaestio; unde quaerere de effectibus est aliquo modo quaerere de eis.

⟨De Deo et de angelis⟩

VII 17 1041b9   193. Nota quod expono 'simplicibus' et alia quae dicuntur – quod circa altissimas causas est iste liber in quibus non est quaestio – pro Deo, qui dicitur in plurali propter multitudinem effectuum. Angelus enim nihil causat nisi per motum, et tunc non pertinet ad metaphysicum considerare, sed ad physicum.

194. Unde nota quod possum quaerere propter quid angelus est intellectus, quia intelligere est essentia angeli, non tamen Dei. Unde non possum quaerere de Deo propter quid, tamen de angelo, quia in angelo aliquid ignoratur et aliquid supponitur. Et ideo 'simplicibus' non exponitur de angelis, sed de Deo.

⟨De forma partis praeter partes materiales⟩

VII 17 1041b11-33   195. In fine istius septimi probat nihil aliud nisi quod in omni composito est aliquid praeter partes materiales, scilicet forma par-

---

Arist.: 971/972 VII 17 1041b9-11 (AL XXV 3.2, p. 167, 929-931)   981/983 VII 17 1041b9-11 (AL XXV 3.2, p. 167, 929-931)   992 VII 17 1041b11-33 (AL XXV 3.2, p. 167, 932-953)

---

964 qua] *suppl.*   967 ei] *suppl.*   quod] *coni.*, quia *M*

tis (non totius, secundum quod aliqui dicunt); quae quidem
forma partis non est elementum nec ex ele|mentis, sed est principium et causa. *M* 82rb

⟨De reductionibus ad infinitum in libro septimo⟩

196. Nota quod meliora argumenta quae facit in septimo sunt reducendo ad infinitatem. Unde in illo ubi loquitur de quod quid utrum sit idem dicit quod nec sit procedere in infinitum; et similiter, ubi loquitur de forma utrum per se fit, deducitur ad infinitum.

Arist.: **994/996** VII 17 1041b25-28 (AL XXV 3.2, p. 167, 944-948) **998/999** VII 17 1041b19-25 (AL XXV 3.2, p. 167, 939-944) **999/1000** VII 6 1032a2-4 (AL XXV 3.2, p. 142, 281-283) **1001/1002** VII 8 1033b3-5 (AL XXV 3.2, p. 145, 379-381)

994 *Non inveni*; cfr THOM. AQ., *In Met.* VII, lect. 17, §1678 (p. 399)

1001 fit] *coni.*, sit *M*

⟨LIBER VIII⟩

⟨De ordine substantiarum⟩

VIII 1 1042a3-13   **1. Ex dictis** etc. Et post: **deinde plantae**. Iste ordo non est manifestativus, quia manifestiora nobis sunt animalia quam inanimata; sed est ibi ordo perfectionis, et non secundum animationem, quia caelum non est animatum, sed secundum incorruptionem.

2. Et non accipit hic 'rationibus' pro operatione intellectus, quia 'ex praedictis', scilicet in VII, capitulo 3°, ubi enumerat divisionem quadrimembrem. Unde 'quod quid', ut exponitur a quibusdam, non est quid rationis sed vere est extra, tamen potest dici attribui a ratione. Unde contra eos est quod dicit: **quod subicitur**, id est compositum; illud enim non est a ratione, etc. Tamen ipsi habent aliam litteram: 'eius quod subicitur'.

⟨De ratione pro forma⟩

VIII 1 1042a28-29   **3. Aliter vero ratio et forma** etc. Hic accipit rationem pro forma; ergo non violenter exponit rationem pro forma in VII. Unde attribuit rationem quod quid et talia formae, quia sunt ab eo completive.

⟨De materia caeli⟩

VIII 1 1042a25-26   **4. Sensibiles autem substantiae omnes materiam.** Contra: Commentator dicit, in *De substantia orbis*, quod caelum

---

Arist.: VIII, 2   VIII 1 1042a3 (AL XXV 3.2, p. 168, 3); VIII 1 1042a6-11 (AL XXV 3.2, p. 168, 5-10)   7   VIII 1 1042a12-15 (AL XXV 3.2, p. 168, 11-13)   9   VIII 1 1042a13 (AL XXV 3.2, p. 168, 12-13)   11/12   VIII 1 1042a13 (AL XXV 3.2, p. 168, 12-13)   15   VIII 1 1042a28-29 (AL XXV 3.2, p. 169, 28)   20   VIII 1 1042a25-26 (AL XXV 3.2, p. 169, 25)

VIII, 8/9 Arist., *Met.* VII 3 1028b33-1029a2 (AL XXV 3.2, p. 134, 64-70)   9/10 *Non inveni;* cfr Thom. Aq., *In Met.* VIII, lect. 1, §1684 (p. 403)   13 *Non inveni;* cfr Thom. Aq., *In Met.* VIII, lect. 1, §1684 (p. 403)   16 Thom. Aq., *In Met.* VII, lect. 10, §1482 (p. 402-403)   Arist., *Met.* VII 10 1035b13-14 (AL XXV 3.2, p. 150, 521-522); *vide VII, §130*   21/24 Aver., *De sub. orbis*, 2 (f. 5v M-7r F)

VIII, 8   3°] *coni.*, 2° *M*   15 etc.] *coni.*, ecce *M*

[non] est forma simplex, et ipsam sequitur dimensio quam recipit; in aliis dimensionibus praecedit materia formam | substantialem, et ideo illa sunt generabilia et corruptibilia, non caelum.

5. Dico quod non est ita; immo tunc videtur quod Deus potuit facere angelum quantum, dare scilicet dimensionem simplici formae. Unde dico quod in caelo est materia. Et hoc videtur, quia prius determinavit de substantiis, inanimatis et non, ⟨ut⟩ caelum, et nunc dicit: omnes habent materiam; ergo videtur quod caelum, secundum hoc, habet materiam.

6. Sed contra hoc: non probat hic substantias sensibiles habere materiam nisi per generationem et corruptionem; sed caelum non est generabile et corruptibile, secundum omnes.

7. Dico quod bene probat caelum habere materiam ex quo bene probat de aliis: materia enim non solum subicitur generationi et corruptioni, sed terminis, scilicet formae et privationi. Ex quo igitur, ad hoc quod aliquid sit in actu, oportet aliquid possibile subici sibi et caelum est quod quid in actu vere in potentia ad ubi, oportet ibi esse principium potentiale, quia potentiae sunt ordinatae essentialiter.

⟨De separabilitate formae⟩

8. FORMA... RATIONE, id est definitione, SEPARABILE. Contra: in libro *Physicorum* et alibi, non consideratur a naturali nisi in quantum in materia, quia in quantum ens absolute pertinet ad metaphysicum; unde de anima intellectiva non pertinet ad physicum ⟨disputare⟩, quia non est in materia.

9. Similiter Philosophus, II *De anima*, definit animam per corpus, quod est materia eius.

10. Dico quod, sicut dicitur IX, actus est prior potentia cognitione, definitione et tempore, etc. Et ideo videtur ⟨quod⟩, | si definiretur per materiam et materia [non] cognoscitur per formam, quia per analogiam, ut dicitur in I *Physicorum*, ergo erit circulus.

Arist.: 27/28 VIII 1 1042a10-11 (AL XXV 3.2, p. 168, 9-10)   42 VIII 1 1042a28-29 (AL XXV 3.2, p. 169, 28-29)

42/43 ARIST., *Phys.* I 8 192a34-b2 (AL VII 1.2, p. 41, 1-5)   47/48 ARIST., *De an.* II 1 412a27-28 (in ed. Leon., XLV 1, p. 68)   49/50 ARIST., *Met.* IX 8 1049b10-12 (AL XXV 3.2, p. 188, 252-254)   52 ARIST., *Phys.* I 7 191a7-11 (AL VII 1.2, p. 34, 15-35, 1)

---

22 non] *del.*   28 ut] *suppl.*; *post* non *spat. vac. habet* M   42 ratione] *coni. ex textu Aristotelis*, rei M   46 disputare] *suppl.*   50 quod] *suppl.*   51 non] *del.*

11. Ad argumentum, non valet "consideratur ut in materia, ergo ratio eius est a materia". Compositum enim consideratur a naturali, et ideo considerantur partes eius; forma autem non est pars compositi nisi in quantum forma est in materia; ergo etc.

12. Ad illud *De anima*, dico quod non accipitur ibi 'corpus' pro susceptibili sed pro toto composito ex corpore et anima, sicut exposui in VII 'corpori animato' etc. Vel dico quod accipitur ibi 'corpus' pro materia prima informata forma corporeitatis; et tunc illud, quia est aliquid in actu, ideo tamquam notius accipitur in definitione, non materia prima.

⟨De materia et subiecto generationis et corruptionis⟩

VIII 1 1042a32 13. QUIA VERO MATERIA EST SUBSTANTIA. Aliqui exponunt sic quod trahunt quod non est aliqua forma corporeitatis praecedens generationem, quia Philosophus probat quod materia est substantia quia est subiectum generationis et corruptionis; ergo videtur quod generatio et corruptio sunt in materia ut in subiecto.

14. Et dico quod verum est, non tamen immediate, et hoc sufficit ad probationem; si enim sit ibi aliquid in potentia non potentia, hoc est ratione potentiae potentialitatis.

⟨De materia in potentia ad formam⟩

VIII 1 1042a27-28 15. Materia est in potentia hoc aliquid: hoc est, est in potentia ad formam | ut illam recipiat, ex qua forma existente in materia *M* 83ra resultat hoc aliquid.

⟨De alteratione in corporibus caelestibus⟩

VIII 1 1042b3-8 16. Similiter nota quod aliquam alterationem non sequitur generatio et corruptio, sicut illuminatio; tamen forte non est vera alteratio.

Arist.: 64 VIII 1 1042a32-34 (AL XXV 3.2, p. 169, 32-34)   70 VIII 1 1042b1-3 (AL XXV 3.2, p. 169, 37-40)   73 VIII 1 1042a27-28 (AL XXV 3.2, p. 169, 27-28)   77 VIII 1 1042b3-6 (AL XXV 3.2, p. 169, 40-43)

---

53 *Vide supra §8*   57 *Vide supra §9*   58/59 *Vide l. VII, §134*   64/68 THOM. AQ., *In Met.* VIII, lect. 1, §1689 (p. 404)   78/79 Cfr THOM. AQ., *In Met.* VIII, lect. 1, §1690 (p. 404)

---

58 sicut] *coni.*, sic *M*   59 corpori animato] *coni.*, corporis animati *M*   62 non] *coni.*, ū *M*   64 quia] *coni. ex textu Aristotelis*, i^a *M*   65/66 praecedens] *coni.*, praecedentis *M*   73/75 Materia – aliquid] *§15 post §16 et ante §17 pos. M*

⟨De materia propria⟩

VIII 2 1043a12-14   17. Alterius actus altera materia. Hoc est contra eos qui dicunt quod materia est immediatum subiectum formarum.

18. Similiter adversarii dicunt quod cuiuslibet formae est materia propria ita quod dispositiones appropriantes praecedunt, sed corrumpuntur.

19. Contra: licet materia fuerit propria huic formae prius, scilicet quando fuit sub dispositionibus, tamen post corruptionem non.

20. Similiter sequitur quod, si agens esset cum alio agente in instanti generationis, ita bene induceret formam suam sicut alius vel neuter, quia ⟨in⟩ instanti generationis non est materia appropriata, quia appropriationes corrumpuntur et solum remanet materia prima, quae de se est indifferens et inappropriata.

⟨De quidditate significata per nomen⟩

VIII 3 1043a29   21. Oportet autem ⟨non⟩ ignorare. Supponit quod, sicut dicitur in IV, quod nomen significat quidditatem; et hoc supposito, quaerit utrum illa quidditas sit forma vel compositum.

⟨De materia in quidditate⟩

VIII 3 1043a36   22. Post: Erit autem. Ista solutio non est secundum intentionem Philosophi, sed secundum opinionem Platonis, qui posuit formas ideas esse et pertinere solum ad quidditatem, non materiam; quia in capitulo praecedente dixit contrarium, scilicet quod non solum forma pertinet ad definitionem, sed materia et forma, et per consequens ad quidditatem rei.

Arist.: 81 VIII 2 1043a12-14 (AL XXV 3.2, p. 171, 85-87)   95 VIII 3 1043a29-31 (AL XXV 3.2, p. 172, 102-104)   99 VIII 3 1043a36-37 (AL XXV 3.2, p. 172, 108-110)   102 VIII 2 1043a12-19 (AL XXV 3.2, p. 171, 85-92)

81/82 *Haec positio defenditur a Thoma de Aquino et eius sequacibus, e.g.* Thom. Aq., *In I Sent.*, d. 34, q. 1, a. 4 (vol. 2, p. 884); *De Pot.*, q. 3, a. 2 (p. 41-42); *Summa theol.* I, q. 76, a. 6   83/85 Anon., *Quaest. de an.* II, q. 2 (p. 405, 25-35); Rad. Brit., *Quaest. de an.* II, q. 3, Firenze, Bibl., Naz. Central., Conv. Soppr., E. I. 252, f. 167ra-b in S. de Boer, *The Science of the Soul: The Commentary Tradition on Aristotle's* De anima, *c. 1260-c. 1360*, Leuven, 2013, p. 176; cfr Petr. Ioh. Oliv., *In II Sent.*, q. 50 (vol. 2, p. 30)   96 Arist., *Met.* IV 7 1012a23-24 (AL XXV 3.2, p. 90, 629-630)

---

91 in] *suppl.*   95 non] *suppl. ex textu Aristotelis*

23. Tamen Commentator dicit quod est solutio Aristotelis. Et probat, quod compositum non est nisi per formam; sed verius | M 83rb convenit aliquid causae quam causato; unde dicit quod quod quid convenit composito per attributionem, sicut dicitur in littera 'ad unum', id est ad formam.

24. Tamen dico contrarium. Ratio sua non valet, quia habet instantiam in multis. Et dico: ponendo quod sic, solutio Philosophi adhuc salvatur, quia dicit 'per attributionem ad unum': hoc expono de composito, ita quod quod quid primo convenit composito et per attributionem partibus eius aliquo modo, non tamen univoce, sicut nec substantia dicitur univoce de composito et partibus.

⟨De identitate inter quod quid est et eius cuius est in individuo et in specie⟩

VIII 3 1043b2-4   25. Similiter quod dicit in littera, quod, si homo significat compositum, quod quid hominis non erit idem cum homine, exponitur de homine qui includit differentiam individualem et formam particularem; unde in VII fuisset ista propositio falsa, quia ibi considerabat de quod quid in communi ut consideratur a ratione, unde homo, ut includit materiam pertinentem ad speciem et formam specificam, est idem cum suo quod quid.

⟨Contra opinionem Platonis de formis⟩

VIII 3 1043b13   26. SI ERGO: suam opinionem opponit contra opinionem Platonis, qui ponit formam esse quidditatem solum. Unde ⟨in eo quod⟩ praecedit, secundum me, dicit quod forma non est ex compositione nec ex partibus materialibus, etc.

Arist.: 108/109 VIII 3 1043a37 (AL XXV 3.2, p. 172, 109-110)   119/120 VIII 3 1043b2-4 (AL XXV 3.2, p. 172, 112-114)   127 VIII 3 1043b13-14 (AL XXV 3.2, p. 172, 122-124)   127/128 VIII 3 1043b4-13 (AL XXV 3.2, p. 172, 115-124)

105/109 AVER., *In Met.* VIII, t. c. 7 (f. 215v I-K)   122/123 Cfr ARIST., *Met.* VII 4 1029b13 (AL XXV 3.2, p. 136, 117); cfr DUNS SCOT., *Quaest. super Met.* VII, q. 7, §17 (OPh IV, p. 151)   124/125 ARIST., *Met.* VII 6 1031a28-b22, 1031b28-1032a6 (AL XXV 3.2, p. 141, 242-267; p. 142, 274-285)

---

121 qui] *coni.*, quod M   124 pertinentem] particularem *s.l. et in marg.* aliter: pertinentem M   127 suam] *coni.*, sm M   128/129 in eo quod] *suppl.*   129/130 compositione] *coni. ex textu Aristotelis ad 1043b5 (AL XXV 3.2, p. 172, 116)*, opposito M

⟨De materia in quidditate et definitione⟩

27. QUARE DUBITATIO QUAM ANTISTENICI. Hic approbat sententiam eorum qui dixerunt definitionem esse longam orationem. Et dicit quod in hoc bene dixerunt, quia oportet in omni definitione esse aliquid quod de aliquo ⟨praedicatur⟩, id est formam; [non] ita quod, ⟨si⟩ praedicatur forma in definitione | de materia, et oportet esse materiam. Et arguit tunc Aristoteles contra Platonem quod, ex quo ideae non habuerunt materiam nec fuerunt compositae, non potuerunt habere definitionem.

28. Istud est manifestius quod habetur ab Aristotele quod materia et forma pertinent ad quidditatem et definitionem. Et quod loquitur de forma specifica et materia in communi patet, quia loquitur de ideis ut separatae sunt a materia sensibili.

⟨De numero absoluto et applicato⟩

29. PALAM ET QUIA SI SINT ALIQUALITER NUMERI. Exponitur a Thoma (et a Commentatore etiam, ut credo) quia hic loquitur de duobus numeris, id est numero absoluto et numero quo numeramus, et de numero applicato rebus; et quod ultimus, scilicet applicatus, erit substantia rerum.

30. Dico tamen quod non est verum. Unde ita bene est linea duplex et tempus sicut numerus, quia ita bene consideratur linea ab intellectu etiam ut applicatur rebus. Unde Commentator facit commentum, IV *Physicorum*, capitulo de tempore, quod est numerus quo numeramus et numerus numeratus, et vult quod tempus est numerus discretus.

31. Dico igitur quod idem est numerus consideratus a mathematico et applicatus rebus, sicut tempus ut abstracte consideratur

---

Arist.: 132 VIII 3 1043b23-28 (AL XXV 3.2, p. 173, 136-140) 134/135 VIII 3 1043b25-30 (AL XXV 3.2, p. 173, 137-142) 137/138 VIII 3 1043b30-32 (AL XXV 3.2, p. 173, 142-145) 145 VIII 3 1043b32-34 (AL XXV 3.2, p. 173, 146-147)

145/149 THOM. AQ., *In Met.* VIII, lect. 3, §1722 (p. 412); cfr AVER., *In Met.* VIII, t. c. 10 (f. 218r A) 152/155 AVER., *In Phys.* IV, t. c. 102 (f. 181v M-182r B) 153 ARIST., *Phys.* IV 11 219b5-9 (AL VII 1.2, p. 175, 21-23) 154/155 Cfr AVER., *In Phys.* IV, t. c. 99 (f. 180r A-B)

132 dubitatio] *coni. ex textu Aristotelis*, dubio *M* 135 praedicatur] *suppl.* 136 non] *del.* si] *suppl.* 145 quia si sint] *coni. ex textu Aristotelis*, qui sicut *M* 152 Commentator] *coni.*, quoniam *M* 153 commentum] *coni.*, multum *M* 156 idem] *coni.*, iᵉ *M* 157 ut] *coni.*, et *M*

et ut applicatur tamquam mensura rebus naturalibus. Unde, sicut eadem est dulcedo quam iudicat oculus per accidens in lacte et quam per se gustus iudicat, sic ⟨hic⟩; unde, quod potentia non totum comprehendit, ex hoc non variatur res etc.

32. Dico igitur quod non vult plus dicere quod, 'si sint numeri aliqualiter substantiae', hoc est | 'sic', id est similitudinarie. Et ponit similitudines: una est quod definita sunt indivisibilia sicut numeri et e converso.

33. Si tamen eorum expositio esset vera, ista similitudo esset ad oppositum, quod numerus applicatus esset magis divisibilis quam numerus abstractus, quia abstractus est divisibilis in indivisibiles unitates, numerus naturalis in infinitum; unde Philosophus, capitulo de tempore, dicit quod tempus, secundum quod continuum, non est minimum (tamen secundum eum est accipere ibi minimum tempus in genere illo si tria comparantur ad invicem vel plura).

⟨De unitate numeri et substantiae contra Thomam⟩

VIII 3 1044a2-9   34. Post sequitur de numeris. Et nota quod hic non habetur quod ultima unitas sit forma numeri. Non enim vult plus nisi quod, sicut numerus habet aliquid formale quod quid sit, ratione cuius numerus est unus formaliter, sic definitio. Unde nota quod dicit quod sicut ENDELECHIA, id est actus.

⟨De magis et minus in speciebus et numeris contra Thomam⟩

VIII 3 1044a9-11   35. Sic exponunt istud quod forma substantialis non suscipit magis et minus.

36. Dico quod intelligit quod species, secundum se considerata, non habet de ratione sui nec magis nec minus, quia de se non ha-

---

Arist.: 162 VIII 3 1043b33 (AL XXV 3.2, p. 173, 146-147)   163/165 VIII 3 1043b34-36 (AL XXV 3.2, p. 173, 147-149)   175 VIII 3 1044a2-11 (AL XXV 3.2, p. 173, 153-174, 163)   179 VIII 3 1044a9 (AL XXV 3.2, p. 174, 160)   181 VIII 3 1044a9-11 (AL XXV 3.2, p. 174, 161-163)

---

166 *Vide supra §29*   169/170 ARIST., *Phys.* IV 12 220a27-31 (AL VII 1.2, p. 178, 17-21)   175/176 Cfr, contra, THOM. AQ., *In Met.* VIII, lect. 3, §1725 (p. 412)   181/182 THOM. AQ., *In Met.* VIII, lect. 3, §1727 (p. 412)

---

160 hic] *suppl.*   171/172 minimum] *coni.*, numerum M   175 sequitur] *coni.*, exsequitur M

bet aliquam multitudinem nec includit sic nec magis nec minus, sed, ubicumque est species, ibi est tota. Sed tamen species, ut in individuo, participatur secundum magis et minus.

37. Unde nota quod dicit: QUAE SECUNDUM SPECIEM. Non expono illud de forma substantiali, sed composito quod est compositum ex materia et forma specifica.

⟨De differentiis in speciebus et definitionibus contra Thomam⟩

38. Similiter nota quod non habent | ex ista littera quod, quacumque unitate ablata, mutetur species ut numerus. Non enim vult Philosophus dicere nisi ⟨quod⟩, ablata quacumque unitate, mutatur definitio, et eo modo intelligit in formis substantialibus. Unde, quando auferretur a substantia animata sensibili 'rationale', non mutatur species, sed definitio; solum remanet genus, quod est in potentia ad omnes species.

39. Nota quod differentia specifica generis numquam est constitutiva alicuius speciei ita quod 'sensibile' constituit aliam speciem, sed species habet aliam specificam; et, sensibili ablata et animata, constituit plantam, ut illi dicunt in quaternis.

⟨De materia prima et de materia propria⟩

40. Similiter nota post, ubi loquitur de materia cholerae et phlegmatis et aliorum, quod est contra eos qui ponunt quod omnes formae perficiunt immediate materiam, quia, si sic, tunc non erit materia altera alterius ita quod materia prima, secundum ipsum, componitur et subicitur ulteriori.

41. Unde similiter post dixerit quod a propria materia domus nihil debet auferri nec addi ad hoc quod sit propria materia formae; hoc non esset verum si materia prima esset propria materia

---

Arist.: 188 VIII 3 1044a10-11 (AL XXV 3.2, p. 174, 162-163)   192 VIII 3 1043b36-1044a2 (AL XXV 3.2, p. 173, 149-153)   204/205 VIII 4 1044a15-25 (AL XXV 3.2, p. 174, 166-171)

192/193 THOM. AQ., *In Met.* VIII, lect. 3, §1723-1724 (p. 412)   202 THOM. AQ. *In Met.* VIII, lect. 3, §1724 (p. 412)   205/206 *Hoc videtur pertinere ad Thomam de Aquino et eius sequaces; vide supra §13 et 17*   209/210 ARIST., *Met.* IX 7 1049a8-11 (AL XXV 3.2, p. 186, 215-187, 218)

193 ut] *coni.*, non *M*   194 quod] *suppl.*   197 genus quod] quod genus *M*   200/201 ita – specificam] sed species habet alia specificam ita quod sensibile constituit aliam speciem *M*   209 post] *coni.*, prius *M*

cuiuslibet, quia oportet addere, secundum eos, dispositiones appropriantes, et similiter oportet eas, secundum istos, corrumpi.

42. Similiter nota quod dicit: MATERIA EXISTENTE UNA. Non intelligit quod materia prima est una in quolibet, sed 'una', id est indistincta, sicut propriae | materiae speciales. Illae enim sunt indistinctae per proprias formas, ita quod numquam illa materia appropriata, quae est asini, potest esse sub forma hominis; tamen materia prima asini potest esse sub forma hominis, destructo asino.

⟨De eodem movente⟩

43. UT MOVENS IDEM. Nota quod non loquitur hic de movente ut est idem in supposito, id est ut est unum suppositum, quia sic effectus diversi per unum movens non distinguerentur; sed loquitur de movente ut habet diversa principia moventia, sive artes sive talia, ut notat ibi: ARS ET PRINCIPIUM, etc.

⟨De materia in accidentibus⟩

44. IN NATURALIBUS QUIDEM SEMPITERNIS.

45. Et post: QUONIAM VERO QUAEDAM SINE GENERATIONE ET CORRUPTIONE SUNT ET NON SUNT. Ex ista littera dicunt aliqui quod accipitur quod accidentia non habent materia ex qua, sed in qua, sicut eclipsis 'non', secundum Philosophum hic; et album lignum generatur, dicit ipse, et non album.

46. Et dico quod secundum tenentes aliam viam potest responderi quod intelligit: non habent accidentia materiam in qua possunt subsistere; sola enim substantia est materia in qua possunt per se subsistere, qua destructa destruitur materia et forma acci-

---

Arist.:   214 VIII 4 1044a25-27 (AL XXV 3.2, p. 174, 175-177)   222 VIII 4 1044a29-32 (AL XXV 3.2, p. 174, 180-175, 182)   228 VIII 4 1044b6 (AL XXV 3.2, p. 175, 192-193)   229/230 VIII 5 1044b21-26 (AL XXV 3.2, p. 175, 208-176, 213)   232 VIII 4 1044b8-11 (AL XXV 3.2, p. 175, 195-198)   232/233 VIII 5 1044b23-24 (AL XXV 3.2, p. 176, 210-211)

213 *Vide supra* §18   230/232 THOM. AQ., *In Met.* VIII, lect. 4, §1743 (p. 415-416)
234 *Non inveni, sed vide opinionem a Scoto relatam in Quaest super Met.* VIII, q. 1, §9-14 (OPh IV, p. 398-401)

214 existente] *coni. ex textu Aristotelis*, erit M   226 notat] *coni.*, necc M   ars et] *coni. ex textu Aristotelis*, artem M   229 sine] *coni. ex textu Aristotelis*, sunt in M   233 album] *coni.*, lignum M

dentium. Vel aliter: non habent materiam transmutabilem quae mutetur ab una forma et post maneat sub alia.

47. Quod in accidentibus sit materia patet per auctoritatem in VII et in XII. Et etiam patet in quantis vel in numeris; ibi enim in numeris est vera materia, scilicet unitas, et forma earum specifica. Unde et multi negantes materiam in accidentibus conce|dunt tamen in numeris.

⟨De generatione contrarii ex contrario⟩

48. Nota quod contrarium fit ex contrario per accidens, quia ex parte oppositi, scilicet materia ex qua numquam inexistente; per se fit compositum.

⟨De transmutatione ex vino in acetum⟩

49. DUBITATIO AUTEM. Aliqui legunt istam litteram ac si Philosophus quaereret quare ex vino potest fieri acetum unica transmutatione et non e converso.

50. Sed ego dico quod bona quaestio est, sed non est ad intentionem litterae; sed quaerit quare oppositum non est materia nec est potentia aliud cum tamen dicitur unum oppositum fieri ex alio et 'ex' denotat causam materialem.

51. Et solvit quod aliquid dicitur fieri ex subiecto per se, ex opposito per accidens. Unde exemplificat de albo ligno ac si album lignum per se generaretur, cum tamen generatur per accidens, cum sit ens per accidens; sed exemplificat de ligno quia latet materia albedinis.

52. Contra: Philosophus facit unum argumentum, in I *Physicorum* quod contraria sunt per se principia transmutationis quia

---

Arist.: 246/247 VIII 5 1044b23-26 (AL XXV 3.2, p. 176, 210-213) 250 VIII 5 1044b34-1045a6 (AL XXV 3.2, p. 176, 221-229) 258/259 VIII 5 1044b23-24 (AL XXV 3.2, p. 176, 210-211)

240/241 ARIST., *Met.* VII 9 1034b8-10 (AL XXV 3.2, p. 148, 452-454); *Met.* XII 4 1070b16-21 (AL XXV 3.2, p. 251, 117-120); cfr DUNS SCOT., *Quaest. super Met.* VIII, q. 1, §12-13 (OPh IV, p. 400)   243/244 *Non inveni, sed cfr* DUNS SCOT., *Quaest. super Met.* V, q. 9, n. 41 (OPh III, p. 537-538)   246/248 Cfr THOM. AQ., *In Met.* VIII, lect. 4, §1746 (p. 416)   250/252 THOM. AQ., *In Met.* VIII, lect. 4, §1753 (p. 417) 262/265 ARIST., *Phys.* I 5 188a26-35 (AL VII 1.2, p. 22, 18-23, 11)

---

248 fit] *coni.*, sit *M*   compositum] *coni.*, oppositum *M*   254 nec] *coni.*, non *M*

non fiunt ex alterutris etc. quod album non fit per se ex non albo, sed fit per se ex albo quod est nigrum. Et primo in omni transmutatione est per se terminus ad quem, scilicet forma inducta; ergo est per se terminus a quo: materia enim non est per se terminus a quo nec ad quem, quia est communis utrique. Unde accidit materiae quod sit sub isto termino ad hoc quod moveatur ad alium, quia numquam movens movet materiam per motum nisi quia invenit eam sub contraria dispositione; si enim non inveniret, | non moveret.

53. Dico quod verum est; unde non negat hic oppositum fieri per se ex opposito tamquam ex termino. Unde nota, V: proprius modus est 'ex' quando sumitur pro circumstantia causae materialis, minime proprie quando sumitur secundum quod notat proprie ordinem; et modus quo oppositum fit ex opposito est quasi medium, etc.

54. Similiter quod dicit quod, si debet fieri vinum ex aceto, debet redire ad materiam, accipiunt aliqui quod materia prima est immediate susceptiva omnium accidentium etc.

55. Et dico quod non vult plus dicere nisi quod oportet redire ad materiam communem utrique, sive sit materia prima sive sit proxima. Unde, sive in marcescendo non inducitur aliqua forma positiva sed tantum privatio sive aliquid positivum inducitur, non oportet redire ad materiam primam sed ad materiam communem.

⟨De unitate materiae cum forma⟩

56. QUAECUMQUE VERO NON HABENT MATERIAM NEC SENSIBILEM NEC INTELLIGIBILEM. Alii exponunt de angelis. Et dico quod non oportet, immo vult solum dicere quod potest exponi dictum suum de formis simpliciter et de materia simpliciter: nec enim habet materia aliquam causam intrinsecam per quam sit

---

Arist.: 279/280 VIII 5 1045a3-6 (AL XXV 3.2, p. 176, 226-229)   288/289 VIII 6 1045a36-b2 (AL XXV 3.2, p. 177, 259-262)

274/275 ARIST., *Met.* V 24 1023a26-27 (AL XXV 3.2, p. 118, 753-754)   276/277 ARIST., *Met.* V 24 1023b8-11 (AL XXV 3.2, p. 119, 769-772)   277/278 ARIST., *Met* V 24 1023b7-8 (AL XXV 3.2, p. 119, 768-769)   280/281 *Non inveni*; cfr THOM. AQ., *In Met.* VIII, lect. 4, §1753 (p. 417)   289 THOM. AQ., *In Met.* VIII, lect. 5, §1762 (p. 420)

---

264 fiunt] *coni.*, furat *M*   283 sive] *coni.*, sicut *M*   284 marcescendo] *coni.*, marce *M*

hoc quod est sed se ipsa, hoc est, non est actu sed potentia est; similiter forma simpliciter non habet aliquid per quod sit tale.

57. Similiter nec materia cum forma habent aliquam causam formalem per quam fiat unum ex eis, nisi efficiens in illis | quae generantur per motum; in aliis, ut in mathematicis, non est tale efficiens.

58. Unde quod aliqui exponunt illud: QUAPROPTER NON EST ALIQUA ALIA ⟨CAUSA⟩ ESSENDI, quod hoc dicitur de intelligentiis, nota quod non solum negant ab eis causam formalem per quam fiunt illud quod sunt, sed etiam negant causam efficientem.

59. Sed hoc est contra Aristotelem, II huius, ubi dicit quod sempiterna aliqua habent causam, etc. Similiter in V huius, dicit quod quaedam sunt necessario causata et quaedam non.

60. Unde dico quod, si triangulus ab aeterno fuisset, adhuc fuisset causa habendi tres angulos, et habere tres infuisset sibi ab aeterno. Unde Avicenna et omnes posuerunt intelligentias causatas. Dicitur tamen quod Philosophus non posuit.

⟨De ultima materia contra Thomam⟩

61. ET ULTIMA MATERIA ET FORMA IDEM ET POTENTIA, HOC ACTU. Quae necessitas esset dicere 'ultima materia', si materia prima esset immediate suscipiens omnes formas?

Arist.: 299/300 VIII 6 1045b4-5 (AL XXV 3.2, p. 177, 264-265)   311/312 VIII 6 1045b17-19 (AL XXV 3.2, p. 178, 279-280)

299/301 THOM. AQ., *In Met.* VIII, lect. 5, §1764 (p. 421)   303/304 ARIST., *Met.* II 1 993b28-29 (AL XXV 3.2, p. 44, 30-31)   304/305 ARIST., *Met.* V 5 1015b9-11 (AL XXV 3.2, p. 98, 179-180)   308/309 AVIC., *Liber de prima philos.* IX 4 (p. 479, 45-481, 98)   309 *Non inveni*

---

296 nisi] *coni.*, non M   300 causa] *suppl. ex textu Aristotelis*

⟨LIBER IX⟩

⟨De potentia in immobilibus⟩

IX 1 1045b26-1046a2   **1.** DE PRIMO VERO ENTE etc. Hic dicit quod potentia est in plus quam potentia in mobilibus.

2. Contra: omne quod est in potentia potest habere actum secundum quod in potentia; actus autem entis in potentia est definitio motus; ergo omne quod est in potentia potest habere motum; ergo solum est in mobilibus.

3. Respondeo: sicut passio dicitur aliquando abiectio contrarii, aliquando receptio formae in susceptivo | ubi non est contrarium   M 85rb
sed solum privatio illius perfectionis, sic potentia. Unde potentia ad actum per motum ponitur in definitione motus; potentia ad perfectionem sine materia, sicut ad intelligere et velle vel tale, est in immobilibus, etc.

⟨De potentiis et principiis⟩

IX 1 1046a9-10   **4.** Hic dicit quod potentiae omnes sunt principia.

5. Contra: tunc erunt quattuor principia, scilicet materia, forma, privatio et potentia, quia potentia nullum istorum est: non materia, quia non manet existente actu, materia manet; nec est privatio, ut certum est; nec est forma, quia forma est actus, potentia non.

6. Dico quod potentia est in genere relationis et praedicatur de rebus cuius est denominative sicut haec: "homo est animalis". Unde hic intelligit de illis rebus de quibus praedicatur principium et potentia.

7. Unde haec est denominativa praedicatio: "materia est principium et potentia" et "forma est potentia et principium". Unde accipitur hic potentia et principium pro rebus. Unde potentia ista, id est res, non est principium nec ista relatio nisi denominative,

---

Arist.: IX, 2   IX 1 1045b26 (AL XXV 3.2, p. 179, 3)   IX 1 1046a1-2 (AL XXV 3.2, p. 179, 12-13)   15   IX 1 1046a9-10 (AL XXV 3.2, p. 180, 21-22)

IX, 9   formae] *coni.*, so^m *M*   12   sine] *coni.*, a *M*   22   est] *coni.*, sunt *M*   28   nisi denominative] denominative nisi *M*

sicut nec principium est principium, scilicet prout principium. Unde unum accipitur pro re et aliud pro relatione.

⟨De potentia activa et actione in agente⟩

8. Hic dicit quod potentia activa in activo secundum quod activum. Hoc est pro illis ⟨qui ponunt⟩ quod actio est in agente. Si enim non, numquam activum secundum quod activum esset actu; si non, nec in potentia ad actum, quia eius est actus cuius est potentia, ⟨ut⟩ dicitur in | *De somno et vigilia*.

9. Si ergo activum secundum quod activum non esset in potentia nec in actu sed patiens esset, etc. Probatio, quia actus et forma naturaliter prius sunt illis quorum sunt, unde dicitur in VII quod forma est prior materia et composito, unde albedo, licet non sit prior homine, tamen prior est naturaliter homine albo. Sic hic: sit 'actio' secundum quod activum est in actu formaliter (sic enim intelligo), illa actio prior erit naturaliter ipso agente; sed si illa actio esset in patiente causata ab agente, esset tunc effectus agentis et posterior agente, saltem materialiter. Dicatur igitur quod sit in agente, et agens est in potentia ad illum actum secundum quem agit formaliter.

10. Hoc totum dixi pro illis qui ponunt actionem in agente, quia habent pro incovenienti quod activum secundum quod activum sit in potentia ad actum.

⟨De impotentia⟩

11. Similiter nota quod hic dicit quod impotentia dicitur multiplicius potentia, quia in quantum est privatio ⟨dicitur multis modis⟩. Hoc contra primum *Topicorum*, ⟨ubi⟩ dicitur de omnibus oppositis quod quotiens dicitur unum et aliud.

Arist.: 32/33 IX 1 1046a26-29 (AL XXV 3.2, p. 180, 38-40)   52 IX 1 1046a29-32 (AL XXV 3.2, p. 180, 42-45)

IX, 33 *Non inveni*   36 ARIST., *Somn. et Vig.* 1 454a8; cfr *Auct. Arist.*, n. 70 (p. 201)   39/40 ARIST., *Met.* VII 3 1029a5-7 (AL XXV 3.2, p. 134, 72-74)   48 *Vide supra §8*   54/55 ARIST., *Top.* I 15 106b14-15 (AL V 1-3, trans. Boethii, p. 23, 10-12); cfr *Auct. Arist.*, n. 18 (p. 323)

30 unum] *add. in marg.* M   33 illis] *coni.*, illo M   qui ponunt] *suppl. ex linea 48 infra*   35 nec] *coni.*, si M   actum] *coni.*, actus M   36 ut] *suppl.*   41 sit] *coni.*, si M   46 agens] *coni.*, patiens M   52/53 multiplicius] *coni. ex l. 58 infra*, multis modis M   53/54 dicitur multis modis] *suppl.*   54 ubi] *suppl.*

12. Dico quod, quando aliquid opponitur alicui, totiens dicitur unum sicut et aliud in quantum opponitur sibi; sed quod unum dicitur multiplicius alio, hoc non est in quantum oppositum, sed ratione alia.

⟨De potentia activa⟩

13. QUAPROPTER OMNES ARTES ET SCIENTIAE. Hic habetur plane quod non solum potentia activa est solum de tertia specie qualitatis, immo de prima, quia scientia et ars sunt de prima specie qualitatis.

14. Dico igitur | quod potentia activa vere dicitur de prima specie et secunda et tertia et de forma substantiali, etc.   *M* 85vb

⟨De potentia irrationali et rationali⟩

15. Dicit hic quod irrationalis potentia non est ad opposita.

16. Contra: fontes sunt calidiores in hieme quam in aestate. Similiter quando homo vadit in frigore, pedes sunt post calidiores.

17. Dicitur quod hoc est per accidens, quia frigus constringit et retinet calorem ne transeat extra.

18. Contra: tunc non est differentia inter potentiam rationalem et irrationalem, quia rationalis non valet ad opposita, ut exemplificat hic et ut patet per eum, immediate post, quod species positivi est positivi secundum se, privativi per accidens. Ideo vel oportet dicere quod non est differentia vel quod rationalis non valet per se ad opposita.

⟨De scientia, definitione et specie⟩

19. CAUSA AUTEM ⟨QUIA⟩ RATIO EST SCIENTIA, etc., id est: SCIENTIA EST [IN] POTENTIA IN HABENDO RATIONEM, et hoc vel rationem quae est definitio vel rationem quae est species. Vel diversimode: 'in habendo rationem', id est definitionem obiective; 'rationem', id est speciem formaliter.

Arist.: 61 IX 2 1046b2-4 (AL XXV 3.2, p. 181, 52-54)   68/69 IX 2 1046b4-7 (AL XXV 3.2, p. 181, 54-56)   74/75 IX 2 1046b6-7 (AL XXV 3.2, p. 181, 55-56)   75 IX 2 1046b7-13 (AL XXV 3.2, p. 181, 57-64)   80 IX 2 1046b7-8 (AL XXV 3.2, p. 181, 57)   81 IX 2 1046b16-17 (AL XXV 3.2, p. 181, 65-66)

63 qualitatis] *coni.*, quod *M*   80 Causa] *coni. ex textu Aristotelis*, cum *M* quia *suppl. ex textu Aristotelis*   81 in] *del. ex textu Aristotelis*

⟨De principio intellectuali et factionis⟩

20. Similiter nota quod dicit: QUARE AMBO AB EODEM PRINCIPIO [UT] MOVEBIT AD IPSUM COPULANS. Istud principium erit de principio intellectuali, non factionis. Ista distinctio datur in VII. Principium, id est factionis, non est forte ad opposita.

⟨Responsiones ad difficultatem et auctoritatem de potentia irrationali et rationali⟩

21. Ad difficultatem de potentia rationali et irrationali, qualiter non est differentia, dico quod sic, quia rationalis est per se ad opposita.

22. Ad auctoritatem| Philosophi, dico quod intelligit quod non est secundum se oppositi privativi; verum est prout 'secundum se' accipitur pro 'primo'. Unde secundum se, id est primo, est positivi; secundum se tamen, id est non per accidens, tamen non primo, est privativi.

⟨De contrariis et privative oppositis⟩

23. Similiter nota quod facit consequentiam talem: eadem est species, ergo et scientia contrariorum.

24. Consequentia istorum non valet, quia unum contrarium et aliud habent diversas species et naturas positivas. Probatio, quia faciunt diversas species in oculo et per consequens in phantasia et per consequens in intellectu. Ergo per unam speciem potest cognoscere unum et per aliam aliud.

25. Dicunt aliqui et concludunt conclusionem ita quod secundum eos nihil vere positive in contrario privativo aliud a positivo, sed quidquid naturae positivae est in nigro est modicum albedinis, ita quod illud modicum non posset esse minus, quia, si esset, non

---

Arist.: 86/87 IX 2 1046b21-22 (AL XXV 3.2, p. 181, 70-71)

89 ARIST., *Met.* VII 7 1032a27-28 (AL XXV 3.2, p. 143, 309-310)   92/94 *Vide supra §18*   95 *Vide supra §18*   101/102 THOM. AQ., *In Met.* IX, lect. 2, §1790 (p. 429)   108/113 *Non inveni*

87 ut] *del. ex textu Aristotelis*   Istud] *coni.*, iste *M*   88 intellectuali] *coni.*, intellectuale *M*   95 auctoritatem] dico *add. et del. M*   97 primo] *coni.*, positivo *M*   102 ergo et scientia contrariorum] et scientia praedicatorum ergo *M*   111 quia] *coni.*, quam *M*

amplius nigrum et album essent in eodem genere; unde contraria maxime distant in illo genere.

26. Similiter dicunt quod nigrum, si haberet speciem aliam ab albo, non cognoscitur per illam, sed solum per speciem oppositi.

27. Dico tamen quod accipit hic 'contrarium' pro 'privative oppositis', sicut alii alterius opinionis exponunt unum capitulum in primo *Physicorum*, ubi probat quod privatio, id est terminus a quo, et forma, id est terminus ad quem, sunt contraria, id est privative opposita secundum eos. Unde non | debet illud 'Quoniam contrariorum' esse probatio primi istius si privativorum, eo modo quo ipsi exponunt. M 86rb

⟨De cognitione privationis⟩

28. Nota qualiter privatio cognoscitur per habitum, quia si dicam: "videns est qui est aptus natus videre", absque aliqua natura positiva addita, sed solum negatio additur ad hoc quod caecitas cognoscatur, scilicet: "caecitas est quod non est aptum natum videre" etc.

⟨De exemplo caecitatis⟩

29. IIDEM ERUNT CAECI SAEPE DIE etc. Nota: iste qui est caecus non est saepe in die sed semel; quia 'saepe', 'totiens' et 'quotiens' dicunt interruptionem, sicut patet in sophismate 'Quotiens fuisti Parisius', etc.

⟨De identitate potentiae et actus⟩

30. ISTAE VERO RATIONES POTENTIAM ET ACTUM IDEM FACIUNT: id est, erunt indivisibilia et inseparabilia ad invicem, et hoc satis inconveniens. Et ex hoc sequuntur alia inconvenientia prius posita.

Arist.: 120/121 IX 2 1046b15-20 (AL XXV 3.2, p. 181, 64-68)   130 IX 3 1047a9-10 (AL XXV 3.2, p. 182, 94-95)   135/136 IX 3 1047a19-20 (AL XXV 3.2, p. 182, 103-104)

114/115 *Non inveni*   117/118 THOM. AQ., *In Phys.* I, lect. 13, §114-117 (p. 58-59)   118/119 ARIST., *Phys.* I 7 190b29-191a3 (AL VII 1.2, p. 33, 14-34, 10)   122 THOM. AQ., *In Met.* IX, lect. 2, §1792-1793 (p. 429)   132/133 Cfr *Sophismata Wigornensia*, Sophisma 15, Worcester, Cathedral Library Q.13, f. 50ra (*vide* EBBESEN AND GOUBIER, *A Catalogue*, 822.5, vol. 2, p. 435-438); *vide etiam* GUALT. BURL., *De pur. artis log. Tract. Brevior* (p. 259, 5-28)

---

130 die] *coni. ex textu Aristotelis, certe* M

⟨De definitione possibilis⟩

31. EST AUTEM POSSIBILE etc. Nota quod non est vera definitio, sicut nec definitio sequens, sed est descriptio. Unde possibile in communi non potest definiri propter aliquem trium modorum. Nec impossibile [nec] per possibile commune ⟨nisi⟩ tantum sic: "impossibile est quod non est possibile", sicut privatio per habitum; negatio enim possibilis est notior nobis quam privatio, scilicet impossibile. Contingens non necessarium et necessarium bene possunt definiri.

⟨De possibilitate et impossibilitate antecedentis et consequentis⟩

32. SED ERAT ERGO PRIMUM IMPOSSIBILE, ET SECUNDUM. 'Primum' debet accipi non pro primitate et ordine: sic enim antecedens est primum; sed accipitur | ibi 'primum' pro consequente, sicut accipitur in *Praedicamentis*, "a quo non convertitur subsistendi consequentia".

33. Sed possibilitas unius, scilicet a, infert possibilitatem b; ergo unum a erit antecedens et b consequens. Probatio istius: nota, sicut verum est in obligationibus, omnis propositio vel est positum vel impertinens est posito vel repugnans vel antecedens vel consequens. Si ergo "a est possibile" est impertinens, numquam infert aliud: "baculus stat in angulo" et "tu sedes" sunt impertinentia, et ideo neutrum infert aliud. Si sit repugnans, certum est tunc quod non infert, sed potius oppositum infert. Si sit consequens, tunc non infert; non enim valet: "si consequens sit possibile, et antecedens". Ergo erit antecedens, etc.: si antecedens est possibile, et consequens.

34. Contra istam regulam sunt multae instantiae in sophismatibus.

Arist.: 140 IX 3 1047a24-26 (AL XXV 3.2, p. 183, 108-109) 149 IX 4 1047b21-22 (AL XXV 3.2, p. 184, 138-139) 154 IX 4 1047b22-23 (AL XXV 3.2, p. 184, 139)

152/153 ARIST., *Cat.* 12 14a29-35 (AL I 1-5, trans. Boethii, p. 37, 114-120) 165/166 RICHARD. (MAG. ABSTR.), *Abstr.*, Sophisma 302

143 nec] *del.* nisi] *suppl.* 151 sed] *coni.*, si *M* 156 verum] *coni.*, unum *M* 165 sunt] *coni.*, sicut *M*

⟨De modo agendi potentiarum rationalium et irrationalium⟩

IX 5 1048a8-10   **35.** Nota: quando dicit quod potentia rationalis valet ad opposita, intelligitur de activa potentia.

IX 5 1048a5-24   **36.** Similiter quod dicit quod in naturalibus potentiis et rationalibus, si sit determinans et appropinquat passo, necessario unum aget etc., intelligitur de activis potentiis.

37. Facit consequentiam talem post, quod, si voluntas determinet ad opposita, sicut virtualiter potest, ergo dicitur ⟨quod⟩ voluntas faceret opposita. Respondet quod non, quia habet potentiam simul ad faciendum duo opposita, sed non ad faciendum simul.

38. Sed istud non valet. Ita enim responderem sibi sicut arguit ad argumentum prius factum de potentia rationali: | "si potentia   *M* 86vb
rationalis appropinquat passo, tunc facit duo opposita, quia habet potentiam ad faciendum duo opposita".

39. Respondeo, sicut ipse, quod non habet potentiam, et ideo non sequitur quod simul faceret opposita.

⟨De impositione nominis actus et de re significata⟩

IX 6 1047a25-32   **40.** Nota quod in priori capitulo descripsit actum, et dicit quod videtur ⟨quod⟩ motus est actus etc.

41. Ex ista littera colligitur quod, licet aliquod nomen imponatur ad significandum aliquid prius, tamen aliquando contingit verius, quantum ad rem significatam, actui qui est forma substantialis, cui tamen tantum transfertur ad significandum.

⟨De libro nono quoad quaestionem de intellectu et voluntate⟩

IX 2 1046a36-   **42.** Nota bene secundum capitulum et quartum istius noni;   adnot.
b24; 5 1048a2-24   multum enim valent positionibus aliis, et praecise ad quaestionem de intellectu et voluntate.

Arist.: 168/169 IX 5 1048a8-10 (AL XXV 3.2, p. 184, 159-161)   170/172 IX 5 1048a5-7 (AL XXV 3.2, p. 184, 157-159)   175/176 IX 5 1048a21-24 (AL XXV 3.2, p. 185, 173-176)   178 IX 5 1048a8-10 (AL XXV 3.2, p. 184, 159-161)   181/182 IX 5 1048a22-23 (AL XXV 3.2, p. 185, 174-176)   184/185 IX 3 1047a32 (AL XXV 3.2, p. 183, 115-116)   186 IX 6 1048a25-30 (AL XXV 3.2, p. 185, 177-182)   191/192 IX 2 1046a36-b24 (AL XXV 3.2, p. 181, 49-73); IX 5 1048a2-24 (AL XXV 3.2, p. 184, 152-185, 176)

192/193 Cfr Duns Scot., *Quaest. super Met.* IX, q. 15, spec. § 46-53 (OPh IV, p. 675-699, spec. 689-692)

174 quod] *suppl.*   177/178 sicut – rationali] ad argumentum prius factum de potentia rationali sicut arguit *M*   185 quod] *suppl.*

⟨De potentia proxima⟩

43. Quando autem est in potentia et quando ⟨non⟩, determinadum est.

44. Hic dicit quod ista potentia est proprie potentia ad quam nihil oportet addere vel auferre ad hoc quod inducatur forma unica transmutatione.

45. Contra: in secundo huius dicitur: "quod est primum in omni genere, illud est maxime tale"; unde in genere causae efficientis primum est maxime efficiens, et sic de aliis. Ergo prima potentia est maxime potentia. Talis autem est prima materia, non proxima.

46. Dicitur quod intelligit quod proxima potentia est maxime potentia respectu huius fiendi, sed non forte communioris, [vel] quia ⟨non⟩ est in|differens respectu cuiuslibet.

47. Contra: in aliis, sicut in genere causae efficientis et aliorum, non solum est maxime efficiens simpliciter, sed respectu huius effectus; ergo similiter materia.

48. Et hoc concedo. Et dico quod non vult Philosophus plus nisi quod illa est potentia propria et immediata et proxima ad quam nihil oportet addere nec auferre aliquid ad hoc quod inducatur.

49. Contra: in omni mutatione oportet auferre terminum a quo, quia inducitur terminus ad quem, qui opponitur sibi.

50. Dico quod intelligit quod nihil positivum quod sumitur in illa materia prius debet auferri ad hoc quod sit immediata; unde non intendit quin ⟨privatio⟩ prius debet auferri. Probo per litteram: dicit quod terra non est proxima potentia nec propria ad figuram, sed aes; et tamen certum est quod, ad hoc quod inducatur figura in aere, oportet tollere privationem, id est infigurationem.

Arist.: **195/196** IX 7 1048b37 (AL XXV 3.2, p. 186, 206)   **197/199** IX 7 1049a1-5, 1049a8-12 (AL XXV 3.2, p. 186, 207-212, p. 186, 215-187, 219)   **219/220** IX 7 1049a16-18 (AL XXV 3.2, p. 187, 222-224)

200/201 Arist., *Met.* II 1 993b24-25 (AL XXV 3.2, p. 44, 27-28)   **204/207** *Non inveni*

---

195 Quando] *coni. ex textu Aristotelis*, quoniam *M*   non] *suppl. ex textu Aristotelis*   **206** non] *coni.*, vel *M*   communioris] *coni.*, communiori *M*   vel] *del.*   **207** non] *suppl.*   **219** privatio] *suppl.*

51. Similiter littera ista est contra negantes pluralitatem formarum, quia materiae primae oportet addere aliquid ad hoc quod sit sub ista forma; hoc non potest esse accidens, quia materia prima cum accidentibus non est proprium susceptivum formae substantialis, nec secundum eos; adhuc igitur oportet quod sit forma substantialis, quae est dispositio ⟨quae⟩ debet corrumpi, ut puta sensitiva in adventu intellectivae. Sed tunc est illud contra eos quod dicitur in littera, quod | nihil positivum debet auferri ad hoc quod sit propria materia; sed per te aufertur sensitiva.

⟨De exteriori prohibente⟩

52. QUANDO VOLITUM FIT NULLO EXTERIORI PROHIBENTE. Hoc est contra superius positum. Dicit enim prius quod non oportet addere alicui ad hoc quod dicatur esse in potentia ista particula 'nullo exteriori prohibente'; hic dicit contrarium.

53. Et probo quod, nisi adderetur illud, nulla potentia activa, nec rationalis nec irrationalis, erit in potentia nisi quando est sub actu. Probo, quia, ad hoc quod aliquid ⟨non⟩ sit potens agere, hoc erit vel quia non est sufficiens agere vel quia non est aptum natum vel quia non approximatur passo; vel quia est exterius prohibens, et hoc erit quando ⟨non⟩ est actu agens.

54. Ad Philosophum, dico quod non debet includi illa particula 'nullo exteriori prohibente' si quidem prohibens daret formam prohibito, sed intelligit de prohibente per accidens. Exemplum de istis duobus: prohibens magistrum qui debet docere discipulum et non docet, prohibet eum per se ab actu considerationis qui deberet ei dare formam et habitum secundum quem deberet considerare; sed garrulans cum discipulo habente habitum scientiae prohibet eum ab actu considerationis per accidens, non per se, quia non daret ei formam, quia illam habet. Similiter hic ignis et omnis potentia impedibilis habet formam, et tamen potest impediri, etc. |

Arist.: 234/235 IX 7 1049a6-7 (AL XXV 3.2, p. 186, 213-214)   235/237 IX 5 1048a16-21 (AL XXV 3.2, p. 185, 167-173)

---

228 Cfr *supra, l. VIII, §18*

---

229 quae] *suppl.*   234 fit] *coni. ex textu Aristotelis,* sic *M*   240 non] *suppl.*   243 non] *suppl.*   244 includi] *coni.,* excludi *M*   245 si] *coni.,* qui *M*

⟨De principio extrinseco et intrinseco in naturalibus et artificialibus⟩

55. Similiter quod dicit quod 'quorumcumque extrinsecus principium generationis', ⟨non⟩ intendit [tunc] hic de principio materiali, quia tunc differentia sua non valeret inter artificialia et naturalia, quia in utrubisque materia est intra; intelligit igitur de principio efficiente, secundum quod ipsi exponunt.

56. Sed tunc sequitur quod, si sit differentia, quod tunc, sicut efficiens in artificialibus est extra, sic in naturalibus intra. Et dico quod est verum in motu locali et alteratione forte, et in augmentatione certum est et in omnibus animatis; sed non in inanimatis.

⟨Quod matera praedicetur denominative de subiecto praedicatione proxima et remota⟩

57. Nota: quando aliquid praedicatur denominative de alio, oportet quod, si praedicatur de alio, quod teneret per illud medium: quia enim corpus est album et homo est corpus, ideo homo est albus. Sed sic non est hic: quia prima potentia praedicatur praedicatione propinqua, ideo non valet, si aliquid praedicatur denominative praedicatione propinqua, et remota.

58. Contra: probo quod nihil praedicatur denominative nec praedicatione una nec praedicatione alia, quia materia est de quidditate compositi, sed in praedicatione denominativa illud quod denominat, sicut patet in accidentibus, est extra essentiam subiecti quia est extra essentiam compositi, sicut est in artificialibus; unde hoc patet per exempla, etc.

59. Quod ⟨aliquid⟩ praedicatur praedicatione remota sicut praedicatione propinqua, probo: in VII genus sumitur a parte materiali; ergo remotus genus a remoto materiali sicut proximum a proximo; ergo, sicut | de proximo praedicatur, et de remoto.

Arist.: 257/258 IX 7 1049a11-14 (AL XXV 3.2, p. 187, 218-219) 271 IX 7 1049a18-24 (AL XXV 3.2, p. 187, 225-231)

---

261 Thom. Aq., *In Met.* IX lect. 6 §1837 (p. 440) 281/282 Arist., *Met.* VII 12 1038a5-9 (AL XXV 3.2, p. 157, 681-685)

---

258 non] *suppl.* tunc] *del.* 261 secundum quod] *coni.*, sed hoc *M* 268 Nota] *coni.*, quia *M* 272 praedicatione] *coni. ex l. 290-293 infra*, de *M* 273 praedicatione] *coni.*, de *M* 274 quod] *coni.*, quia *M* 275 praedicatione¹] *coni.*, de *M* praedicatione²] *coni.*, de *M* 278 quia] *coni.*, quae *M* 280 aliquid] *suppl.* praedicatione] *coni.*, de *M* 281 praedicatione] *coni.*, de *M*

60. Similiter non solum passiones praedicantur de subiectis proximis, sed remotis, sicut patet in omnibus. Et hoc concedo.

61. Ad argumentum eorum dico quod sic: materia proxima praedicatur de aliquo denominative; unde homo non est corpus, scilicet istae dimensiones tres (illud enim est subiectum albedinis), sed homo est corporeus.

62. Ad Philosophum dico quod intelligit quod materia remota non praedicatur denominativa praedicatione proxima praedicatione et immediata, sicut prius exposui de potentia; tunc praedicatur praedicatione remota.

⟨De indeterminatione passionum et materiae⟩

63. Similiter quod dicit: 'passiones', similiter 'ambo indeterminata', non debet intelligi similitudo quantum ad omnia, quia tunc non est similitudo, dicit Damascenus, sed idem.

64. Nec debet intelligi sicut apparet in prima facie ⟨sed⟩ eo modo sicut dixi prius ad indeterminatum; si sic, igitur materia indeterminata ad omnes formas sicut intellectus passivus est de se indeterminatus, quia dependet a subiecto et determinatur per intellectum subiecti sicut materia cognoscitur per formam et determinatur per eam.

⟨Utrum materia sit hoc aliquid⟩

65. Similiter quod dicit quod materia est hoc aliquid, universale non, contrarium dixit in principio octavi et septimi: dixit quod materia non est hoc aliquid.

66. Dico quod intelligit 'aliquid' non quod existit per se, sed omne quod | est extra animam; universale est in anima; ideo etc.   *M* 88ra

---

Arist.: 295/296 IX 7 1049a36-b2 (AL XXV 3.2, p. 187, 242-244)   305/306 IX 7 1049a27-29 (AL XXV 3.2, p. 187, 234-235)

284 *Vide supra §58*   286 *Vide supra §57*   290 *Vide supra §48*   297 IOH. DAMASC., *De fide orth.* III, 26 (*PG*, 94, 1096; trans. BURGUND. PIS., cap. 70, p. 271, 22-272, 25)   298/299 *Vide supra l. VIII, §42*   306 ARIST., *Met.* VIII 1 1042a27-28 (AL XXV 3.2, p. 169, 27-28); VII 3 1029a20-21 (AL XXV 3.2, p. 135, 87-89)

---

286 sic] *coni.*, sicut *M*   298 sed] *suppl.*   309 omne] *coni.*, cōe (= commune) *M*

⟨De praedicationibus accidentalibus et substantialibus⟩

67. Similiter quod dicit quod QUAECUMQUE nullo modo SIC, SED SPECIES QUAEDAM non debet exponi quod 'species', id est compositum, praedicatur, sed subicitur. Unde est differentia quod in uno, id est in accidentalibus, materia (id est subiectum) ⟨praedicatur⟩; subicitur in substantialibus.

⟨De natura et potentia activa et passiva⟩

68. PRINCIPIUM ENIM MOTIVUM NON IN ALIO SED IN EODEM. Istud nihil est pro eis qui dicunt quod natura non est potentia activa, quia per istam litteram istud bene habetur, quod nec est potentia passiva, quia et activa et passiva sunt in alio in quantum aliud vel ab alio, non eodem, etc., sicut patet ex definitione eorum.

⟨De prioriate actus⟩

69. Similiter quod dicit quod actus praecedit potentiam in eodem specie, non numero, contra: quandocumque est actus generationis, est natura generabilis in alio; sed illud est ⟨in⟩ potentia ad generationem; ergo non praecedit.

70. Similiter quod non praecedit in eodem specie, quia semper fuit materia prima quae est in potentia ad generandum.

71. Dico quod dicit quod est actu homo, non actu agens, antequam generatus sit in potentia.

72. Adhuc stat argumentum quod generatus est in potentia, adhuc saltem modo primo antequam generans sit homo.

73. Dico ad utrumque argumentum quod intelligit de potentia propria.

Arist.: 311/312 IX 7 1049a34-35 (AL XXV 3.2, p. 187, 240-241)   317/318 IX 8 1049b9-10 (AL XXV 3.2, p. 188, 251-252)   323/324 IX 8 1049b17-19 (AL XXV 3.2, p. 188, 261-262)   329/330 IX 8 1049b23-27 (AL XXV 3.2, p. 188, 264-268)

312/313 THOM. AQ., *In Met.* IX, lect. 6, §1843 (p. 441)   318/319 *Non inveni*

---

314 accidentalibus] *coni.*, accidentibus *M*   314/315 praedicatur] *suppl.*   319 istud] *coni.*, iste *M*   325 in] *suppl.*   327 non] *coni.*, si *M*

158 NOTABILIA SUPER METAPHYSICAM IX

⟨De prioritate actus in eodem⟩

74. Similiter quod dicit 'in eodem specie', contra: vermis est in potentia passiva ut generetur a caelo; si nullus esset vermis, etc., nullus actus praecedit in eodem specie, quia caelum | est alterius. *M* 88rb

75. Intelligit de univocis; quia si de aequivocis, saltem tunc actus speciei praecedit virtualiter.

76. Similiter nota quod, si dicatur illud quod dicit post per multas lineas ibi: QUARE MANIFESTUM ET SUBSTANTIA ET SPECIES, ubi dicit quod resolvendum est ad actum primum, tunc est facile solvere omnia, quia saltem iste actus praecedit omnem potentiam tempore, id est ⟨est⟩ separabilis ab eo (sic expono 'tempus') quia non dependet.

77. Similiter in acquisitione scientiae oportet musicam praecedere actu in alio qui debet docere addiscentem.

78. Sed saltem in acquirente per inventionem ibi actus non praecedit, sed nullus fuit ante eum.

79. Dico quod verum est, unde dicit: tempore aliquando non praecedit, EST UT SIC, EST UT NON. Vel dico quod est in actu secundum principia conclusionis, licet non in actu conclusionis acquirendae.

⟨De intentione et executione naturae⟩

80. GENERATIONE POSTERIORA SPECIE: nota pro eo quod est natura intendens et exequens.

⟨De actionibus in agente vel in passo⟩

81. Similiter quod dicit: QUONIAM VERO HORUM ULTIMUM USUS, manifeste patet quod loquitur non solum de habitibus, sed de potentiis.

Arist.: 342/343 IX 8 1050b2-6 (AL XXV 3.2, p. 190, 310-314)   351/352 IX 8 1049b11-12 (AL XXV 3.2, p. 188, 253-254)   356 IX 8 1050a4-5 (AL XXV 3.2, p. 189, 280-282)   359/360 IX 8 1050a23-25 (AL XXV 3.2, p. 189, 298-300)

342 Quare] *coni. ex textu Aristotelis*, quoniam *M*   345 est] *suppl.*   351 tempore] *coni.*, tempus *M*   356 Generatione posteriora] *coni. ex textu Aristotelis*, genere posteriori *M*   nota] *coni.*, non *M*

82. Hic vero loquitur de finibus et usu, etc. Accipiunt aliqui quod aliqua actio est in agente, quia illa quae habet opus operatum quod est finis, et ille finis est in passo; sed sic non est de fine in potentia activa, ubi non est opus operatum: illud enim est in agente. Unde quantum ad hoc est differentia, de finibus scilicet. Unde actio [et] factio | propter ista verba potest concludi esse in agente, sed non passio factio nec opus operatum quod est finis.

⟨De potentia contradictionis in corporibus caelestibus⟩

83. OMNIS POTENTIA SIMUL CONTRADICTIONIS. Ista propositio debet intelligi sicut intelligitur illud quinti, "possibile est cuius oppositum non est necessario falsum".

84. Contra: ergo oppositum huius "homo est animal" non est necessario falsum.

85. Dico quod sic debet intelligi propositio: possibile in quantum tale non oportet quod habeat oppositum falsum necessario; quod autem habeat, hoc accidit, quia possibilitati communi coniuncta est necessitas. Unde quidquid repugnat generi, et repugnat speciei; similiter si aliquid non repugnat generi, non repugnat speciei in quantum genus praedicatur de ea. Exemplum: animali in quantum animal non repugnat videre, quia tunc nullum videret; nec repugnat talpae in quantum animal videre, sed repugnat talpae in quantum addit aliquam differentiam specificam ultra animal. Sic hic: potentia passiva [contradictionis] (ita intelligo: in quantum tale) est in potentia contradictionis; quia autem potentia passiva in caelo, non est potentia contradictionis.

86. Et per hoc etiam solvitur aliud argumentum pro Commentatore, quod, si materia pertineret ad quidditatem, tunc esset in potentia contradictionis, et tunc esset quidditas corruptibilis.

Arist.: 362 IX 8 1050a27-b2 (AL XXV 3.2, p. 189, 301-190, 310) 370 IX 8 1050b8-9 (AL XXV 3.2, p. 190, 317) 384 IX 8 1050b6-8 (AL XXV 3.2, p. 190, 315-317)

362/364 THOM. AQ., *In Met.* IX, lect. 8, §1864 (p. 447) 371/372 ARIST., *Met.* V 12 1019b28-29 (AL XXV 3.2, p. 109, 503-504) 387 Cfr DUNS SCOT., *Quaest. super Met.* VII, q. 16, §18 (OPh IV, p. 314-315); *Ord.* II, d. 14, q. 1, §3 (ed. Vat. VIII, p. 243-244); *haec positio asseritur ab* AVER., *In Met.* VII, t. c. 21 (f. 171v I)

---

364 quod] *coni.*, qui *M* 367 et] *del.* 368 quod] *coni.*, qui *M* 381 videre] *coni.*, vivere *M* videret] *coni.*, viveret *M* 384 contradictionis] *del.* 387 per] *s.l. pos. M*

390 Dico quod materia in quantum determinatur isti speciei non est in potentia contradictionis, licet de se sit.

87. Similiter per istud solvitur illud argumentum quod probat nullam passionem necessario in|haerere quia subiectum est in po- *M 88vb* tentia contradictionis. Dico quod verum est quantum est de se; 395 tamen, in quantum est causa efficiens passionis, necessaria; ideo sic non est in potentia contradictionis.

88. Nota etiam quod post dicit quod propositio est aliquo modo vera de activis, scilicet quae sunt in potentia contradictionis.

400 89. Unde argumentum Philosophi est bonum per glossam meam, quia, si in caelestibus esset potentia ante actum (de hac enim probat quod actus est perfectior potentia), tunc esset corruptibilis, quia talis potentia est contradictionis. Si enim esset ibi potentia separabilis, id est quae est ante actum, tunc haberent po-405 tentiam contradictionis et essent corruptibiles.

90. Si autem habeant potentiam sub actu, sic non sunt corruptibiles, quia illa potentia determinatur incorruptibiliter ad formam. De potentia autem ante actum loquitur hic. Loqui enim de secunda non est proprie loqui de potentia, sed de potentia ut ha-410 bet esse per actum.

⟨De materia in caelo⟩

IX 8 1050b20-21 91. NEQUE UTIQUE MOTUS, SI QUIS EST SEMPITERNUS; NEC SI QUID MOTUM SEMPITERNUM, NON EST SECUNDUM POTENTIAM MOTUM. Istud est contra Commentatorem, qui ne-415 gat materiam in caelo. Quia certum est, secundum Philosophum et omnes, ⟨quod⟩ forma substantialis est in potentia ad motum, ponendo adhuc quod non sit materia ibi; et tamen dicit Philosophus hic quod non est in potentia contradictionis quia est 'motum sempiternum', quia potentia determinatur ad motum aeternum, 420 et hoc per aliquod efficiens, et forte non intrinsecum | sed extrin- *M 89ra*

Arist.:   397/398 IX 8 1050b30-34 (AL XXV 3.2, p. 191, 340-343)   400 IX 8 1050b6-16 (AL XXV 3.2, p. 190, 315-325)   412/414 IX 8 1050b20-22 (AL XXV 3.2, p. 190, 329-191, 332)

392/394 *Non inveni*   414 AVER., *In De cael. et mund.*, I, t. c. 20 (ed. Arzen – Carmody, p. 38, 71-39, 84; Iunt., f. 15C-E); *De sub. orb.*, 2 (f. 6G-H)

---

401 hac] *coni.*, hoc *M*   416 quod] *suppl.*

secum. Et ex hoc arguo quod multo fortius hoc si in caelo posset materia esse, quia determinatur necessario ad formam per aliquid intrinsecum et ideo non est in potentia contradictionis.

92. Unde Commentator, ubi arguit contra Ioannem Grammaticum, dicit: "quod de se est possibile per nullum aliud potest fieri necessarium". Et tamen in primo *Caeli et Mundi*, ubi dicit Philosophus illud idem arguens contra Platonem, qui dicit esse possibile etiam ex se et necessarium tamen per causam extrinsecam, ibi Commentator quaerit unam quaestionem: qualiter in motu caeli? Ex quo caelum est in potentia ad moveri et tamen non est in potentia contradictionis? Et impugnat illud, dicendo scilicet quod, si substantia sit in potentia, erit in potentia contradictionis.

93. Et tamen hic magister dicit verum, quod, si substantia sit in potentia vel ad formam substantialem vel ad accidens, quod est corruptibile quia in potentia contradictionis.

94. Ideo intelligo sicut prius quod verum est illa potentia, quantum est de se, est in potentia contradictionis; tamen, quod non est in potentia tali, hoc est ratione aliqua alia per quam determinatur illa potentia. Unde necessarium, in quantum possibile tantum, potest non esse; quod tamen non potest non esse, hoc ex addito.

⟨De materia et causa fatigationis⟩

95. Similiter hic est unum argumentum pro Commentatore, quia dicit quod materia sive potentia contra|dictionis est causa fatigationis et laboris; tamen secundum omnes in caelo non est labor in movendo nec fatigatur; ergo ibi non erit materia.

96. Tamen tractetur prior responsio ad istud.

Arist.: 433/434 IX 8 1050b9-16 (AL XXV 3.2, p. 190, 317-215) 443 IX 8 1050b22-28 (AL XXV 3.2, p. 191, 332-337)

424/425 Aver., *In Met.* XII, t. c. 41 (f. 324r B-C)   426/429 Aver., *In De cael.* I, t. c. 124 (ed. Arzen – Carmody, p. 238, 47-239, 70; Iunt., f. 85r B-D); cfr Duns Scot., *Ord.* II, d. 14, q. 1, §3 (ed. Vat. VIII, p. 243-244)   426/427 Arist., *De cael.* I 12 282a21-25   436 *Vide supra* §85-86   443/444 Aver., *In Met.* IX, t. c. 17 (ed. Bürke, p. 64, 80-85; Iunt. VIII, f. 244r A); cfr Aver., *In Phys.* VIII, t. c. 86 (f. 432r A-B)   445/446 Arist., *Phys.* VIII 10 267b3 (AL VII 1.2, p. 339, 13-14) 447 *Vide supra* §94

---

421 hoc²] *coni.*, quod *M*   425 dicit] *coni.*, dicī *M*   433 verum] *coni.*, utrumque *M*   436 verum] *coni.*, unum *M*

97. Et similiter respondeant ad illud quod sequitur hic: HUIUS adnot. AUTEM MATERIAM NIHIL PROHIBET EXISTERE, etc.

⟨De potentiis activis et de potentia contradictionis⟩

98. Similiter nota quod vult dicere quod omnes potentiae activae sunt aliquo modo contradictionis quia ad esse et non esse. Dicit hoc, potest exponi sic: quod possunt approximare et non approximare passivis et impediri ne agant.

99. Aliter dicitur quod dat differentiam inter activas corruptibiles et incorruptibiles. Tamen ego dico quod potest exponi de omnibus.

⟨De potentia et principio potentiali ad opposita⟩

100. Nota: hic dicit quod eadem est potentia convalescendi et laborandi. Contrarium dicit III *Physicorum*. Propter hoc intelligitur quod 'eadem est potentia', id est principium potentiale quod transmutatur ab uno opposito in aliud; tamen potentiae propinquae sunt aliae et aliae.

⟨De summo malo contra argumentum Anselmi⟩

101. Post dicit quod actus in malis est peior potentia. Hoc notabile contra aliquos qui ponunt et probant Deum esse sic: Deus est quo maius excogitari non potest; sed maius est quod non solum intelligatur summum bonum sed etiam quod est actu extra, quam quod est solum in intellectu et in potentia ad actum exteriorem.

102. Contra: per idem argumentum probo summum malum, quod est contra Philosophum hic. Summum enim malum est quo | maius excogitari non potest; ergo, si summum malum esset *M* 89va in intellectu tantum, maius adhuc excogitari potest, quia illud

---

Arist.: 448/449 IX 8 1050b21-22 (AL XXV 3.2, p. 190, 331-191, 332) 451/452 IX 8 1050b28-34 (AL XXV 3.2, p. 191, 337-343) 459/460 IX 9 1051a8 (AL XXV 3.2, p. 191, 352-353) 465 IX 9 1051a15-16 (AL XXV 3.2, p. 192, 358-359) 472 IX 9 1051a17-21 (AL XXV 3.2, p. 192, 360-364)

455/457 THOM. AQ., *In Met.* IX, lect. 9, §1880-1881 (p. 451) 460 ARIST., *Phys.* III 1 201a34-b3 (AL VII 1.2, p. 101, 2-4) 466/470 ANSEL., *Prosl.* 2 (p. 101, 3-102, 3)

460 III] *coni.*, primo *M* 469 in intellectu] *coni.*, actu *M*

475 quod est in intellectu etiam extra in re actu; ergo erit in intellectu et in re extra, etc.

⟨De obiecto intelligentiae⟩

103. CAUSA VERO QUOD INTELLIGENTIA EST ACTUS etc. Nota quod potentiae passivae habent obiectum activum, activae
480 obiectum passivum. Unde, quia intelligentia non est purus actus sed in potentia receptiva intelligibilis, ideo habet obiectum activum; sed quia intelligentia est actus, ideo oportet ***.

⟨De falsitate in cognitione quidditatis compositorum et incompositorum⟩

104. CIRCA INCOMPOSITA. Istam finem capituli legunt aliqui de intelligentiis ad finem octavi. Tamen lego, sicut prius, de quocumque simplici, sive materiali forma sive immateriali, si sit incomposita.

105. Et nota quod in V dicitur quod ratio est falsa dupliciter:
490 quia includit in se aliqua possibilia quae non sunt compossibilia, sicut hominem esse asinum; vel quia ratio, in se vera, falsa tamen alii, sicut 'animal rationale' est vera homini, falsa asino.

106. Unde quantum ad secundum modum falsitatis potest esse deceptio ⟨in⟩ incompositis et in compositis, tamen non est proprie
495 deceptio nec circa quod quid compositi nec incompositi, quia non est deceptio per se in intellectu simplici. Unde, et si intelligam 'hominem risibilem' illud, in quantum simplex conceptus est, non est deceptio nisi in quantum tu assentis, et per accidens, ut dicitur in littera, quia quod quid eorum potest | quaeri de eis; et similiter per M 89vb
500 accidens, quia nata sunt componi et attribui per intellectum componentem alicui de quo sunt definienda vel definitio.

Arist.: 478 IX 9 1051a30-31 (AL XXV 3.2, p. 192, 373-374)   485 IX 10 1051b17-33 (AL XXV 3.2, p. 193, 396-194, 411)   498/499 IX 10 1051b25-26 (AL XXV 3.2, p. 194, 404-405)

485/488 THOM. AQ., *In Met.* IX, lect. 11, §1907 (p. 457)   486 ARIST., *Met.* VIII 6 1045a36-b7 (AL XXV 3.2; p. 177, 259-178, 268); cfr THOM. AQ., *In Met.* VIII, lect. 5, §1762-1764 (p. 420-421)   *Vide supra* l. VIII, §56   489/492 ARIST., *Met.* V 29 1024b26-28 (AL XXV 3.2, p. 122, 863-865); cfr THOM. AQ., *In Met.* V, lect. 22, §1130 (p. 289)

---

482 *Post* oportet *lacunam supposui*   485 Istam] *coni.*, istum *M*   capituli] *coni.*, cōi *M*   490 possibilia] *coni.*, compossibilia *M*   494 in] *suppl.*   incompositis] *coni.*, incompositi *M*

107. Unde nota quod definitio, ⟨et⟩ si includat genus cum mille differentiis, est obiectum intellectus simplicis.

108. Quantum autem ad primam rationem falsitatis contingit decipi in compositis, non tamen in incompositis, quia quod quid istorum potest esse ratio falsa in se quia potest sumi unum componibile cum alio cum quo non est componibile, ut si accipiatur quod homo est animal risibile. Non sic in simplicibus, quia non sunt ibi duo componibilia.

109. Unde nota quod istam litteram non potest exponere Commentator, quia secundum ipsum nullum quod quid est compositum ex duobus; potest tamen forma pertinere ad quod quid, etc.

⟨De ignorantia de intelligentiis⟩

110. Similiter nota quod ignorantia de intelligentiis non est sicut caecitas, quia illo modo non posset homo numquam intelligere eas, sicut nec caecus videre colores; unde illa ignorantia est, sicut dicitur in littera, in aliquo non habente intellectum. Tamen illa ignorantia est sicut oculos habens et claudens illos. Et ista littera est contra eos qui dicunt quod non possumus intelligere eas, etc.

Arist.: 518 IX 10 1052a3-5 (AL XXV 3.2, p. 194, 414-417)

---

511 Aver., *In Met.* VII, t. c. 21 (f. 171v I); t. c. 34 (f. 184r D-E)   519/521 Thom. Aq., *In Met.* II, lect. 1, §285 (p. 82)

---

502 et] *suppl.*   si] non; *s.l.* si *pos. M*   includat] includit; *s.l. corr. M*

⟨LIBER X⟩

⟨De unitate generis et definitionis⟩

X 1 1052a15-35   1. Unum quia multis ⟨modis⟩ dicitur etc. Unum genere et definitione, quod ponit Philosophus in V, continetur hic sub unitate speciei, quia omnium unitas | est formaliter ab intellectu *M* 90ra considerante, sed ⟨non⟩ fundamentaliter. Unum proportione non tangitur hic, quia est unum secundum quid.

⟨De unitate continui per indivisibilitatem motus⟩

X 1 1052a20-21   2. Cuius motus est indivisibilis.
   3. Contra: nullus motus indivisibilis.
   4. Similiter continuitas prior est naturaliter motu, quia vere est in mathematicis continuitas et tamen non motus; unde non est magnitudo caeli continua quia est sub motu, etc.
   5. Unde concedo ista. Intelligit quod motus indivisibilis in omnes partes in eodem tempore indivisibili et ad unam potentiam et differentiam loci. Et intelligitur de continuo recto.

⟨De unitate formae⟩

X 1 1052a22-25   6. Similiter nota hic quod unitas formae vel (quia unigenea est) non est sine continuitate vel potest habere partes eiusdem rationis sine continuitate, etc.
   7. Tunc utrum continuitas possit esse sine unitate formae dubium est.

Arist.: X, 2 X 1 1052a15 (AL XXV 3.2, p. 195, 3)   3/4 X 1 1052a22-23, 29-33 (AL XXV 3.2, p. 195, 9-10, 195, 17-196.22)   8 X 1 1052a20-21 (AL XXV 3.2, p. 195, 7-9); cfr X 1 1052a25-28 (AL XXV 3.2, p. 195, 12-16)   17/19 X 1 1052a22-25 (AL XXV 3.2, p. 195, 9-12)

X, 3 Arist., *Met.* V 6 1016a24-32, 32-35 (AL XXV 3.2, p. 100, 230-239, 240-243)   5 Arist., *Met.* V 6 1016b32-35 (AL XXV 3.2, p. 102, 282-296)   10/12 *Cfr, contra,* Thom. Aq., *In Met.* X, lect. 1, §1928 (p. 462)   13/15 *Vide supra §3*   15 *Vide supra §4*

X, 2 modis] *suppl. ex textu Aristotelis*   3 quod] *coni.*, quoniam *M*   hic] *coni.*, hoc *M*   5 non] *suppl.*   17 quia] *coni.*, quod *M*

8. Aliqui dicunt quod sic, sicut patet in liquabilibus: aes enim et ⟨aliud⟩ metallum, scilicet stagnum, possunt continuari adinvicem. Similiter una pars ligni quae viva et alia quae est mortua continuantur.

9. Difficile est istud.

⟨De unitate per identitatem rationis⟩

10. Similiter nota hic: sicut ponit duos primos modos quorum est motus indivisibilis etc., similiter alios duos modos ponit secundum convenientiam, quorum scilicet ratio intellecta sit eadem, et post subdividit per universale et singulare, quibus [componit] competit ista unitas etc.

⟨De intelligibilitate singularis⟩

11. Hoc est pro illa opinione quod singulare intelligitur. Si enim 'ratio' ac|cipitur pro specie imaginativa, hoc est contra unum modum duorum istorum, scilicet unum specie: illud enim non habet speciem in phantasia, ergo oportet quod species illa singularis sit in intellectu. Si accipiat 'rationem' pro definitione, propositum quod singulare definitur.

⟨De unitate speciei⟩

12. SPECIE VERO QUOD NOSCIBILI ET SCIENTIAE. Hoc pro ipso quod non est unitas aliqua realis correspondens unitati speciei.

13. Dico quod intelligit hic 'speciem' prout accipitur pro intentione, non pro fundamento. Unde non est unitas rationis, etc.

Arist.: 28/29 X 1 1052a19-29 (AL XXV 3.2, p. 195.6-17)   29/30 X 1 1052a29-31 (AL XXV 3.2, p. 195, 17-18)   31/32 X 1 1052a31-33 (AL XXV 3.2, p. 195, 19-196, 2)   34 X 1 1052a29-31 (AL XXV 3.2, p. 195, 17-18)   35/36 X 1 1052a32-33 (AL XXV 3.2, p. 195, 20-196, 21)   41 X 1 1052a32-33 (AL XXV 3.2, p. 195, 20-196, 21)

22 *Non inveni* (OPh IV, 281-309)   34 Cfr DUNS SCOT., *Quaest. super Met.* VII, q. 14 et 15

23 aliud] *suppl.*   30 sit] *coni.*, sunt *M*   31 componit] *del.*   38 rationem] *coni.*, speciem *M*   41 noscibili] *coni. ex textu Aristotelis*, innoscibilis *M*

⟨Qualiter aliqua sint quid et aliqua qualia⟩

X 1 1052b1-2　14. OPORTET ENIM INTELLIGERE. Hic dicit qualiter aliqua sunt quid ⟨et⟩ priora et aliqua sunt qualia una.

⟨De praedicatione denominativa unius⟩

X 1 1052b9-10　15. Et post sequitur: EST QUIDEM UT ELEMENTUM IGNIS. Dicit quod sicut [elementum] elemento esse, id est quidditas (sic enim circumloquitur quidditatem), non est idem cum igne essentialiter, sic nec unum nec infinitum sunt eadem essentialiter illis de quibus praedicantur; sed, ⟨si⟩ praedicatur elementum, unum et infinitum, praedicantur denominative. Hoc pro opinione Avicennae.

16. Unde illud quod dicit Philosophis in IV, quod unum et ens significant eandem essentiam et talia debent exponi sic, quod unum dat cointelligere entitatem sicut passio subiectum. Et hoc est ad propositum. Probat enim quod unum pertinet ad considerationem metaphysici, et hoc est verum sive sit essentialiter idem entitati sive sit passio; ad idem enim pertinet considerare sub|iectum et passionem.　　　　　　　　　　　　　　*M* 90va

⟨De praedicatione denominativa nominis et definitionis⟩

X 1 1052b7-9　17. Nota pro ista littera quod, sicut aliquod nomen denominative praedicatur de aliquo, sic et definitio istius nominis, sicut patet hic.

18. Tamen Philosophus dicit in *Praedicamentis* quod album praedicatur de homine, non tamen ratio albi; unde in hoc distinguit univoca a denominativis, quia in univocis et nomen et ratio praedicatur de subiecto.

Arist.: 47 X 1 1052b1-9 (AL XXV 3.2, p. 196, 26-33)　　50 X 1 1052b9-16 (AL XXV 3.2, p. 196.33-40)　　65/67 X 1 1052b7-9 (AL XXV 3.2, p. 196, 32-34)

55/56 AVIC., *Liber de prima phil.* VII, 1 (p. 349)　57 ARIST., *Met.* IV 2 1003b22-33 (AL XXV 3.2, p. 68, 42-69, 53)　68/69 ARIST., *Cat.* 1 1a6-15 (AL I 1, trans. Boethii, p. 5, 9-17)

48 et] *suppl.*　50 Est quidem] *coni. ex textu Aristotelis*, equidem *M*　51 elementum] *del.*　elemento] *coni. ex textu Aristotelis*, elementi *M*　sic] *coni.*, sicut *M*　52 est] *coni.*, esse *M*　54 si] *suppl.*　praedicantur] *coni.*, praedicatur *M*　unum et] et unum *M*　65 nomen] potest *add. et del. M*

19. Dico quod, sicut nomen praedicatur denominative, sic et definitio. Unde haec est denominativa praedicatio "homo est disgregativum visus" sicut: "homo est album". Unde dico quod aliud est esse praedicatum. Unde Philosophus non distinguit ibi illa quae praedicantur univoce, aequivoce et denominative. Omne enim aliud quod praedicatur de alio vel est aequivocum vel univocum. Unde 'album' quod praedicatur denominative est univocum.

20. Et tunc ad Philosophum: dicere vult quod ratio albi non praedicatur de homine ita quod sit definitio hominis vel pars definitionis sicut est in praedicatione univoca; ibi enim definitio, id est ratio quae praedicatur de subiecto, est pars essentiae hominis vel tota definitio (pars ut "homo est animal", tota definitio ut "homo est animal rationale mortale").

⟨De circumlocutione significante librum quintum⟩

21. Nota similiter quod, quando dicit 'quotiens' in DE QUOTIENS, circumloquitur quintum librum.

⟨De cognitione numeri et quantitatis et de circulo correlationis⟩

22. QUARE QUANTITAS COGNOSCITUR. Hic facit talem consequentiam: numerus cognoscitur uno, et quantitas cognoscitur numero, ergo uno.

23. Istud est notabile pro circulo correlationis. Si enim | unum relativum cognoscitur alio et aliud alio, ergo illud se ipso, etc. Similiter si conclusio cognoscitur ex principiis.

⟨De alia translatione⟩

24. SIC ITAQUE METRUM OMNIUM QUOD UNUM. Secundum aliam translationem legitur littera ista negative quam hic lego affirmative.

Arist.: 87/88 X 1 1052a15-16 (AL XXV 3.2, p. 194, 3-4)   90 X 1 1052b22-23 (AL XXV 3.2, p. 196, 46-197, 48)   97 X 1 1053a18-19 (AL XXV 3.2, p. 198, 80-81)

80 *Vide supra §18*   98 ARIST., *Met.* X 1 1053a19-19 *iuxta translationem novam in*: AVER., *In Met.* X, t. c. 4 (f. 253v G)

73 haec] *coni.*, hoc *M*   74 visus] ergo *add. et del. M*   97 Sic] *coni. ex textu Aristotelis*, si *M*   itaque] *coni. ex textu Aristotelis*, ēt 3 *M*

⟨De opinione Averrois de numero numerorum⟩

25. GRAVITATIS GRAVITAS, et post: QUOD NUMERORUM NUMERUS. Hoc secundum Commentatorem legitur affirmative. Similiter exponit illud 'numerorum numerus' aliter. Contra in quaternis.

⟨De gravitate⟩

26. Nota quod gravitas absolute est qualitas; unde, in principio secundi *Generationis* connumeratur inter qualitates, ⟨ut⟩ videtur. Ut tamen dicit excessum, sic est quantitas.

⟨De uno et metro⟩

27. Similiter nota quod prius dixit quod unum est metrum; hic, ut videtur, dicit oppositum.

28. Similiter quod dicit quod diametrum mensuratur duobus, videtur quod potest mensurari una parte aliquotiens sumpta, sicut et quaelibet magnitudo habens partem aliquotam potest mensurari aliquotiens ea sumpta.

29. Similiter quod exponitur quod oportet mensuram habere congruentem ad aliam ita quod sit eiusdem speciei, ex hoc sequitur quod non erunt numeri.

30. Similiter instans mensurat tempus, motum et alia; similiter albedo mensurat nigrum, et tamen differunt specie.

31. Similiter sequitur quod unitas non mensurat unitates secundum unitatem.

32. Ad primum: dico quod intelligit de aliquo quod non est unum commensurabile; et tale oportet commensurari pluribus, etc. Unde aliquando | aliqua duo alteri per se sunt incommensurabilia, sicut latus et diameter, et si fiat unum ex eis (vel si non fiat

---

Arist.: 101/102 X 1 1053a26-28 (AL XXV 3.2, p. 198, 90-91)   106 X 1 1052b25-27, b31-32 (AL XXV 3.2, p. 197, 50-52, 58-59)   110 X 1 1053a14-18 (AL XXV 3.2, p. 198, 77-80)   112/113 X 1 1053a17-18 (AL XXV 3.2, p. 198, 79-80)   116/117 X 1 1053a24-30 (AL XXV 3.2, p. 198, 87); THOM. DE AQ., *In* Met, X, lect. 2, n. 1954-1955 (p. 467)

102 AVER., *In Met.* X, t. c. 4 (f. 254r C)   103/104 THOM. AQ., *In Met.* X, lect. 2, §1955 (p. 467)   106/107 ARIST., *De gen. et corr.* II 2 329b17-24 (AL IX 1, p. 54, 19-55, 1)   123 *Vide supra* §27

102 Commentorem] naturam; alias commentatorem *s.l.* M   107 ut] *suppl.*

unum mensurabile eis vel si fit) non mensuratur una mensura, quia non est unum mensurabile.

33. Ad alia: dat differentiam inter quanta mensurata et alia qualia et huiusmodi mensurata [quanta]. Quanta enim ita mensurantur quod pars, aliquotiens sumpta, reddit totum; et quia nulla quantitas constat ex una parte aliquota sed ex duobus, ideo mensuratur, et ita bene una sicut alia parte, etc.

34. In quantis etiam est mensura sic non solum per replicationem, sed etiam mensura est principium cognoscendi. Et illud est solum in aliis: non enim albedo reddit nigrum, sed mensurat in quantum est principium cognoscendi. Et in illis non sufficit tanta cognitio quod sint unius naturae specificae, sed solum unius generis physici.

35. Sed generis generalissimi unitas non sufficit in numeris, et talibus sufficit aliquod quod est principium intrinsecum, sicut unitas in quantis continuis oportet quod sit eiusdem speciei, et hoc est quia constat ex parte aliquotiens sumpta; hoc non esset nisi essent eiusdem speciei. Unde latitudo et longitudo numquam facient lineam, sed longitudo lineam et latitudo superficiem; et ideo linea, si debet mensurari, mensuratur longitudine et non latitudine.

⟨De uno, unitate et mensura⟩

36. Nota quod Commentator | vult dicere quod unum est mensura quia est denominativum, non unitas.

37. Contra: aut illud unum est aliqua unitas, et habeo propositum; si illud quod est unum, tunc subiectum mensura erit, et illud est alterius generis, unde non valet illud.

⟨De scientia et mensura⟩

38. PROPTER IDEM [QUAM], QUIA COGNOSCIMUS. 'Propter' enim aequivocum: vel 'propter' tamquam principium mensurandi vel tamquam habitum vel potentiam, etc.

Arist.: 129/133 X 1 1053a14-18 (AL XXV 3.2, p. 198, 77-80)   155 X 1 1053a32-33 (AL XXV 3.2, p. 198, 94-97)

---

129 *Vide supra §28-31*   149/150 AVER., *In Met.* X, t. c. 4 (f. 254r C-D)

---

127 fit] *coni.*, sit *M*   129 Ad alia] *coni.*, Āliter *M*   130 quanta] *del.*   138 specificae] *coni.*, separatae *M*   140 Sed] *coni.*, similiter *M*   155 quam] *del. ex textu Aristotelis*

39. Ita nota quod scientia non est mensura nisi secundum quid. Scientia nostra speculativa non est mensura rerum naturalium, licet practica rerum artificialium. Unde scientia speculativa est mensura secundum quid rerum naturalium pro tanto quia per illud cognoscimus, non quod sit principium mensurandi. Unde Philosophus in V mensurabile vocat et intelligibile et scibile, etc.

40. Protagoras autem ponit speculativam nostram scientiam mensuram rerum naturalium tamquam principium, et ideo reprobatur.

⟨De mensura in qualitatibus et continuis⟩

41. Nota similiter quod dicit: unum principium metri competit albedini. Certum est quod non est unum essentiale albedini, quia descendit a quantitate sub ratione communi mensurandi, ut hic dicitur.

42. Unde etiam in continuis non est aliquid unum continui essentiale quod sit ratio mensurandi continua, sed descendit a discretis, quia in continuis non est aliquod minimum nisi secundum signa nostra; similiter aliae particulae metri quae sunt addere vel auferre; et, quia sic, indivisibile etc. | non competit eis. *M* 91va

43. Similiter unum metrum habet de ratione sua primitatem; primitas autem omnium mensurarum una est a primitate unius in discretis.

⟨De non separatione generum⟩

44. QUARE NEC GENERA NATURAE QUAEDAM etc. Aliqui legunt sic.

45. Concedo quod ens et unum non sunt genera, sed nihil ad propositum hic; sed vult quod nullum genus est separatum, sicut

---

Arist.: 164/166 X 1 1053a35-b3 (AL XXV 3.2, p. 198, 99-199, 103)   168/169 X 2 1053b28-34 (AL XXV 3.2, p. 200, 132-138)   171 X 2 1053b25-28 (AL XXV 3.2, p. 200, 127-132)   175/176 Cfr X 1 1052b35-36 (AL XXV 3.2, p. 200, 138-140)   176 Cfr X 1 1052b31-32 (AL XXV 3.2, p. 197, 58-59)   181 X 2 1053b21-24 (AL XXV 3.2, p. 199, 123-200, 2)

163 ARIST., *Met.* V 15 1021a29-30 (AL XXV 3.2, p. 113, 614-615)   181/182 *Non inveni*

164 Protagoras] *coni. ex textu Aristotelis*, Pitagora *M*   170 communi] *coni.*, omnis *M*   176 indivisibile] *coni.*, intelligibile *M*

185 nec ens et unum. Et credo quod Commentator ⟨dicit verum⟩ in ista sententia.

⟨De universalibus⟩

X 2 1053b16-20 46. Similiter probat hic quod nullum universale est substantia. Glossa: verum est substantia per se existens, sicut posuit Plato.

190 ⟨De uno dicto de omnibus⟩

X 2 1054a5-13 47. Similiter facit argumentum unum, et probat minorem per quattuor exempla.

48. Et dico quod negaretur si unitas esset transcendens, quia tunc non esset aequaliter in omnibus, sed aequivoce, et principa-
195 liter in substantia.

49. Similiter si ita esset, tunc non esset denominative in aliis adnot. generibus, sed essentialiter. Tamen secundum expositionem meam aequaliter convenit omnibus a quantitate essentialiter ⟨distinctis⟩, ita quod in nullo essentiale nec species.

200 ⟨De Deo ut in genere substantiae⟩

X 2 1054a11-13 50. Commentator super illud dicit quod Deus est illud principium mensurans in genere substantiae. Et ex hoc arguunt quod Deus est in genere substantiae.

51. Ego dico quod antecedens non est ad propositum Philo-
205 sophi, et similiter est falsum: quod unum in genere colorum non est eis essentiale, sed unum in Deo est essentiale.

52. Similiter consequentia non valet. "Unitas enim est mensura in numeris, ergo est species in genere quantitatis" non valet; est mensura ut principium.

Arist.: 188 X 2 1053b16-20 (AL XXV 3.2, p. 199, 118-122)   191/192 X 2 1054a5-13 (AL XXV 3.2, p. 200, 145-201, 154)   193 X 2 1053b28-1054a4 (AL XXV 3.2, p. 200, 132-144)

185 AVER., *In Met.* X, t. c. 6 (f. 255v L); cfr THOM. AQ., *In Met.* X, lect. 3, §1966 (p. 470)   197/198 *Vide infra*, §54   201/202 AVER., *In Met.* X, t. c. 7 (f. 257r A)   202/203 THOM. AQ., *Sum. theol.* I, q. 3, a. 5, arg. 2; *De Pot.*, q. 7, a. 3, arg. 7 (p. 193)

185 dicit verum] *suppl.*   194 aequaliter] *coni. ex textu Aristotelis ad 1054a16 (AL XXV 3.2, p. 201, 156),* essentialiter *M*   198 aequaliter] *coni.,* essentialiter *M*   198/199 distinctis] *suppl.*

⟨Quomodo ens et unum sint aequaliter in omnibus⟩

53. Similiter nota | quod Philosophus dicit quod ens et unum aequaliter est in omnibus. Hoc videtur falsum.

54. Ideo dico quod loquitur de entitate ut subicitur uni principio mensurandi, et utrumque est aequaliter in omnibus, quia denominative, non essentialiter, etc.

⟨De opinionibus Avicennae et Averrois de uno⟩

55. Hic sunt multa verba contra Avicennam, quia ponit in omni genere.

56. Similiter dicit quod uni esse est unicuique esse; sed secundum Avicennam non esset verum, quia tunc esse unius accideret aliis et non esset essentiale, etc.

57. Verba respice: dicit enim quod ens et unum aequaliter 'assequuntur'.

58. Similiter dicit: UNUS HOMO etc. Unde hic Commentator (et est commentum octavum ubi reprobat Avicennam super hoc) dicit quod ens et unum sunt synonyma, quia aequaliter dividunt categorias.

59. Similiter dicitur hic quod unum et ens sunt unum subiecto. Et hoc dicit Avicenna.

60. Similiter dicit Commentator quod unum significant et differunt numero.

61. Contra hoc arguit Philosophus.

Arist.: 213/214 X 2 1054a13-14 (AL XXV 3.2, p. 201, 155-157); cfr X 2 1053b25 (AL XXV 3.2, p. 200, 127)   217 X 2 1054a9-11 (AL XXV 3.2, p. 201, 151-152) 219 X 2 1054a18-19 (AL XXV 3.2, p. 201, 160)   224/225 X 2 1054a13-14 (AL XXV 3.2, p. 201, 155-156)   226/227 X 2 1054a16-17 (AL XXV 3.2, p. 201, 158-159)

224/227 AVER., *In Met.* X, t. c. 8 (f. 257r D-E)   228/229 AVIC., *Liber de prima phil.*, VII 1 (vol. 2, p. 349); cfr DUNS SCOT., *Quaest. super Met.* IV, q. 2, §12 (OPh III, p. 323)   230/231 AVER., *In Met.* X, t. c. 8 (f. 157v I); cfr DUNS SCOT., *Quaest. super Met.* IV, q. 2, §28 (OPh III, p. 326)   232 ARIST., *Met.* IV 1 1003b23-25 (AL XXV 3.2, p. 68, 42-45); cfr DUNS SCOT., *Quaest. super Met.* IV, q. 2, §28 (OPh IV, p. 326)

212 aequaliter] *coni. ex textu Aristotelis ad 1054a16 (AL XXV 3.2, p. 201, 156)*, essentialiter *M*   214 aequaliter] *coni.*, essentialiter *M*   217 quia] *coni.*, qui *M* 220 esse] est unicuique esse *add. et del. M*   222 aequaliter] *coni. ex textu Aristotelis ad 1054a16 (AL XXV 3.2, p. 201, 156)*, essentialiter *M*   225 reprobat] *coni.*, probat *M* 226 aequaliter] *coni.*, essentialiter *M*   228 dicitur] *coni.*, dicit *M*

62. Tamen Commentator tangit hic argumentum unum ad quod non respondet.

63. Sed nota quod Avicenna non negavit quodcumque esse significare substantiam, quia dividit in secundo *Metaphysicae* esse quod est per essentiam, sicut hic "homo est homo", ab alio per dispositionem additam, sicut hic "Petrus est albus".

64. Similiter dicit Commentator hic contra Avicennam quod esset processus in infinitum.

65. Et dico quod non. Ad illud quod dicit: "erit unum per aliud", dico quod non; ista transcen|dentia denominant se ipsa essentialiter et alia non, ⟨sed⟩ secundum privationem dicitur alterum.

⟨Utrum unum et multum sint privative opposita vel contraria⟩

66. CONTRARIA UTIQUE ERUNT. Super istam consequentiam quidam dicunt quod opponuntur sicut privative opposita; unde glossant hic litteram: 'contraria' pro privativa oppositione, sicut glossatur in primo *Physicorum*.

67. Qui dicunt quod significat positivum dicunt quod opponuntur sicut contraria, et ponunt rationem quia aliter multitudo, quae est quid positivum, non constitueretur ex unitatibus, cum sint privationes. Si dicitur quod illa quae sunt una constituunt unitates, contra: sicut res dicuntur duae denominative, sic unitates sunt partes materiales multitudinis.

68. Et haec opinio, ut credo, est verior. Unde expono consequentiam quam facit: unum est privatio et non facit nudam privationem, sed significat aliquam formam, ideo sequitur quod sunt contraria.

Arist.: 246 X 3 1054a23-26 (AL XXV 3.2, p. 201, 165-167)

233 AVER., *In Met.* X, t. c. 8 (f. 257r E-F)   235/236 *Hoc est contra quod dicit* AVER., *In Met.* X, t. c. 8 (f. 257r-v, F-G)   236/238 AVIC., *Liber de prima phil.* II, 1 (vol. 1, p. 65)   239/240 AVER., *In Met.* X, t. c. 6 (f. 257r F)   242/244 Cfr DUNS SCOT., *Quaest. super Met.* IV, q. 2, §38 (OPh III, p. 329); n. 28 (OPh III, p. 326)   248/249 *Non inveni*   249 ARIST., *Phys.* I, 4 188a26-b8 (AL VII 1.2, p. 22, 18-24.2)   250/253 *Non inveni*; cfr THOM. AQ., *In Met.* X, lect. 4, §1988 (p. 475)

---

237 ab alio] *coni.*, alia *M*   241 unum] *coni.*, una *M*   243 sed] *suppl.*

⟨Quod unum et multum non opponantur relative⟩

69. Similiter nota quod unum et multum absolute sumpta non opponuntur relative, sed secundum rationem mensurae et mensurabilis, ut dicitur post.

⟨De diviso et divisibili⟩

70. Similiter nota quod dicitur: 'divisum' et 'divisibile', in hiis quae sunt proxima divisioni ut faciliter dividantur, dicuntur 'multum' vel 'multa', ut aer et aqua; quae non, 'magnum', ut homo magnus, non multus.

⟨De similibus⟩

71. SIMILIA VERO SI NON SINT EADEM SIMPLICITER ENTIA NEC SECUNDUM SUBSTANTIAM INDIFFERENTIA SUBIECTAM, SECUNDUM SPECIEM. Ex hoc dicunt aliqui quod similitudo requirit diversitatem specificam in substantia. |

72. Sed non oportet; immo, unus homo dicitur similis alii, et tamen non differunt specie nec secundum substantiam eorum differunt. Unde si (pro: 'quamvis') essent diversa specie secundum substantiam, adhuc comparerentur secundum similitudinem.

⟨De diversitate individuorum eiusdem speciei⟩

73. QUAPROPTER TU ET PROPINQUUS. Ex quo 'idem' in secundo modo addit super primum modum, id est identitatem materiae in forma, ergo, si diversum opponitur quantum ad omnes modos identitatis, diversa differrent in forma. Sor igitur et Plato vel duo individua eiusdem speciei differrent in forma, non solum per quantitatem.

Arist.: 261 X 3 1054a23-26 (AL XXV 3.2, p. 201, 165-167) 265 X 3 1054a22-23 (AL XXV 3.2, p. 201, 163-164) 270/272 X 3 1054b3-5 (AL XXV 3.2, p. 202, 180-182) 279 X 3 1054b17 (AL XXV 3.2, p. 202, 193) 279/280 X 3 1054a34-35 (AL XXV 3.2, p. 202, 175-177); X 3 1054a33-34 (AL XXV 3.2, p. 202, 174-175)

272/273 *Non inveni*; cfr THOM. AQ., *In Met.* X, lect. 4, §2008 (p. 477)

270 si] *coni. ex textu Aristotelis, et M* sint] *coni. ex textu Aristotelis, sic M* simpliciter] *coni. ex textu Aristotelis, similiter M* 271 subiectam] *coni. ex textu Aristotelis,* subiecta *M* 275 secundum substantiam] *coni.,* similitudines *M* 277 secundum] *coni.,* secum *M* 281 si diversum] diversum si *M* 282 identitatis] *coni.,* illud *M* differrent] *coni.,* dicerent *M*

⟨De contradictione in non entibus⟩

74. QUAPROPTER NON DICITUR IN NON ENTIBUS. Hoc est notabile, quod est contradictio in non entibus.

⟨De eodem et diverso⟩

75. Similiter illud notabile quod idem et diversum circa idem ens immediate sunt opposita.

⟨De differentia et diversitate⟩

76. Similiter quod dicit differentia et diversitas aliud, verum est sicut species a genere; unde vult quod differentia sit species diversitatis. Unde in *Topicis* dicitur hominem et animal esse aliud: verum est secundum rationem. Hoc dico propter relativa quae definiuntur quorum esse est ad aliud se habere.

⟨De eo quo differentia differant⟩

77. QUARE NECESSE IPSUM. Aliqui dicunt quod oportet differentiam aliquid habere idem. Sic non lego, immo nihil est pro eis, quia dicit quod illud idem est quo differunt.

78. Similiter nota quod ex hac littera videtur quod genera differant proprie. Similiter in V.

79. Dico quod differentia solum addit quod diversa differant aliquo sui, non se totis. Sic nec | generalissima nec alia simplicia sunt differentia proprie, quia se totis differunt.

80. Unde, si habent unitatem proportione, si proportio sit realis, tunc differunt se totis quia res istae et proportiones sunt reales, et res differunt se totis et proportiones, et ideo non est ibi differentia. Si proportio sit aliquid rationis, tunc, quia nec est intra

---

Arist.: 286 X 3 1054b20 (AL XXV 3.2, p. 203, 197)   289/290 X 3 1054b21-22 (AL XXV 3.2, p. 203, 198-199)   292 X 3 1054b23 (AL XXV 3.2, p. 203, 201)   298 X 3 1054b26-27 (AL XXV 3.2, p. 203, 204-205)   301 X 3 1054b27-31 (AL XXV 3.2, p. 203, 205-210)

294 Cfr ARIST., *Top.* II 4 111a25-27 (AL V.1-3, p. 36, 21-23)   298/299 THOM. AQ., *In Met.* X, lect. 4, §2018 (p. 478)   302 ARIST., *Met.* V 9 1018a12-13 (AL XXV.2, p. 105, 369-371)

286 non[1]] *coni. ex textu Aristotelis, et* M   286/287 Hoc – entibus] nota bene *i.m. alia manu* M   298 dicunt] alias *s.l.* legunt *i.m.* M   302 in] *coni.*, c M   303 quod[2] diversa] diversa quod M   304 Sic nec] *coni.*, similiter M

quidditatem rei, ideo nec dicuntur differre res proprie, quia se totis, cum proportio sit extra quidditatem.

81. Unde solum de quidditate differentiae est quod differant aliquo, id est parte sui; cum hoc tamen stare potest in aliquibus rebus ubi utraque pars est diversa, ut est ita. Tamen, in quantum differentia est differentia, ei non repugnat habere aliquid idem, etc.

⟨De differentibus genere⟩

82. QUORUM NON EST COMMUNIS MATERIA etc. Unde nota quod haec est verior definitio quam in V; unde ex hac concluditur alia esse vera in V.

⟨De minima et maxima distantia⟩

83. Similiter dicit quod, si est minor distantia, et maior et maxima.

84. Contra: in numeris, ternarius numerus differt a binario, et quaternarius magis; ergo est reperire aliquem qui distat maxime; et tunc non est procedere in infinitum in numeris.

85. Dico quod, ubicumque est contrarietas, ibi est maxima distantia et maior et minor; in quantitate non est contrarietas.

86. Aliter, est maxima distantia non secundum rationem specificam numerorum sed quantum ad differentiam constituentem binarium et differentiam | constituentem alios numeros; ut si dividatur numerus alius primus, alius non primus, primus dicitur a binario et non primus continet omnes alios, et inter primum et non primum est maxima distantia, ita quod prima differentia constituat speciem specialissimam et alia speciem intermediam quae est communis infinitis numeris. Et tunc illa species specialissima distat maxime non ab alia specie specialissima, sicut concludit argumentum, sed ab illa intermedia et ab omnibus aliis in quantum sunt sub illa specie intermedia et in ea conveniunt. Et similiter illa intermedia, si dividatur per duas differentias primas, constituet

---

Arist.: 318 X 3 1054b28 (AL XXV 3.2, p. 203, 207)   322/323 X 4 1055a3-5 (AL XXV 3.2, p. 203, 217-219)

319/320 ARIST., *Met.* V 6 1016b33-34 (AL XXV 3.2, p. 102, 285)

---

315 ei] *coni.*, si *M*   318 Quorum – etc.] *post* vera in V *in linea 320 pos. M*   339 intermedia] *coni.*, specialissima *M*   340 dividatur] *coni.*, dividantur *M*

speciem specialissimam, et similiter alia intermedia, et idem iudicium de illis, etc.

87. Si ⟨detur⟩ exemplum de rationali et irrationali dividente animal, nota: Boethius, in *Divisionibus*, probat quod differentiae dividentes genus sunt contrariae, non contradictoriae nec oppositae alia oppositione.

⟨De eis quae differunt specie⟩

88. Pro tanto dicuntur magis differre quae differunt specie quam quae differunt genere quia alia differunt per formale, alia per materiale.

89. Similiter formae specificae et differentiae tantum sunt diversae sicut genera generalissima, quia utraque differunt se totis.

⟨De differentibus specie in eodem genere et in diversis generibus⟩

90. NON HABENT VIAM AD INVICEM. Termini differentium specie quae sunt eiusdem generis non compatiuntur se ad invicem, sed diversorum compatiuntur. | Magis differunt quantum ad transmutationem illa quae sunt diversorum generum; tamen quae sunt eiusdem magis distant, quia in hoc quod sunt transmutabilia habent terminos oppositos qui se non compatiuntur.

⟨De materia et potentia contrariorum⟩

91. EADEM EST MATERIA CONTRARIIS. Ex hoc accipiunt aliqui quod eadem potentia.

92. Et dico quod non, accipiendo 'potentiam' pro respectu sive pro principio potentiali.

⟨De contradictione⟩

93. Nota quod contradictio est prima oppositio, id est communissima, quia includitur in omni oppositione, non tamen sic quod

---

Arist.: 348 X 4 1055a6-10 (AL XXV, 3.2, p. 203, 220-204, 223)   354 X 4 1055a6-10 (AL XXV 3.2, p. 203, 220-221)   361 X 4 1055a30 (AL XXV 3.2, p. 204, 245)   366/367 X 4 1055a6-10 (AL XXV 3.2, p. 203, 220); X 4 1055a30 (AL XXV 3.2, p. 204, 245)

344/346 BOETH., *De divis.* (ed. Magee, p. 26, 4-6; *PL*, 64, col. 883A-C)   361/362 *Non inveni*

---

343 detur] *suppl.*   354 Non] *coni. ex textu Aristotelis, quia* M

est prima causalitate. Et illud quod est primum primo modo est imperfectum et minimum, sicut animal. Unde, sicut quaelibet species animalis addit aliquam differentiam realem super illud, sic quaelibet oppositio super contradictionem.

94. Similiter ad contradictionem sufficit minima distantia, ita quod ad quamlibet aliam oppositionem requiritur semper maior. Tamen contradictio permittit secum maximam distantiam, et quantumcumque esset magna, adhuc permitteret, et una pars praedicaretur de uno extremo distante.

⟨De contradictoriis, privative oppositis et contrariis immediatis⟩

95. Nota similiter quod illud quinti *Physicorum*, quod generatio est a non subiecto in subiectum, non debet intelligi quod contradictorium in quantum tale sit terminus generationis, sed intelligit ibi (et debet semper) quod termini sunt privatio et habitus, quae sunt quaedam contradictoria.

96. Et hoc est quod dicit ibi: PRIVATIO QUIDEM CONTRADICTIO EST. Unde circa materiam privatio et forma sunt contradictoria; | conveniunt enim cum contradictoriis in quantum privatio nihil potest, sicut nec alterum contradictoriorum; similiter quod inter privative opposita non est medium circa subiectum aptum natum.

97. Contraria immediata conveniunt cum contradictoriis secundo modo, non tamen primo modo convenientiae.

⟨De terminis generationis vel mutationis et de terminis motus⟩

98. Similiter nota quod illa consequentia quam facit, scilicet: SI ITAQUE GENERATIONES MATERIAE EX CONTRARIIS FIUNT etc., non esset bona nisi privative opposita essent per se termini generationis sive mutationis. Aliter enim non sequitur contraria includere privative opposita, sed e converso, si alia opinio esset vera quod contraria essent per se termini.

Arist.: 383/384 X 4 1055b3-8 (AL XXV 3.2, p. 205, 257-261) 386/388 X 4 1055b7-11 (AL XXV 3.2, p. 205, 262-266) 392/393 X 4 1055b11-14 (AL XXV 3.2, p. 205, 266-269)

378/379 ARIST., *Phys.* V 1 225a12-14 (AL VII 1.2, p. 195, 2-4)

---

385 enim] *coni.*, tamen *M*   389/390 secundo] *coni.*, primo *M*   390 primo] *coni.*, secundo *M*

99. Unde dico quod privative opposita sunt per se termini mutationis sive generationis, ut patet hic, sed contraria sunt per se termini motus; motus enim est a subiecto in subiectum, et ideo requirit terminos positivos.

100. Unde quod Philosophus ⟨dicit⟩ in *Physicorum*, quod musicum fit ex non musico etc., dico quod mutationes inter contraria habent privative opposita pro terminis. Unde mutatio quae est [albi] a non musico, in quantum mutatio est, 'non musicum' dicit privationem; sed, in quantum motus, 'non musicum' dicit aliquid positivum. Similiter corruptio nigri, quae est quaedam mutatio habens terminos privative oppositos; et generatio albi, mutatio habens terminos privative oppositos; sed sunt ibi duo termini positivi mo|tus.

M 93va

⟨De oppositione inter unum et multa⟩

101. Similiter illa consequentia quam facit Philosophus, quod contraria includunt privative opposita quia unum et multa, quae sunt genera contrariorum, includunt privationem, non valeret nisi unum et multa opponerentur contrarie, non privative.

⟨De determinatione subiecti a privatione⟩

102. Similiter nota quod numquam est proprie privatio quae non determinavit sibi subiectum, sed potius negatio.

⟨De malitia⟩

103. Similiter nota: malitia potest dicere veri carentiam in apto nato tantum, et tunc est privative opposita veritati; sed ⟨si⟩ habitum malum positivum, non, ut Boethius dicit *Super praedicamenta*, ubi dicit Aristoteles qualitati aliquid esse contrarium;

Arist.: 412/413 X 4 1055b25-29 (AL XXV 3.2, p. 206, 280-285)   417/418 X 4 1055b25-26 (AL XXV 3.2, p. 206, 281-282)   420 X 4 1055b23-24 (AL XXV 3.2, p. 206, 278-280)

402/403 Arist., *Phys.* I 5 188a33-b3 (AL VII 1.2, p. 32, 9-14)   422/425 Boeth., *In Cat.* 3 (*PL*, 64, col. 255D)   423 Arist., *Cat.* 8 10b12-14 (AL I 1, trans. Boethii, p. 28, 11-12)

402 dicit] *suppl.*   405 albi] *del.*   407 Similiter] *coni.*, qr *M*   408 albi] *coni.*, aᵃ *M*   409 terminos] *coni.*, alios *M*   421 si] *suppl.*   422 ut] *coni.*, unde *M*

exemplificat de iusto et iniusto, ubi dicit Boethius quod iniustus accipitur aliquando privative, aliquando contrarie.

⟨De sophistico argumento de aequali et inaequali⟩

104. SI VERO INAEQUALE SIGNIFICAT IDEM. Nota: est sophisticum argumentum; unde bene sequitur quod sunt duo, sed non duo opposita.

⟨De opinione Anaxagorae de infinitate parvitate et paucitate⟩

105. QUAPROPTER NON RECTE DISTINXIT ANAXAGORA. Hic dicit quod Anaxagora bene dixit ponendo res infinitas parvitate, non tamen paucitate, etc.

106. Sed si hoc, ergo intentio Philosophi in libro *Physicorum* non est quod ⟨est⟩ accipere minimam carnem in quantum naturale.

107. Adversarii dicerent quod utrumque fuit male dictum, sed minus male dicitur quod res sunt infinitae parvitate, quia paucitate nullo modo possent esse, nec in quantum quanta nec in quantum naturalia; parvitate tamen saltem in quantum quanta, etc.

⟨De relativis et contrariis⟩

108. ALIA UT CON|TRARIA. Contra: nulla relativa sunt contraria.

109. Verum est, sed debet sic glossari: relativa ut contraria, id est ut aeque et mutuo relata; relativa non contraria quae non mutuo dependent.

⟨De duplici multitudine⟩

110. Similiter post sequitur de multitudine duplici: una quae est absolute considerata (et similiter unitas videtur ibi alia secun-

---

Arist.: 427 X 5 1056a8-11 (AL XXV 3.2, p. 207, 302-305)   431 X 6 1056b28-31 (AL XXV 3.2, p. 210, 361-363)   442 X 6 1056b34-36 (AL XXV 3.2, p. 210, 368-369)   448/451 X 6 1056b17-1057a12 (AL XXV 3.2, p. 209, 349-210, 382)

434/436 ARIST., *Phys.* I 4 187b16-21 (AL VII 1.2, p. 20, 10-16); cfr THOM. AQ., *In Phys.* I, lect. 9, §65-66 (p. 36); *Auct. Arist.*, n. 24 (p. 141)   437/440 *Non inveni*

424 iniusto] *coni. ex textu Aristotelis ad Cat. 8 10b12-14 (AL I.1-5, p. 28, 11-12)*, musico *M*   iniustus] *coni.*, musicus *M*   427 vero] *coni. ex textu Aristotelis*, nullus *M*   435 est] *suppl.*   448 duplici] *coni.*, triplici *M*

450 dum quod divisibilis et indivisibilis) et secundo modo ut mensurabilis.

111. Primo modo secundum aliquos est unitas et multitudo transcendens, secundo modo est in genere quantitatis opposita unitati quae est quantitas discreta, et dicuntur relative tertio modo 455 etc.

112. Dico quod non oportet, sed dico sic quod non est multitudo transcendens.

⟨Quomodo unum et multa opponantur⟩

113. Similiter dicit quod multitudo, absolute loquendo, non 460 opponitur pauco, sed ut excedens; tamen haec ratio 'divisibilis' et 'indivisiblis' opponitur.

114. Unum et multa secundo modo ⟨sunt in⟩ genere relationis. Et nota quod formaliter non opponuntur relative sicut divisibile et indivisibile, sed sicut fundamenta subiecta divisioni et indivisi-465 oni. Unde unum et multum, absolute loquendo, sunt in genere quantitatis et dicuntur secundum istas relationes, et est idem ac si diceretur: "Robertus qui est patri similis", id est qui est filius eius.

⟨De definitione vel descriptione multitudinis⟩

115. Similiter nota quod haec definitio multitudinis non est nisi 470 descriptio, quod nota nobis, licet secundum aliquos est vera definitio. Et concludunt ultra quod multitudo | [non] sit mensurata *M* 94ra uno actu, aliter non esset numerus. Et ex hoc dicunt quod non est aliquis numerus infinitus, nec Deus posset facere.

116. Sed contra hoc arguitur in quaestione de infinitate causa-475 rum sic: aut multitudo est numerus mensuratus uno finities sumpto aut infinities sumpto. Si primo modo, tunc sequitur quod multitudo potest determinari et consumi ita quod sit actu; et tunc

---

Arist.: 459/460 X 6 1057a12-17 (AL XXV 3.2, p. 210, 382-211, 387) 469 X 6 1057a3-4 (AL XXV 3.2, p. 210, 373)

452/453 THOM. AQ., *In Met.* X, lect. 8, §2090 (p. 492-493) 453/454 THOM. AQ., *In Met.* X, lect. 8, §2087-2088 (p. 492) 470 THOM. AQ., *Sum. theol.* I, q. 7, a. 3, corp. 474/480 Cfr DUNS SCOT., *Quaest. super Met.* II, q. 6, §30, 40 (OPh, III, p. 247, 250)

450 secundo] *coni.*, 3° *M* 453 secundo] *coni.*, 3° *M* 459 Similiter] *coni.*, sed *M* 462 secundo] *coni.*, 3° *M* sunt in] *suppl.* 471 multitudo] *coni.*, similitudo *M* non] *del.* 472 esset] *coni.*, est *M*

sequitur quod non est numerus infinitus potentia, quia iam actualiter consumitur; sed non esse numerum infinitum in potentia
480 est contra eos. Si infinities sumpto, tunc habeo propositum, etc.

⟨De contrariis et de forma substantiali⟩

X 7 1057a18   **117.** QUONIAM AUTEM CONTRARIORUM etc. Hic loquitur de contrariis et mediis eorum, et dicit quod media solum sunt contrariorum.

485   **118.** Et ex hac littera volunt aliqui quod illa quae sunt eiusdem generis habent idem susceptivum immediatum; et per consequens non possunt esse multae formae substantiales in eodem, quia sunt eiusdem generis, et inter illa est transmutatio quae sunt eiusdem generis, sed termini transmutationum sunt incompossibiles, etc.

490   **119.** Dico quod non. Loquitur hic de genere praedicabili, non de genere subiecto.

120. Et similiter nota quod non sequitur: "sunt eiusdem generis praedicabilis, ergo sunt transmutabiles ad invicem", sicut patet: linea et albedo sunt eiusdem generis et tamen non transmutabiles.
495 Sed sequitur e converso: "sunt transmutabiles, ergo sunt eiusdem generis" (et praedicabilis et generis subiecti).

121. Unde nota quod cuiuslibet | sensus est una contrarietas   M 94rb
prima, et ideo numquam possunt transmutari ad invicem, sicut nec qualitas tangibilis in visibilem nec color in saporem etc., quia
500 hoc est esse transmutabiles ad invicem: esse eiusdem generis subiecti.

122. Similiter quod accipiunt quod formae substantiales sunt eiusdem generis, dico quod non est verum loquendo de genere subiecto, sicut patet de corporibus incorruptibilibus, sicut caelesti-
505 bus, et corruptibilibus.

123. Similiter secundum eos corpora caelestia sunt eiusdem generis subiecti et tamen non transmutantur ad invicem nec in alia corpora corruptibilia.

124. Similiter dato quod sint eiusdem generis, adhuc non opor-
510 tet eas habere idem susceptivum primum, sed sufficit remotum,

---

Arist.: 482   X 7 1057a18-30 (AL XXV 3.2, p. 211, 388-398)

---

480 THOM. AQ., *Sum. theol.* I, q. 7, a. 3, corp.   485/489 *Non inveni*   502/503 *Vide supra §118*

---

479 esse] *coni.*, est *M*   480 Si] *coni.*, sed *M*   510 eas] *coni.*, eos *M*

sicut dixit in VIII, capitulo de substantia materiali; et quae habent tale realiter et diversum subiectum proximum possunt se compati in eodem etc.

⟨De relativis in diversis generibus subiectis⟩

125. Similiter nota: cum dicit quod relativa non habent medium quia non sunt eiusdem generis (⟨id est⟩ istae relationes, non sunt ⟨eiusdem⟩ generis subiecti), sic intelligit quia non sunt transmutabilia ad invicem.

126. Si tamen accipiat aliqua relativa esse contraria, tunc, in quantum contraria, habent medium, non tamen in quantum relativa, sicut magnum et parvum sunt contraria et relativa. Unde relativis, id est illis quibus competunt relationes, non requiritur quod sint eiusdem generis, sed possunt esse diversi generis ita bene sicut eiusdem.

⟨De mediis contrariorum⟩

127. Post sequitur de mediis contrariorum. Et | videtur ibidem quod media realiter sunt composita ex extremis.

128. Hoc est contra eos qui ponunt omnia accidentia esse simplices naturas, non compositas.

⟨De contrariis⟩

129. Similiter quod dicit post: CONTRARIA SUNT INCOMPOSITA EX SE INVICEM, QUIA PRINCIPIA, hoc contra eos qui dicunt nihil positivum in nigro nisi minimum albedinis.

⟨De diversis specie⟩

130. DIVERSUM SPECIE etc. Nota quod loquitur hic de differentia specifica praecise, id est tantum. Hoc propter argumentum

---

Arist.: 515/516 X 7 1057a37-b1 (AL XXV 3.2, p. 211, 406-408)   526/527 X 7 1057b2-4 (AL XXV 3.2, p. 211, 410-411)   531/532 X 7 1057b22-23 (AL XXV 3.2, p. 212, 429-430)   535 X 8 1057b35-36 (AL XXV 3.2, p. 213, 444-445)

511 ARIST., *Met.* VIII 4 1044a15-25 (AL XXV 3.2, p. 174, 166-171); *vide supra* VIII, §40-42   528/529 *Non inveni*   532/533 *Non inveni*

516 id est] *suppl.*   517 sunt] *coni.*, tamen *M*   eiusdem] *suppl.*   519 esse] talia *add. et del. M*   523 generis] sicut *add. et del. M*

tale: "sequitur 'sunt diversa specie, ergo eadem genere'; ergo, per oppositum, quae sunt diversa genere sunt eiusdem speciei".

⟨De genere et materia⟩

131. Similiter aliqui exponunt illud quod sequitur: UT MATERIA ENS quod genus non dividatur sub differentiis diversis sicut materia, quia materia est eadem, genus non.

132. Dico quod verum est, sed non est intentio; ⟨sed⟩ sic: sive genus sit materia sive aliter ens, tunc etc. Unde in VII, capitulo de definitione, dicit quod genus vel nihil aliud est quam species vel erit materia, et exemplificat.

⟨De potentia sensitiva in animalibus specie diversis⟩

133. Similiter nota ex hiis quod sensitiva videtur esse eiusdem generis et non eiusdem speciei in diversis.

134. Sed contra: obiectum idem specie (etiam numero) est obiectum sensus; ergo potentia et actus erunt sic idem.

⟨De differentia specie et contrarietate⟩

135. Similiter quod dicit quod differentia specie est contrarietas, non intelligitur de omni differentia specie, sed de aliqua; sic oppositio erit contrarietas. Unde intelligitur de sola differentia specie etc.

136. Dico quod intelligitur contrarietas tri|pliciter. Aliquando accipitur pro privative oppositis, sicut, I *Physicorum*, principia sunt contraria, sunt id est privative opposita secundum omnes et secundum Commentatorem. Aliquando pro maxima distantia; et sic est in omni genere (dicunt aliqui: praeterquam in quantitate,

---

Arist.: 537/538 X 8 1057b36-37 (AL XXV 3.2, p. 213, 445-447) 540/541 X 8 1057b37-1058a2 (AL XXV 3.2, p. 213, 447-449) 548/549 X 8 1058a2-4 (AL XXV 3.2, p. 213, 449-451) 553/554 X 8 1058a16-19 (AL XXV 3.2, p. 214, 464-468)

540/542 *Non inveni*; cfr THOM. AQ., *In Met.* X, lect. 10, §2114 (p. 499) 544/546 ARIST., *Met.* VII 7 1038a5-9 (AL XXV 3.2, p. 157, 681-685) 557/567 Cfr DUNS SCOT., *Quaest. super Praed.*, q. 24, §8 (OPh I, p. 416-417) 558 ARIST., *Phys.* I 5 188a26-b3 (AL VII 1.2, p. 32, 9-14) 558/560 AVER., *In Phys.*, I, t. c. 41, t. c. 43 (f. 27r F, f. 28r D) 561/562 *Non inveni*; cfr DUNS SCOT., *Quaest. super Praed.*, q. 24, §9 (OPh I, p. 417)

---

543 sed] *suppl.* 548/551 Similiter – idem] *§133 et 134 post §135 et ante §136 pos.* M

quia ibi est processus in infinitum in speciebus; tamen ibi feci argumentum, et potest forte dici quod sic ibi sicut in aliis). Tertio modo pro illis in quibus est processus continuus per motum continuum, sicut accipitur V *Physicorum*; et non est in omni genere nisi in hiis in quibus est magis vel minus. Unde potest dici quod accipit hic contrarietatem secundo modo.

137. Vel si accipitur proprie, tunc debet dici quod non omnis diversitas specie est contrarietas, sed debet exponi hanc, quod diversitas specierum etc. debet poni a parte subiecti et aliud a parte praedicati. Unde, licet media inter album et nigrum differant specie, non tamen sunt proprie contraria.

138. Unde securius nota hic: unde 'contrarietas' aequivoce.

⟨De modo quo Aristoteles indicet solutionem⟩

139. Utrum autem non facit materia diversa specie... aut est ut facit? Et post: Aut ⟨quia⟩ est in ratione contrarietas. Communiter nota: quando ponit duo 'aut', secundum est solutio.

⟨De differentia individuum per materiam⟩

140. Et post sequitur littera ubi elicitur quod individua differunt per materiam.

141. Et nota quod dicit quod hic equus et hic homo non sunt diversi specie in quantum sunt hi, sed in quantum homo et equus.

⟨De corruptibili et incorruptibili ut differentia genere⟩

142. Nota quod numquam corruptibile et incorruptibile differunt plus quam genere. Sed in fine dixit quod quae differunt genere plus differunt quam quae specie.

Arist.: 575/576 X 9 1058b15-16 (AL XXV 3.2, p. 216, 502-503)   576/577 X 9 1058b18 (AL XXV 3.2, p. 216, 506)   580 X 9 1058b16-18 (AL XXV 3.2, p. 216, 504-506)   582/583 X 8 1058a2-6 (AL XXV 3.2, p. 213, 449-451)   585/586 X 10 1058b26-29 (AL XXV 3.2, p. 216, 516-519)   586/587 X 10 1059a14 (AL XXV 3.2, p. 217, 543-544)

562/563 Duns Scot., *Quaest. super Praed.*, q. 24, §10-11 (OPh I, p. 417)
565 Arist., *Phys.* V 3 227a10-12 (AL VII 1.2, p. 201, 14-17)

564 quibus] *coni.*, que *M*   573 Unde] sentimus *add. et del. M*   contrarietas] *coni.*, contrarietate *M*   575 autem] *coni. ex textu Aristotelis*, quod *M*   576 quia] *suppl. ex textu Aristotelis*   585/607 Nota – duodecimo] *§142-148 post §32 et ante §33 in libro XII pos. M*

143. Similiter nota quod probat quod corruptibile et incorruptibile differunt genere, quia differunt secundum potentiam et impotentiam.

144. Contra: videns est potest videre, caecus impotens.

145. De morte ad vitam etc. si patitur alterationem quandam, non erit idem homo corruptibilis et incorruptibilis, quod est contra fidem; ⟨hoc⟩ probat quod idem est corruptibile et incorruptibile:

146. Dico quod loquitur de genere subiecto, non praedicabili hic. Et tunc est argumentum ad hoc sic: quae sunt eiusdem generis subiecti habent idem susceptivum primum, et omnia talia sunt contraria et media contrariorum, et omnia talia sunt transmutabilia ad invicem; corruptibile et incorruptibile non sunt transmutabilia ad invicem. |

147. Ad primum: non loquitur hic de potentia agendi sive ad esse et non esse, sed de potentia subiecti; hoc est quia corruptibile habet potentiam ad corruptionem, incorruptibile non habet potentiam ad corruptionem, et hoc est vel quia non habet potentiam subiectivam vel quia non habet potentiam eiusdem rationis.

148. Et post sequitur de duodecimo.

Arist.: 588/589 X 10 1058b27-28 (AL XXV 3.2, p. 216, 517-518). Cfr Thom. de Aq., *In Met.* XII, lect. 12, n. 2137 (p. 504)

---

602 *Vide supra §144*

---

592 si] *coni.*, sed M   594 hoc] *suppl.*

⟨LIBER XII⟩

⟨De ideis generum⟩

1. Nota quod potest probari de tertio libro quod Plato | non ponit ideas generum. *M 95ra*

XII 1 1069a26   2. NUNC, id est moderni temporis.

⟨De entitate accidentium⟩

XII 1 1069a21-2   3. NEC ENTIA, id est non sunt primo entia. Et hoc est quod dicit UT EST SIMPLICITER DICERE. Unde in VII corrigit, et dicit prius quod sunt entis et post dicit quod habent quid, non tamen primo.

⟨De elemento et principio motus⟩

XII 1 1069a32   4. Accipitur 'elementum' improprie, et exponitur pro principio motus secundum quid, id est ⟨non⟩ secundum substantiam.

⟨Quomodo contrarium debeat accipi⟩

XII 2 1069b7-8   5. 'Contrarium' debet accipi hic indifferenter.

⟨De mutabilitate substantiae sensibilis⟩

XII 1 1069b3   6. Similiter SENSIBILIS VERO SUBSTANTIA MUTABILIS. Est notabile, quia loquitur hic de sensibili substantia in communi.

7. Ex qua littera potest elici quod in caelo est materia; vel, negando illud, potest dici quod non accipit 'mutabile' pro mutatione secundum locum, sed pro generabili et corruptibili etc.

Arist.: XII, 2/3 XII 1 1069a27-28 (AL XXV 3.2, p. 246, 12-14)   4 XII 1 1069a26 (AL XXV 3.2, p. 246, 11-12)   6 XII 1 1069a21-22 (AL XXV 3.2, p. 246, 6-7)   7 XII 1 1069a22 (AL XXV 3.2, p. 246, 7)   11 XII 1 1069a32-33 (AL XXV 3.2, p. 246, 18-19)   14 XII 2 1069b7-8 (AL XXV 3.2, p. 247, 29-30)   16 XII 1 1069b3 (AL XXV 3.2, p. 247, 25)

XII, 2 ARIST., *Met.* III 3 999a6-13 (AL XXV 3.2, p. 57, 256-263)   7/9 ARIST., *Met.* VII 1 1028a18-20 (AL XXV 3.2, p. 132, 11-13); *vide VII, §39*

XII, 7 dicit] *coni.*, dico M   8 prius] *coni.*, primo M   9 primo] *coni.*, prius M   12 motus] *coni.*, moto M   non] *suppl.*

NOTABILIA SUPER METAPHYSICAM XII

⟨De potentia in accidentibus⟩

8. Similiter quod sequitur post est notabile secundum eos qui negant propriam potentiam, id est proprium principium potentiale, in accidentibus.

⟨De materia in caelo⟩

9. OMNIA VERO HABENT MATERIAM; et post: ALIAM, separatam. Hoc contra Commentatorem, qui negat materiam in caelo.

⟨De opinione Anaxagorae de materia⟩

10. Ubi arguit Anaxagora quod, ex quo ponit unam materiam et unum agentem, tunc non possent multa esse facta, dico quod non valet, sicut dixi in octavo, capitulo de substantia materiali. Unde unus homo qui habet artem faciendi scamnum et lectum, de eodem ligno potest facere lectum et scamnum.

11. Unde oportet agens univocari non simpliciter, sed in ratione agentis, quia per diversa principia formalia facit illa multa; | sic *M*95rb Deus, secundum aliquos, de ista materia confusa. Tamen in hoc est differentia eorum et Anaxagorae, quia ille ponit unum principium potentiale sine aliis potentiis concreatis, alii ponunt tot potentias concreatas quot sunt producenda actu; et illas forte vocat Augustinus 'rationes seminales'.

⟨Contra ponentes quod materia sit immediatum susceptivum omnium⟩

12. Quod sequitur post est contra eos qui dicunt materiam esse immediatum susceptivum omnium, quia tunc non ex determinato determinatum etc.

Arist.: 22 XII 2 1069b15-18 (AL XXV 3.2, p. 247, 38-41) **26** XII 2 1069b24-26 (AL XXV 3.2, p. 248, 47-50) **29/30** XII 2 1069b20-21 (AL XXV 3.2, p. 248, 43) **43** XII 2 1069b28-29 (AL XXV 3.2, p. 248, 52-53)

22/24 *Non inveni*; cfr DUNS SCOT., *Quaest. super Met.* VIII, q. 1, §12 et 21 (OPh IV, p. 400 et 403) **27** AVER., *In De cael.* I, t. c. 20 (ed. Arnzen – Carmody, p. 38, 71-39, 84; Iunt., f. 15C-E); *De sub. orbis*, 2 (f. 6G-H) **31** *Vide l. VIII, §40-42* **36** *Non inveni* **39/40** AUG., *Gen. ad litt.* IX, 17 (CSEL, 28.3.1, p. 291, 9-292, 14; PL, 34, col. 406); cfr DUNS SCOT., *Lect.* II, d. 18, q. 1-2, §23 (ed. Vat. XIX, p. 159)

⟨De materia in coniunctis per artificium⟩

XII 3 1070a10-11   13. CONNASCENTIA, id est coniuncta et colligata per artificium. Sicut enim in talibus materia est maxime substantia, ut apparet, sic in naturalibus videbatur esse; sic debet exponi 'apparere'.

⟨De divisione substantiae⟩

XII 3 1070a9-13   14. Nota: ista divisio substantiae est in unum, id est compositum, quod est formaliter substantia, et in alia duo quae sunt substantiae per attributionem ad compositum, sicut principia substantiae. Unde est divisio analoga, non univoca.

⟨De elementis in mixto⟩

XII 4 1070a34   15. Similiter quod dicit: ELEMENTA, secundum unam expositionem est contra eos qui ponunt elementa manere in mixto, etc.

⟨De argumentis pro identitate vel alteritate principiorum⟩

XII 4 1070a33-b4   16. DUBITABIT UTRUM ALTERA AUT EADEM etc. Commentator nititur seriose istis argumentis quasi essent bona.

17. Et dico quod non, quia per eadem argumenta probo tibi substantiam non habere principia: quia, si habet, et principium est prius principiato ergo prius substantia et substantia prius aliis generibus, ergo principium substantiae erit prius omnibus generibus. Unde dico quod non concludit falsum, quia principium substantiae est prius substantia et om|nibus aliis. *M* 95va

18. Similiter ad argumentum quod facit, non concludit. Unde dico quod illud principium erit idem cum principiato per reductionem, non quod sit commune eis per praedicationem ac si esset

---

Arist.: 47 XII 3 1070a9-11 (AL XXV 3.2, p. 249, 72-74)   49 XII 3 1070a10 (AL XXV 3.2, p. 249, 73)   51 XII 3 1070a9-13 (AL XXV 3.2 p. 249, 72-76)   56 XII 4 1070a33-b10 (AL XXV 3.2, p. 250, 96-110)   59 XII 4 1070a33-b4 (AL XXV 3.2, p. 250, 96-110)   67 XII 4 1070a33-b4 (AL XXV 3.2, p. 250, 96-104)

56/57 *Non inveni*   57 AVIC., *Suff.* I, 10 (I, f. 19rb); *Lib. de phil. prima* VIII, 2 (p. 383-394, 60-70); cfr AVER., *In De cael.* III, t. c. 67 (ed. Arnzen – Carmody, p. 631, 14-636, 154; Iunt. V, f. 226D-227H) et *In De gen. et corr.* I, t. c. 90 (Iunt., V, f. 370K-M); DUNS SCOT., *Lect.* II, d. 15, q. un., §9 (ed. Vat. XIX, p. 139-140)   59/60 AVER., *In Met.* XII, t. c. 19 (f. 306r A-D); cfr THOM. AQ., *In Met.* XII, lect. 4, §2458-2459 (p. 578)

---

59 Dubitavit] *coni. ex textu Aristotelis*, putabit *M*   aut] *coni. ex textu Aristotelis*, et *M*

70 alia species. Unde dico quod argumenta concludunt falsum, et ideo sequitur quod non sunt bona.

19. Unde solvit ibi: ALITER etc. Et ibi nota litteram, quia facit pro eis qui ponunt naturam trium principiorum diversam in diverso. Ergo quaerit de illa materia in IX quaestio etc.

75 ⟨De forma in mente artificis⟩

XII 4 1070b25-32   **20.** QUARE ELEMENTA SECUNDUM ANALOGIAM. Et post ibi habetur quod forma sive species in mente artificis dicitur causa efficiens, et multa sunt exempla de hoc in *Metaphysica*.

21. Similiter quod dicit: SPECIES AUT CONTRARIUM, exponi-
80 tur sicut prius in IX.

⟨De causa movente univoca⟩

XII 4 1070b27-32   **22.** Et post sequitur: QUARE MOVENS ALIUD ALII. Si ponderentur priora verba, quod sunt diversa tria principia in omni genere, istud est contra eos, quia dicit quod movens, id est efficiens,
85 debet esse alterum in quolibet genere sicut principia illa tria. Et tamen certum est hoc esse falsum, quia, ⟨ubi⟩ dicitur in VII, capitulo 7°, "Eorum autem quae fiunt", dat differentiam inter substantiam et quantitatem, et dicit quod ante generationem substantiae oportet praeexistere substantiam, sed non sic in quantitate; quan-
90 titas ergo non habet formam univocam cum efficiente suo etc.

Arist.: 72 XII 5 1071a3-17 (AL XXV 3.2, p. 252, 143-156)   76 XII 4 1070b25-26 (AL XXV 3.2, p. 251, 128)   77/78 XII 4 1070b26-30 (AL XXV 3.2, p. 251, 128-132)   79 XII 4 1070b31-32 (AL XXV 3.2, p. 251, 133)   82 XII 4 1070b27-30 (AL XXV 3.2, p. 251, 129-132)   83 XII 4 1070b16-21 (AL XXV 3.2, p. 251, 117-123)

73/74 GUILL. DE BONKES (?), *Quaest. in Phys.*, Cambridge, Peterhouse 192, f. 51rb-vb, in S. DONATI, '*Utrum accidens possit existere sine subiecto*: Aristotelische Metaphysik und christliche Theologie in den Physikkomentaren des 13. Jahrhunderts', in *Nach der Verurteilung von 1277: Philosophie und Theologie an der Universität von Paris im letzen Viertel des 13. Jahrhunderts. Studien und Texte* – ed. J. A. Aertsen, K. Emery, Jr., A. Speer (Miscellanea Mediaevalia, 28), Berlin, 2001, p. 577-617: p. 598-599   74 DUNS SCOT., *Quaest. super Met.* IX, q. 11, §1, 5 (OPh IV, p. 603, 605)   79/80 *Vide l.* IX, *§27*   84 *Vide supra §19*   86/87 ARIST., *Met.* VII 7 1032a12 (AL XXV 3.2, p. 142, 292); *vide potius* VII 8 1034b16-19 (AL XXV, p. 148, 459-462); cfr DUNS SCOT., *Quaest. super Met.* VII, q. 11, §28 (OPh IV, p. 189)

---

73 naturam] *coni.*, numerum *M*   diversam] *coni.*, diversum *M*   79 aut] *coni. ex texxtu Aristotelis*, autem *M*   86 ubi] *suppl.*   87 7°] *coni.*, primo *M*

23. Similiter certum est [etc.] in multis, ut in relationibus etc., et ideo non est aliquod efficiens quod convenit cum forma relationis, etc.

24. Dico quod loquitur hic | de movente univoco. Cuius probatio, quia reducit, post, certam causam moventem ad formam, ita quod non vult plus nisi quod generatio, si univoca, habebit principium efficiens alterum univocum conveniens, scilicet in forma: si simpliciter univoca, simpliciter aliud erit efficiens univocum; si secundum quid, ⟨secundum quid⟩, unde sol habet aliquo modo aliquam diversitatem causae efficientis ⟨ad⟩ producenda diversa. Unde non intendit de aequivocis. *M* 95vb

25. Unde post vult quod omnia habent maiorem identitatem quam proportionis, quia habent unum principium movens etc.

⟨De animatione caeli secundum Aristotelem⟩

26. Nota illud quod post sequitur, quod videtur dicere quod caelum sit animatum, ita quod habet intellectum et appetitum; non tamen secundum eum habet animam vegetativam. Difficile esset dicere quod intelligit de anima hominis, quia illud non est principium omnium sicut primum movens etc. Unde Commentator et alii exponunt priori modo etc.

⟨Utrum Deus sit subiectum metaphysicae⟩

27. QUONIAM AUTEM TRES ERANT SUBSTANTIAE. Videtur quod Deus non sit subiectum huius scientiae quia hic probat eum esse.

28. Dico sicut dixi in quaestione illa. Aliter, non probat de Deo esse, sed sempiternitatem.

Arist.: 95/96 XII 4 1070b30-34 (AL XXV 3.2, p. 251, 132-252, 136) 102/103 XII 4 1070b34-35 (AL XXV 3.2, p. 252, 136-137) 105/106 XII 5 1071a2-3 (AL XXV 3.2, p. 252, 140-142) 112 XII 6 1071b3-5 (AL XXV 3.2, p. 254, 181-183)

109/110 AVER., *In Met.* XII, t. c. 25 (f. 310r B-C) THOM. AQ., *In Met.* XII, lect. 4, §2476 (p. 580) 115 DUNS SCOT., *Quaest. super Met.* I, q. 1, §19-22 (OPh III, p. 21-23)

91 etc.] *del.* 96 si] *coni.*, sit *M* 99 secundum quid] *suppl.* 100 ad] *suppl.* 108 non] *add. s.l. M* 112 erant] *coni. ex textu Aristotelis*, essent *M*

⟨De demonstratione primae substantiae moventis⟩

29. Similiter dicitur quod argumentum suum est tale: motus est sempiternus, ergo substantia movens. Dicitur quod, si antecedens sit verum, sequitur conclusio; si falsum, adhuc sequitur quod, si non sit sempiternus, incepit, et, si hoc, ergo per substantiam, cum motus sit accidens; illa substantia aut incepit aut | non, et sic in infinitum.

30. Similiter arguitur sic: si motus vel tempus incepit, ante illud fuit aliquid faciens eum; et, si hoc, cum 'ante' sit differentia temporis, ergo tempus fuit etc.

31. Dico quod idem argumentum est hoc: extra caelum nihil est; 'extra' est differentia loci; ergo locus extra caelum.

32. Dico ad utrumque quod 'extra' et 'ante' possunt affirmari, et tunc dicunt locum et tempus imaginative; alio modo, et verius, quod negantur sic: nihil est extra caelum nec nihil est ante tempus, ergo etc.

⟨De actualitate primae substantiae⟩

33. Ubi nota quod istae condiciones debent intelligi de illa substantia quae est simpliciter prima, quia illa nullo modo potest esse in potentia et esse sempiterna, quia tunc oportet quod conservaretur ab aliqua alia, et tunc non esset prima; ⟨ergo⟩ oportet quod sit actus purus. Et similiter, si esset in potentia, tamen actus suus esset prior perfectione sua potentia, ut dicitur in IX, tunc perfectissimum.

⟨De sempiternitate motus primi caeli⟩

34. Similiter nota quod vult attribuere motui non tantum sempiternitatem sed etiam quod non potest esse ⟨et⟩ non esse. Ita dixi super IX.

Arist.: 118/119 XII 6 1071b3-11 (AL XXV 3.2, p. 254, 181-190) 134 XII 6 1071b17-20 (AL XXV 3.2, p. 254, 195-255, 202) 142/143 XII 6 1071b6-7 (AL XXV 3.2, p. 254, 185-187)

118/119 *Non inveni* 124/126 *Non inveni* 129 *Vide supra §29 et 30* 139 Arist., Met. IX 8 1050a4-10 (AL XXV 3.2, p. 189, 280-285) 143/144 *Vide l. IX, §83-90*

124 arguitur] *coni.*, arguit M 132 etc.] *§142-148 nunc ad librum X restitutos post §32 et ante §33 pos.* M 137 ergo] *suppl.* 139 ut] *coni.*, et M 142 tantum] *coni.*, tamen M 143 et] *suppl.*

⟨De motu circulari primi caeli⟩

35. Nota: dicitur quod probat de motu circulari sempiternitatem, quia motus rectus numquam potest esse continuatus in infinitum nisi esset magnitudo recta in infinitum; quia, si esset finita, tunc esset reflexus; sed tunc oporteret intercidere quietem temporalem, ut probatur in *Physicorum*, vel saltem instantaneam, quod reputo verius; sed sic non esset continuus. Sed finita potest esse magnitudo sic circularis, et motus circularis con|tinuus sine reflexione. *M* 96va

⟨De primo motore immobili⟩

36. QUARE SEMPITERNUM ERIT UTIQUE. Ibi facit argumentum de movente et moto. Et dicit Commentator quod tenet in talibus quae sunt opposita in eodem: si unum oppositum potest reperiri per se, et secundum potest.

37. Sed contra: illa opposita sunt, generans et genitum, sicut movens et motum, et contingit reperiri utrumque simul et aliud, id est generans, per se.

38. Dico hic quod generans non est in eodem, ergo est reperire generans tantum.

39. Hoc autem est falsum secundum ipsum, si generatio hominum processit in infinitum etc. Ideo dico quod tenet per locum a minori etc.

40. Aliter dicitur quod arguit sic ascendendo: si est reperire motum tantum et movens motum ultra in motu, ergo oportet dare aliquod movens tantum; vel, si non, tunc erit motus; et sic in infinitum, nisi detur primum movens.

41. Nota quod argumentum Philosophi non valet de potentia praecise, sed ut includit actum. Aliter, non valet de prioritate consequentiae.

Arist.: **146/147** XII 7 1072a21-22 (AL XXV 3.2, p. 256, 239-240) **155** XII 7 1072a23-26 (AL XXV 3.2, p. 256, 240-244)

146 *Non inveni* **150** ARIST., *Phys.* VIII 8 261b27-263a3 (AL VII 1.2, p. 318, 6-323, 5) **156/158** AVER., *In Met.* XII, t. c. 35 (f. 317v M-318r A)

---

149 finita] *coni.*, finitus *M*   esset] *coni.*, oportet *M*   quietem] *coni.*, quidditatem *M*   **151** sed] *coni.*, sive *M*   **157** si] *coni.*, et *M*   **161** generans] *coni.*, genitum *M*

⟨Quomodo Deus sit causa finalis et efficiens⟩

42. MOVET AUTEM APPETIBILE etc. Aliqui dicunt quod probat Deum esse immotum in quantum habet rationem causae finalis, non efficientis, quia omne quod movet in ratione efficientis movetur, quia omne movens vel est voluntarium vel naturale: si naturale, movetur movendo; si voluntarium, movetur ab intellectu.

43. Sed tunc dico quod praecedens capitulum non valeret. Unde | ad argumentum ⟨in⟩ contrarium: omne motum movetur ab alio effective ante; et aliquod movens inferius movetur ab alio effective; et quaero de illo; in infinitum, nisi detur aliquod efficiens non motum.

44. Nota similiter hic, et dicitur II *De generatione*, capitulo de actione, ut credo, quod finis non movet nisi metaphorice.

⟨De intellectu et voluntate⟩

45. Super hanc litteram dicit Commentator quod balneum habet duplex esse, in anima et extra; et extra movet ut finis, intra ut efficiens. De isto dixi quaestione de fine.

46. Unde ex hoc sequitur quod intelligibile (obiectum scilicet intellectus), cum sit in anima, moveret voluntatem effective. Et omne movens quod movet motum movetur, quia relativa sunt et actio et passio, vel si unus motus vel ⟨si⟩ inseparabiliter se habent. Et tunc sequeretur voluntatem necessitari ab intellectu, et voluntas esset potentia pure passiva.

47. Et tamen non debet concedere talia consequentia.

Arist.: 175 XII 7 1072a26-30 (AL XXV 3.2, p. 256, 244-257, 250)

175/180 *Non inveni*; cfr THOM. AQ., *In Met.* XII, lect. 7, §2519 (p. 590)   186/187 ARIST., *De gen. et corr.* I 7 324b13-15 (AL IX.1, p. 39, 7-9); cfr *Auct. Arist.*, n. 15 (p. 168)   189/191 AVER., *In Met.* XII, t. c. 36 (f. 318v I-K)   191 DUNS SCOT., *Quaest. super Met.* IX, q. 14, §22, 123-124 (OPh IV, p. 630, 672)

182 ad argumentum] argumentum ad *M*   in] *suppl.*   183 ante] *coni.*, an *M*   movens] *coni.*, motum *M*   187 metaphorice] *coni. ex textu Aristotelis ad 324b14-15*, mediate *M*   191 quaestione] *coni.*, quasi *M*   195 si] *suppl.*   198 tamen] *coni.*, esse *M*   consequentia] *coni.*, inhaerentia vel essentiam *M*

⟨Utrum primus motor sit finis omnium⟩

XII 7 1072a26-30   48. Similiter nota hic in XII et multis aliis locis duodecimi et in *De caelo et mundo* quod caeli sunt animati et anima eorum desiderat assimilari fini suo, id est motori, et ideo movetur caelum propter haec superiora. Tamen Philosophus dicit quod nos sumus finis omnium; et si non ponantur caeli animati, tunc ista corpora superiora sunt nobiliora et deberent citius poni finis etc.

⟨De opinione Averrois de intellectu separato⟩

XII 7 1072b3   49. MOVET UT AMA|TUM etc. Hic in fine commenti dicit *M* 97ra Commentator de intellectu qualiter est separatus. Dicit in fine: "homo debet coniungi sibi per phantasmata" etc.

⟨De delectatione⟩

XII 7 1072b16   50. DELECTATIO ACTUS. Ubi nota: sicut habetur X *Ethicorum*, delectatio non est actus, sed consequitur actum.

⟨De opinionibus Averrois et Aristotelis de intellectu et intelligibili⟩

XII 7 1072b19-22   51. Similiter Commentator hic dicit quod intellectus intelligibile est etc. Et Philosophus dicit hic etc. Sed Philosophus non vult plus nisi quod intellectus est 'susceptivum intelligibilis et substantiae'.

Arist.: 207 XII 7 1072b3-4 (AL XXV 3.2, p. 257, 259-260)   211 XII 7 1072b16 (AL XXV 3.2, p. 258, 273-274)   215 XII 7 1072b19-22 (AL XXV 3.2, p. 258, 277-281) 216/218 XII 7 1072b22 (AL XXV 3.2, p. 258, 281-282)

200 ARIST., *Met.* XII 7 1072a26-30 (AL XXV 3.2, p. 256, 244-257, 250); 8, 1074b5-14 (AL XXV 3.2, p. 264, 414-422)   201 ARIST., *De cael.* II 2 285a29-30 203/204 ARIST., *Phys.* II 2 194a35 (AL VII 1.2, p. 54, 2-3); cfr *Auct. Arist.*, n. 63 (p. 72; lege '*nos*' pro '*non*')   207/208 AVER., *In Met.* XII, t. c. 38 (f. 321r F-v G)   208/ 209 Cfr AVER., *In De an.* III, t. c. 5 (p. 400, 376-394)   211/212 ARIST., *Eth. Nic.* X 4 1174b31-33 (AL XXVI.1-3, trans. Grosseteste, rec. recognita, p. 570, 27-28)   215/ 216 AVER., *In Met.* XII, t. c. 39 (f. 322r D)

---

203 superiora] *coni.*, inferiora *M*   205 superiora] *coni.*, inferiora *M*

⟨De opinionibus Averrois de simplicitate divina et de nominibus divinis⟩

52. Similiter Commentator habet hic in littera: "unus ergo". Ibi arguit contra ponentes trinitatem, et dicit quod non possunt vitare compositionem.

53. Similiter post: VITA etc., dicit quod talia nomina in Deo non sunt synonyma et quod differunt ratione.

54. Et dico: verum est, perfectiones designatae per nomina illa non sunt omnia synonyma. Tamen dico quod non differunt solum ratione; immo, si non esset intellectus creatus nec increatus, adhuc essent distincta etc.

⟨De potentia infinita primi motoris⟩

55. Facit talem consequentiam: movet tempore infinito, habet ergo potentiam infinitam.

56. Non valet, quia caelum movetur tempore infinito secundum eum, et tamen non habet potentiam infinitam.

57. Unde dico quod non sequitur ex hoc. Sed, ex hoc quod est primum movens omnia posteriora, oportet habere in quolibet instanti virtutem per quam moventur omnia inferiora; quia, si acquirat aliquam virtutem, ergo ab aliquo, tunc non erit | primum. M 97rb

⟨De magnitudine finita et infinita⟩

58. Similiter nota: dicit de magnitudine quod non potest esse ⟨potentia⟩ infinita in magnitudine finita.

59. Videtur quod non: ipsemet dicit quod in minori aliquando est maior virtus.

60. Et dico quod aliquando est standum; ita in minori non potest esse maior.

Arist.: **221** XII 7 1072b28-29 iuxta transl. novam, in AVERROES, *In Met.* XII, t. c. 39 (f. 322r A)   **224** XII 7 1072b29-30 (AL XXV 3.2, p. 259, 289)   **231/232** XII 7 1073a7-8 (AL XXV 3.2, p. 259, 302-303)   **240/241** XII 7 1073a5-8 (AL XXV 3.2, p. 259, 300-303)

221/223 AVER., *In Met.* XII, t. c. 39 (f. 322v I-K)   **224/225** AVER., *In Met.* XII, t. c. 39 (f. 322v K-L)   **242/243** ARIST., *Phys.* VIII 10 266b7-8 (AL VII 1.2, p. 336, 10-11)

238 virtutem] *coni.*, veritatem *M*   **241** potentia] *suppl. ex textu Aristotelis et ex l. 261-262 infra*   finita] infinita; finita *corr. M*

⟨De opinione Averrois de sempiternitate motus⟩

XII 7 1073a3-13   61. Hic nota Commentatorem contra Ioannem Grammaticum hic. Et nota quod vult dicere hic Commentator quod substantia non potest esse sempiterna [et] si esset in potentia, et tamen potest motus esse in potentia et tamen sempiternus. Et dicit quod ratio est quia motus est accidens, et ideo ab alio dependet et ab illo necessario est perpetuum; substantia non est dependes.

62. Sed contra opinionem suam in IX arguitur. Unde Philosophus ibidem dicit quod motus non esset sempiternus si esset in potentia ad moveri; unde negat Philosophus sempiternum esse in potentia, licet dicat quod est in potentia ad certum situm, etc.

63. Similiter aliud falsum est, quia substantia caeli, secundum eum, non est in potentia, cum sit sempiterna; sed motus eius, cum sit sempiternus, arguit eam esse infinitae potentiae (sic enim arguebat Philosophus prius).

64. Sed hoc contra Philosophum et Commentatorem, quia infinita potentia non est in magnitudine finita; unde eadem ratione qua probatur Deum esse infinitae potentiae probatur intellectum et intelligibile esse; sed tunc sequitur quod non esset alia prima | a   adnot.
qua alia dependent.   M 97va

⟨De stellis fixis et planetis⟩

XII 8 1073a32   65. Ostensum est autem in physicis. Nota quod stellae fixae in caelo stellato in octava sphaera sunt stabiles motae uniformiter ad raptum caeli; erraticae sunt planetae qui moventur raptu caeli et propriis motibus et latione zodiaci etc., unde moventur triplici motu.

Arist.: 267   XII 8 1073a28-34 (AL XXV 3.2, p. 260, 324-330)

247/252   Aver., *In Met.* XII, t. c. 41 (f. 324r B-E)   253   *Vide l. IX, §91-94*   253/256   Arist., *Met.* IX 8 1050b20-22 (AL XXV 3.2, p. 190, 329-191, 332)   259/260   *Vide supra §55-57*

---

249   et] *del.*   251   alio] *coni.,* illo *M*   illo] *coni.,* alio *M*   259   eam] *coni.,* eum *M*
269   erraticae] *coni.,* erraturae *M*

⟨De unitate caeli propter unitatem primi motoris⟩

66. Nota hic: QUOD UNUM CAELUM etc. (Commentator deficit multa ⟨in⟩ littera, unde incipit magnum commentum ad "Sententia patrum" etc.). Facit talem consequentiam: si essent multi caeli, et multa prima moventia.

67. Contra: ex quo est infinitae potentiae prima causa, tunc posset sufficienter ad movendum multos caelos.

68. Dico quod dicit in littera quod quaelibet intelligentia carebit magnitudine propter eandem rationem quae quidem ratio fuit in prima causa, quia fuit infinitae potentiae. Ergo videtur quod vellet dicere quod aliae essent infinitae potentiae, solum differentes a prima secundum ordinem quendam etc. Unde adhuc, non obstante quod essent infinitae potentiae illae stellae, adhuc non ponit eas movere nisi quamlibet, propter corpus.

69. Vel forte non intellexit de illis quod essent infinitae potentiae intensive, sed extensive, id est divisione.

⟨De unitate primi principii⟩

70. Aliam consequentiam facit, quod, si essent multa prima mobilia, id est multi caeli, haberent materiam.

71. Dico quod, si essent multi caeli ut homines, ut | scilicet possent caeli naturali actione multiplicare naturam suam sicut homo, tunc, sicut homo ad hoc quod agit requirit naturam prius existentem sub contraria dispositione (sicut dixi solvendo "illud generans generat aliud propter materiam"), sic in quantum caelum oportet habere.

Arist.: 273 XII 8 1074a31-33 (AL XXV 3.2, p. 263, 401-264, 403)   274/275 XII 8 1074b13 iuxta transl. novam, in AVERROES, *In Met.* XII, t. c. 51 (f. 334v K)   275/276 XII 8 1074a31-33 (AL XXV 3.2, p. 263, 401-264, 403)   279/280 XII 8 1073a36-b1 (AL XXV 3.2, p. 261, 333-335)   281 XII 7 1073a7-10 (AL XXV 3.2, p. 259, 303-306)   289/290 XII 8 1074a33-35 (AL XXV 3.2, p. 264, 403-405)

273/275 *Nihil videtur deesse a commento Averrois nobis tradito*; cfr AVER., *In Met.* XII, t. c. 51 (f. 335r D); *fortasse textus quo Scotus utebatur imperfectus erat*   294/295 *Vide l. VII, §92*

273 unum] *coni. ex textu Aristotelis*, universaliter *M*   274 in] *suppl.*   274/275 Sententia] *coni. ex textu Aristotelis iuxta transl. novam*, sententias *M*   277 tunc] *coni.*, ut *M*   278 posset] *coni.*, possunt *M*

72. Dico quod loquitur in littera de primo principio, et illud nullo modo posset habere individuum in eadem specie, quia in multis numero natura speciei est in aliqua potentia ad differentias individuales; sed primum principium, secundum omnes, caret non solum materia, sed omnimoda potentia etc.

⟨De intelligentia primae causae⟩

73. Similiter nota in quaestione sequente quod non vult attribuere primae causae intelligentiam ut dormienti etc. Dicitur enim, ut credo, in X *Ethicorum*, quod felix non differt a misero nisi in medietate vitae, quia ita bene est misero dormienti sicut felici etc.

⟨Utrum Deus intelligat solum seipsum⟩

74. Philosophus vult dicere quod Deus non intelligit nisi se ipsum.

75. Hoc est verum tamquam primum obiectum, et tunc sunt omnia vera quae hic dicuntur. Unde si intelligeret alia tamquam prima obiecta, tunc esset vile sibi et haberet ignobile obiectum. Sed tamen illa vilia non impedirent eum ab intellectione primi obiecti si tamen aeque perfecte cognosceret primum obiectum et alia etc.

76. Aliter, non cognoscit alia ita quod transit per discursum ad alia retardatus a | propria cognitione; tunc vilesceret, etc.

⟨De absentia laboris in divina cognitione⟩

77. Similiter nota quod dicit quod non est labor et fatigatio in sua cognitione, quia non est in potentia contradictionis.

78. Dico quod non est labor ubi est potentia contradictionis, sed ubi est inclinatio aliqua ad oppositum.

Arist.: 303 XII 9 1074b17-18 (AL XXV 3.2, p. 265, 425-426)   309/310 XII 9 1074b21-34 (AL XXV 3.2, p. 265, 431-447)   320/321 XII 9 1074b28-29 (AL XXV 3.2, p. 265, 438-440)

305/307 Arist., *Eth. Nic.* I 3 1102b5-8 (AL XXVI.1-3, trans. Grosseteste, rec. recognita, p. 393, 28-394, 2)

---

299 aliqua] *coni.*, alia *M*   314 Sed] *coni.*, si *M*

79. Unde nota quod conclusionem illam probat, et dicit: "rationale est" etc.; non dicit: "necessarium".

⟨De obiecto divinae intellectionis⟩

80. Quod dicit: IN FACTIVIS SINE MATERIA idem est sciens et scire, intelligit de immaterialibus, id est quae sunt pure actus, et de primo intelligente tantum. Aliter esset falsum, ut patet de anima et per litteram [etc.] illam: NON ALTERO ERGO EXISTENTE et aliam: [etc.] ADHUC RESTAT DUBITATIO.

81. Ibi quaerit utrum Deus intelligat simplex vel compositum. Haec quaestio non esset rationalis si tantum intelligeret se ipsum, ut dicit Commentator, quia ipsemet, secundum omnes, est simplex.

82. Dico igitur quod quaerit supponendo quod intelligat alia a se secundario non tamquam primum obiectum, utrum id sit simplex etc.

83. Quod forte melius exponitur 'simplex' et 'compositum': 'simplex' pro simplicium intelligentia; et 'compositum' pro compositione et divisione intellectus, sicut propositionis etc. Aliter enim non esset vera consequentia quam facit: TRANSPONERETUR IN ALIA PARTIUM. Quando enim nos intelligimus aliquod compositum | ex partibus, non primo intelligimus illud et post illam partem etc.

84. Duae rationes probant quod non intelligitur compositum.

85. Si sit compositum reale: non intelligit, inquam, sic quod primo unam partem et post aliam.

86. Media ratio probat quod non intelligit sicut obiectum primum. Et debet intelligi ibi quod dicitur "humanus intellectus" negative ut omne quod non habet materiam intra essentiam sed

aliquid materiale pro obiecto et est indivisibilis, ut humanus intellectus, scilicet, habet aliquid materiale et [non] est indivisibile.

87. Aliqui dicunt quod intelligit quod humanus intellectus non habet materiam.

88. Si intelligitur de composito complexo, tunc probat quod non intelligit sicut nos, scilicet primo apprehendendo simplicia et postea componendo.

354/355 THOM. AQ., *In Met.* XII, lect. 11, §2624 (p. 609)   356 *Vide supra, §83*

352 ut] *coni.*, tunc *M*   356 Si] *coni.*, sed *M*   358 componendo] expliciunt notabilia Scoti super Metaphysicam *add. M*

ADNOTATIONES

II, 49/50 ad ipsum] scil., ad ipsum motum.

VII, 513 permutatio] scil., *from* "ratio: res = partes rationis: partes rei" *to*: "ratio: partes rationis = res: partes rei".
790 quattuor propositiones] The four propositions contained in Aristotle's text are: (1) it is necessary for all the items in a definition to be one; (2) a definition is one account and one substance; (3) it is necessary for a definition to be the account of one thing; (4) 'substance' means something one and a "this". Scotus's claim is that, if we want to have an argument proceeding from causes to effect, the order in which Aristotle presents these propositions should be reversed, i.e. from (4) to (1).

VIII, 207/208 ipsum] Scil., Aristotelem.

IX, 35 sed] scil., si activum secundum activum non esset actu.
38 etc.] scil., sequitur inconveniens.
141 Definitio sequens] scil., definitio impossibilis ut quod non est possibile.
142 Trium modorum] scil., possibile non necessarium (= contingens), impossibile, necessarium.
165 Istam regulam] scil., "si consequens est possibile, et antecedens".
191 quartum] fortasse 'quintum'.
248 eum] scil., discipulum.
448 respondeant] scil., defensores Averrois.

X, 74/75 aliud est esse praedicatum] scil., aliud est esse praedicatum vel illud quod praedicatur et aliud est praedicari.
75 ibi] scil., in *Praedicamentis*.
137 Et in illis non sufficit tanta cognitio...] scil., non requiritur tanta cognitio quod sint unius naturae specificae, sed sufficit quod sint solum unius generis physici.
196 si ita esset] scil., si unitas esset transcendens.
217 ponit in omni genere] scil. Aristoteles ponit unum in omni genere.
233 argumentum unum] This seems to be the infinite regress argument, which Duns Scotus addresses below but thinks that Aristotle and Avicenna do not solve.
334/335 prima differentia] scil., differentia constituens binarium; alia] scil., alia differentia constituens alios numeros post binarium.

XII, **181** praecedens capitulum] scil., XII, 6
264 alia] scil., substantia

APPENDICES

Appendix I
The order of paragraphs in *M* and *V*

Paragraphs present only in *M* are in roman font. Paragraphs present in both *M* and *V* are in bold.

LIBER II
1 (994b27-31)
2 (995a3-6)
3-4 (995a13-14)
5-9, 10 (995a14-16)
11-12 (995a17)

LIBER III
1-2 (995a24)
3-4 (995a24)
9 (999a18-b1)
5-8 (996a18-b1)
10-11 (996b1-26)
12-14 (996b5-26)
15-16 (996b26-a5)
18-22 (997a15-34)
23-24 (997b23-26)
47-52 (999b12-34)
54-55 (1000a5-1001a3)
53 (999b33-34)
56 (1000b32-1001a3)
36-42 (999a6-b6)
43-46 (999b4-12)
27-33 (998a7-b11)
34-35 (998b11)
25-26 (997b32-998a2)
17 (997a6)
63-67 (1002a20; V)
68-72 (1002b5-11)

LIBER IV
1-4 (1003a21-32)
5-17 (1003b16-19)

19-21 (1004a22-24)
29 (1004b17-18)
22-28 (1004b5-26)
30-32 (1004b17-19)
33-38 (1005b8-14)
39-49 (1005b20-32)
50-52 (1006a6-12)
63-71 (1006b7-1007b6)
72-74 (1007b12-13, 1007b2-4)
75-78 (1007b2-4)
79-80 (1007b2-4)
87-90 (1008b31-36)
81-86 (1008a6-b29)
97-101 (1010a1-b3)
102-105 (1010b14-17)
107-109 (1010b30-1011a2)
110-114 (1011a17-b12)
106 (1010b35-36, btw114 and 119)
119-120 (1011a27-28)
115-118 (1011a19-b7)
121-132 (1011b24-1012a24)

LIBER V
1-30 (1012b34-1013b20)
35 (1014a4-6)
31-48 (1013b34-1015a11)
55-91 (1015a26-1016a25)
LIBER IV, 53-62 (1006a32-34)
LIBER IV, 91-96 (1007a33-b36)
92-107 (1016a32-b32)
49-54 (1015a17-19)
108-120 (1017a7-30)
LIBER IV, 18 (1003b16-19)

121-273 (1017b35-1025a14)

Liber VI
There are no misplaced paragraphs.

Liber VII
1-12 (1028a18-b33)
22-58 (1029a20-1032a25)
72 (1032b2-3)
59-71 (1032a30-b3)
73-75 (1032b13-1033a5)
13-21 (1028b33-1029a6)
76-196 (1033a34-1041b25)

Liber VIII
1-14 (1042a3-32)
16 (1042b3-8)

15 (1042a27-28)
17-61 (1043a12-1045b19)

Liber IX
There are no misplaced paragraphs.

Liber X
1-132 (1052a15-1058a1)
135 (1058a16-19)
133-134 (1058a2-4)
136-141 (1058a16-b18, 1058a2-6)

Liber XII
1-32 (1069a27-1071b11)
Liber X, 142-148 (1058b26-28)
33-88 (1071b17-1075a7)

Appendix II
The differences between the text of Aristotle's *Metaphysics* quoted in the *Notabilia* and the text of William of Moerbeke's translation

Here below is a list of the differences between the text of Aristotle's *Metaphysics* quoted in the *Notabilia* and the text of William of Moerbeke's translation as edited in the critical edition (= AL XXV 3.2). In the first column, the Aristotelian passage is identified by its book, chapter, and Bekker number. In the second column, the book and line number of the *Notabilia* is followed by the *Notabilia* text. In the third column, the corresponding text in William of Moerbeke's translation is given, preceded by page and line number. When the difference between the *Notabilia* and Moerbeke's text concerns a word that Moerbeke changed in the *Anonyma* translation, I have indicated that word in italics. When the *Notabilia* text is closer to the text contained in one specific witness or sub-family of witnesses of Moerbeke's translation, I have referred to that witness or family of witnesses by the letters adopted in Vuillemin-Diem's edition.

Aristotle	Notabilia	AL XXV 3.2
II 3 996a14	II.23: sciendi	47.115: scientie
II 3 995a17	II.81: fere omnis natura habet materiam	47.118: omnis enim forsan natura materiam habet
III 2 997b34	III.112/113: nec vere sensibilium	55.185: nec sensibilium
III 3 998b4-5	III.140: in quantum cognoscimus	56.221: in quantum autem cognoscimus
III 3 999a6	III.156: in quibus prius et	57.257: in quibus et prius et
III 3 999a13	III.172: amplius autem hoc	57.263: amplius autem ubi hoc
III 4 999a24	III.180: habita dubitatio	58.275: habita hiis dubitatio
III 4 999b10	III.189: motus nullus	58.297: motus enim nullus
III 4 999b11-12	III.196/197: quod autem generatum est, esse erit necessarium	58.299/300: quod autem est generatum est esse necesse
III 4 999b13	III.200: quod	58.301: quia
III 5 1002a20-21	III.253/254: adhuc similiter est in solido	64.471: ad hec similiter inest in solido
IV 1 1003a30-31	IV.9/10: secundum quod ens accidens, licet secundum quod entia	67.12/13: secundum accidens sed in quantum entia

Aristotle	Notabilia	AL XXV 3.2
IV 2 1003b17-19	IV.24/26: substantiarum oportet habere principia et causas secundum philosophum	68.36/37: substantiarum oportet principia et causas habere philosophum
IV 2 1004b5	IV.103/104: quoniam ad unum in quantum unum ⟨et⟩ ens	70.94: quoniam ergo unius in quanutum est unum et entis in quantum est ens
IV 3 1005b8	IV.136: autem	63.164: et
IV 3 1005b20	IV.156/157: determinamus ad logicas difficultates	73: 177/178: determinaremus utique, sint determinata ad logicas difficultates
IV 4 1006a8-9	IV.189/191: demonstrationem impossibile, nam in infinitum procedent et nec ita foret demonstratio	74.198/199: demonstrationem est impossibile nam in infinitum procederet, ut nec ita foret demonstratio
IV 4 1006b7	IV.233: est significare	75.231: significare est
IV 4 1007a24	IV.248: homini non esse et non esse homini	77.281: non homini esse aut non esse homini
IV 4 1008b36	IV.316: quia	81.394: quare
IV 5 1010a9	IV.366: nihil	84.475: non
IV 5 1010b35-36	IV.404: sensus non est suimet	86.335/336: non enim sensus suimet est
IV 6 1011a27-28	IV.458/460: unum est de unoquoque aut dicere aut negare	87.564/565: necessarium aut dicere aut negare unum de uno *quodcumque*
IV 7 1012a23-24	IV.491: definitio est oratio cuius est signum nomen	90.629/620: ratio namque cuius nomen est signum diffinitio fit
V 2 1013b22	V.107: quod quid et totum	94.55/56: quod quid erat esse et totum
V 2 1013b36	V.127: statuificator	94.68: statue factor
V 2 1014a1-2	V.128/129: continentia accidens	94.68/69: continentia *autem* accidens
V 2 1014a2	V.129: sic	94.69: aut
V 3 1014b12-13	V.170: inest differentia	96.112: differentia inest
V 4 1015a18-19	V.223/224: actu et potestate	97.152/152: aut potestate aut actu
V 6 1016a5	V.319: continuum est	99.209: continuum uero dicitur
V 6 1016a17	V.332: dicitur unum eo	100.224: dicitur eo (eo]

Aristotle	Notabilia	AL XXV 3.2
		unum *add. Si*)
V 6 1016a27	V.341/342: equus quidem, homo, canis, unum quia	100.233: equus, homo, canis, unum quid, quia
V 6 1016b5	V.433/434: divisionem, est unus	101.250: diuisionem, unus
V 6 1016b18	V.452: alicui numero	101.265: alicui est numero
V 7 1017a23-24	V.496: quotiens dicitur ens	103.310: quotiens enim dicitur
V 7 1017a27-28	V.517: differt	103.314: refert
V 10 1018a29-30	V.595: quae sub	106.388: que sunt sub
V 10 1018a37	V.613: quare idem	106.396: quare et idem
V 12 1019a26	V.720: Amplius habitus	108.465/466: amplius quicumque habitus
V 12 1019a32-33	V.726/727: dicta potestate, dicitur totiens potens	108.472: dicta uero potestate totiens
V 15 1020b26	V.793: talia dicuntur	112.573: dicuntur alia
V 15 1021a13	V.813/814: principium numeri metrum	113.595/596: numeri principium et metrum
V 15 1021b3	V.856: se igitur	114.622: se quidem igitur
V 17 1022a5	V.971: cuius omnia infra	115.658: cuius infra omnia
V 21 1022b15	V.1089: dicitur qualitas	117.706: dicitur uno quidem modo qualitas
V 25 1023b14-15	V.1150: pars aliqualiter	119.775/776: pars dicuntur aliqualiter
V 26 1023b32-33	V.1162: continuum et finitum	120.794: continuum uero et finitum
V 28 1024b10	V.1206: genere quorum	122.846: genere dicuntur quorum
V 29 1025a2	V.1230: homo falsus	123.876: homo autem falsus
V 29 1025a3	V.1230: electus	126.876: electiuus (electiuus] electus *P¹*)
VI 1 1025b9-10	VI.15: ens est	125.10: est ens
VI 1 1025b10	VI.15: nec[2]	125.10: non
VI 1 1025b20-21	VI.51: status et motus	125.21-22: motus est status
VI 1 1026a33-34	VI.91/92: et quoniam ens dictum est multipliciter	127.69/70: quoniam itaque multipliciter dicitur ens
VII 1 1028b12-13	VII.56: ut caelum et partes eius ut astra, lumina et sol	133.42/43: ut celum et partes eius, astra et luna et sol

Aristotle	Notabilia	AL XXV 3.2
VII 3 1029a5-6	VII.60: quare et si species materia	134.73: quare si species materia
VII 3 1029a20	VII.95/96: dico materiam quod secundum se neque est quid nec quantum	135.87/88: dico autem materiam que secundum se neque quid neque quantum
VII 4 1029b13	VII.116: Et primo quidem dicemus de eo logice	136.117: et primo dicemus quedam de eo logice
VII 4 1029b22	VII.128: albo et levi essent unum	136.126: albo et leui esse idem et unum
VII 4 1029b31-32	VII.136/137: eo quod ipsum additur dicitur quod definitur	137.136: eo quod ipsum alii add dicitur quod diffinitur
VII 4 1030a2-3	VII.139/140: Ergo ⟨est quid erat⟩ esse aliud totaliter aliquid	137.141/142: ergo est quid erat esse aliquid, aut totaliter aut non
VII 4 1030a8	VII.146: significat	137.147: significet
VII 4 1030b5	VII.153: primo definitio	138.182/183: primo et simpliciter diffinitio
VII 6 1031a15	VII.166: Utrum quod quid sit idem	140.229: Vtrum autem idem est aut alterum quod quid erat esse
VII 6 1031a17	VII.167: autem	140.231: enim
VII 6 1031a19	VII.182/183: in dictis secundum accidens	140.234: in dictis itaque secundum accidens
VII 6 1031a25	VII.205: eadem	140.240: easdem
VII 7 1032a20-22	VII.247/248: possibile vero esse et non esse, hoc autem in unoquoque est materia	143.301/303: possibile enim et esse et non esse eorum quodlibet, hoc autem est que in unoquoque materia
VII 7 1032a30-32	VII.268/269: quod enim illic eadem ex spermate fiunt et sine spermate	143.312/313: quedam enim et illic eadem et ex spermate fiunt et sine spermate
VII 7 1032a3-b3	VII.294/297: Ab arte enim est quaecumque species est in anima. Speciem dico quod quid erat esse cuiuslibet et primam substantiam. Et enim contrariorum quodam modo eadem species	143.314/317: Ab arte uero fiunt quorumqumque species et in anima. Species autem dico quid erat esse cuiusque et primam substantiam. Et enim contrariorum modo quodam eadem species

Aristotle	Notabilia	AL XXV 3.2
VII 7 1032b3-4	VII.330/331: substantiae est	143.317: substantiae
VII 8 1033b22	VII.413: Hoc autem determinatum non est	146.399: hoc autem *et* determinatum non est
VII 8 1033b31-32	VII.424: sed unum est specie ut in physicis	147.408/409: sed unum specie, ut in phisicis
VII 10 1035a17-18	VII.546, 556, 557/558: Et enim non si divisa	149.492: et enim linea non si divisa
VII 10 1035b28-29	VII.649/650: universaliter non substantia ⟨sed⟩ simul totum	151.537/538: universaliter autem, non sunt substantia sed simul totum
VII 10 1036a13-14	VII.692: interrogationi necesse obviare	152.557: interrogationi uero obviare est necesse
VII 11 1036b17-18	VII.700: Accidit itaque unam esse multorum	153.593: textus Parisinus²: Accidit itaque unam et multorum (textus Guillelmi: Accidit itaque unum multorum)
VII 11 1037a1-2	VII.722: et omnis quod non est quod quid erat ⟨esse⟩;	154.611/612: et omnis quod non est quid erat esse
VII 11 1037a10-11	VII.729: Utrum autem praeter materiam	154.622: Vtrum autem est preter materiam
VII 11 1037a25	VII.746: Neque sunt istius partes substantiae	155.637/638: Neque enim sunt illius partes substantie
VII 12 1037b25	VII.759: quodcumque	156.667/668: quecumque
VII 12 1037b27-28	VII.789: Oportet intendere	156.672: oportet autem intendere
VII 12 1037b28-29	VII.795: secundum definitionum divisiones	156.672/673: secundum diuisiones diffinitionibus
VII 12 1037b25	VII.870/871: definitio est ratio una	156.668: diffinitio quedam ratio quedam est una
VII 12 1038a15	VII.813: est quaedam pedalitas	157.691: pedalitas quedam est
VII 12 1038a19	VII.844: quod	157.695: quia
VII 12 1038a33-34	VII.865/866: Quomodo intelligendum est hic prius	158.709/710: quomodo namque oportet intelligere hoc quidem posterius illud uero prius
VII 13 1039a7	VII.887: actus separat	159.755: actus enim separat
VII 15 1039b20	VII.898/899: quoniam (*M*: quomodo) autem substantia altera et simul	161.804/805: quoniam uero (uero] autem *DaOp*) substantia altera et quod

Aristotle	Notabilia	AL XXV 3.2
	totum et ratio	simul totum et ratio
VII 15 1040a9	VII.903: enim	162.828: uero
VII 1 1042a32	VIII.64: Quia vero materia est substantia	169.32: quia uero substantia est materia
VIII 3 1043b32-33	VIII.145: Palam et quia	173.146: palam autem et quia
VIII 4 1044a25	VIII.214: materia existente una	174.175/176: una materia existente
VIII 6 1045a36	VIII.288/289: nec sensibilem nec intelligibilem	177.259/260: nec intellectualem nec sensibilem
VIII 6 1045b19	VIII.312: hoc actu	178.280: hoc autem actu
IX 1 1045b26	IX.2: de primo vero ente	179.3: de primo *quidem* igitur ente
IX 2 1046b2-3	IX.61: quapropter omnes artes et scientiae	181.52: quapropter omnes artes et *factiue* scientie
IX 2 1046b16-17	IX.81: scientia est [in] potentia in habendo rationem	181.65/66: scientia *autem* potentia in habendo rationem
IX 3 1047a9	IX.130: erunt caeci	182.95: ceci erunt
IX 3 1047a19	IX.135: istae	182.103: ille
IX 7 1048b37	IX.195/196: Quando autem est in potentia et quando ⟨non⟩, determinandum est	186.206/207: quando autem est potentia et quando non, determinandum (determinandum] est *add. Si*)
IX 8 1049b9-10	IX.317/318: motivum non in alio sed in eodem	188.251/252: motiuum sed non in alio sed in eodem
IX 8 1049b12	IX.352: est ut sic, est ut non	188.253/254: est quidem ut, est autem ut non
IX 8 1050a23-24	IX.359/360: quoniam vero horum ultimum usus	199.298/299: quoniam uero *est* horum quidem ultimum usus
IX 8 1050b2	IX.342: et substantia	190.310: *quod substantia*
IX 9 1051a30	IX.478: quod	192.374: quia
X 1 1052b1-2	X.47: enim	196.26: *autem*
X 1 1052b9-10	X.50: est quidem ut elementum ignis	196.33/34: est quidem enim ut elementum ignis
X 1 1052b22	X.90: quare quantitas cognoscitur	196.46/47: quare omnis quantitas cognoscitur
X 3 1054b17	X.279: quapropter tu et	202.193: quapropter et tu

APPENDICES

Aristotle	Notabilia	AL XXV 3.2
		et
X 4 1055a7	X.354: viam ad invicem	203.220/221: viam in invicem (invicem) ad invicem *OpId*)
X 4 1055a30	X.361: eadem est materia contrariis	204.245: eadem enim est materia contrariis
X 4 1055b3	X.383: quidem	205.257: uero
X 4 1055b11-12	X.393: generationes materiae ex contrariis fiunt	205.266/267: generationes ipsi materie ex contrariis fiuntque
X 6 1056b28	X.431: distinxit	210.361: *destitit*
X 6 1056b35-36	X.442: alia ut contraria	210.369: alia namque ut contraria
X 7 1057b22-23	X.531/532: contraria sunt incomposita ex se invicem, quia principia	212.429/430: contraria namque sunt incomposita ex invicem, quare principia
X 9 1058b15	X.575: non facit materia	216.503: materia non facit
XII 2 1069b24	XII.26: habent materiam	248.47: materiam habent
XII 4 1070a33	XII.59: dubitabit (putabit *M*) utrum	250.96: dubitabit autem utrique
XII 4 1070b27	XII.82: quare	251.129: quasi (Quare: *Id* P)
XII 7 1072a23	XII.155: erit utique	256.241: utique erit
XII 7 1072a26	XII.175: movet autem appetibile	256.244: movet autem sic* appetibile
XII 7 1072b3	XII.207: movet ut amatum	257.259/260: mouet autem ut amatum
XII 8 1074a31	XII.273: quod unum caelum	263.401: quod autem unum celum
XII 9 1075a1-2	XII.327: in factivis sine materia	266.450/451: in factiuis quidem sine materia
XII 9 1075a3	XII.330: ergo	266.452: igitur
XII 9 1075a5	XII.331: adhuc restat dubitatio	266.456: adhuc autem restat dubitatio
XII 9 1075a6	XII.342/343: transponeretur in alia partium	266.457: *transmutabitur* in partibus totius

APPENDIX III
FERRANDUS DE HISPANIA, *IN METAPHYSICA*, VII

Here below is an edition of the sections from Bk. VII of Ferrandus de Hispania's *Commentary on Aristotle's Metaphysics* (*In Metaphysica*) to which Duns Scotus refers in his *Notabilia*. The edition is based on the two extant witnesses.

CONSPECTUS SIGLORUM
C   Cambridge, Peterhouse, 56 (s. XIII[ex.])[1]
O   Oxford, Merton College, 281 (s. XIV[in.])[2]

Textus I (C f. 104ra; O, f. 85rb)

⟨Ad *Met*. VII 3 1029a5-6⟩
Et subdit: 'quare si species', id est: si igitur forma est prior ipsa materia et magis ens ex hoc, scilicet quod forma est in actu et actus et materia est in potentia et non habet actum nisi a forma, tunc ergo ipsa forma est prior composito ex utroque. Nam compositum
5 non est in actu nisi per formam, et sic: eadem ratione qua forma est prior materia, eadem est prior composito, scilicet quia nec materia nec compositum sunt in actu nisi per formam. Et intendit (sicut Commentator dicit) quod, cum forma sit prior composito et materia et forma et compositum est substantia, ut omnes con-
10 cedunt et iam declaratum est supra, ergo sequitur quod forma sit magis substantia quam ipsum compositum, quia propter quod unumquodque tale, et illud magis. Et ex hoc habetur plane quid est principium substantiae sensibilis de qua prius vult inquirere, quia ipsa forma.

Textus II (C, f. 8rb; O, f. 86vb)

⟨Ad *Met*. VII 3 1029a3-5⟩
Deinde cum dicit: 'Dico autem materiam' etc., ostendit quid intelligit per materiam, dicens: 'Dico autem materiam', id est: Intelligo per materiam, 'quae secundum se', scilicet considerata, 'nec est quid', id est non est substantia, scilicet in actu, 'nec quantitas
5 nec aliquid aliud', scilicet de numero eorum, 'quibus ens determi-

---

I, 1 igitur] *s.l. C*   3 habet] sicut *C*   5 est] *om. O*   6 nec] non *C*

---

[1] M. RHODES JAMES, *A Descriptive Catalogue of the Manuscripts in the Library of Peterhouse*, Cambridge, 1899, p. 75-76.
[2] F. M. POWICKE, *The Medieval Books of Merton College*, Oxford, 1931, p. 169.

natur', id est nullum praedicamentorum. Nam est in potentia omnia praedicamenta, ut declaratur primo *Physicorum*. Et subdit: "Est enim quoddam de quo praedicatur quodlibet horum', scilicet praedicamentorum, quia est subiectum ipsorum, 'cui est alterum esse' et alterum 'unicuique' ipsorum praedicamentorum, quorum est subiectum. Nam illud quod est subiectum omnibus aliis praedicamentis habet aliud esse ab esse cuiuslibet ipsorum praedicamentorum, quod est susceptivum eorum, et omne receptivum alicuius debet esse denudatum a natura recepti, ut declaratur secundo et tertio *De anima*. Hic tamen Philosophus declarat via logica, scilicet quod, cum materia sit subiectum aliorum praedicamentorum, de subiecto autem alia praedicantur non praedicatione essentiali, quae dicit hoc est hoc, sed praedicatione accidentali, qua praedicatur accidens de subiecto vel qua praedicatur aliquid de materia ex qua fit (ut cum dicitur cuprum fit idolum, vel ex cupro fit idolum, et ex cupro est idolum); sed illud de quo alia sic praedicantur est alterius esse ab hiis quae de ipso praedicantur, quare materia est alterius esse a quolibet aliorum praedicamentorum. Quod autem alia praedicantur de materia declarat, quia praedicamenta accidentium 'praedicantur de substantia', substantia vero praedicatur 'de materia'.

Textus III (C, f. 9va; O, f. 88rb-va)

⟨Ad *Met*. VII 4 1029b21-22⟩
Et subiungit: 'quare si superficiei albae est superficiei esse', id est: quare, si aliquis posuerit quod quidditas superficiei est superficies alba, ita quod albedo est quidditas vel de quidditate superficiei; superficies autem disponitur per plures dispositiones diversas, quae eodem modo de ipsa predicantur; tunc continget ut omnes aliae dispositiones eius sint eaedem et quod congregatum ex eis sit unum essentialiter; et ita albo et levi est unum et idem esse, id est una quidditas et una natura, et similiter est de omnibus aliis dispositionibus quibus disponitur superficies. Hoc autem est manifeste falsum, quare apparet quod vera definitio perfecte continet quidditatem et essentiam per quam constituitur | id cuius est et nihil continet superadditum vel extrinsecum.

II, 11 quod] quae *C*　18 sed] et *O*　19 qua¹] quo *C*　22 sic praedicantur¹] *inv*. *C*

III, 3 ita] est *add*. *O*　7 eis] hiis *C*　unum et] *s.l*. *C*　10 quod] ex *O*　11 id] illud *C*

Textus IV (C, f. 9vb; O, f. 88va-89ra)

⟨Ad *Met.* VII 4 1029b31-33⟩

Sed quod accidens definiatur ex additione declarat, quia uno modo accidens dicitur addi suo subiecto cum definitur, quia qui vult definire quidditatem albedinis existentis in homine accipiet in definitione eius definitionem hominis albi. Et hoc intendit cum
5 dicit 'hoc idem ipsum', scilicet accidens, 'uno modo dicitur addi', videlicet alteri in eo quod definitur, ut verbi gratia si quis definiens 'esse albo', id est quidditatem albedinis existentis in homine, dicat 'albi hominis rationem', id est definitionem, et ita accidens per se definitur per additionem. Alio autem modo accidens definitur
10 per additionem quando accipitur ut constituit aggregatum ex subiecto et ipso accidente, ut verbi gratia si quis definiat vestem, quae significat hominem album, licet album praedicetur de homine albo, non tamen definitio est albi, sed magis vestis, quae significat hominem album; et sic totum aggregatum definitur
15 duabus definitionibus, scilicet subiecti et accidentis; et ita adhuc accidens isto modo consideratum, scilicet ut est pars aggregati, definitur per additionem. Et hoc intendit cum dicit 'hoc autem', id est accidens quod existit in aggregato ex subiecto et ipso, supple: dicitur addi et definiri ex additione, eo quod 'aliud', scilicet addi-
20 tur, 'ipsi', supple: ad constituendum totum aggregatum; et sic definitur in quantum sibi additur subiectum ad constitutionem totius aggregati cuius est definitio, ut verbi gratia si vestis significat album hominem, ut positum est, 'definiat autem', scilicet aliquis, 'vestem tamquam si definiret album', id est quod si aliquis defi-
25 niendo vestem dicat quod definitio solum est albi eo quod album praedicatur de homine albo, 'non tamen quod est esse albo esse sed vesti esse', id est, licet album praedicetur de homine albo, quidditas tamen importata per definitionem vestis non est quidditas albi sed magis quidditas vestis, et ita definitio est composita
30 ex definitione subiecti et accidentis. Sic igitur, sive accidens definiatur per se sive ut aggregatum cum subiecto, semper definitur per additionem. Et ex hoc concludit propositum hoc, quod est quod, si accidens habuerit hoc quod quid est vel definitur, hoc est

---

IV, 2 dicitur] *om. O* 11 accidente] *om. C* 15 accidentis] definitur duabus definitionibus, scilicet subiecti et accidentis *add. O* 17 dicit] definitur per additionem *add. et del. O* 19 et] vel *C* scilicet] *s.l. C* 24 vestem] tam *add. O* aliquis] aliquid *O* 25 albi] *coni.*, albus *O*, album *C* 26 non... albo²] *in marg. C* 31 aggregatum] aggregant *C*

secundum quod ⟨est⟩ aggregatum ex subiecto et ipso accidente,
35 dicens: 'igitur est quid est esse aliquid', id est quidditas vel definitio, supple: ipsius accidentis, est in quantum 'aut totaliter', id est totius aggretati ex subiecto et accidente, 'aut non', quasi dicat quod, si ipsum accidens habuerit definitionem, aut hoc est totaliter, scilicet secundum quod est aggregatum cum subiecto, aut vero
40 in nullo modo definiretur. Et hoc plane sequitur ex iam dictis, quia accidens secundum se ut est accidens non | definitur nisi per additionem ad subiectum, ut si quis definiat album necesse est ut definiat ipsum per rationem hominis albi vel propter rationem subiecti, quare ratio est totius aggregati. Si autem quis definiat ag-
45 gregatum, tunc planum est quod definitio est composita et est ipsius aggregati. Quare sequitur quod accidens vel non definiretur vel definiretur totum aggregatum ex subiecto et accidente.

Textus V (C, f. 107va; O, f. 91rb-va)

⟨Ad *Met.* VII 6 1031a17-18⟩

Deinde cum dicit: 'Singulum enim' etc., solvit praedictam quaestionem. Et primo ponit solutionem suam; secundo ipsam declarat. Secundum facit ibi: 'si enim idem homini esse' etc. In solutione autem sua duo ponit. Primo enim ponit quod substantia
5 singularis est idem cum sua quidditate; secundo ponit quod in dictis secundum accidens non est idem quod quid est cum eo cuius est. Secundum facit ibi: 'in dictis itaque' etc. Dicit | ergo primo: 'singulum enim' id est: apparet enim quod singulare non est aliud quam suamet substantia, scilicet sua quidditas et quod
10 quid erat esse, id est apparet etiam e converso quod substantia quae est quidditas est substantia quae est singularis alicuius vel aliquorum singularium, verbi gratia Sortes non est aliud | quam animalitas et rationalitas, quae sunt quidditas eius, et animalitas et rationalitas non sunt quidditas nisi Sortis et Platonis. Deinde cum
15 dicit: 'In dictis quidem itaque', ponit secundam partem suae solutionis, et est quod in dictis 'secundum accidens', id est in compositis ex subiecto et accidente quae sunt unum per accidens, videbitur esse 'diversum', id est quod quid est ab eo cuius est, ut

---

34 quod] *s.l.* C   est] *suppl.*   39 vero] non C   40 in] *del.*, i.e. C   41 quia] quod C   43 rationem²] r C

V, 9 suamet] sua C   11 est³] substantia quae est *add.* O   15 itaque] etc. *add.* C   partem] *om.* C   17 ex] *om.* O   18 id est] scilicet C

verbi gratia albus-homo hoc totum aggregatum est alterum, et esse
20 albo homini, id est quidditas hominis albi, altera.

Textus VI (C, f. 109va; O, f. 94va)

⟨Ad *Met.* VII 7 1031a32-b2⟩

Deinde cum dicit: 'ab arte vero' etc., ostendit quod ea quae
fiunt ab arte fiunt a sibi simili. Circa quod facit duo, quia primo
facit quod dictum est; secundo distinguit in artificialibus duplex
principium a quo. Secundum facit ibi: 'Generationum vero et mo-
5 tuum'. Circa primum facit duo. Primo ostendit quod ea quae fiunt
ab arte fiunt ab eodem in forma vel a simili; secundo ostendit quomodo artificiatum fit ab illo principio sibi simili. Secundo facit
ibi: 'Fit itaque sanitas' etc. Ad ostendendum autem quod ea quae
fiunt ab arte fiunt a sibi simili primo dicit quae sunt illa quae fiunt
10 ab arte, dicens quod ab arte fiunt illa quorum formae et quiddi-
tates sunt in anima, et dico 'speciem' seu formam existentem in
anima esse 'primam substantiam', scilicet ipsius artificiati. Et dicit
formam in anima esse primam substantiam artificiati quia ipsa est
prior et ab ipsa fit ipsum artificiatum. Ista autem forma quae est in
15 anima est eadem cum forma artificiati quae est extra animam.

Textus VII (C, f. 109va; O, f. 94va-b)

⟨Ad *Met.* VII vii 7 1032b2-6⟩

Quod probat per locum a minori, quia minus videtur quod formae contrariorum erunt eadem forma quam formae similium, scilicet producentis et producti; et tamen formae contrariorum
existentes in anima quodam modo sunt | eadem forma; igitur
5 multo fortius forma artificiati existens in anima esset eadem cum
forma ipsius quae est extra animam. Quod autem formae contrariae existentes in anima quodam modo sint eadem forma hic declarat, quia 'substantia privationis', id est per formam privationis
cognoscitur forma sui oppositi, scilicet habitus, et e converso, ut
10 sanitas cognoscitur per infirmitatem et infirmitas per sanitatem,
quia infirmitas ostenditur per absentiam sanitatis quae est in
anima, et in scientia est ratio vel forma per quam, scilicet cognos-

---

19 aggregatum] congregatum *C*

VI, 7 Secundo] secundum *C*   12/13 Et... artificiati] *om. C*

VII, 2/3 erunt... contrariorum] *om. C*   6 ipsius... forma] *om. C*   8 id... privatio-
nis] *om. C*   11 sanitatis] et sanitas *add. C*

citur, suum contrarium. Et sic est intendendum quod formae contrariae existentes in anima sunt quodam modo eadem forma, in quantum scilicet una est ratio cognoscendi reliquam: non quod in anima duae forme contrariae congregentur simul et fiunt una, sicut dicit Commentator, quia hoc non est possibile, sicut non est possibile quod congregentur in re extra; nam esse unius est corruptio alterius et corruptio unius est generatio alterius etiam in anima, et hoc est verum de contrariis privative quae sunt sine medio, sicut aegritudo et sanitas.

Textus VIII (C, f. 114va; O, f. 100rb)

⟨Ad *Met.* VII 10 1035b5-6⟩
Et dicit: 'aut omnes aut quaedam' quia, si omnes partes 'rationis', id est definitionis, sunt formales, ut est in veris definitionibus, tunc omnes erunt prius definito et tota definitione; si quaedam fuerint partes formae et quaedam partes materiae, scilicet in actu, ut est in definitionibus illorum quae significant aliquid esse in alio, tunc quaedam erunt priores definito simpliciter et quaedam non.

Textus IX (C, f. 18va; O, f. 100rb-va)

⟨Ad *Met.* VII 10 1035b6-7⟩
Hoc enim non facit ad propositum, nam tales partes non ponuntur in definitione, et ipse loquitur hic de partibus definitionis in quas dividitur definitio, non in quas dividitur forma. Et hoc ipse intedit declarare per litteram quae sequitur, quia enim intellexerat quod, si quaedam partes definitionis fuerint formae et quaedam materiae, tunc | quaedam erunt priores definito et quaedam non. Ideo exemplificans de talibus definitionibus subdit: 'Recti vero ratio', id est definitio, 'non dividitur' in definitione 'acuti', scilicet tamquam in partem suam, ita ut definitio acuti anguli sit pars definitionis recti; sed magis e converso definitio acuti dividitur in definitionem recti tamquam in partem suam: rectus enim angulus est pars definitionis acuti.

---

13 intendendum] intelligendum *C*

VIII, 1 aut quaedam] quod *O*   1/2 rationis id est] *om. C*   3 definitione] et *add. C*
5 illorum] eorum *C*

IX, 12 enim] est *add. O*

Textus X *(C, f. 18va; O, f. 100va)*

⟨Ad *Met.* VII 10 1035b4-14⟩

Et omnes illae definitiones in quibus totum accipitur in definitione partis sunt de genere definitionum in quibus apparet materia, eo quod pars est de illis quae sunt in alio; et ideo de ipsis exemplificat Philosophus ut ostendat quod quaedam partes ta-
5 lium definitionum sunt priores toto, scilicet formales, et quaedam vero non, scilicet materiales.

X, 4 quaedam] sunt *add. O.*

INDICES

Index Locorvm Aristotelis Metaphysicae

Index Fontivm

INDEX LOCORVM ARISTOTELIS METAPHYSICAE

		Lib.	lin.	pag.
I 1 981a15-20		V	134	47
I 1 981a16-17		V	136	47
I 1 981a18-20		V	147/148	47
I 2 982a14-17		III	44	8
I 2 982b9-10	cfr	II	26/28	4
II 1 993b24		IX	200/201	153
II 2 994a1		IV	188	29
II 2 994b27-31		II	2/3	3
II 3 995a3-6		II	11/12	3
II 3 995a13-14		II	22/233	3
II 3 995a14-16		II	41	4
II 3 995a17		II	81	6
III 2 996a18-20		III	24/25	8
III 2 996a20-21		III	29/20	8
		III	26/27	8
III 2 996a25-27		III	32	8
III 2 996a29-32		III	36	8
III 2 996b5-7		III	47/48	9
III 2 996b8-10		III	39/40	8
III 2 996b10-13		III	55/56	9
III 2 996b13-22		III	55/56	9
III 2 996b14-16		III	50/51	9
III 2 996b22-26		III	55/56	9
III 2 996b26-997a15		III	60/62	9
III 2 996b33-997a2		III	65/66	9
III 2 997a5-7		III	68	9
III 2 997a11-15		III	66/67	9
III 2 997a11		III	62	9
III 2 997a16-17		III	79/80	10
III 2 997a17-21		III	75/78	10
III 2 997a30-32		III	87/88	10
III 2 997b20-24		III	98/99	11
III 2 997b32-34		III	105	11
III 2 997b34-998a6		III	112/113	11
III 2 998a1-2		III	113/114	11
III 2 998a7		III	118/121	12
III 2 998a11-13		III	127	12
		III	129	12
III 2 998a14-15		III	127	12
III 3 998a21-b14		V	175/176	48
III 3 998a21		III	132	12

	Lib.	lin.	pag.
III 3 998a28	III	136	12
III 3 998a32-b3	III	132	12
III 3 998b1-2	III	136	12
III 3 998b4-6	III	140/141	13
III 3 998b4	III	140	13
III 3 998b6-8	III	140/141	13
III 3 998b9-11	III	140/141	13
III 3 998b11-14	III	143	13
	V	180	48
III 3 998b11	III	150	13
III 3 998b17-19	III	175/177	14
III 3 999a4-5	III	178	14
III 3 999a6	III	156/157	13
	XII	2	188
III 3 999a7-9	III	165	14
III 3 999a13-14	III	172	14
III 4 999a24	III	180/181	14
III 4 999b1-4	III	179/181	14
III 4 999b4	III	184/185	15
III 4 999b5-8	III	189/190	15
III 4 999b10	III	193	15
III 4 999b11-12	III	196/197	15
III 4 999b12-14	III	200	15
III 4 999b20-22	III	210/212	16
III 4 999b27-33	III	220/223	16
III 4 999b33-34	III	232/233	16
III 4 1000b3-9	III	243/245	17
III 4 1000b32-1001a3	III	248	17
III 5 1002a20-28	III	266	18
III 5 1002a20-21	III	253/255	17-18
III 5 1002a30-b5	III	292/293	19
III 5 1002b5-8	III	311/312	20
IV 1 1003a21-26	IV	2/3	22
IV 1 1003a26-32	IV	11/13	22
IV 1 1003a29-31	IV	8/10	22
IV 1 1003b12-15	III	69	9
IV 2 1003b16-17	IV	27/29	23
IV 2 1003b17-19	IV	25/26	22
IV 2 1003b22-33	X	57	167
IV 2 1003b23	X	232	173
IV 2 1003b26-30	IV	40/41	23
IV 2 1004a22-23	IV	89/91	25
IV 2 1004b1-4	VI	122	92
IV 2 1004b5-6	IV	103/105	26
IV 2 1004b17-20	VI	131/132	92
IV 2 1004b17-18	IV	123	26
IV 2 1004b20	IV	118/119	26
IV 3 1005b8-11	IV	137	27

INDEX LOCORVM ARISTOTELIS METAPHYSICAE

		Lib.	lin.	pag.
IV 3 1005b13-14		IV	149/150	27-28
IV 3 1005b26-32		IV	161	28
IV 4 1006a8-9		IV	191/192	29
IV 4 1006a32-34	cfr	IV	201	29
IV 4 1006b7		IV	234	31
IV 4 1007a20-21		IV	248	31
IV 4 1007a24-25		IV	249/250	31
IV 4 1007a33-b17		IV	334/335	35
IV 4 1007a33-b1		IV	252/253	31
IV 4 1007b1-6		IV	255/256	31
IV 4 1007b1-17		IV	337/338	35
IV 4 1007b2-4		IV	262/263	32
IV 4 1007b11-13	cfr	IV	339/340	35
IV 4 1007b12-13		IV	258/259	32
IV 4 1008a6		IV	294	33
IV 4 1008a38-1010a15		IV	356/358	35
IV 4 1008b29		IV	304/305	33
IV 4 1008b31-36		IV	317/318	34
		IV	341/342	35
IV 5 1010a7-9		IV	366/367	36
IV 5 1010b1-3		IV	377	36
IV 5 1010b14-17		IV	390/391	37
IV 5 1010b35-1011a2		IV	411/412	38
IV 5 1010b35-36		IV	405	37
IV 6 1011a17-20		IV	422/423	38
IV 6 1011a19-20		IV	442/443	39
IV 6 1011a25-28		IV	452/453	39
IV 6 1011b4-7		IV	431/432	39
IV 6 1011b7-12		IV	431/432	39
IV 6 1011b7-8		IV	445	39
		IV	419	38
IV 6 1011b24		IV	354/355	35
		IV	460/461	40
IV 7 1011b29-31		IV	479/480	40
IV 7 1012a5-9		IV	483/484	41
IV 7 1012a23-24		IV	492	41
		VII	147/148	102
		VIII	96	137
V 1 1012b34-1013a1		V	15	42
	cfr	V	36/38	43
V 1 1013a1-4		V	16	42
V 1 1013a4-7		V	16/17	42
	cfr	V	39/40	43
V 1 1013a5-6		V	23/24	42
V 1 1013a7-10		V	17/18	42
	cfr	V	39/40	43
V 1 1013a10-14		V	44/45	43
V 1 1013a14-16		V	20/21	42

		Lib.	lin.	pag.
	cfr	V	39/40	43
V 1 1013a16-17		V	30/31	43
V 1 1013a16		V	42	43
V 1 1013a20-21		V	48	43
V 2 1013a29-32		V	59/60	44
V 2 1013a29		V	52	44
V 2 1013a30-32		V	63/64	44
V 2 1013b6-7		V	113/114	46
V 2 1013b9-11		V	91/92	45
V 2 1013b11-16		V	66/67	44
V 2 1013b15-16		V	85/86	45
V 2 1013b17-20		V	120/121	46
V 2 1013b20		V	104	45
V 2 1013b22-23		V	107	46
V 2 1013b25-26		V	117/118	46
V 2 1013b34-1014a3		V	125/130	46
		V	146/148	47
V 2 1014a1-3		V	138/139	47
V 2 1014a4-6		V	154/155	47
V 3 1014a26-31		V	161	48
V 3 1014b3-11		V	175	48
V 3 1014b12-13		V	170	48
V 4 1014b22		V	184/185	49
V 4 1014b26-32		V	213/214	50
V 4 1014b26-28		V	196/197	49
V 4 1015a10-11		V	218/219	50
		VII	373/374	110
V 4 1015a17-19		V	223/224	50
V 5 1015a26-27		V	239/240	51
V 5 1015a31-32		V	252/253	51
V 5 1015a32-33		V	239/240	51
V 5 1015b9-11		VIII	304/305	145
V 6 1015b21-22		V	308/309	53
V 6 1015b23-26		V	285/286	52
		V	372	55
V 6 1015b26-27		V	287/288	52
V 6 1015b28-32		V	314/315	53
V 6 1016a5-6		V	319/320	53
V 6 1016a6		V	321/322	53
		V	327	54
V 6 1016a17-18		V	332/333	54
V 6 1016a19-20		V	334	54
V 6 1016a20-21		V	333	54
V 6 1016a24-32		X	3	165
V 6 1016a24-25		V	340/342	54
V 6 1016a30-32		V	346/347	54
		V	427/429	57
V 6 1016a32-35		X	3	165
V 6 1016a32-b3		V	417/418	57

INDEX LOCORVM ARISTOTELIS METAPHYSICAE 227

	Lib.	lin.	pag.
V 6 1016a33-35	VII	233	105
V 6 1016b3-5	V	425/426	57
V 6 1016b5	V	433/434	57
V 6 1016b8-13	V	437/438	57
V 6 1016b16-17	V	815	71
V 6 1016b17-18	V	452	58
V 6 1016b21-22	V	457/458	58
V 6 1016b31-32	V	474/475	59
V 6 1016b32-35	X	5	166
V 6 1016b32-33	V	465/466	58
V 6 1016b33	X	319/320	177
V 6 1016b35-1017a3	V	469/471	59
V 7 1017a3-4	V	483/484	59
V 7 1017a19-22	iv	255/256	31
V 7 1017a23-24	V	496	60
V 7 1017a27-30	V	517	60
V 9 1017b35-1018a2	V	548	61
V 9 1018a2-4	V	550	62
V 9 1018a9-11	V	553/555	62
V 9 1018a12-15	V	555/557	62
V 9 1018a12-13	X	302	176
V 9 1018a15-17	V	564/565	62
V 10 1018a25-31	V	595/596	63
V 10 1018a35-38	V	612/614	64
V 10 1018a38-b1	V	621	64
V 10 1018b6-7	V	622/623	64
V 11 1018b9-19	V	640	65
V 11 1018b10-12	V	654/655	65
V 11 1018b17-19	V	642/644	65
V 12 1019a15-20	V	659	65
V 12 1019a26-28	V	720	67
V 12 1019a32-33	V	826/727	71
V 12 1019b23-24	V	738/739	68
V 12 1019b27-29	V	743/744	68
V 12 1019b28-30	V	736	68
V 12 1019b28-29	IX	371/372	159
V 12 1019b30-33	V	736/737	68
V 12 1019b34-35	V	754/755	68
V 13 1020a7-8	V	768/769	69
V 13 1020a7	V	795/796	70
V 13 1020a16	V	790	70
V 13 1020a19-26	V	774/775	69
V 14 1020b8-12	V	786/787	70
V 15 1020b26-32	V	793	70
V 15 1021a9-11	V	807	71
V 15 1021a12-13	V	813/814	71
V 15 1021a13-14	V	814	71
V 15 1021a26-30	cfr IV	414/415	38
V 15 1021a29-30	X	163	171

	Lib.	*lin.*	*pag.*
V 12 1019b33-35	V	817/819	71
V 15 1020b32-1021a14	V	858/859	72
V 15 1021a14-26	V	859/860	72-73
V 15 1021a14-19	V	823	71
V 15 1021a16-26	V	840/841	72
V 15 1021a26-b4	V	861	73
V 15 1021a29-b3	V	851	72
V 15 1021b3-6	V	905/906	74
V 15 1021b3-4	V	855/856	72
V 15 1021b6-8	V	918/919	75
V 15 1021b8-11	V	926/927	75
V 16 1021b12-13	V	950	76
V 17 1022a4-5	V	971	76
V 17 1022a6-7	V	984/985	77
V 17 1022a8-10	V	974/975	76
V 18 1022a14-17	V	987/988	77
V 18 1022a19-20	V	450	58
	V	1002/1003	77
	V	1018/1019	78
V 18 1022a25-27	V	1049	79
V 18 1022a30	V	1014	78
V 18 1022a31-32	V	1045/1046	79
V 18 1022a31	V	1027	78
V 18 1022a32-35	V	1019/1020	78
V 19 1022b1-2	V	1054/1055	79
V 20 1022b4-5	V	1072/1073	80
V 20 1022b5-6	V	1064/1065	80
V 21 1022b15-16	V	1089/1090	80
V 21 1022b18-19	V	1096	81
V 22 1022b24-26	V	410	56
	cfr V	749	68
V 22 1022b24-25	V	1103/1104	81
V 22 1022b31-32	V	1099/1100	81
V 23 1023a8-11	V	1111/1112	81
V 23 1023a8-9	V	1125/1126	82
V 23 1023a10	V	1112/1113	81
V 23 1023a11-13	V	1109/1110	81
	V	1128/1129	82
V 23 1023a13-17	V	1123	82
V 23 1023a13-14	V	1131	82
V 23 1023a23-25	V	1115/1116	81
V 24 1023a26-28	V	1133/1134	82
V 24 1023a26-27	VIII	274/275	144
V 24 1023a30-31	V	1144/1145	83
V 24 1023a35-36	V	1137	82
V 24 1023a35-b2	V	1141/1142	82
V 24 1023b2	V	1137/1138	82
V 24 1023b5-8	V	1143/1144	83
V 24 1023b7-8	VIII	277/278	144

INDEX LOCORVM ARISTOTELIS METAPHYSICAE 229

	Lib.	lin.	pag.
V 24 1023b8-11	V	1146	83
	VIII	276/277	144
V 25 1023b14-15	V	1150	83
V 26 1023b26-28	V	1159	83
V 26 1023b31	V	1177/1178	84
V 26 1023b32-34	V	1162	83
	V	1173/1174	84
V 26 1024a1-10	V	1180/1181	84
V 26 1024a6-8	V	1184/1185	84
V 28 1024a36-b4	V	1192/1194	84
V 28 1024b9-12	V	1206/1207	85
V 28 1024b12	V	1217/1218	85
V 29 1024b26-28	IX	489/492	163
V 29 1025a1-3	V	1230/1231	86
V 29 1025a1	V	1220	85
V 30 1025a4-6	V	1253	87
V 30 1025a24-25	V	1255	87
	VI	153/154	93
VI 1 1025b3-10	VI	2	88
VI 1 1025b3	VI	6	88
VI 1 1025b7-10	VII	737/738	123
VI 1 1025b8-9	VI	14	88
VI 1 1025b8	VI	3	88
VI 1 1025b9-10	VI	14/15	88
VI 1 1025b9	VI	4/5	88
VI 1 1025b14	VI	23/24	88
VI 1 1025b17-18	VI	41/42	89
VI 1 1025b19-21	VI	50/51	89
VI 1 1025b21-24	VI	57/58	90
VI 1 1025b25	VI	46/47	89
VI 1 1025b30-1026a19	VI	66/67	90
VI 1 1026a2-3	VI	62	90
VI 1 1026a5	VI	91	91
VI 1 1026a7-10	VI	68/69	90
VI 1 1026a14-15	cfr II	66	5
VI 1 1026a14	cfr II	43/45	4
VI 1 1026a16	VI	83	91
VI 1 1026a27-29	VI	98/99	91
VI 2 1026a30	VI	92	91
VI 2 1026b6-10	VII	390	111
VI 2 1026b10-14	VI	118	92
VI 2 1026b14-16	VI	129/130	92
VI 2 1026b21	VI	124/125	92
VI 2 1026b30-33	VI	150/151	93
VI 2 1027a13-15	VI	171/172	94
VI 3 1027a29-b11	VI	209/210	95
VI 3 1027a29-b6	VI	198/199	95
VI 3 1027a34-b11	VI	203	95

	Lib.	lin.	pag.
VI 3 1027b5	VI	206	95
VI 3 1027b6-b11	VI	198/199	95
VI 4 1027b25-28	VI	223	95
VII 1 1028a18-20	VII	2	97
	XII	2	189
VII 1 1028a33	VII	45	98
VII 2 1028b12-13	VII	56	99
VII 3 1028b23-1029a2	VIII	8/9	134
VII 3 1028b33-36	VII	59	99
VII 3 1029a5-7	VII	60	99
	VII	80	100
	VIII	39/40	147
VII 3 1029a5	VII	82	100
VII 3 1029a20-21	VII	95/96	100
	IX	306	156
VII 3 1029a26-33	VII	409/411	111
VII 3 1029a26-28	VII	110/111	101
VII 4 1029b13-14	VII	116	101
VII 4 1029b13	VIII	122/123	138
VII 4 1029b21-22	VII	117	101
	VII	128	101
VII 4 1029b29-31	VII	132	101
VII 4 1029b31-33	VII	136/137	102
VII 4 1030a2-3	VII	139	102
VII 4 1030a6-7	VII	145/146	102
VII 4 1030a28-34	VII	157	102
	VII	159/160	102-103
VII 4 1030a29-30	VII	164	103
VII 4 1030b4-7	VII	153	102
	VII	163	103
VII 6 1031a15-16	VII	166	103
VII 6 1031a17-18	VII	167	103
	VII	182	103
VII 6 1031a19-28	VII	170/171	103
VII 6 1031a19-24	VII	191	104
VII 6 1031a24-25	VII	197	104
	VII	204/205	104
VII 6 1031a25-28	VII	206	104
VII 6 1031a28-b22	VIII	124/125	138
VII 6 1031b28-1032a6	VIII	124/125	138
VII 6 1032a2-4	VII	999/1000	133
VII 7 1032a12	XII	86/87	191
VII 7 1032a20-22	VII	247/248	105
VII 7 1032a22-25	VII	257/258	106
VII 7 1032a27-28	VIII	89	149
VII 7 1032a28-32	VII	285/287	107
VII 7 1032a30-32	VII	268/269	106
VII 7 1032a32-b3	VII	294/297	107

INDEX LOCORVM ARISTOTELIS METAPHYSICAE 231

	Lib.	lin.	pag.
VII 7 1032b2-6	VII	325	108
VII 7 1032b3-4	VII	330/331	108
VII 7 1032b11-14	VII	317	108
VII 7 1032b13-14	VII	336/337	109
VII 7 1032b21-23	VII	343/344	109
VII 7 1032b30-1033a5	VII	353	109
VII 8 1033a31-b5	VII	368	110
VII 8 1033a32-b2	VII	359	109
VII 8 1033b3-5	VII	1001/1002	133
VII 8 1033b4-5	VII	388/389	111
VII 8 1033b7	VII	365	110
VII 8 1033b10-11	VII	369/370	110
VII 8 1033b16-18	V	220/221	50
VII 8 1033b19-21	VII	409/411	111
VII 8 1033b21-26	VII	419/420	112
VII 8 1033b21-23	VII	413	112
VII 8 1033b26-28	VII	452/453	113
VII 8 1033b31-32	VII	424	112
VII 8 1034a7-8	VII	430	112
VII 9 1034a9-10	VII	464	113
	VII	467	114
VII 9 1034a16-18	VII	474	114
VII 9 1034a23-25	VII	486	114
VII 9 1034a24	VII	480	114
VII 9 1034b8-10	VIII	240/241	143
VII 9 1034b12-15	VII	492	114
VII 9 1034b14-16	VII	495	115
VII 9 1034b16-18	VII	500/502	115
VII 9 1034b16	XII	86/87	191
VII 10 1034b20-22	VII	504/505	115
VII 10 1034b20	VII	748/749	124
VII 10 1034b21-22	VII	896	129
VII 10 1035a1-7	VII	523/524	116
VII 10 1035a4-6	VII	627/628	119
VII 10 1035a4	VII	748/749	124
VII 10 1035a6-7	VII	627/628	119
VII 10 1035a10-11	VII	634	119
VII 10 1035a11	VII	518	115
VII 10 1035a14-17	VII	542/545	116
VII 10 1035a14-16	VII	627/628	119
	VII	639	120
VII 10 1035a17-18	VII	546	116
	VII	556	117
VII 10 1035a20-21	VII	538	116
	VII	547	116
VII 10 1035b1-3	VII	561/562	117
VII 10 1035b3-11	VII	581	118
VII 10 1035b3-4	VII	618	119
VII 10 1035b3	VII	573	117

	Lib.	lin.	pag.
VII 10 1035b6	VII	596/597	118
	VII	600	118
VII 10 1035b11-12	VII	614	119
	VII	625/626	119
VII 10 1035b11	VII	607	118
VII 10 1035b13-14	VII	618/619	119
	VII	621	119
	VIII	16	134
VII 10 1035b14	VII	630	119
VII 10 1035b22-27	VII	644/647	120
VII 10 1035b27-33	VII	649/650	120
VII 10 1035b30-31	VII	652/653	120
VII 10 1035b33-34	VII	657/658	120
VII 10 1035b34-35	VII	660	121
VII 10 1036a3	VII	689	122
VII 10 1036a5-7	VII	670/673	121
VII 10 1036a5-6	VII	664	121
VII 10 1036a9-12	VII	690	122
VII 10 1036a13-14	VII	692	122
VII 11 1036a26	VII	700	122
VII 11 1036b17-18	VII	700/701	122
VII 11 1036b28-29	VII	709	122
VII 11 1036b32-1037a4	VII	713/714	123
VII 11 1036b35	VII	720/721	123
VII 11 1037a1-2	VII	722/723	123
VII 11 1037a6-7	VII	725/726	123
VII 11 1037a9	VII	661	121
VII 11 1037a10-17	VII	729	123
VII 11 1037a25-26	VII	746	124
VII 11 1037a27	VII	750/751	124
VII 12 1037a28-29	VII	753/754	124
VII 12 1037b24-27	VII	788/789	125
VII 12 1037b24-25	VII	759/760	124
VII 12 1037b25-26	VII	870/871	128
VII 12 1037b27-1038a9	VII	803	126
VII 12 1037b27-29	VII	795	126
VII 12 1037b27-28	VII	789	125
VII 12 1038a5-9	IX	281/282	155
VII 12 1038a5	VII	808	126
VII 12 1038a7	VII	811	126
VII 12 1038a15	VII	813	126
VII 12 1038a18-21	VII	844/845	127
VII 12 1038a21-25	VII	845	127
VII 12 1038a33-34	VII	865/866	128
VII 12 1038a33	VII	862	128
	VII	868	128
VII 13 1039a2-3	VII	873	128
VII 13 1039a7	VII	887	129
VII 14 1039b4-5	VII	894	129

INDEX LOCORVM ARISTOTELIS METAPHYSICAE 233

	Lib.	*lin.*	*pag.*
VII 15 1039b20	VII	898/899	129
VII 15 1040a8-17	VII	925	130
VII 15 1040a9-11	VII	903/905	129
VII 15 1040a14-17	VII	909	130
VII 15 1040a22-27	VII	925/926	130
VII 15 1040a27-b2	VII	930	130
VII 17 1041a10-20	VII	944/945	131
VII 17 1041a10-16	VII	959-960	131
VII 17 1041a20-24	VII	215/217	104
VII 17 1041b6	VII	950	131
VII 17 1041b9-11	VII	971/972	132
	VII	981/983	132
VII 17 1041b11-33	VII	992	132
VII 17 1041b19-25	VII	998/999	133
VII 17 1041b25-28	VII	994/996	133
VIII 1 1042a3	VIII	2	134
VIII 1 1042a6-11	VIII	2	134
VIII 1 1042a10-11	VIII	27/28	135
VIII 1 1042a12-15	VIII	7	134
VIII 1 1042a13	VIII	9	134
	VIII	11/12	134
VIII 1 1042a25-26	VIII	20	134
VIII 1 1042a27-28	VIII	73	136
	IX	306	156
VIII 1 1042a28-29	VIII	15	134
	VIII	42	135
VIII 1 1042a32-34	VIII	64	136
VIII 1 1042b1-3	VIII	70	136
VIII 1 1042b3-6	VIII	77	136
VIII 2 1043a12-19	VIII	102	137
VIII 2 1043a12-14	VIII	81	137
VIII 3 1043a29-31	VIII	95	137
VIII 3 1043a36-37	VIII	99	137
VIII 3 1043a37	VIII	108/109	138
VIII 3 1043b2-4	VIII	119/120	138
VIII 3 1043b4-13	VIII	127/128	138
VIII 3 1043b13-14	VIII	127	138
VIII 3 1043b23-28	VIII	132	139
VIII 3 1043b25-30	VIII	134/135	139
VIII 3 1043b30-32	VIII	137/138	139
VIII 3 1043b32-34	VIII	145	139
VIII 3 1043b33	VIII	162	140
VIII 3 1043b34-36	VIII	163/165	140
VIII 3 1043b36-1044a2	VIII	192	141
VIII 3 1044a2-11	VIII	175	140
VIII 3 1044a9-11	VIII	181	140
VIII 3 1044a9	VIII	179	140
VIII 3 1044a10-11	VIII	188	141

234 INDEX LOCORVM ARISTOTELIS METAPHYSICAE

	Lib.	*lin.*	*pag.*
VIII 4 1044a15-25	VIII	204/205	141
	X	511	184
VIII 4 1044a25-27	VIII	214	142
VIII 4 1044a29-32	VIII	222	142
VIII 4 1044b6	VIII	228	142
VIII 4 1044b8-11	VIII	232	142
VIII 5 1044b21-26	VIII	229/230	142
VIII 5 1044b23-26	VIII	246/247	143
VIII 5 1044b23-24	VIII	232/233	142
	VIII	258/259	143
VIII 5 1044b34-1045a6	VIII	250	143
VIII 5 1045a3-6	VIII	279/280	144
VIII 6 1045a36-b7	IX	486	163
VIII 6 1045a36-b2	VIII	288/289	144
VIII 6 1045b4-5	VIII	299/300	145
VIII 6 1045b17-19	VIII	311/312	145
IX 1 1045b26	IX	2	146
IX 1 1046a1-2	IX	2	146
IX 1 1046a9-10	IX	15	146
IX 1 1046a26-29	IX	32/33	147
IX 1 1046a29-32	IX	52	147
IX 2 1046a36-b24	IX	191/192	152
IX 2 1046b2-4	IX	61	148
IX 2 1046b4-7	IX	68/69	148
IX 2 1046b6-7	IX	74/75	148
IX 2 1046b7-13	IX	75	148
IX 2 1046b7-8	IX	80	148
IX 2 1046b10-11	IV	174	28
IX 2 1046b15-20	IX	120/121	150
IX 2 1046b16-17	IX	81	148
IX 2 1046b21-22	IX	86/87	149
IX 3 1047a9-10	IX	130	150
IX 3 1047a19-20	IX	135/136	150
IX 3 1047a24-26	IX	140	151
IX 3 1047a32	IX	184/185	152
IX 4 1047b21-22	IX	149	151
IX 4 1047b22-23	IX	154	151
IX 5 1048a2-24	IX	191/192	152
IX 5 1048a5-7	IX	170/172	152
IX 5 1048a8-10	IX	168/169	152
	IX	178	152
IX 5 1048a16-21	IX	235/237	154
IX 5 1048a21-24	IX	175/176	152
IX 5 1048a22-23	IX	181/182	152
IX 6 1048a25-30	IX	186	152
IX 7 1048b37	IX	195/196	153
IX 7 1049a1-5	IX	197/199	153
IX 7 1049a6-7	IX	234/235	154

INDEX LOCORVM ARISTOTELIS METAPHYSICAE

	Lib.	lin.	pag.
IX 7 1049a8-12	IX	197/199	153
IX 7 1049a8-11	VIII	209/210	141
IX 7 1049a11-14	IX	257/258	155
IX 7 1049a16-18	IX	219/220	153
IX 7 1049a18-24	IX	271	155
IX 7 1049a18-21	VII	101/103	100
IX 7 1049a27-29	IX	305/306	156
IX 7 1049a34-35	IX	311/312	157
IX 7 1049a36-b2	IX	295/296	156
IX 8 1049b9-10	IX	317/318	157
IX 8 1049b10	VIII	49/50	135
IX 8 1049b11-12	IX	351/352	158
IX 8 1049b17-19	IX	323/324	157
IX 8 1049b23-27	IX	329/330	157
IX 8 1050a4-10	CII	139	193
IX 8 1050a4-6	VII	66/67	99
IX 8 1050a4-5	IX	356	158
IX 8 1050a23-27	V	672/673	66
IX 8 1050a23-25	IX	359/360	158
IX 8 1050a27-b2	IX	362	159
IX 8 1050b2-6	IX	342/343	158
IX 8 1050b6-16	IX	400	160
IX 8 1050b6-8	IX	384	159
IX 8 1050b8-9	IX	370	159
IX 8 1050b9-16	IX	433/434	161
IX 8 1050b20-22	IX	412/414	160
	XII	253/256	198
IX 8 1050b21-22	IX	448/449	162
IX 8 1050b22-28	IX	443	161
IX 8 1050b28-34	IX	451/452	162
IX 8 1050b30-34	IX	397/398	160
IX 9 1051a8	IX	459/460	162
IX 9 1051a15-16	IX	465	162
IX 9 1051a17-21	IX	472	162
IX 9 1051a30-31	IX	478	163
IX 10 1051b17-33	IX	485	163
IX 10 1051b25-26	IX	498/499	163
IX 10 1052a3-5	IX	518	164
X 1 1052a15	X	2	165
X 1 1052a19-29	X	28/29	166
X 1 1052a20-21	X	8	165
X 1 1052a22-23	X	3/4	165
X 1 1052a22-25	X	17/19	165
X 1 1052a25-28	cfr X	8	165
X 1 1052a29-33	X	3/4	165
X 1 1052a29-31	X	29/30	166
	X	34	166
X 1 1052a31-33	X	31/32	166

		Lib.	*lin.*	*pag.*
Χ 1 1052a32-33		Χ	35/36	166
		Χ	41	166
Χ 1 1052b1-9		Χ	47	167
Χ 1 1052b7-9		Χ	65/67	167
Χ 1 1052b9-16		Χ	50	167
Χ 1 1052a15-16		Χ	87/88	168
Χ 1 1052b18-19		V	1198/1199	85
Χ 1 1052b18		V	876	73
Χ 1 1052b22-23		Χ	90	168
Χ 1 1052b25-27		Χ	106	169
Χ 1 1052b31-32		Χ	106	169
	cfr	Χ	176	171
Χ 1 1052b35-36	cfr	Χ	175/176	171
Χ 1 1053a14-18		Χ	110	169
		Χ	129/133	170
Χ 1 1053a17-18		Χ	112/113	169
Χ 1 1053a19		Χ	98	168
Χ 1 1053a24-30		Χ	116/117	169
Χ 1 1053a26-28		Χ	101/102	169
Χ 1 1053a32-33		Χ	155	170
Χ 1 1053a35-b3		Χ	164/166	171
Χ 2 1053b16-20		Χ	188	172
Χ 2 1053b21-24		Χ	181	171
Χ 2 1053b25-28		Χ	171	171
Χ 2 1053b28-1054a4		Χ	193	172
Χ 2 1053b28-34		Χ	168/169	171
Χ 2 1054a5-13		Χ	191/192	172
Χ 2 1054a9-11		Χ	217	173
Χ 2 1054a13-14		Χ	213/214	173
		Χ	224/225	173
Χ 2 1054a16-17		Χ	226/227	173
Χ 2 1054a18-19		Χ	219	173
Χ 3 1054a22-23		Χ	265	175
Χ 3 1054a23-26		Χ	246	174
		Χ	261	175
Χ 3 1054a33-34		Χ	279/280	175
Χ 3 1054a34-35		Χ	279/280	175
Χ 3 1054b3-5		Χ	270/272	175
Χ 3 1054b17		Χ	279	175
Χ 3 1054b20		Χ	286	176
Χ 3 1054b21-22		Χ	289/290	176
Χ 3 1054b23		Χ	292	176
Χ 3 1054b26-27		Χ	298	176
Χ 3 1054b27-31		Χ	301	176
Χ 3 1054b28		Χ	318	177
Χ 4 1055a3-5		Χ	322/323	177
Χ 4 1055a6-10		Χ	348	178
		Χ	354	178
		Χ	366/367	178

	Lib.	lin.	pag.
X 4 1055a30	X	361	178
X 4 1055b3-8	X	383/384	179
X 4 1055b7-11	X	386/388	179
X 4 1055b11-14	X	392/393	179
X 4 1055b23-24	X	420	180
X 4 1055b25-29	X	412/413	180
X 4 1055b25-26	X	417/418	180
X 5 1056a8-11	X	427	181
X 6 1056b17-1057a12	X	448/451	182
X 6 1056b28-31	X	431	181
X 6 1056b34-36	X	441	181
X 6 1057a3-4	X	469	182
X 6 1057a12-17	X	459/460	182
X 7 1057a18-30	X	482	183
X 7 1057a37-b1	X	515/516	184
X 7 1057b2-4	X	526/527	184
X 7 1057b22-23	X	531/532	184
X 8 1057b35-36	X	535	184
X 8 1057b36-37	X	537/538	185
X 8 1057b37-1058a2	X	540/541	185
X 8 1058a2-6	X	582/583	186
X 8 1058a2-4	X	548/549	185
X 8 1058a16-19	X	553/554	185
X 9 1058b15-16	X	575/576	186
X 9 1058b16-18	X	580	186
X 9 1058b18	X	576/577	186
X 10 1058b26-29	X	585/586	186
X 10 1058b27-28	X	588/589	187
X 10 1059a14	X	586/587	186
XII 1 1069a21-22	XII	6	188
XII 1 1069a22	XII	7	188
XII 1 1069a26	XII	4	188
XII 1 1069a27-28	XII	2/3	188
XII 1 1069a32-33	XII	11	188
XII 1 1069b3	XII	16	188
XII 2 1069b7-8	XII	14	188
XII 2 1069b15-18	XII	22	189
XII 2 1069b20-21	XII	29/30	189
XII 2 1069b24-26	XII	26	189
XII 2 1069b28-29	XII	43	189
XII 3 1070a9-13	XII	51	190
XII 3 1070a9-11	XII	47	190
XII 3 1070a10	XII	49	190
XII 4 1070a33-b10	XII	56	190
XII 4 1070a33-b4	XII	59	190
	XII	67	190
XII 4 1070b16-21	IV	4	22
	VIII	240/241	143

	Lib.	lin.	pag.
	XII	83	191
XII 4 1070b25-26	XII	76	191
XII 4 1070b26-30	XII	77/78	191
XII 4 1070b27-30	XII	82	191
XII 4 1070b30-34	XII	95/96	192
XII 4 1070b31-32	XII	79	191
XII 4 1070b34-35	XII	102/103	192
XII 5 1071a3-17	XII	72	191
XII 6 1071b3-11	XII	118/119	193
XII 6 1071b3-5	XII	112	192
XII 6 1071b6-7	XII	142/143	193
XII 6 1071b17-20	XII	134	193
XII 7 1072a21-22	XII	146/147	194
XII 7 1072a23-26	XII	155	194
XII 7 1072a26-30	XII	175	194
	XII	200	196
XII 7 1072b3-4	XII	207	196
XII 7 1072b16	XII	211	196
XII 7 1072b19-22	XII	215	196
XII 7 1072b22	XII	216/218	196
XII 7 1072b28-29	XII	221	197
XII 7 1072b29-30	XII	224	197
XII 7 1073a5-8	XII	240/241	197
XII 7 1073a7-10	XII	281	199
XII 7 1073a7-8	XII	231/232	197
XII 8 1073a28-34	XII	267	198
XII 8 1074a31-33	XII	273	199
XII 8 1074a33-35	XII	289/290	199
XII 8 1073a36-b1	XII	279/280	199
XII 8 1074b13	XII	274/275	199
XII 9 1074b17-18	XII	303	200
XII 9 1074b21-34	XII	309-310	200
XII 9 1074b28-29	XII	320/321	200
XII 9 1074b28	XII	324/325	201
XII 9 1074b38-1075a3	XII	327/328	201
XII 9 1075a3-5	XII	330	201
XII 9 1075a5-6	XII	331	201
	XII	332/333	201
XII 9 1075a6-7	XII	349/350	201
XII 9 1075a6	XII	342/243	201
	XII	346	201
XII 9 1075a7	XII	350	201
XII 9 1075a8-10	XII	346	201

INDEX FONTIVM

	Lib.		lin.	pag.

AEGIDIUS ROMANUS

Expositio super libros Posteriorum Aristotelis

Prologus (f. 2ra)		II	31/32	4

Quodlibeta

I, q. 9	cfr	V	1250	86
I, q. 11	cfr	III	215/218	16
VI, q. 12		V	704	67
VI, q. 23		V	94/98	45

Theoremata de corpore Christi

prop. 39		IV	278	32

ALBERTUS MAGNUS

De animalibus libri XXVI

I, 2, 3		V	1103	81

Met.

VII, tr. 2, c. 10	cfr	VII	464/466	113

Physica

I, tr. 3, c. 3	cfr	VII	261/262	106
I, tr. 3, c. 16	cfr	VII	261/262	106

Super Porphyrium de V universalibus

cap. 2 (p. 2, 47–48)	cfr	II	31/32	4

ANONYMUS

Quaest De an.

II, q. 2		VIII	83/85	137

ANONYMUS

Quaestiones in Physicam (Zimmermann)

I, q. 13	cfr	VII	2/9	97

ANONYMUS

Quaestiones in Physicam (Cambridge, Peterhouse, ms. 192)

	cfr	VII	2/9	97

ANONYMUS

Quaestiones in Physicam (Oxford, Oriel College, ms. 33)

	cfr	VII	2/9	97

	Lib.		lin.	pag.
ANONYMUS				
Quaestiones super Metaphysicam				
	cfr V		530/531	61
ANSELMUS CANTUARIENSIS				
De casu diaboli				
4	cfr V		680/681	66
De concordia praescientiae et praedestinationis et gratiae Dei cum libero arbitrio				
3, 11	V		680/681	66
Proslogion				
2	IX		466/470	162
ARISTOTELES				
Analytica Posteriora				
I 2 72b7-11	VII		394/395	111
I 3 72b25-73a6	VII		105	100
I 4 73a34-37	V		1031	78
I 4 73a37-b3	V		1021/1022	78
I 4 73b10-16	V		1040/1041	79
I 4 73b25-26	V		1015	78
I 13 78a22-30	IV		140/142	27
I 16 75b30-33	VI		28/29	89
I 25 86a31-b39	III		47/48	9
II 1 89b34-35	VI		43/44	89
II 13 96a32-b1	VII		912/917	130
Analytica Priora				
II 15 63b40-64a10	IV		216/217	30
Categoriae vel Praedicamenta				
1 1a6-15	X		68/69	167
5 3a29-32	III		275/276	18
	III		285/286	19
6 5b33-39	V		583/583	63
7 6a36-b11	V		941/942	75
7 7b22-8a12	V		869/870	73
7 7b27-33	V		853/854	72
8 9a14-27	cfr III		102/103	11
8 10a11-16	III		260	18
	V		790/791	70
8 10a32-b5	V		840/841	72
8 10b12-14	X		423	180
10 12a26-29	V		409/410	56
10 13a31-36	cfr V		411/412	56
10 13a37-b35	IV		466/468	40
12 14a26-29	V		645/646	65
	V		656/657	65
12 14a29-35	IX		152/153	151

INDEX FONTIVM

	Lib.	lin.	pag.
De anima			
II 1 412a27-28	VIII	47-48	135
II 2 414a11-12	IV	285/286	33
II 6 418a17-19	IV	391/392	37
II 6 418a20-23	IV	396/397	37
III 3 429a1-2 cfr	IV	377	36
III 8 430b26-29	IV	150/151	28
De caelo			
I 12 282a21-25	IX	426/427	161
II 1 285a29-30	XII	201	196
II 2 287a11-12	III	115/116	11
De generatione et corruptione			
I 7 324b13-15	V	96	45
	XII 186/187	195	
II 2 329b17-24	X	106/107	169
De interpretatione sive Periermeneias			
3 16b22-25	V	532	61
7 17b38-39	IV	249/250	31
Ethica Nicomachea			
I 9 1102b5-8	XII	305/307	200
III 6 1113B30-33	V	255/256	51
VII 4 1047a10-24	V	1250	86
X 4 1117b31-33	XII	211-212	196
De iuventute et senectute			
1	V	708	67
Physica			
I 1 184a10-16	VI	76/77	90
I 4 187b16o21	X	434/436	181
I 4 188a5-13	VII	6/9	97
I 5 188a26-35	VIII	262/265	143
I 5 188a26-b8	X	249	174
I 5 188a33-b2	X	402/403	180
	X	558	185
I 7 190b29-191a3	IX	118/119	150
I 7 191a7-11	VIII	52	135
I 8 192a34-b2	VII	731	123
	VIII	42/43	135
II 1 192b20-27	V	661/663	65
II 1 193a9-28	V	191/192	49
II 1 193b11-12	VII	383	110
II 1 193b12-18	V	209/212	49
	V	219	50
	VII	373	110
II 2 194a35	XII	203/204	196
II 2 194b5-7	VI	25/26	89
II 3 194b16-195b30 cfr	II	26/28	4
II 3 195a29-32	VII	266	106

	Lib.	lin.	pag.
II 4 196b23-27	V	713	67
II 7-8 198a14-199b32 cfr	II	26/28	4
III 1 201a23-25 cfr	V	787/788	70
III 1 201a34-b3	V	602/604	63
	IX	460	162
III 5 202b19-22	V	846/848	72
III 6 206a9-10	V	640/642	65
III 6 206b23-207a2	V	964/967	76
III 6 206b33-207a2	V	1163/1165	83
III 6 207a13-14	V	1159/1161	83
III 8 208a16-19	VII	665/668	121
IV 3 210a14-24	V	1117/1118	82
IV 6 214a9-11	VII	10/14	97
IV 8 215a29-b12	V	830/831	71
IV 8 216b2-9	III	121/123	12
IV 11 219b5-9	VIII	152/155	139
IV 11 219b22-28	III	313/316	20
IV 11 220a1-3	III	326/327	21
IV 12 220a27-31	VIII	169/170	140
IV 12 221a16-18	V	1130	82
V 1 225a12-14	X	378/379	179
V 3 227a10-12	X	565	186
V 3 227a27-32	VII	703-705	122
VI 1 231a24	III	332/334	21
VI 10 241a6-14	III	330/331	21
VII 4 248a18-b12	VII	282/285	107
VII 4 248b21-23	IV	287/288	33
VIII 1 250b11-251b8	III	191/192	15
VIII 8 261b27-263a3	XII	150	194
VIII 10 266b7-8	XII	242/243	197
VIII 10 267b3	IX	445/446	161

De sensu et sensibilibus

3 439b11-12	V	993/994	77

De somno et vigilia

1 454a8	IX	36	147

Topica

I 4 101b29-32 cfr	IV	130/131	27
I 15 106b14-15	IX	54/55	147
II 4 111a25-27 cfr	X	294	176
II 11 115b3-4	IV	346/347	35
V 4 124b18-19	V	905/906	74

Auctoritates Aristotelis

n. 14	cfr V	993/994	77
n. 15	cfr XII	186/187	195
n. 18	cfr IX	54/55	147
n. 24	cfr X	434/436	181
n. 63	cfr XII	203/204	196

			Lib.	*lin.*	*pag.*
n. 70		cfr	IX	36	147
n. 111		cfr	IV	377	36
n. 113-114		cfr	II	16/20	3
n. 223		cfr	IV	174	28
n. 239		cfr	V	875/876	73

AUGUSTINUS

De diversis quaestionibus octoginta tribus

9			IV	360	36

De Genesi ad litteram libri duodecim

| IX, 17 | | | XII | 39/40 | 189 |

De Trinitate libri XV

| XI, ii, 4 | | | IV | 453/455 | 39 |
| XI, iii, 6 | | | IV | 380/381 | 36 |

In Iohannis Evangelium Tractatus CXXIV

| tr. 124, 6 | | | IV | 306/307 | 33 |

Retractationum libri II

| I, 26 | | | IV | 367/369 | 36 |

AVERROES

De substantia orbis

1			III	261/264	18
2			VIII	21/24	134
			IX	414	160
			XII	27	189

In De anima

III, t. c. 4			III	213/214	16
III, t. c. 5			III	213/214	16
		cfr	XII	208/209	196

In De caelo

I, t. c. 20			II	64/65	5
			IX	414	160
			XII	27	189
I, t. c. 124			IX	426/429	161
III, t. c. 67		cfr	XII	57	190

In De generatione et corruptione

| I, t. c. 90 | | cfr | XII | 57 | 190 |

In Metaphysicam

II, t. c. 3			II	2/3	3
II, t. c. 6			III	195	15
II, t. c. 14			II	11/15	3
II, t. c. 15			II	23/25	3
II, t. c. 16			II	82/84	6
III, t. c. 1			III	2	7
III, t. c. 3			III	19/21	7

		Lib.	*lin.*	*pag.*
		III	30/31	8
III, t. c. 7		III	102/103	11
III, t. c. 10		III	141/142	12
		III	150/152	12
III, t. c. 11		III	168/170	14
III, t. c. 14		III	229/230	16
III, t. c. 15		III	249/250	17
III, t. c. 17		III	256	18
		III	281/284	19
IV t. c. 3		IV	46/50	23
	cfr	IV	78/81	25
IV t. c. 4		IV	55/60	24
IV, t. c. 5		IV	118/119	26
		IV	123	26
		VI	134	93
IV, t. c. 18		IV	343/344	35
V, t. c. 5		V	229/230	50
VII, t. c. 4	cfr	VII	953	131
VII, t. c. 21	cfr	IX	387	159
VIII, t. c. 10	cfr	VIII	145/149	139
VII, t. c. 59		VII	944/945	131
IX, t. c. 17		IX	443/444	161
X, t. c. 4		X	98	168
		X	102	169
		X	149/150	170
X, t. c. 6		X	185	172
X, t. c. 7		X	201/202	172
X, t. c. 8		X	224/227	173
		X	230/232	173
		X	233	174
	cfr	X	235/236	174
		X	239/240	174
XII, t. c. 19		XII	59/60	190
XII, t. c. 25		XII	109/110	192
XII, t. c. 35		XII	156/158	194
XII, t. c. 36		V	101/102	45
		XII	189/191	195
XII, t. c. 38		XII	207/208	196
XII, t. c. 39		XII	216	196
		XII	221/223	197
		XII	224/225	197
		XII	334	201
XII, t. c. 41		IX	424/425	161
		XII	247/252	198
XII, t. c. 51	cfr	XII	273/275	199

In Physica

I, t. c. 41		X	558/560	185
I, t. c. 43		X	558/560	185
IV, t. c. 99	cfr	VIII	154/155	139

		Lib.	*lin.*	*pag.*
IV, t. c. 102		VIII	152/155	139
VII, t. c. 4		V	24/25	42
VII, t. c. 21		VII	518/519	115
		IX	511	164
VII, t. c. 28		VII	452/455	113
VII, t. c. 34		VII	518/519	115
		VII	533/534	116
VII, t. c. 35		VII	619/620	119
	cfr	VII	621/624	119
VIII, t. c. 7		VIII	105/107	138
VIII, t. c. 46		VII	273/274	106
VIII, t. c. 86	cfr	IX	443/444	161

Prologus in tertium Physicorum

		II	16/20	3

Avicenna

De animalibus

XV, 1		VII	275/279	107

De diluviis

		VII	272	106

Liber de philosophia prima sive scientia divina

I, 5		V	258/261	51
II, 1		X	236/238	174
II, 7		IV	262/263	32
III, 1		V	456	58
		V	811	71
III, 3		IV	78/81	25
VII, 1		X	55/56	167
		X	228/229	173
VIII, 2		XII	57	190
IX 4		VIII	308/309	145

Sufficientia

I, 10		XII	57	190

Boethius

Commentarii in librum Aristotelis ΠΕΡΙ ΕΡΜΗΝΕΙΑΣ (ed. prima)

II, 14	cfr	VII	211/212	104

De divisione liber

		X	344/346	178

De sancta trinitate

4	cfr	III	331/332	21

In Categoriae libri quatuor

2		III	304/305	20
3		X	422/425	180

	Lib.	lin.	pag.

In Isagogen Porphyrii Commenta (ed. secunda)
	V	578	62

BONAVENTURA

In quartum librum Sententiarum
d. 49, p. 2, sect. 2, art. 3	III	124/126	12

DIONYSIUS AREOPAGITA (Ps.)

De divinis nominibus
2, 4	V	631/632	64

De mystica theologia
2	cfr III	288	19

DUNS SCOTUS

Lectura in librum primum et secundum Sententiarum
I, d. 8, p. 1, q. 3, §121	cfr VII	215/217	104
II, d. 14, q. 1, §3	cfr IX	426/429	161
II, d. 18, q. 1-2, §23	cfr XII	39/40	189
II, d. 25, q. un., §22-24	cfr V	94/98	45
II, d. 25, q. un., §54	cfr V	46	43

Ordinatio
I, d. 28, q. 1-2, §34	cfr V	765/766	69
II, d. 14, q. 1, §3	cfr IX	387	159
II, d. 15, q. un., §	cfr XII	57	190
IV, d. 12, p. 1, q. 1, §43/44	cfr VII	5/22	97

Quaestiones in librum Porphyrii Isagoge
q. 18, §11	cfr V	401/415	56

Quaestiones super libros Metaphysicorum Aristotelis
I, q. 1, §14-16	VI	92/94	91
I, q. 1, §92-96	cfr III	63/64	9
I, q. 8, §37-38	cfr VI	105/106	92
I, q. 9, §19-22	XII	115	192
I, q. 9, §42	cfr VI	20/21	88
	VII	743/744	124
II, q. 6, §30	cfr X	474/480	182
II, q. 6, §40	cfr X	474/480	182
III, q. un., §4	cfr V	170/173	48
III, q. un., §5	V	373/375	55
III, q. un., §13	cfr V	170/173	48
III, q. un., §14	V	373/375	55
IV, q. 2, §12	cfr X	228/229	173
IV, q. 2, §28	cfr X	232	173
IV, q. 2, §43	V	429/431	57
IV, q. 2, §58-60	V	429/431	57
IV, q. 2, §69-70	V	779/780	69

		Lib.	*lin.*	*pag.*
IV, q. 3, § 29		V	583/584	63
V, q. 4, § 7	cfr	V	476/477	59
V, q. 4, § 9	cfr	V	480/481	59
V, q. 5-6, § 62	cfr	V	508/511	60
V, q. 5-6, § 63	cfr	V	501/507	60
V, q. 5-6, § 65	cfr	V	538	61
V, q. 5-6, § 66	cfr	V	512/516	60
V, q. 7, § 2	cfr	V	636/638	64
V, q. 8, § 8-9	cfr	V	649-653	65
V, q. 9, § 3	cfr	V	1155	83
V, q. 9, § 8-32	cfr	V	770	69
V, q. 9, § 38	cfr	V	1150/1154	83
V, q. 9, § 41	cfr	V	1150/1154	83
	cfr	VIII	243/244	143
V, q. 9, § 43	cfr	V	1155	83
V, q. 12-14, § 14	cfr	III	102/103	11
V, q. 12-14. § 95-97	cfr	V	874-877	73
V, q. 12-14, § 98	cfr	V	862/869	73
V, q. 12-14, § 105-107	cfr	III	102/103	11
VII, q. 1, § 17	cfr	VII	5/22	97
VII, q. 7, § 17	cfr	VIII	122/123	138
VII, q. 14 et 15,	cfr	IX	34	166
VII, q. 16, § 18	cfr	IX	387	159
VII, q. 17, § 13	cfr	VII	779/781	125
VII, q. 17, § 15-16	cfr	VII	767/776	125
VII, q. 17, § 19	cfr	VII	767/776	125
VII, q. 19, § 6	cfr	VII	506/507	115
VII, q. 20	cfr	V	1208	85
VIII, q. 1, § 9-14	cfr	VIII	234	142
VIII, q. 1, § 12	cfr	XII	22/24	189
VIII, q. 1, § 12-13	cfr	VIII	240/241	143
VIII, q. 1, § 21	cfr	XII	22/24	189
IX, q. 11, § 1		XII	74	191
IX, q. 11, § 4		XII	74	191
IX, q. 11, § 28	cfr	XII	84	191
IX, q, 14, § 22		XII	191	195
IX, q. 14, § 51	cfr	V	693/699	66
IX, q. 14, § 123-124		XII	191	195
IX, q. 15, § 46-53	cfr	IX	192/193	152
Quaestiones super Praedicamenta Aristotelis				
q. 24, § 8	cfr	X	557/567	185
q. 24, § 9	cfr	X	561/562	185
q. 24, § 10-11		X	562/563	186

EUCLIDES

Elementa

| VII, prop. 5 | | V | 1155 | 83 |

	Lib.	lin.	pag.
Fallacie ad modum Oxoniae			
	IV	219/220	30

FERRANDUS DE HISPANIA

In Metaphysicam

VII	cfr	VII	71/74	99
		VII	99/100	100
	cfr	VII	122/127	101
	cfr	VII	137/138	102
	cfr	VII	181/190	103
		VII	299	107
		VII	325/326	108
		VII	581/586	118
		VII	593/604	118
		VII	607/612	118

GALFRIDUS DE ASPALL

Quaestiones super Physicam

I, q. 65	cfr	V	198	49
	cfr	VII	261/262	106
		VII	263/265	106

GUALTERUS BARLEUS

De puritate artis logicae Tractatus Brevior

	cfr	IV	97/98	25
	cfr	IX	132/133	150

GUILLELMUS DE BONKES (?)

Quaest super Physicam

	cfr	VII	2/9	97
		X	73/74	191

GUILLELMUS DE WARE

In secundum librum Sententiarum

d. 1, q. 4	IV	433/434	39

HENRICUS DE GANDAVO

Quodlibet I

q. 10		III	203/204	15
q. 16	cfr	V	242/245	51

Quodlibet III

q. 9	IV	433/434	39

Quodlibet VIII

q. 10	cfr	V	1240	86

	Lib.		lin.	pag.
Quodlibet IX				
q. 5	V		46	43

IOHANNES DAMASCENUS

De fide orthodoxa				
III, 26	IX		297	156

Liber sex principiorum				
	III		289	19

MATTHAEUS AB ACQUASPARTA

Quaestiones de cognitione				
q. 4	VII		674/680	121

PETRUS DE ALVERNIA

Quodlibet				
II, q. 10	cfr	II	62/64	5

PETRUS HISPANUS

Tractatus				
XII, 26	cfr	IV	153	28

PETRUS IOHANNIS OLIVI

Quaestiones in secundum librum Sententiarum				
q. 73	cfr	IV	453/455	39
q. 50	cfr	VIII	83/85	137

PRISCIANUS

Institutiones grammaticae				
XII	cfr	IV	110/112	26

RADULPHUS BRITO

Quaestiones De anima				
II, q. 3	VIII		83/85	137

RICHARDUS SOPHISTA

Abstractiones				
Soph. 3		V	435	57
Soph. 62	cfr	IV	110/112	26
Soph. 187	cfr	V	529/530	61
Soph. 302		IX	165/166	151

	Lib.	lin.	pag.

RICHARDUS RUFUS CORNUBIENSIS

In Physicam Aristotelis

p. 215		III	303/304	20

ROBERTUS GROSSETESTE

Commentarius in Posteriorum Analyticorum Libros

I, 4		V	1032/1033	78
	cfr	V	1041	79

SIGERUS DE BRABANTIA

Quaestiones in Metaphysicam

V, q. 11	cfr	VII	452/453	113

Sophismata Veneta Prima

Soph. 9	cfr	V	529/530	61

Sophismata Veneta Ultima

Soph. 10	cfr	V	529/530	61
Soph. 11	cfr	V	435	57

Sophismata Wigornensia

Soph. 15	cfr	IX	132/133	150

THOMAS DE AQUINO

De ente et essentia

2		VII	506/507	115
	cfr	VII	762/766	124

De Potentia

q. 3, a. 2	cfr	VIII	81/82	137
q. 7, a. 3, arg. 7		X	202/203	172

In duodecim libros Metaphysicorum Aristotelis expositio

II, lect. 1, §285		IX	519/521	164
II, lect. 2, §298		VI	228/229	96
III, lect. 8, §426		III	135	12
III, lect. 8, §438		III	158/159	14
		V	180	48
III, lect. 13, §513		III	312	20
IV, lect. 2, §557		IV	82/84	25
IV, lect. 6, §602		IV	160/162	28
IV, lect. 7, §635		IV	277/278	32
IV, lect. 16, §722	cfr	IV	478/480	40
V, lect. 1, §753	cfr	V	20/22	42
V, lect. 3, §779	cfr	V	108/109	46
V, lect. 4, §799		V	161/168	48
V, lect. 4, §806		V	174	48
V, lect. 5, §808		V	194	49

		Lib.	*lin.*	*pag.*
V, lect. 5, §826		V	232/236	50
V, lect. 7, §863	cfr	V	349/356	54
V, lect. 7, §864		V	418	57
V, lect. 8, §876		V	469/477	59
V, lect. 9, §885		V	486/488	59
V, lect. 9, §890		V	497/500	60
V, lect. 11, §907		V	616/617	64
V, lect. 12, §935		V	624/625	64
V, lect. 19, §1044		V	950/958	76
V, lect. 22, §1130	cfr	IX	489/492	163
VI, lect. 1, §1153		VI	57/60	90
VI, lect. 1, §1158		VI	63/74	90
VI, lect. 4, §1236		VI	223/225	95
VII, lect. 2, §1278		VII	70	99
VII, lect. 5, §1314		VII	116/118	101
VII, lect. 5, §1357		VII	167/169	103
VII, lect. 5, 1359-1360		VII	170/180	103
VII, lect. 5, §1360		VII	243/245	105
VII, lect. 6, §1399		VII	270/272	106
VII, lect. 6, §1400	cfr	VII	286/288	107
VII, lect. 6, §1412		VII	354/355	109
VII, lect. 7, §1419	cfr	VII	402/403	111
VII, lect. 7, §1422		VII	366	110
VII, lect. 7, §1428	cfr	VII	416/417	112
VII, lect. 7, §1435		VII	431	112
		VII	434/435	112
VII, lect. 8, §1442α		VII	464/466	113
VII, lect. 8, §1442ε-ζ		VII	467	114
VII, lect. 8, §1442ζ		VII	473/474	114
VII, lect. 9, §1467-69	cfr	VII	518/519	115
VII, lect. 9, §1472		VII	525/526	116
		VII	529/539	116
VII, lect. 9, §1476		VII	538/541	116
VII, lect. 9, §1480-81		VII	574/575	117
VII, lect. 10, §1482		VII	587/592	118
		VII	620	119
		VIII	16	134
VII, lect. 10, §1483		VII	605	118
VII, lect. 10, §1484		VII	642	120
VII, lect. 10, §1495	cfr	VII	664	121
VII, lect. 11, §1523		VII	661	121
VII, lect. 11, §1529	cfr	VII	746/747	124
VII, lect. 11, §1530		VII	751/752	124
VII, lect. 11, §1555		VII	762/766	124
VII, lect. 11, §1562-64		VII	762/766	124
VII, lect. 12, §1545		VII	506/507	115
VII, lect. 12, §1557		VII	844/848	127
VII, lect. 12, §1563		VII	862/863	128
VII, lect. 15, §1606		VII	899/900	129

		Lib.	*lin.*	*pag.*
VII, lect. 15, §1629	cfr	VII	930/934	130
VII, lect. 16, §1636		VII	940	131
VII, lect. 17, §1663	cfr	VII	959/962	131
VII, lect. 18, §1678	cfr	VII	994	133
VIII, lect. 1, §1684	cfr	VIII	8/9	134
	cfr	VIII	13	134
VIII, lect. 1, §1689		VIII	64/68	136
VIII, lect. 1, §1690	cfr	VIII	78/79	136
VIII, lect. 3, §1722		VIII	145/149	139
VIII, lect. 3, §1723-24		VIII	192/193	141
VIII, lect. 3, §1724		VIII	202	141
VIII, lect. 3, §1725		V	1185/1186	84
VIII, lect. 3, §1727	cfr	VIII	181/182	140
VIII, lect. 4, §1743		VIII	230/232	142
VIII, lect. 4, §1746	cfr	VIII	246/248	143
VIII, lect. 4, §1753		VIII	250/252	143
	cfr	VIII	280/281	144
VIII, lect. 5, §1762-64	cfr	IX	486	163
VIII, lect. 5, §1762		VIII	289	144
VIII, lect. 5, §1764		VIII	299/301	145
IX, lect. 2, §1790		IX	101/102	149
IX, lect. 2, §1792-93		IX	122	150
IX, lect. 6, §1837		IX	261	155
IX, lect. 6, §1843		IX	312/313	157
IX, lect. 8, §1864		IX	362/364	159
IX, lect. 9, §1880-81		IX	455/457	162
IX, lect. 11, §1907		IX	485/488	163
X, lect. 1, §1928	cfr	X	10/12	165
X, lect. 2, §1954-55	cfr	X	116	169
X, lect. 2, §1955		X	103/104	169
X, lect. 3, §1966	cfr	X	185	172
X, lect. 4, §1988	cfr	X	250/253	174
X, lect. 4, §2008	cfr	X	272/273	175
X, lect. 4, §2018		X	298/299	176
X, lect. 8, §2087-88		X	453/454	182
X, lect. 8, §2090		X	452/453	182
X, lect. 10, §2114	cfr	X	540/542	185
XII, lect. 4, §2458-59	cfr	XII	59/60	190
XII, lect. 4, §2476		XII	109/110	192
XII, lect. 7, §2519	cfr	XII	175/180	195
XII, lect. 11, §2621	cfr	XII	339/341	201
XII, lect. 11, §2624		XII	354/355	202
XII, lect. 12, §2137	cfr	X	588/589	187

In octo libros Physicorum Aristotelis Expositio

I, lect. 9, §65-66	cfr	X	434/436	181
I, lect. 13, §114-117		IX	117/118	150
II, lect. 1, §143-144	cfr	VI	51/52	89
III, lect. 5, §320	cfr	V	845/846	72

		Lib.	*lin.*	*pag.*
Scriptum super primum librum Sententiarum				
d. 24, q. 1, a. 3	cfr	V	770	69
d. 24, 1. 1, a. 4	cfr	VIII	81/82	137
Summa Theologiae				
I, q. 3, a. 5, arg. 2		X	202/203	172
I, q. 7, a. 3		X	470	182
		X	480	183
I, q. 50, a. 4, ad 1		VII	506/507	115
I, q. 58, a. 2	cfr	IV	456/457	40
I, q. 76, a. 6	cfr	VIII	81/82	137
I-II, q. 26, a. 2	cfr	V	1240	86
Super Boetium De Trinitate				
q. IV, a. 2	cfr	III	215/218	16

CONSPECTVS MATERIAE

ACKNOWLEDGEMENTS	V-VI
INTRODUCTION	VII-LVIII
1. Duns Scotus's Commentary on Aristotle's *Metaphysics*	VII-VIII
2. The Manuscripts	VIII-XI
2.1. Complete Witness	VIII-X
2.2. Partial Witness	X-XI
3. Authenticity: The Cross-References	XI-XXXIII
3.1. References from Other Works to the *Notabilia*	XI-XXIV
3.2. References from the *Notabilia* to Other Works by Duns Scotus	XXIV-XXXIII
4. Title	XXXIII-XXXVI
5. General Features of the Text Preserved in the Two Extant Witnesses	XXXVI-XLIV
5.1. The Text of *M*	XXXVI-XXXVIII
5.2. The Text of *V*	XXXVIII-XXXIX
5.3. Relationship between the Text Preserved in *M* and in *V*	XXXIX-XLV
6. Relationship between the *Notabilia* and the *Quaestiones super Metaphysicam*	XLV-XLVII
7. Date and Place of Composition	XLVII-XLVIII
8. Aristotle's Text	XLIX
9. Sources	L-LI
10. Fate of the Work	LI-LIV
11. Duns Scotus's *Quaestiones* and *Notabilia super Metaphysicam* and Antonius Andreae's *Quaestiones and Expositio super Metaphysicam*	LIV-LVII
12. The edition	LVII-LIX
BIBLIOGRAPHY	LX-LXXII
Primary sources	LX-LXVIII
Secondary sources	LXVIII-LXXII

NOTABILIA SUPER METAPHYSICAM ...	1-202
LIBER II	3-6
LIBER III	7-21
LIBER IV	22-41
LIBER V	42-87
LIBER VI	88-96
LIBER VII	97-133
LIBER VIII	134-145
LIBER IX	146-164
LIBER X	165-187
LIBER XII	188-202
ADNOTATIONES	203-204
APPENDICES	205-220
I. The order of paragraphs in *M* and *V*	205-206
II. The differences between the text of Aristotle's *Metaphysics* quoted in the *Notabilia* and the text of William of Moerbeke's translation	207-213
III. Ferrandus de Hispania, *In Metaphysica*, VII	214-220
INDICES	221-253
Index locorum Aristotelis Metaphysicae	223-238
Index fontium	239-253

CORPVS CHRISTIANORVM
CONTINVATIO MEDIAEVALIS

ONOMASTICON

Adalboldus Traiectensis 171
Adelmannus Leodiensis 171
Ademarus Cabannensis 129, 245, 245A
Adso Dervensis 45, 198
Aelredus Rievallensis 1, 2A, 2B, 2C, 2D, 3, 3A
Agnellus Ravennas 199
Agobardus Lugdunensis 52
Alcuinus Eboracensis 249
Alexander Essebiensis 188, 188A
Alexander Neckam 221, 227
Ambrosius Autpertus 27, 27A, 27B
Andreas a S. Victore 53, 53A, 53B, 53E, 53F, 53G
Anonymus Bonnensis 171
Anonymus Einsiedlensis 171
Anonymus Erfurtensis 171
Anonymus in Matthaeum 159
Anselmus Laudunensis 267
Arnoldus Gheyloven Roterdamus 212
Arnoldus Leodiensis 160
Ars Laureshamensis 40A
Ascelinus Carnotensis 171

Balduinus de Forda 99
Bartholomaeus Exoniensis 157
Beatus Liebanensis 58
Benedictus Anianensis 168, 168A
Beringerius Turonensis 84, 84A, 171
Bernoldus Constantiensis 171
Bovo Corbeiensis 171
Burchardus abbas Bellevallis 62

Caesarius Heisterbacensis 171
Carmen Campidoctoris 71
Christanus Campililiensis 19A, 19B
Chronica Adefonsi imperatoris 71
Chronica Hispana 71, 71A, 73
Chronica Naierensis 71A
Chronica Latina Regum Castellae 73
Claudius Taurinensis 263
Collectaneum exemplorum et uisionum Clarevallense 208
Collectio canonum in V libris 6
Collectio exemplorum Cisterciensis 243

Commentaria in Ruth 81
Conradus Eberbacensis 138
Conradus de Mure 210
Constitutiones canonicorum regularium ordinis Arroasiensis 20
Consuetudines canonicorum regularium Springiersbacenses-Rodenses 48
Constitutiones quae uocantur Ordinis Praemonstratensis 216

Dionysius Cartusiensis 121, 121A
Donatus ortigraphus 40D

Eterius Oxomensis 59
Excerpta isagogarum et categoriarum 120
Excidii Aconis gestorum collectio 202
Explanationes fidei aevi Carolini 254
Expositiones Pauli epistularum ad Romanos, Galathas et Ephesios 151
Expositiones Psalmorum duae sicut in codice Rothomagensi 24 asseruantur 256

Florus Lugdunensis 193, 193A, 193B, 220B, 260
Folchinus de Borfonibus 201
Frechulfus Lexoviensis 169, 169A
Frowinus abbas Montis Angelorum 134

Galbertus notarius Brugensis 131
Galterus a S. Victore 30
Garnerius de Rupeforti 232
Gerardus Cameracensis 270
Gerardus Magnus 172, 192, 235, 235A
Gerardus Moresenus seu Csanadensis 49
Gerlacus Peters 155
Germanus Parisiensis episcopus 187
Gesta abbatum Trudonensium 257, 257A
Gillebertus 171A
Giraldus Floriacensis 171A
Gislebertus Trudonensis 257A
Glosa super Graecismum Eberhardi Bethuniensis 225
Glosae in regula Sancti Benedicti abbatis ad ususm Smaragdi abbatis Sancti Michaelis 282

Glossa ordinaria in Canticum Canticorum 170.22
Glossae aeui Carolini in libros I-II Martiani Capellae De nuptiis Philologiae et Mercurii 237
Glossae biblicae 189A, 189B
Gozechinus 62
Grammatici Hibernici Carolini aevi 40, 40A, 40B, 40C, 40D
Magister Gregorius 171
Guibertus Gemblacensis 66, 66A
Guibertus Tornacensis 242
Guillelmus Alvernus 230, 230A, 230B, 230C
Guillelmus de Conchis 152, 158, 203
Guillelmus Durantus 140, 140A, 140B
Guillelmus de Luxi 219
Guillelmus Petrus de Calciata 73
Guillelmus a S. Theodorico 86, 87, 88, 89, 89A, 89B
Guitbertus abbas Novigenti 127, 127A, 171

Haymo Autissiodorensis 135C, 135E
Heiricus Autissiodorensis 116, 116A, 116B
Henricus a S. Victore 30
Herbertus Turritanus 277
Herimannus abbas 236
Hermannus de Runa 64
Hermannus Werdinensis 204
Hermes Trismegistus 142, 143A, 144, 144C
Hieronymus de Moravia 250
Hieronymus de Praga 222
Hildebertus Cenomanensis 209
Hildegardis Bingensis 43, 43A, 90, 91, 91A, 91B, 92, 226, 226A
Historia Compostellana 70
Historia translationis S. Isidori 73
Historia Roderici vel Gesta Roderici Campidocti 71
Homiletica Vadstenensia 229
Homiliarium Veronense 186
Hugo Pictaviensis 42
Hugo de Miromari 234
Hugo de Sancto Victore 176, 176A, 177, 178, 269, 276
Humbertus de Romanis 218
Hieronymus de Moravia 250

Iacobus de Vitriaco 171, 252, 255
Iohannes Beleth 41, 41A
Iohannes de Caulibus 153
Iohannes de Forda 17, 18

Iohannes Duns Scotus 287
Iohannes Hus 205, 211, 222, 238, 239, 239A, 253, 261, 271, 274
Iohannes Rusbrochius 101, 102, 103, 104, 105, 106, 107, 107A, 108, 109, 110, 172, 207
Iohannes Saresberiensis 98, 118
Iohannes Scottus (Eriugena) 31, 50, 161, 162, 163, 164, 165, 166
Iohannes Soreth 259
Iohannes Wirziburgensis 139

Lanfrancus 171
Liber de gratia Noui Testamenti 195 + suppl.
Liber ordinis S. Victoris Parisiensis 61
Liber prefigurationum Christi et Ecclesie 195 + suppl.
Liber Quare 60
Liber sacramentorum excarsus 47
Liber sacramentorum Romane ecclesiae ordine exscarpsus 47
Liudprandus Cremonensis 156
Logica antiquioris mediae aetatis 120
Lucas Tudensis 74, 74A

Magister Cunestabulus 272
Margareta Porete 69
Martianus Capella 237
Metamorphosis Golie 171A
Metrum de vita et miraculis et obitu S. Martini 171A
Monumenta Arroasiensia 175
Monumenta Vizeliacensia 42 + suppl.
Muretach 40

Nicolaus Maniacoria 262

Opera de computo s. XII 272
Oratio S. Brandani 47
Oswaldus de Corda 179
Otfridus Wizemburgensis 200

Pascasius Radbertus 16, 56, 56A, 56B, 56C, 85, 94, 96, 97
Paulinus Aquileiensis 95

Petrus de Alliaco 258
Petrus Blesensis 128, 171, 194
Petrus Cantor 196, 196A, 196B
Petrus Cellensis 54
Petrus Comestor 191
Petrus Damiani 57

Petrus Iohannis Oliui 233, 275
Petrus Marsilii 273
Petrus Pictaviensis 51
Petrus Pictor 25
Petrus de S. Audemaro 25
Petrus Venerabilis 10, 58, 83
Polythecon 93
Prefatio de Almaria 71
Psalterium adbreviatum Vercellense 47
Psalterium Suthantoniense 240

Rabanus Maurus 44, 100, 174, 174A
Radulfus Ardens 241
Radulfus phisicus 171A
Radulphus Cadomensis 231
Raimundus Lullus 32, 33, 34, 35, 36, 37, 38, 39, 75, 76, 77, 78, 79, 80, 111, 112, 113, 114, 115, 180A, 180B, 180C, 181, 182, 183, 184, 185, 213, 214, 215, 246, 247, 248, 264, 265
Rainherus Paderbornensis 272
Ratherius Veronensis 46, 46A
Reference Bible – Das Bibelwerk 173
Reimbaldus Leodiensis 4
Remigius Autissiodorensis 136, 171
Reynardus Vulpes 171A
Robertus Grosseteste 130, 268
Rodericus Ximenius de Rada 72, 72A, 72B, 72C
Rodulfus Trudonensis 257, 257A
Rogerus Herefordensis 272
Rudolfus de Liebegg 55
Rupertus Tuitienis 7, 9, 21, 22, 23, 24, 26, 28, 29

Saewulf 139

Salimbene de Adam 125, 125A
Scripta medii aeui de uita Isidori Hispalensis episcopi 281
Scriptores Ordinis Grandimontensis 8
Sedulius Scottus 40B, 40C, 67 + suppl., 117
Sermones anonymi codd. S. Vict. Paris. exarati 30
Sermones in dormitionem Mariae 154
Sicardus Cremonensis 228
Sigo abbas 171
Smaragdus 68
Speculum virginum 5
Stephanus de Borbone 124, 124A, 124B

Testimonia orationis christianae antiquioris 47
Teterius Nivernensis 171
Thadeus 202
Theodericus 139
Thiofridus Epternacensis 133
Thomas de Chobham 82, 82A, 82B
Thomas Gallus 223, 223A
Thomas Migerius 77

Vincentius Belvacensis 137
Vitae S. Katharinae 119, 119A
Vita S. Arnulfi ep. Suessionensis 285
Vita S. Hildegardis 126

Walterus Tervanensis 217
Wilhelmus Iordani 207
Willelmus Meldunensis 244
Willelmus Tyrensis 63, 63A

December 2017